DIREITO DE FAMÍLIA
CONFORME INTERPRETAÇÃO DO STJ

ORGANIZADORES

RUI PORTANOVA
RAFAEL CALMON
GUSTAVO D'ALESSANDRO

2023

VOLUME DOIS

REGIMES DE SEPARAÇÃO DE BENS

AUTORES

- ANA PAULA **NEU RECHDEN**
- ANA PAULA **ZAVARIZE CARVALHAL**
- AUGUSTO CÉZAR **LUKASCHECK PRADO**
- CARLA **WATANABE**
- DANIEL **USTÁRROZ**
- FELIPE **QUINTELLA M. DE C. HANSEN BECK**
- FERNANDA **BISSOLI PINHO**
- FERNANDA **CARVALHO LEÃO BARRETTO**
- FERNANDA **MATHIAS DE SOUZA GARCIA**
- GIULIANA **MONNERAT CAPPARELLI DÁQUER**
- GUILHERME **CALMON NOGUEIRA DA GAMA**
- ISABELLA **NOGUEIRA PARANAGUÁ DE CARVALHO DRUMOND**
- JAMILE **SARATY MALVEIRA GRAIM**
- KATYA MARIA **DE PAULA MENEZES MONNERAT**
- LUCIANA **BRASILEIRO**
- MARIA BERENICE **DIAS**
- MARÍLIA **PEDROSO XAVIER**
- MARTA **CAUDURO OPPERMANN**
- PRISCILA **DE CASTRO TEIXEIRA PINTO LOPES AGAPITO**
- RICARDO **CALDERÓN**
- RICARDO **VILLAS BÔAS CUEVA**
- RODRIGO **DA CUNHA PEREIRA**
- RODRIGO **MAZZEI**
- SILVIA **FELIPE MARZAGÃO**
- TEREZA CRISTINA **MONTEIRO MAFRA**
- THIAGO **FERREIRA CARDOSO NEVES**

PREFÁCIO DA MINISTRA NANCY ANDRIGHI

Dados Internacionais de Catalogação na Publicação (CIP) de acordo com ISBD

R335

Regimes de separação de bens / Ana Paula Neu Rechden ... [et al.] ; coordenado por Rafael Calmon, Rui Portanova, Gustavo D'Alessandro. - Indaiatuba, SP : Editora Foco, 2023.

320 p. ; 17cm x 24cm. – (Direito de família conforme interpretação do STJ)

Inclui bibliografia e índice.

ISBN: 978-65-5515-649-2

1. Direito. 2. Direito de família. I. Rechden, Ana Paula Neu. II. Carvalhal, Ana Paula Zavarize. III. Prado, Augusto Cézar Lukascheck. IV. Watanabe, Carla. V. Ustárroz, Daniel. VI. Beck, Felipe Quintella M. de C. Hansen. VII. Pinho, Fernanda Bissoli. VIII. Barretto, Fernanda Carvalho Leão. IX. Garcia, Fernanda Mathias de Souza. X. Dáquer, Giuliana Monnerat Capparelli. XI. Gama, Guilherme Calmon Nogueira da. XII. Drumond, Isabella Nogueira Paranaguá de Carvalho. XIII. Graim, Jamile Saraty Malveira. XIV. Monnerat, Katya Maria De Paula Menezes. XV. Brasileiro, Luciana. XVI. Dias, Maria Berenice. XVII. Xavier, Marília Pedroso. XVIII. Oppermann, Marta Cauduro. XIX. Agapito, Priscila de Castro Teixeira Pinto Lopes. XX. Calderón, Ricardo. XXI. Cueva, Ricardo Villas Bôas. XXII. Pereira, Rodrigo da Cunha. XXIII. Mazzei, Rodrigo. XXIV. Marzagão, Silvia Felipe. XXV. Mafra, Tereza Cristina Monteiro. XXVI. Neves, Thiago Ferreira Cardoso. XXVII. Calmon, Rafael. XXVIII. Portanova, Rui. XXIX. D'Alessandro, Gustavo. XXX. Título.

2022-3186

CDD 342.16   CDU 347.61

Elaborado por Vagner Rodolfo da Silva - CRB-8/9410
Índices para Catálogo Sistemático:

1. Direito de família 342.16

2. Direito de família 347.61

DIREITO DE FAMÍLIA
CONFORME INTERPRETAÇÃO DO STJ

ORGANIZADORES

RUI PORTANOVA

RAFAEL CALMON

GUSTAVO D'ALESSANDRO

VOLUME DOIS

REGIMES DE SEPARAÇÃO DE BENS

AUTORES
ANA PAULA **NEU RECHDEN**
ANA PAULA **ZAVARIZE CARVALHAL**
AUGUSTO CÉZAR **LUKASCHECK PRADO**
CARLA **WATANABE**
DANIEL **USTÁRROZ**
FELIPE **QUINTELLA M. DE C. HANSEN BECK**
FERNANDA **BISSOLI PINHO**
FERNANDA **CARVALHO LEÃO BARRETTO**
FERNANDA **MATHIAS DE SOUZA GARCIA**
GIULIANA **MONNERAT CAPPARELLI DÁQUER**
GUILHERME **CALMON NOGUEIRA DA GAMA**
ISABELLA **NOGUEIRA PARANAGUÁ DE CARVALHO DRUMOND**
JAMILE **SARATY MALVEIRA GRAIM**
KATYA MARIA **DE PAULA MENEZES MONNERAT**
LUCIANA **BRASILEIRO**
MARIA BERENICE **DIAS**
MARÍLIA **PEDROSO XAVIER**
MARTA **CAUDURO OPPERMANN**
PRISCILA **DE CASTRO TEIXEIRA PINTO LOPES AGAPITO**
RICARDO **CALDERÓN**
RICARDO **VILLAS BÔAS CUEVA**
RODRIGO **DA CUNHA PEREIRA**
RODRIGO **MAZZEI**
SILVIA **FELIPE MARZAGÃO**
TEREZA CRISTINA **MONTEIRO MAFRA**
THIAGO **FERREIRA CARDOSO NEVES**

PREFÁCIO DA **MINISTRA NANCY ANDRIGHI**

2023 © Editora Foco
Organizadores: Rui Portanova, Rafael Calmon e Gustavo D'Alessandro
Autores: Ana Paula Neu Rechden, Ana Paula Zavarize Carvalhal, Augusto Cézar Lukascheck Prado, Carla Watanabe, Daniel Ustárroz, Felipe Quintella M. de C. Hansen Beck, Fernanda Bissoli Pinho, Fernanda Carvalho Leão Barretto, Fernanda Mathias de Souza Garcia, Giuliana Monnerat Capparelli Dáquer, Guilherme Calmon Nogueira da Gama, Isabella Nogueira Paranaguá de Carvalho Drumond, Jamile Saraty Malveira Graim, Katya Maria De Paula Menezes Monnerat, Luciana Brasileiro, Maria Berenice Dias, Marília Pedroso Xavier, Marta Cauduro Oppermann, Priscila de Castro Teixeira Pinto Lopes Agapito, Ricardo Calderón, Ricardo Villas Bôas Cueva, Rodrigo da Cunha Pereira, Rodrigo Mazzei, Silvia Felipe Marzagão, Tereza Cristina Monteiro Mafra e Thiago Ferreira Cardoso Neves

Diretor Acadêmico: Leonardo Pereira
Editor: Roberta Densa
Assistente Editorial: Paula Morishita
Revisora Sênior: Georgia Renata Dias
Revisora: Simone Dias
Capa Criação: Leonardo Hermano
Diagramação: Ladislau Lima e Aparecida Lima
Impressão miolo e capa: DOCUPRINT

DIREITOS AUTORAIS: É proibida a reprodução parcial ou total desta publicação, por qualquer forma ou meio, sem a prévia autorização da Editora FOCO, com exceção do teor das questões de concursos públicos que, por serem atos oficiais, não são protegidas como Direitos Autorais, na forma do Artigo 8º, IV, da Lei 9.610/1998. Referida vedação se estende às características gráficas da obra e sua editoração. A punição para a violação dos Direitos Autorais é crime previsto no Artigo 184 do Código Penal e as sanções civis às violações dos Direitos Autorais estão previstas nos Artigos 101 a 110 da Lei 9.610/1998. Os comentários das questões são de responsabilidade dos autores.

NOTAS DA EDITORA:

Atualizações e erratas: A presente obra é vendida como está, atualizada até a data do seu fechamento, informação que consta na página II do livro. Havendo a publicação de legislação de suma relevância, a editora, de forma discricionária, se empenhará em disponibilizar atualização futura.

Erratas: A Editora se compromete a disponibilizar no site www.editorafoco.com.br, na seção Atualizações, eventuais erratas por razões de erros técnicos ou de conteúdo. Solicitamos, outrossim, que o leitor faça a gentileza de colaborar com a perfeição da obra, comunicando eventual erro encontrado por meio de mensagem para contato@editorafoco.com.br. O acesso será disponibilizado durante a vigência da edição da obra.

Impresso no Brasil (10.2022) – Data de Fechamento (10.2022)

2023
Todos os direitos reservados à
Editora Foco Jurídico Ltda.
Avenida Itororó, 348 – Sala 05 – Cidade Nova
CEP 13334-050 – Indaiatuba – SP
E-mail: contato@editorafoco.com.br
www.editorafoco.com.br

NOTA DOS ORGANIZADORES

A ideia desta coleção nasceu da necessidade de consolidar, ao menos numa primeira assentada, análise de juristas interessados na temática dos regimes de bens entre cônjuges e companheiros.

Em face da abrangência do tema foi necessário fechar o foco. Daí porque, aqui, o enfrentamento tomou em consideração as decisões vindas exclusivamente do Superior Tribunal de Justiça.

Esta foi a forma que imaginamos para tentar aliar o entendimento da literatura sobre os regimes patrimoniais à orientação do Tribunal encarregado de dar a última palavra do Judiciário sobre o tema, com alguma ideia de atender às peculiaridades vindas com a dinamicidade dos novos tempos.

Neste volume, os regimes abordados são os da separação de bens.

Tendo em vista a dimensão continental de nosso Brasil, buscamos juristas de muitos recantos e entendimentos. E, objetivando dar nossa contribuição à redução do déficit na participação feminina na literatura jurídica nacional, convidamos muitas mulheres para participar do projeto.

O resultado: um livro que reúne diversos sotaques, posicionamentos e culturas.

Com o material doutrinário recolhido e o apoio irrestrito da Editora Foco, é hora de agradecer aos autores dos textos e colocar à disposição do público esta contribuição, que nos engrandeceu em conhecimento e, esperamos, também seja relevante para os leitores.

Porto Alegre e Vitória, outubro de 2022.

Rui Portanova
Pós-Doutor (Universidade de Bruxelas). Doutor (PUC/RS) e Mestre (UFRGS) em Direito (UFPR). Doutor em Letras (PUC/RS). Desembargador do TJRS.

Rafael Calmon
Doutor (UERJ) e Mestre (UFES) em Direito. Juiz de Direito do TJES.

Gustavo D'Alessandro
Mestre em Direito (UnB). Pós-graduado em Direito de Família e Sucessões. Instrutor do gabinete na prática jurídica no STJ. Assessor de Ministro (STJ)

PREFÁCIO

Enaltecida pelos organizadores, o eminente **Desembargador Rui Portanova**, Luzeiro no Direito de Família e Sucessões, o eminente **Juiz Rafael Calmon**, cuidadoso e sensível no julgamento dessa área de conflito e o ilustre **Professor Gustavo D'Alessandro**, dedicado e pródigo em doutrinar com acuidade, apontando sempre novas visões dessa relevante seara do Direito, recebo o honroso e gentil convite para prefaciar a obra coletiva *"Regimes de Separação de Bens"*, pertencente à coleção *"Direito de família conforme interpretação do STJ"* e que, em seu volume anterior, tratou do *"Regime da Comunhão Parcial de Bens"*.

A obra coletiva, que tenho a honra e o privilégio de prefaciar, deriva de uma louvável iniciativa com significativos predicados para o aperfeiçoamento do Direito e para os jurisdicionados nos aflitivos conflitos causados pela desestrutura da unidade familiar.

A escolha, pelos nubentes, do regime de bens que regerá a união que se avizinha deveria ser um momento de extrema atenção e prudência do casal, pautado em um exame eminentemente objetivo e racional do perfil de cada um deles e de suas respectivas situações patrimoniais.

Na prática, contudo, vê-se que não há efetiva reflexão a respeito do assunto em grande parte das vezes. Muito provavelmente com o receio de desagradar ou de gerar alguma desconfiança sobre as reais intenções matrimoniais, num momento de muitas emoções!

A escolha do regime de bens resulta de decisão com pouca reflexão, às vezes quase inconsciente, quando não raro, a opção pelo regime da separação de bens poderia ser mais benéfica à união.

Sobre a importância da adequada escolha do regime de bens, a presente obra certamente provocará de imediato as necessárias reflexões sobre os efeitos jurídicos dos diferentes regimes. Ao Leitor são demonstrados os prós e os contras, permitindo aos nubentes, tomar decisões consensuais, livres, prudentes, esclarecidas e conscientes das regras legais que irão reger as uniões familiares, sob o prisma patrimonial.

Apenas por isso a obra já seria digna de enfática recomendação. Contudo, a obra tem um alcance ainda muito maior!

De outro lado, a obra também se notabiliza por promover o indispensável diálogo e aproximação entre a doutrina e a jurisprudência, entre a academia e a realidade vivenciada pelos jurisdicionados. Se é verdade que o direito jurisprudencial, construindo entendimentos, baliza a conduta dos conviventes, não é menos verdade que os teóricos do Direito de Família e Sucessões, com suas refinadas doutrinas, constroem e consolidam essa jurisprudência, a qual, pela sua natureza fluida, é capaz de acompanhar e moldar o Direito escrito quando ele se encontra com os fatos conflituosos inerentes a cada união familiar.

Nesse contexto, a abordagem construída pelos autores é primorosa. O exame crítico das posições firmadas no âmbito do Superior Tribunal de Justiça, seja para enfatizar os seus acertos a partir de proposições teóricas, seja para apontar seus pontos frágeis ou sensíveis, é indispensável para a constante evolução do pensamento jurídico da Corte responsável por uniformizar a interpretação do direito infraconstitucional, que recebe essa valorosa contribuição para o aperfeiçoamento da escarpada tarefa de julgar.

A obra, que tem mais de 300 páginas, conta com 17 artigos cuidadosamente elaborados por 26 Autores de diferentes escolas, tradições e gerações. Desde nomes de larga experiência e história no Direito de Família e Direito das Sucessões, responsáveis pela fixação de premissas muito pertinentes aos estudos do tema, até jovens expoentes de uma novíssima geração que nos convidam, diariamente, às reflexões mais atuais a respeito da matéria. Todos imbuídos de um mesmo propósito e espírito: compartilhar com o Leitor o que há de mais atual e relevante sobre esse importante tema que afeta todas as famílias e, por conseguinte, acaba por abalar a Paz na sociedade.

Realço, por fim, que a obra contou com 17 Autoras, o que bem demonstra a dedicação e o protagonismo que as mulheres têm alcançado no estudo do Direito de Família e Sucessões, ramo que, como em nenhum outro, exige olhares dotados de maior sensibilidade, amorosidade e humanidade.

Com essas breves palavras, aliás, que devem ser sempre muito breves, porque as estrelas de uma obra coletiva são os Organizadores e os Coautores, e não a prefaciadora, parabenizo todos que se empenharam para tornar essa publicação um verdadeiro referencial sobre o regime de separação de bens no Brasil e à Editora Foco pela publicação da obra cuja leitura recomendo vivamente.

Brasília

Primavera, chegada das chuvas de 2022.

Nancy Andrighi
Ministra do Superior Tribunal de Justiça

SUMÁRIO

NOTA DOS ORGANIZADORES
Rui Portanova, Rafael Calmon e Gustavo D'Alessandro V

PREFÁCIO
Nancy Andrighi VII

A PRESUNÇÃO DO ESFORÇO COMUM NA SEPARAÇÃO OBRIGATÓRIA E A MODULAÇÃO DE EFEITOS DOS ERESP 1.623.858/MG
Maria Berenice Dias, Ana Paula Neu Rechden e Marta Cauduro Oppermann 1

A OPÇÃO POR REGIME MAIS RESTRITIVO EM PACTO ANTENUPCIAL CELEBRADO POR PESSOAS MAIORES DE 70 ANOS DE IDADE
Giuliana Monnerat Capparelli Dáquer e Katya Maria De Paula Menezes Monnerat 15

A MUDANÇA DE REGIME DE BENS DA SEPARAÇÃO OBRIGATÓRIA PARA COMUNHÃO PARCIAL SOB O ENFOQUE DAS NUANCES DAS RESTRIÇÕES AO DIREITO DE AMAR
Rodrigo da Cunha Pereira 33

O REGIME DE SEPARAÇÃO CONVENCIONAL DE BENS E O RESP 1.472.945/RJ: ANÁLISE DE CASO
Ricardo Villas Bôas Cueva e Fernanda Mathias de Souza Garcia 49

NEMO AUDITUR PROPRIAM TURPITUDINEM ALLEGANS
Priscila de Castro Teixeira Pinto Lopes Agapito 73

CONTRATO DE NAMORO COMO PACTO ANTECONVIVENCIAL PARA ESCOLHA DA SEPARAÇÃO DE BENS
Felipe Quintella M. de C. Hansen Beck e Tereza Cristina Monteiro Mafra 87

DIREITO PATRIMONIAL DE FAMÍLIA, REGIME OBRIGATÓRIO DE SEPARAÇÃO PATRIMONIAL E A AUTONOMIA PRIVADA: COMENTÁRIOS AO RECURSO ESPECIAL 1.922.347/PR
Guilherme Calmon Nogueira da Gama e Thiago Ferreira Cardoso Neves 109

ASPECTOS MATERIAIS E REGISTRAIS DOS PACTOS ANTENUPCIAIS E ESCRITURAS DE UNIÃO ESTÁVEL NO REGIME DA SEPARAÇÃO DE BENS
Carla Watanabe 123

ENTRE O MEU E O TEU, EXISTE O NOSSO?: REFLEXÕES ACERCA DA FORMAÇÃO DE CONDOMÍNIO NO REGIME DA SEPARAÇÃO CONVENCIONAL DE BENS
Jamile Saraty Malveira Graim 143

O REGIME DA SEPARAÇÃO DE BENS E O PROGRAMA MINHA CASA MINHA VIDA: UMA ANÁLISE DA AÇÃO AFIRMATIVA PREVISTA NO ART. 35-A DA LEI 11.977/09
Ana Paula Zavarize Carvalhal 161

O REGIME DE SEPARAÇÃO OBRIGATÓRIA DE BENS NA UNIÃO ESTÁVEL
Ricardo Calderón 175

REGIME DA SEPARAÇÃO DE BENS: CONSENTIMENTO, ASSENTIMENTO E AUTORIZAÇÃO INTEGRATIVA
Augusto Cézar Lukascheck Prado 197

ALTERAÇÃO DE CLÁUSULAS PATRIMONIAIS E EXISTENCIAIS EM REGIMES DE SEPARAÇÃO POR PACTOS PÓS NUPCIAIS
Marília Pedroso Xavier e Silvia Felipe Marzagão 217

A NÃO APLICABILIDADE EXTENSIVA DO REGIME DA SEPARAÇÃO OBRIGATÓRIA DE BENS AOS MAIORES DE 70 ANOS NA UNIÃO ESTÁVEL
Fernanda Carvalho Leão Barretto e Luciana Brasileiro 235

A VALORIZAÇÃO DAS QUOTAS SOCIAIS E A SUA PROJEÇÃO PARA A SUCESSÃO *CAUSA MORTIS*, O DIVÓRCIO E A DISSOLUÇÃO DA UNIÃO ESTÁVEL
Rodrigo Mazzei e Fernanda Bissoli Pinho 253

REGIME DE SEPARAÇÃO DE BENS: UMA ANÁLISE SOBRE O INSTITUTO DA SEPARAÇÃO DE BENS DIGITAIS
Isabella Nogueira Paranaguá de Carvalho Drumond 273

A SEPARAÇÃO DE FATO NA JURISPRUDÊNCIA DO SUPERIOR TRIBUNAL DE JUSTIÇA
Daniel Ustárroz 295

A PRESUNÇÃO DO ESFORÇO COMUM NA SEPARAÇÃO OBRIGATÓRIA E A MODULAÇÃO DE EFEITOS DOS ERESP 1.623.858/MG

Maria Berenice Dias

Advogada especializada em Direito das Famílias e das Sucessões. Vice Presidente Nacional do Instituto Brasileiro de Direito de Família – IBDFAM.

Ana Paula Neu Rechden

Advogada especializada em Direito das Famílias e das Sucessões e em Processo Civil. Membro do Instituto Brasileiro de Direito de Família – IBDFAM.

Marta Cauduro Oppermann

Advogada especializada em Direito das Famílias e das Sucessões e em Negociações. Membro do Instituto Brasileiro de Direito de Família – IBDFAM.

Sumário: 1. Introdução – 2. O regime da separação obrigatória de bens e a súmula 377 do STF – 3. Conclusão – 4. Referências.

1. INTRODUÇÃO

O regime da separação obrigatória de bens tem sido alvo de discussões doutrinárias e jurisprudenciais, o que não causa espécie, uma vez que representa limitação aos princípios da autonomia da vontade e da livre pactuação vigentes no ordenamento civil (CC art. 1.639). Via de regra, a escolha do regramento patrimonial por ocasião do casamento ou da formalização de uma união estável é livre: pode o casal eleger um dos regimes previstos em lei ou até mesmo criar um próprio. No silêncio, vigora o regime da comunhão parcial de bens (CC art. 1.640).

A edição da Súmula 377 do Supremo Tribunal Federal, em 1964, promoveu verdadeira reviravolta à literal dicção da norma: *No regime de separação legal de bens, comunicam-se os adquiridos na constância do casamento*. De fato, ao prever a comunicabilidade dos aquestos, conferiu à separação obrigatória os mesmos efeitos do regime da comunhão parcial de bens.

A jurisprudência, então, consolidou-se em partilhar os bens onerosamente adquiridos na constância do casamento celebrado pelo regime da separação legal, presumindo-se o esforço comum. Logo, independentemente de quem tenha dado o aporte financeiro ou de quem seja o titular do bem, exsurge a comunicabilidade patrimonial a ensejar a equânime partilha.

De lá para cá, passou-se a discutir não apenas a vigência da Súmula 377 do STF, como igualmente a sua forma de interpretação: se a comunicabilidade dos aquestos dependeria da comprovação do esforço comum ou se a contribuição conjunta é presumida.

O Superior Tribunal de Justiça, ao julgar o EREsp 1.623.858/MG, em 23 de maio de 2018, consagrou a *moderna compreensão da Súmula 377/STF*, qual seja, o esforço comum não é mais presumido, deve ser comprovado pela parte que pretende ter reconhecido o seu direito à meação.

Se de um lado depara-se com a coerência do entendimento adotado, de outro impõe-se a necessidade de, em nome da segurança jurídica, se modular os efeitos da Súmula 377 do STF aos relacionamentos que, não obstante tutelados pelo regime legal de bens, construíram sua vida patrimonial pautados na antiga e consolidada acepção do enunciado, qual seja, de unidade patrimonial.

2. O REGIME DA SEPARAÇÃO OBRIGATÓRIA DE BENS E A SÚMULA 377 DO STF

São três as hipóteses em que a legislação impõe a adoção do regime da separação obrigatória de bens, segundo o qual se exclui qualquer ordem de comunicabilidade patrimonial (CC 1.641): 1) sempre que há a recomendação legal para não casar e são desrespeitadas as chamadas cláusulas suspensivas – nesse caso é admitida a liberação da restrição por autorização judicial (CC 1.523 parágrafo único); 2) quando um dos nubentes possui mais de 70 anos – ressalvada a possibilidade de escolha se o casamento for precedido de união estável;[1-2] e 3) quando há necessidade de suprimento judicial para casar.[3]

---

1. JCJF – Enunciado 261: A obrigatoriedade do regime da separação de bens não se aplica a pessoa maior de sessenta anos (atualmente, maior de setenta anos), quando o casamento for precedido de união estável iniciada antes dessa idade.
2. STJ: REsp 1.318.281/PE, 4ª Turma, Rel. Min. Maria Isabel Gallotti, j. 01.12.2016, DJe 07.12.2016: "[...] afasta-se a obrigatoriedade do regime de separação de bens quando o matrimônio é precedido de longo relacionamento em união estável, iniciado quando os cônjuges não tinham restrição legal à escolha do regime de bens, visto que não já que se falar na necessidade de proteção do idoso em relação a relacionamentos fugazes por interesse exclusivamente econômico. Interpretação da legislação ordinária que melhor a compatibiliza com o sentido do art. 226, § 3º, da CF, segundo o qual a lei deve facilitar a conversão da união estável em casamento [...]".
3. DIAS, Maria Berenice. *Manual de Direito das Famílias*. 15. ed. Salvador: JusPodivm, 2022, p. 729.

A imposição legal se aplica também na união estável,[4] e não apenas no casamento, mormente diante da equiparação de direitos levada a efeito pelo STF[5] entre as duas entidades familiares.

Não obstante a cogente restrição legal, o Supremo Tribunal Federal editou a Súmula 377[6] em 03 de abril de 1964, estabelecendo a *comunhão dos bens* adquiridos na constância do casamento celebrado pelo regime da separação obrigatória de bens, a exemplo do sucedido na comunhão parcial. Por conseguinte, demonstrada a aquisição de patrimônio na constância da relação, a partilha se impunha independentemente de prova do esforço comum.

O enunciado originou-se da interpretação dada ao art. 259 do Código Civil de 1916[7] pelo Supremo Tribunal Federal e objetivava reduzir os rigores do regime de separação legal. Alguns doutrinadores, ao discorrer sobre a *origem do referido Enunciado*, sustentam que *muito embora fosse aquela regra (CC, art. 259) inaplicável ao regime da separação obrigatória, por referir-se expressamente ao silêncio do contrato, ou seja, ao pacto antenupcial, que não pode ser celebrado nas hipóteses de separação obrigatória, divergiam as opiniões sobre o alcance do citado dispositivo, questionando-se assim sobre sua aplicação ao regime da separação que não resultasse do contrato e sim de imperativo legal.*[8]

Os fundamentos adotados pelo STF para sumular a matéria, entendendo pela abrangência do supracitado dispositivo também ao regime legal, foram a restrição à *autonomia da vontade* e a vedação de *enriquecimento sem causa*. A Súmula 377 do STF foi justificada nos seguintes termos: *a interpretação exata da súmula é no sentido de que, no regime da separação legal, os aquestos se comunicam pelo simples fato de terem sido adquiridos na constância do casamento, não importando se resultaram, ou não, de comunhão de esforços.*

Destarte, a convivência levava à *presunção do esforço comum* na aquisição de bens. No entanto, a superveniência do Código Civil de 2002 trouxe uma nova visão sobre o tema. Como o art. 259 do diploma civil anterior foi revogado, porquanto

---

4. STJ: AgInt no AREsp 1.299.964/DF, 4ª Turma, Rel. Min Antonio Carlos Ferreira, j. 06.11.2018, DJe 22.11.2018: "Agravo interno no agravo em recurso especial. Regime da separação legal de bens. Norma vigente à época do início da união estável. Decisão mantida. 1. "É obrigatório o regime de separação legal de bens na união estável quando um dos companheiros, no início da relação, conta com mais de sessenta anos, à luz da redação originária do art. 1.641, II, do Código Civil, a fim de realizar a isonomia no sistema, evitando-se prestigiar a união estável no lugar do casamento" (RESP 1403419/MG, Rel. Ministro Ricardo Villas Bôas Cueva, Terceira Turma, julgado em 11.11.2014, DJe 14.11.2014). 2. *Agravo interno a que se* nega provimento".
5. STF – Tema 809: É inconstitucional a distinção de regimes sucessórios entre cônjuges e companheiros prevista no art. 1.790 do CC/2002, devendo ser aplicado, tanto nas hipóteses de casamento quanto nas de união estável, o regime do art. 1.829 do CC/2002.
6. STF – Súmula 377: No regime de separação legal de bens, comunicam-se os adquiridos na constância do casamento.
7. CC, 1916. Art. 259: Embora o regime não seja o da comunhão de bens, prevalecerão, no silêncio do contrato, os princípios dela, quanto à comunicação dos adquiridos na constância do casamento.
8. Isso foi citado no corpo do acórdão paradigma: EREsp 1.623.858/MG.

não reproduzido, mas o regime da separação obrigatória se manteve (CC 1.641), passou-se a indagar a ineficácia do enunciado, surgindo teses para ambos os lados. Instaurou-se, ainda, a controvérsia para se verificar a necessidade da comprovação do esforço comum, ou seja, do engajamento de ambos para a construção do patrimônio durante o casamento ou união estável, o qual pode se refletir tanto em contribuição direta para a construção do patrimônio quanto indireta, mas que revele o empenho para a construção do patrimônio no percurso conjugal.[9]

Conquanto não se desconheça a existência de julgados preconizando a necessidade de prova do esforço comum,[10] fato é que prevalecia, de forma inconteste, a corrente que afastava a necessidade desta prova para a comunicação de bens, citando como fundamentos principais a dignidade humana, a vedação do enriquecimento sem causa e a solidariedade familiar.[11]

As decisões abaixo colacionadas de forma cronológica demonstram a consolidação do entendimento:

2006:

União estável. Dissolução. Partilha do patrimônio. Regime da separação obrigatória. Súmula 377 do Supremo Tribunal Federal. Precedentes da Corte.

1. Não há violação do art. 535 do Código de Processo Civil quando o Tribunal local, expressamente, em duas oportunidades, no acórdão da apelação e no dos declaratórios, afirma que o autor não comprovou a existência de bens da mulher a partilhar.

2. *As Turmas que compõem a Seção de Direito Privado desta Corte assentaram que para os efeitos da Súmula 377 do Supremo Tribunal Federal não se exige a prova do esforço comum para partilhar o patrimônio adquirido na constância da união. Na verdade, para a evolução jurisprudencial e legal, já agora com o art. 1.725 do Código Civil de 2002, o que vale é a vida em comum, não sendo significativo avaliar contribuição financeira, mas, sim, a participação direta e indireta representada pela solidariedade que deve unir o casal, medida pela comunhão da vida, na presença em todos os momentos da convivência, base da família, fonte do êxito pessoal e profissional de seus membros.*

3. Não sendo comprovada a existência de bens em nome da mulher, examinada no acórdão, não há como deferir a partilha, coberta a matéria da prova pela Súmula 7 da Corte.

4. Recurso especial não conhecido.[12]

2010:

Direito civil. Família. Alimentos. União estável entre sexagenários. Regime de bens aplicável. Distinção entre frutos e produto.

---

9. TEPEDINO, Gustavo. *Fundamentos do direito civil: direito de família*. 3. ed. Rio de Janeiro: Forense, 2022. p. 117-123.
10. STJ, REsp 9.938/SP, 4ª Turma, Rel. Min. Sálvio de Figueiredo Teixeira, j. 09.06.1992, DJ 03.08.1992, p. 11.321; Resp 123.633/SP, 4ª Turma, Rel. Min. Aldir Passarinho Junior, j. 17.03.2009, Dje 30.03.2009; e Resp 646.259/RS, 4ª Turma, Rel. Min. Luis Felipe Salomão, j. 22.06.2010, Dje 24.08.2010.
11. STJ, AgRg no Resp 1.008.684/RJ, 4ª Turma, Rel. Min. Antonio Carlos Ferreira, j. 24.04.2012, Dje 02.05.2012; Resp 1.090.722/SP, 3ª Turma, Rel. Min. Massami Uyeda, j. 02.03.2010, Dje 30.08.2010; Resp 736.627/PR, 3ª Turma, Rel. Min, Carlos Alberto Menezes Direito, j. 11.04.2006, DJ 1.º.08.2006, p. 436; e Resp 154.896/RJ, 4ª Turma, Rel. Min. Fernando Gonçalves, j. 20.11.2003, DJ 1.º.12.2003, p. 357.
12. STJ: REsp 736.627/PR, 3ª Turma, Rel. Min. Carlos Alberto Menezes Direito, j. em 11.04.2006, DJe 01.08.2006.

[...]
2. O regime de bens aplicável na união estável é o da comunhão parcial, pelo qual há comunicabilidade ou meação dos bens adquiridos a título oneroso na constância da união, prescindindo-se, para tanto, da prova de que a aquisição decorreu do esforço comum de ambos os companheiros.

3. A comunicabilidade dos bens adquiridos na constância da união estável é regra e, como tal, deve prevalecer sobre as exceções, as quais merecem interpretação restritiva, devendo ser consideradas as peculiaridades de cada caso.

4. A restrição aos atos praticados por pessoas com idade igual ou superior a 60 (sessenta) anos representa ofensa ao princípio da dignidade da pessoa humana.

5. Embora tenha prevalecido no âmbito do STJ o entendimento de que o regime aplicável na união estável entre sexagenários é o da separação obrigatória de bens, *segue esse regime temperado pela Súmula 377 do STF, com a comunicação dos bens adquiridos onerosamente na constância da união, sendo presumido o esforço comum, o que equivale à aplicação do regime da comunhão parcial.*
[...]
8. Recurso especial de G. T. N. não provido.
9. Recurso especial de M. DE L. P. S. provido.[13]

2013:
Processual civil e civil. Recurso especial. União estável. Sexagenário. Regime de separação de bens. Partilha de bens adquiridos antes da união estável. Descabimento. Bens adquiridos na constância da convivência. *Presunção de esforço comum.* Prova em contrário. *Divergência jurisprudencial não comprovada.* 1. A divergência jurisprudencial, para estar caracterizada, deve alcançar as peculiaridades juridicamente relevantes ao caso. Se o suporte fático dos arestos paradigma não guarda similitude com o acórdão recorrido, do dissídio não se deve conhecer.

2. Recurso especial não conhecido.[14]

2015:
Agravo regimental. Agravo em recurso especial. Casamento. Regime de bens. Separação obrigatória de bens. Art. 258, II, do CC/16 (art. 1.641, II, CC/02). Súmula 284/STF. Partilha. Esforço comum. (...) 2. O recurso especial não é sede própria para rever questão referente à existência de prova de esforço exclusivo de um dos cônjuges para a constituição do acervo de bens adquiridos após o casamento na hipótese em que seja necessário reexaminar elementos fáticos. *Aplicação da Súmula 7/STJ. 3. No regime da separação obrigatória, comunicam-se os bens adquiridos onerosamente na constância do casamento, sendo presumido o esforço comum (Súmula 377/STF).* 4. Agravo regimental desprovido.[15]

2016:
Recurso especial. Civil e processual civil. Direito de família. Ação de nulidade de registro de casamento. Partilha de bens. Cônjuge sexagenário. Art. 258, II, do código civil de 1916. Regime de bens. Separação obrigatória ou legal. Súmula 377/STF. Desnecessidade de prova do esforço comum.

---

13. STJ: REsp 1.171.820/PR, 3ª Turma, Rel. Min. Sidnei Beneti, Rel. p/ Acórdão Min. Nancy Andrighi, j. em 07.12.2010, DJe 27.04.2011.
14. STJ: REsp 1.387.683/DF, 3ª Turma, Rel. Min. João Otávio de Noronha, j. em 06.08.2013, DJe 20.03.2014.
15. STJ: AgRg no AREsp 650.390/SP, 3ª Turma, Rel. Min. João Otávio de Noronha, j. em 27.10.2015, DJe 03.11.2015.

1. É obrigatório o regime de separação legal de bens no casamento quando um dos cônjuges, no início da relação, conta com mais de sessenta anos, à luz da redação art. 258, II, do Código Civil de 1916.

2. O regime da separação obrigatória de bens entre os sexagenários deve ser flexibilizado em razão da Súmula 377/STF, comunicando-se todos os bens adquiridos, a título oneroso, na constância da relação, independentemente da demonstração do esforço comum dos cônjuges.

3. Recurso especial provido para determinar a partilha dos aquestos a partir da data do casamento regido pelo regime da separação legal ou obrigatória de bens, conforme o teor da Súmula 377/STF.[16]

Finalmente, no ano de 2018, a Segunda Seção do Superior Tribunal de Justiça em julgamento paradigmático[17] afirmou a vigência da Súmula 377 do STF, mas conferiu-lhe uma interpretação diversa da até então manifestada. A ementa do julgado é esclarecedora e expressa ao afirmar que a *moderna compreensão* do enunciado se afeiçoa à necessidade de prova do esforço comum pela parte interessada à declaração do direito à meação decorrente da comunicabilidade patrimonial:

> Embargos de divergência no recurso especial. Direito de família. União estável. Casamento contraído sob causa suspensiva. Separação obrigatória de bens (CC/1916, art. 258, II; CC/2002, art. 1.641, II). Partilha. Bens adquiridos onerosamente. Necessidade de prova do esforço comum. Pressuposto da pretensão. Moderna compreensão da súmula 377/STF. Embargos de divergência providos. 1. Nos moldes do art. 1.641, II, do Código Civil de 2002, ao casamento contraído sob causa suspensiva, impõe-se o regime da separação obrigatória de bens. 2. No regime de separação legal de bens, comunicam-se os adquiridos na constância do casamento, desde que comprovado o esforço comum para sua aquisição. 3. Releitura da antiga Súmula 377/STF (No regime de separação legal de bens, comunicam-se os adquiridos na constância do casamento), editada com o intuito de interpretar o art. 259 do CC/1916, ainda na época em que cabia à Suprema Corte decidir em última instância acerca da interpretação da legislação federal, mister que hoje cabe ao Superior Tribunal de Justiça. 4. Embargos de divergência conhecidos e providos, para dar provimento ao recurso especial.[18]

De fato, se o regime da separação obrigatória de bens mostra-se desarrazoado com o ordenamento jurídico atual e incompatível com a autonomia da vontade e com o princípio da livre pactuação (CC 1.639),[19] a solução por certo não é transformá-lo em regime da comunhão parcial de bens, de forma imperativa, como vinha ocorrendo com a antiga acepção da Súmula 377.

Nessa linha, manifestou-se o Superior Tribunal de Justiça no acórdão paradigma: *a adoção da compreensão de que o esforço comum deve ser presumido (por ser a regra) conduz à ineficácia do regime da separação obrigatória (ou legal) de bens, pois, para afastar a presunção, deverá o interessado fazer prova negativa, comprovar que o ex-côn-*

---

16. STJ: REsp 1.593.663, 3ª Turma, Rel. Min. Ricardo Villas Bôas Cueva, j. em 13.09.2016, DJe 20.09.2016.
17. STJ: EREsp 1.623.858/MG, 2ª Seção, Rel. Min. Lázaro Guimarães (Desembargador convocado do TRF 5.ª Região), j. 23.05.2018, DJe 30.05.2018.
18. STJ: EREsp 1.623.858/MG, 2ª Seção, Rel. Min. Lázaro Guimarães (Desembargador Convocado do TRF da 5ª Região), j. em 23.05.2018, DJe 30.05.2018.
19. CC, 2002. Art. 1.639: É lícito aos nubentes, antes de celebrado o casamento, estipular, quanto aos seus bens, o que lhes aprouver.

juge ou ex-companheiro em nada contribuiu para a aquisição onerosa de determinado bem, conquanto tenha sido a coisa adquirida na constância da união. Torna, portanto, praticamente impossível a separação dos aquestos.

De outro lado, convém relembrar que a *ratio* patrimonial deste dispositivo (CC art. 1641) foi introduzido quando o regime legal era o da comunhão universal de bens, o qual *importa a comunicação de todos os bens presentes e futuros dos cônjuges e suas dívidas passivas, com as exceções do artigo seguinte* (CC art. 1.667).[20] Destarte, a restrição então imposta a homem maior de 60 anos e mulheres com mais de 50 anos encontrava maiores justificativas, porquanto a comunicabilidade operava-se tanto quanto aos bens passados, como àqueles amealhados na constância do relacionamento – mormente se considerados os valores sociais da época.[21]

Outrossim, o repudiado enriquecimento sem causa decorrente da adoção do regime obrigatório – e que se tentou evitar com a Súmula – é inexoravelmente casuístico, podendo ocorrer tanto na hipótese de uma comunicabilidade impositiva, como na exigência da prova do esforço comum. Não por outra razão, o acórdão paradigma afirmou a possibilidade de ser comprovada a colaboração não necessariamente patrimonial: *caberá ao interessado comprovar que teve efetiva e relevante (ainda que não financeira) participação no esforço para aquisição onerosa de determinado bem a ser partilhado com a dissolução da união (prova positiva).*

Não remanescem dúvidas de que, para os casos de casamentos e uniões estáveis sujeitos ao regime de separação obrigatória de bens, a comunicabilidade prevista na Súmula 377 do STF depende de prova do esforço comum – seja ela direta ou indireta –, devendo os Tribunais Estaduais adotar o entendimento vinculante da Corte Superior, frente à força da decisão paradigma (CPC, arts. 489, § 1º e 927 do CPC/2015).

Da mesma forma, em razão do alcance social gerado por esta guinada jurisprudencial, face à vinculação da decisão e à alteração da jurisprudência dominante do Superior Tribunal de Justiça a partir do ano de 2018 relativamente à interpretação da Sumula 377 do STF (EREsp 1.623.858-MG), forçoso reconhecer a necessidade de modulação dos efeitos da alteração levada a efeito em nome do interesse social e da segurança jurídica (CPC 927, § 3º).[22]

1. A mudança do entendimento jurisprudencial do Superior Tribunal de Justiça: *leading case* EREsp 1.623.858/MG e a modulação de efeitos da decisão paradigma

---

20. CC, 2002. Art. 1.667: O regime de comunhão universal importa a comunicação de todos os bens presentes e futuros dos cônjuges e suas dívidas passivas, com as exceções do artigo seguinte.
21. GOMES, Orlando. *Direito de Família*. 14. ed. Atual. Humberto Theodoro Júnior. Rio de Janeiro: Forense, 2002. p. 175-176.
22. CPC, 2015. Art. 927: Os juízes e os tribunais observarão: (...)
    § 3º Na hipótese de alteração de jurisprudência dominante do Supremo Tribunal Federal e dos tribunais superiores ou daquela oriunda de julgamento de casos repetitivos, pode haver modulação dos efeitos da alteração no interesse social e no da segurança jurídica.

A discussão travada no acórdão paradigma subjaz de uma decisão interlocutória proferida em sede de inventário, determinando ao inventariante, filho do falecido, que trouxesse aos autos a representação processual da cônjuge supérstite.[23] Esta, por sua vez, era madrasta do herdeiro e casada com o inventariado pelo regime da separação obrigatória de bens.

Inconformado, o inventariante agravou da decisão, sem êxito. A Corte mineira manifestou-se em acórdão assim ementado:

> Agravo de instrumento. Direito de família e sucessões. Inventário. Inclusão da viúva como meeira. Possibilidade. Regime legal de separação de bens. Artigo 1641, I, CC/2002. Incidência da Súmula 377 do STF. Comunhão dos bens adquiridos onerosamente na constância do casamento. Recurso não provido. Nas situações que envolvam o regime legal de separação de bens, nos termos do artigo 1641 do CC/2002, é aplicável o teor da súmula 377 do STF, garantindo a meação dos bens adquiridos onerosamente na constância do casamento, justificando, assim, a inclusão da viúva, meeira, no inventário.

Desta decisão foi interposto Recuso Especial que, conquanto conhecido, não foi provido pela Relatora Min. Nancy Andrighi em decisão unipessoal:

> Civil. Processual civil. Recurso especial. Inventário. Meação. Cônjuge supérstite. Separação legal de bens.
> O acórdão recorrido que adota a orientação firmada pela jurisprudência do STJ não merece reforma.
> Recurso especial conhecido e não provido (e-STJ fl. 383)

Interposto agravo interno da decisão monocrática, mais uma vez, o Superior Tribunal de Justiça não acolheu a tese, tendo a Terceira Turma confirmado o entendimento manifestado pela Relatora:

> Civil. Processual civil. Agravo interno em recurso especial. Inventário. Meação. Cônjuge supérstite. Separação legal de bens. 1. O acórdão recorrido que adota a orientação firmada pela jurisprudência do STJ não merece reforma. 2. Recurso não provido.[24]

Foram opostos embargos de divergência fundados na ocorrência de dissenso entre as turmas do STJ, assinalada ainda a divergência destas com julgamento proferido pela Segunda Seção do Superior Tribunal de Justiça, nos EREsp 1.171.820/PR, assim ementados:

---

23. TJMG: AI 1.0713.11.002469-0/001, Rel. Des. Dárcio Lopardi Mendes, j. 13.02.2014, DJe 19.02.2014. Decisão agravada: "Intime-se o inventariante a juntar aos autos a representação processual da Sra. Dalva. Isso porque, como o "de cujus" contraiu matrimônio sob o regime de separação obrigatória de bens, de acordo com certidão de fls. 21, em 09.07.2009, e o bem a ser inventariado foi adquirido em 03.12.2009, conforme registro público de fls. 28/33, fica visível que o bem foi adquirido na constância do casamento, sendo assim a Sra. Dalva concorre na sucessão legítima como meeira. Nesse sentido, o E. Tribunal de Justiça de Minas Gerais já decidiu que "De acordo com a Súmula 377 do Supremo Tribunal Federal, no regime de separação legal de bens, comunicam-se os adquiridos na constância do casamento".
24. STJ: AgInt no REsp 1.623.858/MG, 3ª Turma, Rel. Ministra Nancy Andrighi, j. em 05.12.2017, DJe 18.12.2017.

Embargos de divergência no recurso especial. Direito de família. União estável. Companheiro sexagenário. Separação obrigatória de bens (CC/1916, art. 258, II; CC/2002, art. 1.641, II). Dissolução. Bens adquiridos onerosamente. Partilha. Necessidade de prova do esforço comum. Pressuposto da pretensão. Embargos de divergência providos. 1. Nos moldes do art. 258, II, do Código Civil de 1916, vigente à época dos fatos (matéria atualmente regida pelo art. 1.641, II, do Código Civil de 2002), à união estável de sexagenário, se homem, ou cinquentenária, se mulher, impõe-se o regime da separação obrigatória de bens. 2. Nessa hipótese, apenas os bens adquiridos onerosamente na constância da união estável, e desde que comprovado o esforço comum na sua aquisição, devem ser objeto de partilha. 3. Embargos de divergência conhecidos e providos para negar seguimento ao recurso especial.[25]

O provimento dos EResp 1.623.858 – MG pela Segunda Seção do Superior Tribunal de Justiça culminou por assentar novo entendimento da Corte sobre o tema, emprestando uma nova interpretação à Súmula 377 do STF, qual seja, a de que no regime da separação obrigatória de bens o reconhecimento do direito à meação depende de prova do esforço comum.

Até este julgamento, ocorrido em 23.05.2018, o Superior Tribunal entendia que o esforço comum era absolutamente presumido na união estável e no casamento, em qualquer caso. Assim, trata-se de uma decisão que gera uma enorme mudança social, pois todos aqueles que pautaram a sua vida patrimonial, planejaram a sua sucessão e o próprio dia a dia financeiro serão atingidos por um novo comando.

Tal qual uma lei é aplicada com efeitos *ex nunc*, preservando as relações jurídicas que observaram o comando estatal até então em vigor, a mudança da jurisprudência albergada por uma súmula que vigorava desde o longínquo ano de 1964 também deve ter seus efeitos voltados para o futuro.

Inegável que a existência de uma Súmula do STF, sopesada às consolidadas diretrizes hermenêuticas quanto à sua aplicação, mais especificamente à presunção do esforço comum, gerava enorme segurança jurídica em seus "destinatários", que confiavam na orientação sedimentada.

Não se ignora que o Poder Judiciário, embora vinculado a seus precedentes, possa mudar de orientação, desde que o faça de maneira fundamentada e prime pela proteção da confiabilidade daqueles que geriram suas vidas com base na jurisprudência vigente.

Nas palavras de Humberto Ávila, *o próprio princípio da segurança jurídica não exige imobilidade – e, portanto, não afasta a mudança jurisprudencial. O problema, porém, não é a mudança em si, mas seus efeitos. Se ela surpreender o indivíduo que exerceu intensamente os seus direitos de liberdade e de propriedade confiando e podendo confiar na sua permanência, a mudança de orientação pode ter efeitos negativos expressivos.*[26]

E complementa o jurista: *A mudança jurisprudencial provoca um déficit de confiabilidade e de calculabilidade do ordenamento jurídico: se a orientação jurisprudencial*

---

25. STJ: EResp 1.171.820/PR, 2ª Seção, Rel. Ministro Raul Araújo, j. em 26.08.2015, DJe 21.09.2015.
26. ÁVILA, Humberto. *Teoria da Segurança Jurídica*. 4. ed. São Paulo: Malheiros, 2016. p. 483-484.

anterior não for mantida, haverá surpresa e frustação, abaladoras dos ideais de estabilidade e de credibilidade do ordenamento jurídico.[27]

Não há dúvidas de que todas as pessoas que vivenciaram em todos esses anos relacionamentos pautados pelo regime da separação obrigatória com a presunção do esforço comum foram surpreendidas com a quebra da base de confiança que possuíam.

Embora tenham agido legitimamente, esperando que seu comportamento fosse valorado de acordo com a orientação da época pautada na Súmula 377, foram bruscamente afetados, afastados da justa expectativa dos direitos que gozavam, em afronta ao princípio da segurança jurídica e aos postulados da lealdade, da boa-fé e da confiança legítima.

Basta pensar que muitas uniões mantidas pelo mesmo período, mas encerradas antes da guinada jurisprudencial tiveram desfechos absolutamente diversos.

Conforme leciona Humberto Ávila,[28] o Poder Judiciário deve mudar seus entendimentos a fim de acompanhar as mudanças da sociedade. Porém deve fazê-lo de forma estruturada e suave, respeitando às decisões anteriores e às pessoas que nelas se pautaram em suas ações e escolhas.

Assim, buscando conciliar a necessidade de alteração da jurisprudência com o princípio da proteção da confiança, os Tribunais Superiores podem – e devem – utilizar a modulação dos efeitos da decisão, conforme disposto no artigo 927, § 3º, do Código de Processo Civil, que dispõe: *Na hipótese de alteração de jurisprudência dominante do Supremo Tribunal Federal e dos tribunais superiores ou daquela oriunda de julgamento de casos repetitivos, pode haver modulação dos efeitos da alteração no interesse social e no da segurança jurídica.*

Nesse sentido, lecionam Marinoni, Arenhart e Mitidiero que, *para proteção da confiança depositada no precedente e da igualdade de todos perante a ordem jurídica, a superação do precedente normalmente é sinalizada (signaling) pela Corte e, em outras, a eficácia da superação do precedente só se realiza para o futuro (prospective overruling – como prevê expressamente o art. 927, § 3º, CPC).*[29]

Conforme já explanado, até o julgamento do EREsp 1.623.858-MG, em 23.05.2018, o Superior Tribunal entendia que o esforço comum era absolutamente presumido na união estável e no casamento, em qualquer caso. Com o julgamento desses embargos de divergência, o Tribunal da Cidadania passou a considerar necessária a comprovação do esforço comum para a comunicabilidade dos aquestos.[30]

---

27. ÁVILA, Humberto. *Teoria da Segurança Jurídica*. 4. ed. São Paulo: Malheiros, 2016. p. 484.
28. ÁVILA, Humberto. *Teoria da Segurança Jurídica*. 4. ed. São Paulo: Malheiros, 2016. p. 483.
29. MARINONI, Luiz Guilherme; ARENHART, Sergio Cruz; MITIDIERO, Daniel. *Novo Código de Processo Civil comentado*. 2. ed. São Paulo: Ed. RT, 2016. p. 993.
30. STJ: EREsp 1.623.858/MG, 2ª Seção, Rel. Min. Lázaro Guimarães (Desembargador Convocado do TRF da 5ª Região), j. em 23.05.2018, DJe 30.05.2018.

Por força unicamente dessa guinada jurisprudencial todas as uniões regidas pelo regime da separação legal com a presunção do esforço comum, ou seja, com a certeza de que os bens amealhados na constância da união seriam partilhados independentemente de prova do esforço comum, passam a precisar voltar ao passado, a fim de buscar provas que muitas vezes jamais foram produzidas, sem ter condições de fazer outros arranjos ou escolhas.

Não se trata de defender a manutenção *ad eternum* de um entendimento outrora dominante de um Tribunal, mas de preservar a segurança jurídica, a boa-fé e a confiança daqueles que pautaram suas vidas na jurisprudência albergada por uma Súmula, o que seria assegurado pela modulação dos efeitos da decisão quando do julgamento do *leading case* referido, com a sua aplicação a partir do entendimento lá firmado, conforme autorizado pelo art. 927, § 3º, do CPC.

A modulação também pode se dar de forma tardia, como já realizado pelo Supremo Tribunal Federal quando do julgamento do segundo agravo regimental no RE com agravo 951.533:

> Segundo agravo regimental em recurso extraordinário com agravo. Repetição ou compensação do indébito de tributo declarado inconstitucional. Prazo prescricional. Termo inicial. Marcos jurígenos para contagem do prazo prescricional. Legislação infraconstitucional. Afronta reflexa. Segurança jurídica. Ausência de inércia. Regra de adaptação. Possibilidade de aplicação. 1. Os marcos jurígenos para a contagem do prazo prescricional do direito do contribuinte estão dispostos no Código Tributário Nacional. A jurisprudência da Corte, há muito, pacificou o entendimento de que a questão envolvendo o termo inicial para a contagem do prazo prescricional para a repetição de indébito referente a tributo declarado inconstitucional pelo Supremo Tribunal Federal é de natureza infraconstitucional, não ensejando a abertura da via extraordinária. 2. Estando um direito sujeito a exercício em determinado prazo, seja mediante requerimento administrativo ou, se necessário, ajuizamento de ação judicial, urge reconhecer-se eficácia à iniciativa tempestiva tomada por seu titular nesse sentido, pois isso é resguardado pela proteção à confiança. 3. Impossibilidade de aplicação retroativa de nova regra de contagem de prazo prescricional às pretensões já ajuizadas e em curso, por força do primado da segurança jurídica. 4. Agravo regimental provido para, conhecendo-se do agravo no recurso extraordinário, dar-se provimento ao apelo extremo, a fim de se restabelecer o acórdão do Tribunal Regional Federal da 2ª Região.[31]

O STF enfrentou a modulação dos efeitos de um *leading case* em um outro julgamento com base no princípio da segurança jurídica, conforme bem colocado pelos Ministros Dias Toffoli e Ricardo Lewandowski: *a aplicação imediata da nova jurisprudência do STJ fixando novos marcos prescricionais a partir de 2004 significou aplicar-se retroativamente a nova regra de contagem do prazo prescricional às pretensões já ajuizadas em curso, com ofensa, em meu entender, ao primado da segurança jurídica.*[32]

---

31. STF: ARE 951.533 AgR-segundo, 2ª Turma, Rel. Min. Gilmar Mendes, Rel. p/ Acórdão Min. Dias Toffoli, j. em 12.06.2018, DJe 24.10.2018.
32. STF: ARE 951.533 AgR-segundo, 2ª Turma, Rel. Min. Gilmar Mendes, Rel. p/ Acórdão Min. Dias Toffoli, j. em 12.06.2018, DJe 24.10.2018. Voto Min. Dias Toffoli.

Dessa forma, em situações em que casamentos ou uniões estáveis foram pautados na garantia de um entendimento anteriormente consolidado, de que a Súmula 377 do STF seria interpretada no sentido de que não haveria necessidade de comprovação do esforço comum para a partilha dos bens amealhados em uniões regidas pelo regime da separação obrigatória de bens, totalmente indevido e injusto violar essa expectativa.

A modulação, concomitante ao *leading case* (EREsp 1.623.858/MG) ou tardia, era a solução que se esperava em um julgamento de tamanha magnitude e alcance social, mantendo-se o entendimento vigente à época da união, qual seja, a comunicabilidade dos aquestos, independentemente de prova do esforço comum.

3. CONCLUSÃO

Tribunais Superiores têm a importante função de permitir a evolução e uniformização da aplicação das normas e regras jurídicas, assegurando, especialmente em matérias familiares, a conformação de valores sociais, na medida em que a sociedade muda. Cuida-se de um fundamental e essencial mecanismo a contrabalancear a ausência de leis mais atentas à realidade da vida.

Esta enorme responsabilidade deve ser usada com cautela, para que a oxigenação advinda da evolução da jurisprudência vinculante não prejudique a segurança jurídica, ou seja, para que permaneçam respeitados os direitos pretéritos e a justa expectativa neles depositada.

A modulação dos efeitos da decisão é o mecanismo que permite o perfeito funcionamento do ordenamento jurídico. É a engrenagem que assegura o seu equilíbrio, permitindo o diálogo entre o passado e o futuro, entre a expectativa de direito e a inovação, entre a confiança e a adequação.

No caso em análise este importante recurso é a solução que não veio.

O *leading case* em análise passou a exigir a prova do esforço comum para as uniões regidas pela separação obrigatória de bens, e todas as pessoas que se pautaram na aplicação coesa da Súmula 377 do STF ao longo de cinquenta e quatro anos se veem, agora, em uma enorme insegurança jurídica.

Se de um lado o acórdão paradigma inaugurou um novo viés jurídico ao regime da separação obrigatória de bens, de outro olvidou-se de primar pela estabilidade das regras que embasaram casamentos e uniões estáveis enlaçados pela anterior acepção aplicada.

A possibilidade de modulação tardia é a solução esperada daqueles que aguardam do Tribunal da Cidadania uma voz não apenas uníssona, mas igualmente isonômica, sem descurar dos direitos já consolidados pelo tempo.

4. REFERÊNCIAS

ÁVILA, Humberto. *Teoria da Segurança Jurídica*. 4. ed. São Paulo: Malheiros, 2016.

DIAS, Maria Berenice. *Manual de Direito das Famílias*. 15. ed. Salvador: JusPodivm, 2022.

GOMES, Orlando. *Direito de Família*. 14. ed. Atual. Humberto Theodoro Júnior. Rio de Janeiro: Forense, 2002.

MARINONI, Luiz Guilherme; ARENHART, Sergio Cruz; MITIDIERO, Daniel. *Novo Código de Processo Civil comentado*. 2. ed. São Paulo: Ed. RT, 2016.

TEPEDINO, Gustavo. *Fundamentos do direito civil*: direito de família. 3. ed. Rio de Janeiro: Forense, 2022.

A OPÇÃO POR REGIME MAIS RESTRITIVO EM PACTO ANTENUPCIAL CELEBRADO POR PESSOAS MAIORES DE 70 ANOS DE IDADE

Giuliana Monnerat Capparelli Dáquer

Cursando o décimo período de Direito na Pontifícia Universidade Católica. Estagiária na Defensoria Pública do Estado do Rio de Janeiro junto à Câmara Criminal, Órgão Especial e Conselho da Magistratura – de fevereiro de 2019 até janeiro de 2021.

Aprovada no Exame de Ordem da OAB.

Katya Maria De Paula Menezes Monnerat

Pós-graduação em Direito Penal e Criminologia – IBCCRIM – Universidade Coimbra. Pós-graduação em Direito Penal na Universidade Gama Filho (1988/1990). Bacharel em Direito da Universidade Gama Filho (1981/1985). Professor palestrante da EMERJ. Presidente do Fórum Permanente de Direito de Família da EMERJ – 2010/2022. Desembargadora do Tribunal de Justiça do Estado do Rio de Janeiro. Promotora de Justiça na comarca de São João da Barra atuando na área Cível e Criminal. (julho 1991). Magistrada no Estado do Rio de Janeiro (dez. 1991 até ago. 2009). Advogada.

Sumário: 1. Introdução – 2. A importância do regime de bens – 3. Pacto antenupcial – 4. Regime da separação de bens – 5. Súmula 377 do E. Supremo Tribunal Federal – 6. Pacto antenupcial pode restringir o regime da separação de bens – evolução jurisprudencial – 7. Considerações finais – 8. Referência.

1. INTRODUÇÃO

O instituto básico do Direito das Famílias é o casamento, na maioria dos casos. O conceito de família conjugal no Direito esteve restrito ao casamento até a Constituição da República de 1988, que, no art. 226, traz o conceito plural de constituições de família: com o casamento, a união estável e qualquer dos pais que vivam com seus descendentes (família monoparental), e novas estruturas parentais e conjugais em curso, como as famílias mosaico, famílias geradas por meio de processos artificiais, famílias recompostas, famílias simultâneas, famílias homoafetivas, filhos com dois pais e/ou duas mães, parcerias de paternidade, e diversas representações sociais atuais e em curso.[1] Ou seja, o casamento é uma das formas de se constituir família, mas não significa que seja melhor ou superior às outras, como ressalta Rodrigo da Cunha Pereira.

---

1. PEREIRA, Rodrigo Da Cunha. *Dicionário de direito de família e sucessões ilustrado*, p. 287.

O princípio da indissolubilidade do casamento foi rompido com a Lei do Divórcio, a Lei 6.515 de 1977. E, desde a Resolução 175 de 14.05.2013, do CNJ,[2] o casamento pode ser feito entre pessoas do mesmo sexo.[3]

A importância do casamento antecede a sua celebração e seus efeitos alcançam as relações entre os cônjuges, os deveres recíprocos, a criação e assistência material recíproca e da prole, o patrimônio, a alienação de bens, direitos sucessórios etc. Na doutrina, há quem entenda a natureza jurídica do casamento como instituição social,[4] um contrato,[5] um contrato de direito de família,[6] um ato jurídico complexo e solene sem natureza contratual,[7] um negócio jurídico,[8] mas tais conceitos não alcançam a complexidade do casamento, que extrapola a patrimonialidade e a manifestação de vontades. E concordamos com Anderson Schreiber que, "a noção atual de casamento gravita, portanto, em torno do objetivo de comunhão de vida, não como união de pessoas em uma só carne (o caro uma do direito canônico), mas como realização pessoal de cada um dos cônjuges em sua satisfação recíproca. Valoriza-se a chamada *affectio maritalis*, que pode ser definida como uma relação de afeto de existência

---

2. "O PRESIDENTE DO CONSELHO NACIONAL DE JUSTIÇA, no uso de suas atribuições constitucionais e regimentais,
    Considerando a decisão do plenário do Conselho Nacional de Justiça, tomada no julgamento do Ato Normativo nº 0002626-65.2013.2.00.0000, na 169ª Sessão Ordinária, realizada em 14 de maio de 2013;
    Considerando que o Supremo Tribunal Federal, nos acórdãos prolatados em julgamento da ADPF 132/RJ e da ADI 4277/DF, reconheceu a inconstitucionalidade de distinção de tratamento legal às uniões estáveis constituídas por pessoas de mesmo sexo;
    Considerando que as referidas decisões foram proferidas com eficácia vinculante à administração pública e aos demais órgãos do Poder Judiciário;
    Considerando que o Superior Tribunal de Justiça, em julgamento do RESP 1.183.378/RS, decidiu inexistir óbices legais à celebração de casamento entre pessoas de mesmo sexo;
    Considerando a competência do Conselho Nacional de Justiça, prevista no art. 103-B, da Constituição Federal de 1988;
    RESOLVE:
    Art. 1º É vedada às autoridades competentes a recusa de habilitação, celebração de casamento civil ou de conversão de união estável em casamento entre pessoas de mesmo sexo.
    Art. 2º A recusa prevista no artigo 1º implicará a imediata comunicação ao respectivo juiz corregedor para as providências cabíveis.
    Art. 3º Esta resolução entra em vigor na data de sua publicação."
3. PEREIRA, Rodrigo da Cunha, idem, p. 140-142.
4. PEREIRA, Caio Mario da Silva. *Instituições de Direito Civil*. 14. ed. Rio de Janeiro: Forense, 2004, v. V, p. 56; MONTEIRO, Washington de Barros, SILVA, Regina Beatriz Tavares. *Curso de Direito Civil*: Direito de Família. 43. ed. São Paulo: Saraiva, 2016, v. 2, p. 61; DINIZ, Maria Helena. *Curso de Direito Civil brasileiro*: Direito de Família. 26. ed. São Paulo: Saraiva, 2011, v. 5, p. 56.
5. BEVILAQUA, Clovis. *Direito da Família*. 9. ed. Rio De Janeiro: Freitas Bastos, 1958, p. 34; GOMES, Orlando. *Direito de Família*. 14. ed. Rio de Janeiro: Forense, 2002, p. 57; VIANA, Marco Aurelio de Sá. *Curso de Direito Civil*: Direito de Família. Belo Horizonte: Del Rey, 1993, v. 2, p. 29.
6. RODRIGUES, Silvio. *Direito Civil*. 27. ed., por Francisco José Cahali, com anotações ao Novo Código Civil. São Paulo: Saraiva, 2002, v. 6, p. 21.
7. WALD, Arnold. *O novo Direito de Família*. 16. ed. São Paulo: Saraiva, 2005, p. 88.
8. VENOSA, Silvio de Salvo. *Direito Civil*. família e sucessões. 20. ed. São Paulo: Atlas, v. 5, p. 30.

'mais concreta, sendo provada quotidianamente, o que novamente revela um modelo jurídico de família mais preocupado com os sujeitos do que com o conjunto.'"[9]

2. A IMPORTÂNCIA DO REGIME DE BENS

O casamento, portanto, produz efeitos jurídicos pessoais e patrimoniais. Os efeitos jurídicos patrimoniais ou econômicos serão tratados conforme o regime de bens adotado no casamento.

O Código Civil prevê quatro tipos de regimes de bens cujas normas disciplinam a sociedade conjugal, a propriedade dos bens, a sua administração, o gozo, a disponibilidade, as obrigações dos cônjuges em igualdade de condições (art. 1.642 do Código Civil). O sustento da família é encargo da sociedade conjugal com os rendimentos de cada cônjuge, conforme o esforço de cada um ou mediante o patrimônio criado para suprir as necessidades de sustento da composição familiar.[10] A sociedade conjugal econômica está firmada em dois conceitos: o de separação e o de comunidade de bens, que exclui ou inclui bens com origem anterior ao casamento.

O art. 1.639, § 1º, do Código Civil estabelece o marco inicial para incidirem as regras do regime de bens, na data da celebração do matrimônio (art. 1.514 do Código Civil). E deixam de produzir efeitos os regimes de bens do casamento, definitivamente, por ocasião da separação ou do divórcio (art. 1.576 do Código Civil). A jurisprudência vem entendendo que a separação de fato definitiva põe fim à comunicabilidade de bens apesar do regime de bens produzir outros efeitos até o término oficial da relação. E corrobora tal entendimento os art. 1.723, § 1º, e art. 793 do Código Civil, que autorizam o cônjuge separado de fato em união estável, constituir seguro em favor do companheiro. O pacto antenupcial não pode alterar o termo inicial do regime de bens (a data da celebração do matrimônio – art. 1.514 do Código Civil), eis que as estipulações não podem retroagir ou suceder ao casamento ante a sua relação de acessoriedade (art. 1.635 do Código Civil). E qualquer relação jurídica de índole patrimonial celebrada pelos casados sob a égide do Código Civil de 1916 revogado atrairá a incidência das normas nele prescritas.[11]

3. PACTO ANTENUPCIAL

Antes da celebração do casamento, no processo de habilitação (arts. 1525/1532 do Código Civil), podem os nubentes estipular, por escritura pública, um dos quatro regimes de bens previstos no Código Civil que lhes aprouver (art. 1.640, parágrafo único). Os nubentes podem modificar o regime, combinar os regimes entre si, e

---

9. SCHREIBER, Anderson. *Manual de Direito Civil Contemporâneo*. 4. ed. 2. tir. São Paulo: Saraiva, 2021, p. 956.
10. MADALENO, Rolf. Do regime de bens entre os cônjuges. In: DIAS, Maria Berenice; PEREIRA, Rodrigo da Cunha (Coord.) *Direito de família e o novo Código Civil*. 3. ed. Belo Horizonte: Del Rey, 2003, p. 192-193.
11. CALMON, Rafael. *Partilha de Bens na separação, no divórcio e na dissolução da união estável* – aspectos materiais e processuais. 2. ed. São Paulo: Saraiva, 2018, p. 61.

formar nova espécie de regime, adotar um regime e, com referência a determinados bens escolher outro, ou, ainda, escolher um regime de bens para vigorar durante determinado tempo, alterando-se a partir de data certa ou evento incerto, estipular livremente a auto-regulamentação dos bens particulares e dos bens adquiridos durante o casamento. Os nubentes, podem disciplinar no pacto antenupcial questões não patrimoniais. O limite das estipulações no pacto antenupcial é não afrontar a lei – pois será nula a convenção ou cláusula que contrariar disposição absoluta da lei (art. 1.655 do Código Civil),[12] violar a dignidade da pessoa dos cônjuges, afrontar o princípio da isonomia, transgredir a função instrumental da família no desenvolvimento da pessoa humana e a necessidade de proteção do livre exercício da sua autonomia existencial.[13]

Porém, o Código Civil, no art. 1.641, I, II e III, impõe o regime obrigatório da separação de bens. E, no caso de não existir pacto antenupcial, ou ser nula ou ineficaz a estipulação, o regime legal da comunhão parcial de bens irá vigorar (art. 1.640 do Código Civil).

O pacto antenupcial é ato solene e será nulo se não formalizado por escritura pública (art. 1.653 do Código Civil) e, sendo convenção acessória, será ineficaz se não for seguido da celebração do casamento, eis que vigora a partir da data do casamento (art. 1.639, § 1º, e art. 1.653 *in fine* do Código Civil), sua condição suspensiva. O prazo para que o matrimônio seja celebrado – de 90 dias para a sua celebração – não se aplica à convenção pré-nupcial.

É possível que o pacto antenupcial, além de disciplinar o regime de bens, estipule doações entre os cônjuges e entre eles e terceiros.[14] Maria Berenice Dias ressalta que, para ser válida a doação, é necessária cláusula de incomunicabilidade, consignação expressa de que o bem doado ficará exclusivamente para o donatário (art. 1.668, IV do Código Civil). Todavia, terceiros podem participar da lavratura do ato e fazer doações de bens ao casal.

Se um dos nubentes ou ambos forem menores entre dezesseis e dezoito anos de idade, podem celebrar o contrato antenupcial, com a assistência dos pais, salvo as hipóteses de regime obrigatório de separação de bens, nos casos em que for preciso suprimento judicial de idade para casar ou suprimento judicial de consentimento (art. 1.654 do Código Civil). Enquanto, para o casamento, é necessária a concordância de ambos os genitores ou assistentes do adolescente (art. 1517 do Código Civil), para a ratificação do pacto antenupcial, basta a aprovação de apenas um deles (art. 1654 do Código Civil), pois qualquer dos pais representa o filho menor. A aprovação do pacto antenupcial não pode ser suprida pelo juiz.

---

12. DIAS, Maria Berenice. *Manual de Direito das Famílias*. Porto Alegre: Livraria Do Advogado, 2005, p. 219-221.
13. SCHREIBER, Anderson. *Manual de Direito Civil contemporâneo*. 4. ed. 2. tir. São Paulo: Saraiva, 2021, p. 966-967.
14. DE FARIAS, Cristiano Chaves, ROSENVALD, Nelson. *Direito das Famílias*. 3. ed. Rio de Janeiro: Lumen Juris, 2011, p. 315-322.

O pacto antenupcial deve constar do assento do casamento, bem como o regime de bens (art. 1.536, VII, do Código Civil). E, para ter efeito perante terceiros, o pacto antenupcial deve ser registrado no cartório do registro de imóveis (Lei de Registros Públicos, Lei 6.515, de 31.12.1973, art. 167, I, 12) do domicílio dos cônjuges (art. 1.657 do Código Civil), devendo ser averbado tanto no cartório do registro de imóveis de todos os bens imóveis particulares dos nubentes como no cartório do registro de imóveis dos bens imóveis adquiridos pelos cônjuges durante o casamento (Lei de Registros Públicos, Lei 6515, de 31.12.1973, art. 167, II, 1).[15]

4. REGIME DA SEPARAÇÃO DE BENS

O regime de separação de bens é, como escreveu Paulo Lôbo, "o mais simples dos regimes matrimoniais de bens".[16] Caracteriza-se pela inexistência de um patrimônio comum, pela incomunicabilidade dos bens, ocorrendo a convivência de dois patrimônios particulares – sem um terceiro grupo composto por bens adquiridos pelos cônjuges após o casamento, como na comunhão parcial. Disto, decorre que um dos cônjuges pode alienar ou gravar um bem integrante de seu patrimônio particular sem a necessidade do aval do outro – afinal, isto consiste em bem que pertence exclusivamente a um dos cônjuges, sem direito do outro à meação, sendo a disposição de coisa própria.

Ao mesmo tempo, como adverte Rodrigo da Cunha Pereira, "isto não significa que não haja o dever de mútua assistência, inclusive material",[17] o qual continua sendo dever decorrente do matrimônio. Washington De Barros Monteiro esclarece que as dívidas anteriores ou posteriores ao casamento não se comunicam, mas aquelas contraídas para a aquisição das utilidades necessárias à economia doméstica, ou empréstimos para esse fim, se comunicam (art. 1.644 do Código Civil). E, consagrado o princípio constitucional da plena igualdade de direitos e deveres dos cônjuges, ambos são obrigados a contribuir para as despesas do casal na proporção dos rendimentos de seu trabalho e seus bens, salvo estipulação em contrário no pacto antenupcial (art. 1.688 do Código Civil). Casados sob o regime da separação de bens, a administração de seus bens caberá a cada cônjuge, podendo livremente alienar os bens móveis e imóveis (art. 1.687 do Código Civil).[18]

A separação obrigatória, além de poder ser eleita através de pacto antenupcial, é o regime legal obrigatório. Sua aplicação é compulsória, como prevê o art. 1.641, Código Civil, para as pessoas que contraírem casamento com causas suspensivas (aquelas contidas no rol do art. 1.523, Código Civil), os maiores de setenta anos e todos aqueles que dependerem de autorização judicial para casarem-se. E, para coibir a fraude à separação obrigatória de bens, o Código Civil, no art. 977, impede a

---
15. DIAS, Maria Berenice. Op. cit., p. 221.
16. LÔBO, Paulo. *Direito Civil*. 10. ed. São Paulo: Saraiva, 2020, v. 5: Famílias, p. 378.
17. PEREIRA, Rodrigo da Cunha. *Direito das Famílias*. Rio de Janeiro: Forense, 2020. p. 160.
18. MONTEIRO, Washington De Barros, op. cit., p. 326-327.

contratação de sociedade entre si e terceiros, quando faculta aos cônjuges "contratar sociedade, entre si e terceiros, desde que não tenham casado no regime da comunhão universal ou separação obrigatória".[19] A restrição somente atinge pessoas casadas entre si e sócias na mesma pessoa jurídica. No entanto, esta regra não alcança as empresas constituídas antes da vigência do atual Código Civil, em respeito ao ato jurídico perfeito, art. 5º, XXXVI, da Carta Magna e ao comando do art. 2.035 do Código Civil de 2002.[20]

Washington De Barros Monteiro e parte da doutrina entendem que os efeitos do regime da separação obrigatória de bens são impostos por lei e não se permite às partes iludir a proibição legal mediante doações de um cônjuge ao outro, as quais anulariam o preceito gerando verdadeira comunhão de fato. Mas a doação de um cônjuge ao outro, casados sob o regime da separação obrigatória, vem sendo admitida pela jurisprudência (STJ – REsp 471958/RS).

O saudoso Zeno Veloso arremata sobre a possibilidade de haver doação entre os cônjuges, casados sob o regime da separação obrigatória, eis que não há norma expressa, permitindo ou proibindo o ato de liberalidade, e a jurisprudência admitiu esta doação.[21]

No mesmo sentido, Flavio Tartuce escreveu que, "como reforço à possibilidade de doação entre cônjuges no regime da separação legal, conclui-se, de modo majoritário, pela manutenção da Súmula 377 do Supremo Tribunal Federal, pela qual nesse regime comunicam-se os bens havidos durante o casamento, pelo esforço comum dos cônjuges (STJ, EREsp 1.623.858/MG, Segunda Seção, Rel. Min. Lázaro Guimarães (Desembargador convocado do TRF 5ª Região), j. 23.05.2018, DJe 30.05.2018). Ora, se há comunicação patrimonial, mais uma vez se constata que a separação não é tão obrigatória, não havendo óbice para a doação de alguns bens. Em suma, não se pode presumir a fraude à lei nos casos em questão, como antes se sustentava".[22]

Com relação aos maiores de setenta anos, a lei, impedindo-os de eleger seu regime de bens, visa resguardar seu patrimônio. Tal imposição de um regime legal em razão da idade é altamente discriminatória.

Neste sentido, como escreveu Maria Berenice Dias:

> Trata-se, nada mais, nada menos, de mera tentativa de frear o desejo dos nubentes mediante verdadeira ameaça. A forma encontrada pelo legislador para evidenciar sua insatisfação frente à teimosia de quem desobedece ao conselho legal e insiste em realizar o sonho de casar é impor sanções patrimoniais, ou melhor, é retirar efeitos patrimoniais ao casamento.[23]

---

19. SCHREIBER, Anderson, op. cit., p. 970.
20. DE FARIAS, Cristiano Chaves, ROSENVALD, Nelson, op. cit., p. 332.
21. VELOSO, Zeno. *Direito hereditário do cônjuge e do companheiro*. São Paulo: Saraiva, 2010.
22. TARTUCE, Flávio. *Doação entre cônjuges no regime da separação obrigatória de bens*. Disponível em: https://www.migalhas.com.br/coluna/familia-e-sucessoes/366691/doacao-entre-conjuges-no-regime-da-separacao-obrigatoria-de-bens. Acesso em: 29 maio 2022.
23. DIAS, Maria Berenice. *Manual de Direito das Famílias*. 10. ed. São Paulo. Ed. RT, 2015. p. 326.

O objetivo de tal imposição da lei, como enuncia Rodrigo da Cunha Pereira, é a proteção dos vulneráveis, no entanto,

> muitas vezes ele provoca injustiças, especialmente nos casos de pessoas que se casaram com idades impostas por este regime. O CCB/2002 que reproduziu esta concepção do CCB/1916, esquecendo-se que as relações familiares do século XXI estavam muito diferentes das concepções do século anterior, deixando de fazer a necessária adaptação legislativa.[24]

De fato, tal disposição legal pode ter feito sentido no século XX, quando as condições de vida e a medicina eram completamente diversas das atuais, possibilitando uma vida mais longa. Hoje, setenta anos é uma idade na qual se podem exercer cargos na magistratura e nos demais Poderes do Estado, tomando decisões que influenciam diretamente o futuro da sociedade e do país, não havendo qualquer sentido que lhes seja vedado eleger seus próprios regimes de bens.

Nas palavras de Caio Mário da Silva Pereira:

> No entanto, esta regra não encontra justificativa econômica ou moral, pois que a desconfiança contra o casamento dessas pessoas não tem razão para subsistir. Se é certo que podem ocorrer esses matrimônios por interesse nestas faixas etárias, certo também que em todas as idades o mesmo pode existir. Trata-se de discriminação dos idosos, ferindo os princípios da dignidade humana e da igualdade.[25]

A proteção contra casamentos por interesse, como explicado por Caio Mário da Silva Pereira, não apresenta sentido, visto que qualquer pessoa, não importando sua faixa etária, pode ser sujeita a tal manobra. E, como sinaliza Maria Berenice Dias, esta vedação é uma "flagrante afronta ao Estatuto do Idoso":

> A limitação da vontade, em razão da idade, longe de se constituir em uma precaução (norma protetiva), se constituiu em verdadeira sanção. Somente quando o casamento é antecedido de união estável não vigora a odiosa restrição, podendo os noivos optar pelo regime de bens que desejarem.[26]

Nas demais hipóteses de incidência do regime legal obrigatório, a lei permite a mudança de regime de bens. Isto, no entanto, não se aplica com relação aos maiores de setenta anos, para os quais a disposição permanece absoluta, incidindo sobre eles uma "presunção *juris et de jure* de total incapacidade mental",[27] a qual, como anteriormente explicado, não apresenta nenhum respaldo.

Inclusive, considerando o ordenamento jurídico como um conjunto coerente, torna-se inconcebível que pessoas tidas como aptas para governar a República não possam exercer um simples ato de sua vida privada. Isto dá ensejo a um conflito entre normas, reconhecendo que são estabelecidos às mesmas pessoas

---

24. PEREIRA, Rodrigo da Cunha. Op. cit., p. 161.
25. PEREIRA, Caio Mário da Silva. *Instituições de Direito Civil*: Direito de Família. 28. ed. Rio de Janeiro: Forense, 2020, v. V, p. 230.
26. DIAS, Maria Berenice. Op. cit., p. 327.
27. DIAS, Maria Berenice. Op. cit., p. 328.

tratamentos diversos pela lei, criando-se uma antinomia entre a disposição do Código Civil e diversas normas permissivas em vigência. Sobre o assunto, segundo Norberto Bobbio:

> A coerência não é condição de validade, mas é sempre condição para a justiça do ordenamento jurídico. É evidente que quando duas normas contraditórias são ambas válidas, e pode haver indiferentemente a aplicação de uma ou de outra, conforme o livre-arbítrio daqueles que são chamados a aplicá-las, são violadas duas exigências fundamentais em que se inspiram ou tendem a inspirar-se os ordenamentos jurídicos: a exigência de certeza (que corresponde ao valor da paz ou da ordem) e a exigência de justiça (que corresponde ao valor da igualdade). Onde existem duas normas antinômicas, ambas válidas e, portanto, aplicáveis, o ordenamento jurídico não consegue garantir nem a certeza, entendida como possibilidade, por parte do cidadão, de prever com exatidão as consequências jurídicas da própria conduta, nem a justiça, entendida como o igual tratamento das pessoas que pertencem à mesma categoria.[28]

Como explicado por Bobbio, é forte o impacto de uma antinomia no ordenamento jurídico. No tema que analisamos, o conflito de normas acaba por gerar uma incerteza sobre qual seria a real capacidade civil de maiores de setenta anos, o que, como já mencionado, viola seus direitos fundamentais ao restringir injustificadamente seu livre arbítrio.

Além dos maiores de setenta anos, a aplicação do regime de separação obrigatória, também, dá-se para aqueles que contraem matrimônio com causas suspensivas, estas previstas no art. 1.523, Código Civil, que se reproduz a seguir:

> Art. 1.523. Não devem casar:
> I – o viúvo ou a viúva que tiver filho do cônjuge falecido, enquanto não fizer inventário dos bens do casal e der partilha aos herdeiros;
> II – a viúva, ou a mulher cujo casamento se desfez por ser nulo ou ter sido anulado, até dez meses depois do começo da viuvez, ou da dissolução da sociedade conjugal;
> III – o divorciado, enquanto não houver sido homologada ou decidida a partilha dos bens do casal;
> IV – o tutor ou o curador e os seus descendentes, ascendentes, irmãos, cunhados ou sobrinhos, com a pessoa tutelada ou curatelada, enquanto não cessar a tutela ou curatela, e não estiverem saldadas as respectivas contas.
> Parágrafo único. É permitido aos nubentes solicitar ao juiz que não lhes sejam aplicadas as causas suspensivas previstas nos incisos I, III e IV deste artigo, provando-se a inexistência de prejuízo, respectivamente, para o herdeiro, para o ex-cônjuge e para a pessoa tutelada ou curatelada; no caso do inciso II, a nubente deverá provar nascimento de filho, ou inexistência de gravidez, na fluência do prazo."

A obrigatoriedade do regime de separação de bens, neste caso, funciona como uma sanção para os casos em que for contraído matrimônio nas hipóteses que o Código Civil o desaconselha, indicando que "não devem casar". Assim, não há qualquer

---

28. BOBBIO, Norberto. *Teoria do ordenamento jurídico*. Trad. Ari Marcelo Solon. 2. ed. São Paulo: EDIPRO, 2017. p. 111.

invalidade para o casamento contraído com cláusulas suspensivas, somente, como escreveu Rodrigo da Cunha Pereira, a restrição de natureza patrimonial.[29]

No primeiro inciso do art. 1.523, Código Civil, o objetivo é, segundo Caio Mário Pereira, evitar a confusão de patrimônios, visando:

> [...] a lei evitar que se confunda o acervo patrimonial em que são interessados os filhos do primeiro leito com o que vai constituir o substrato econômico da sociedade conjugal recém-formada. E tem em vista, ainda, obstar que as novas afeições e criação da nova prole possam influenciar o bínubo, em detrimento dos filhos do antigo casal.[30]

Deste modo, salvaguarda-se o direito dos filhos da união anterior, potenciais herdeiros do patrimônio cuja partilha ainda não tiver sido realizada. Como sinaliza Caio Mário da Silva Pereira, este impedimento é temporário, visto que, uma vez partilhados os bens, desaparece a causa suspensiva.

O inciso III opera de igual maneira, determinando a restrição ao divorciado enquanto não tiverem sido partilhados os bens do casal. Neste caso protegem-se o direito do ex-cônjuge, assim como dos filhos do casal, enquanto não realizada a partilha.

Também, apresenta interesse patrimonial a causa suspensiva contida no inciso IV, que estabelece a restrição no caso de tutelado ou curatelado enquanto não cessada a tutela ou curatela e não estiverem saldadas as suas contas. O objetivo é a proteção de direitos patrimoniais de pessoa vulnerável.

Na hipótese do inciso II, evita-se a confusão de sangue, como enuncia Caio Mário Pereira, visto que, caso a mulher venha a ter um filho nos dez meses posteriores ao fim da sociedade conjugal ou início da viuvez, presume-se a paternidade do ex-cônjuge ou falecido. Esta causa suspensiva, no entanto, desaparece se provada a inexistência de gravidez, como escrito por Maria Berenice Dias.

Por fim, é importante indicar que as causas suspensivas dos incisos I, III e IV do art. 1.641 do Código Civil podem ser afastadas a requerimento dos cônjuges ao juiz, na forma do parágrafo único do art. 1.523, do Código Civil devendo ser demonstrada a inexistência de prejuízo a terceiros. Isto se justifica pelo simples fato de que, se não há qualquer prejuízo a ser evitado, a tutela visada pela imposição do art. 1.641, I, do Código Civil, perde seu objeto, tornando-se vazia e, por consequência, incapaz de justificar uma restrição à liberdade dos cônjuges.

Com relação à última hipótese em que é obrigatório o regime de separação de bens, a lei estabelece para o caso de todos que dependerem de suprimento judicial para contrair matrimônio. Estes, conforme o art. 1.553, do Código Civil, são os nubentes de idade entre dezesseis e dezoito anos, na hipótese de um ou ambos os genitores não conceder sua autorização para o menor casar-se. Sobre o tema, como explica Maria Berenice Dias:

---

29. PEREIRA, Rodrigo da Cunha. Op. cit., p. 123-124.
30. PEREIRA, Caio Mário da Silva. Op. cit., p. 121.

o juiz só supre o consentimento quando injustificável foi a negativa elos pais, acabam sendo punidos os noivos por uma resistência descabida elos genitores em concordar com as núpcias. Assim, injusto o regime ela incomunicabilidade dos bens, não havendo por que o Estado impor qualquer tipo ele punição quando a própria justiça chancelou a realização elo matrimônio.[31]

À primeira vista, pode parecer cabível e sensata esta restrição legal, impondo a separação de bens para o casamento de adolescentes, considerando suas idades e, portanto, suas vivências até o momento e as maturidades adquiridas até então. De fato, impediria, por exemplo, que jovens meninas com amplos patrimônios perdessem uma parcela significativa destes ao, pensando em filmes românticos e contos de fadas, serem iludidas em um casamento quando o suposto amor de sua vida mirava apenas nos efeitos econômicos da união. Assim, a separação universal protegeria a ingenuidade e a inexperiência da juventude, salvaguardando um patrimônio que poderia vir a ser mais bem gerido no futuro, quando seu detentor tiver adquirido maior responsabilidade e maturidade. Esta visão, por outro lado, quando se analisa a previsão legal e seu contexto, cai inteiramente por terra.

A ideia desta proteção legal não faz sentido de uma maneira similar àquela a respeito dos maiores de setenta anos: a questão da coerência do ordenamento jurídico. Como explicado por Maria Berenice Dias, é concedida autorização judicial para que o casamento possa ser realizado – então, como poderia uma união autorizada pela autoridade competente e devidamente aplicando a lei ao caso concreto receber tal restrição? Ademais, um dos efeitos do casamento neste caso é a emancipação, concedendo ao adolescente que o contrai toda a independência que necessita para a gestão de seu patrimônio. Assim, reconhecida toda esta autonomia de uma pessoa, é incoerente obstar a livre escolha de seu regime de bens.

O Código Civil modificou a ordem de vocação hereditária, atribuído ao cônjuge a posição de herdeiro necessário (art. 1.845) e direitos em concorrência com o descendente se casado em regime da separação convencional de bens (art. 1.829, I) e com ascendentes, independente do regime de bens (art. 1.829, II), enquanto não existem direitos sucessórios, ou seja, não concorre com os descendentes do morto o cônjuge sobrevivente casado no regime da separação legal ou obrigatória (art. 1.829, I). Mas, no caso de o falecido não deixar descendentes ou ascendentes caberá a totalidade de bens ao cônjuge supérstite, independente do regime de bens (art. 1.829, III e 1838). O Código Civil, art. 1831, atribui ao cônjuge sobrevivente casado no regime de separação de bens convencional ou obrigatória o direito real de habitação do imóvel destinado à residência da família, quando for o único dessa natureza a inventariar. O juiz pode nomear inventariante o cônjuge supérstite casado em qualquer regime de bens desde que tenha mantido a convivência conjugal ao tempo da morte (art. 616, I do Código de Processo Civil).[32]

---

31. DIAS, Maria Berenice. Op. cit., p. 328.
32. CARVALHO, Luiz Paulo Vieira de. *Direito Civil*. p. 286-287; MONTEIRO, Washington De Barros, op. cit., p. 329-333; NEVARES, Ana Luiza Maia. A sucessão do cônjuge casado no regime da separação total convencional de bens. In: HIRONAKA, Gizelda Maria Fernanda Novaes, TARTUCE, Flavio, SIMÃO, José

5. SÚMULA 377 DO E. SUPREMO TRIBUNAL FEDERAL

Feitas estas considerações iniciais, passa-se à análise da Súmula 377 do Supremo Tribunal Federal, que relativizou o regime de separação obrigatória, para evitar o enriquecimento sem causa por parte do marido ou da mulher. O enunciado, de 1964, estabelece que: "no regime de separação legal de bens, comunicam-se os adquiridos na constância do casamento."

Desta forma, descaracterizava-se o regime de separação de bens e transformava-se o regime em comunhão parcial, criando-se um terceiro grupo de bens, além dos patrimônios particulares de cada cônjuge, reunindo os bens adquiridos durante a união.

O artigo 258, parágrafo único, do Código Civil de 1916, que se reproduz a seguir, impunha o regime da separação obrigatória de bens:

> Art. 258. Não havendo convenção, ou sendo nula, vigorará, quanto aos bens, entre os cônjuges, o regime da comunhão universal.
>
> Parágrafo único. É, porém, obrigatório o da separação de bens no casamento:
>
> I. Das pessoas que o celebrarem com infração do estatuto no art. 183, n. XI a XVI (art. 216).
>
> II. Do maior de sessenta e da maior de cinquenta anos.
>
> III. Do órfão de pai e mãe, ou do menor, nos termos dos arts. 394 e 395, embora case, nos termos do art. 183, n. XI, com o consentimento do tutor.
>
> IV. E de todos os que dependerem, para casar, de autorização judicial (arts. 183, n. XI, 384, n. III, 426, n. I, e 453).

A previsão do art. 258, II, do Código Civil de 1916 era de aplicação obrigatória do regime de separação de bens no caso de homem maior de sessenta anos de idade e de mulher maior de cinquenta anos de idade, estabelecendo um tratamento diferenciado para cada um dos cônjuges. Esta disposição legal foi repetida no art. 1.641 do atual Código Civil, em três hipóteses em que não é possível a escolha do regime de bens pelos nubentes, sendo obrigatório o regime da separação de bens, mas restabeleceu no inciso II o respeito ao princípio constitucional da igualdade (art. 5º, I e art. 226, § 5º, da Constituição Federal) entre homem e mulher maiores de sessenta anos. Posteriormente, a lei 12.344 de 09.12.2010 alterou o art. 1.641, II, do atual Código Civil[33] estabeleceu a idade de setenta anos de idade para ambos os sexos. Todavia, persiste a discriminação em confronto com o art. 4º. da Lei 10.741 de 1º.10.2003, o Estatuto do Idoso,[34] ainda que a intenção do legislador tenha sido a de proteger o patrimônio do cônjuge.

Fernando (Coord.). *Aspectos controvertidos dos regimes de bens, direito de família e das sucessões, temas atuais*. Rio de Janeiro: Forense, São Paulo: Método, 2009.

33. Art. 1.641. É obrigatório o regime da separação de bens no casamento:

    I – das pessoas que o contraírem com inobservância das causas suspensivas da celebração do casamento;

    II – da pessoa maior de 70 (setenta) anos; (Redação dada pela Lei 12.344, de 2010)

    III – de todos os que dependerem, para casar, de suprimento judicial.

34. Art. 4º Nenhum idoso será objeto de qualquer tipo de negligência, discriminação, violência, crueldade ou opressão, e todo atentado aos seus direitos, por ação ou omissão, será punido na forma da lei.

O art. 259 do Código Civil De 1916 fazia distinção entre os regimes de separação absoluta de bens e separação parcial de bens, na hipótese de constar no pacto antenupcial, expressamente afastada a incidência do dispositivo legal:

> Art. 259. Embora o regime não seja da comunhão de bens, prevalecerão no silêncio do contrato, os princípios dela, quanto à comunicação dos adquiridos na constância do casamento.

Se o regime de separação de bens decorria de pacto antenupcial, os nubentes deveriam prescrever livremente a comunicabilidade ou não dos aquestos. E, no silêncio do contrato prevaleceria a comunhão, conforme previsto no dispositivo legal.

A Súmula 377 do Supremo Tribunal Federal foi editada na vigência do Código Civil de 1916, referindo-se ao artigo 259 do Código Civil de 1916, que tratava das convenções voluntárias ("no silêncio do contrato"). O fundamento da jurisprudência que deu origem a súmula é evitar o enriquecimento ilícito de um dos cônjuges, ante a imposição legal aos nubentes do regime de separação de bens e garantir a comunhão dos aquestos.

Silvio Rodrigues e parte da doutrina entendiam que o dispositivo legal havia sido revogado pela lei de divórcio, pois o regime legal deixou de ser o da comunhão universal de bens para a comunhão parcial de bens.[35] Por sua vez, Silvio de Salvo Venosa lembra que o art. 54 da lei de Divórcio, temporariamente, abriu a exceção para que os nubentes com vida em comum há mais de dez anos, até 28.06.1977, ou após essa data, mas com prole, pudessem escolher livremente o regime de bens do casamento.[36]

Silvio Rodrigues afirma que tal preceito não constava do Projeto Clóvis Beviláqua e destoa do sistema, eis que cada regime tem características próprias e o regime da separação de bens implica em não se comunicarem os bens adquiridos. Aplicada a regra, se os nubentes no pacto antenupcial escolhessem o regime de separação de bens, na realidade, o regime seria o da comunhão parcial de bens, salvo se expressamente fizessem constar que os bens adquiridos não se comunicariam.[37]

Após a revogação do Código Civil de 1916, discutiu-se a revogação da Súmula 377 do Supremo Tribunal Federal. Uma parte da doutrina entende que houve a revogação, eis que no Código Civil em vigor não foi reproduzido o texto do art. 259 do Código Civil de 1916. Apesar da controvérsia, os tribunais continuaram aplicando-o, e a interpretação do enunciado modificou-se ao longo dos anos, até a mais recente decisão do Superior Tribunal de Justiça, decidindo que a aplicação da Súmula 377

---

§ 1º É dever de todos prevenir a ameaça ou violação aos direitos do idoso.

§ 2º As obrigações previstas nesta Lei não excluem da prevenção outras decorrentes dos princípios por ela adotados.

35. RODRIGUES, Silvio, op. cit., p. 185.
36. VENOSA, Silvio de Salvo, op. cit., p. 368.
37. RODRIGUES, Silvio, op. cit., p. 186.

pode ser afastada pelos cônjuges através de disposição em pacto antenupcial (REsp 1.922.347/PR, 4 Turma, rel. Min. Luis Felipe Salomão, publicado em 1º.02.2022).

6. PACTO ANTENUPCIAL PODE RESTRINGIR O REGIME DA SEPARAÇÃO DE BENS – EVOLUÇÃO JURISPRUDENCIAL

A Súmula 377 do Supremo Tribunal Federal, como dito acima, se originou da jurisprudência, que nos casos concretos, atenuava as consequências do art. 259 do Código Civil de 1916 para os cônjuges casados sob o regime da separação de bens, que durante o casamento estabelecem uma sociedade de fato, uma *affectio societatis* com a aquisição de bens comuns à comunidade, e haveria enriquecimento indevido se apenas um dos cônjuges percebesse o ganho.

Silvio Rodrigues lembra que a Súmula 377 foi gerada no Supremo Tribunal Federal quando os julgados passaram a entender aplicável o art. 259 do Código Civil de 1916 tanto para a separação convencional como para a separação legal.[38] Caio Mario da Silva Pereira afirma que o Supremo Tribunal Federal orientou a aplicação da Súmula 377, de 11.05.1964, para a comunhão dos aquestos na hipótese de separação total de bens decorrente de imposição legal.[39]

Rolf Madaleno observa que,

> tem melhor assento a lição doutrinária que afasta a interpretação restritiva dada à Súmula 377 do STF, para reduzir os seus efeitos apenas às hipóteses do revogado artigo 259 do Código Civil de 1916, porque o regime imperativo da separação de bens das causas suspensivas do artigo 1.523 retira, em verdade, o direito de os nubentes pactuarem no regime convencional da separação de bens, que é a hipótese aventada pelo artigo 259. Contudo, a aplicação da Súmula 377 vai além dos casos do artigo 259, sendo que apenas este dispositivo não foi reeditado pela vigente codificação, mas que abarca por igual as hipóteses dos artigos 1.523 e 1.641 do Código Civil de 2002, que reprisaram situações de incidência obrigatória do regime de separação de bens, fazendo persistir o risco do enriquecimento sem causa, acaso o preceito sumular não seja aplicado às hipóteses lá vertidas.[40]

No Superior Tribunal de Justiça, havia o entendimento quanto à presunção do esforço comum, sem a avaliação da contribuição financeira, mas, na solidariedade do casal, a comunhão de vida, a família, fonte de êxito pessoal profissional de seus membros, "Não se exige a prova do esforço comum para partilhar o patrimônio adquirido na constância da união." (Superior Tribunal de Justiça, 3ª Turma, – REsp. 736.627/PR, rel. Min. Carlos Alberto Menezes Direito, j. 11.04.2006); e, no mesmo sentido, os julgados: "No regime da separação de bens comunicam-se os adquiridos na constância do casamento pelo esforço comum dos cônjuges (art. 259 CC/1916)." (Superior Tribunal de Justiça – 4ª Turma, REsp 442629/RJ, rel. Min. Fernando Gonçalves, j. 02.09.2003) Superior Tribunal de Justiça, 4ª Turma, REsp 154896/RJ, rel.

---

38. RODRIGUES, Silvio, op. cit., p. 189.
39. PEREIRA, Caio Mario Da Silva, op. cit., 28. ed., p. 232.
40. MADALENO, Rolf. *Direito de Família*, p. 168.

Min. Fernando Gonçalves, j. 20.11.2003; Superior Tribunal de Justiça, 3ª Turma, REsp 208640/RS, rel. Min. Carlos Alberto Menezes Direito, DJ 28.05.2001.

O Superior Tribunal de Justiça evoluiu a jurisprudência para, na vigência do Código Civil de 2002, aplicar a Súmula 377 do STF exigindo a prova do esforço comum, que transforma como já mencionamos, o regime de separação obrigatória de bens em outro regime similar ao da comunhão parcial, com a possibilidade de meação de aquestos. O entendimento atual do Superior Tribunal de Justiça é que, no regime de separação legal de bens, comunicam-se os bens adquiridos na constância do casamento, desde que comprovado o esforço comum para a sua aquisição (Embargos de Divergência em REsp. 1623858/MG, rel. Min Lázaro Guimarães, 2ª Seção, julgado em 23.05.2018, DJe 30.05.2018, e REsp. 1.752.883/GO, rel. Min. Ricardo Villas Bôas Cueva, 3ª Turma, julgado em 25.09.2018, DJe 1º.10.2018, AgInt nos EDcl no Recurso Especial 1.873.590/RS, 4ª Turma, rel. Min. Luis Felipe Salomão, julgado em 19.10.2020, e, no REsp. 1.616.207/RJ, da 3ª Turma, rel. Min. Moura Ribeiro, 17.11.2020).[41]

Os tribunais têm aplicado a Súmula e, assim, foi desvirtuado o regime da separação obrigatória de bens, ao determinar a comunicação dos aquestos, e por consequência, surge um regime semelhante ao da comunhão parcial, exigindo a partilha dos bens amealhados na constância da união. E, para garantir a efetiva separação de bens exigida pela lei, os nubentes precisam elaborar pacto antenupcial para afastar os efeitos da Súmula 377 do STF para alcançar o cumprimento da determinação legal de segregação dos bens. Na prática, muitos cartórios se negavam a lavrar pactos antenupciais para o afastamento da Súmula para ampliar os efeitos do regime da separação obrigatória, em verdadeira separação absoluta, em que os bens não se comunicam.

Esse entendimento foi pacificado no julgamento do REsp. 1.922.347, na Quarta Turma do STJ, rel. Min. Luis Felipe Salomão, que entendeu ser possível aos cônjuges sob separação obrigatória de bens estabelecerem, em acréscimo ao regime restritivo obrigatório, um pacto antenupcial convencionando também o regime convencional da separação total de bens, para afastarem a incidência da Súmula 377 do STF, segundo a qual, no regime de separação obrigatória – também chamado de separação legal –, comunica-se o patrimônio adquirido na constância do casamento.

7. CONSIDERAÇÕES FINAIS

O princípio da dignidade da pessoa humana (art. 1º, III, da Constituição Federal) traz diversos outros princípios, como a intervenção mínima, o princípio da autonomia privada e o da liberdade de escolha. O Direito das Famílias deve respeitar os princípios constitucionais. As pessoas livres e capazes podem contratar, manifestar livremente suas vontades sem a intervenção do Estado. A escolha do regime de

---

41. MADALENO, Rolf. *Direito de Família*, p. 166-167.

bens pelos nubentes é um direito patrimonial e disponível. Ao Estado não caberia interferir para regular a relação privada. Portanto indica a inconstitucionalidade.

Silvio Rodrigues ressalta que o art. 259 do Código Civil de 1916 não foi repetido no atual Código Civil "por ferir o princípio da autonomia da vontade, determinando a lei uma separação relativa, com comunhão de aquestos, mesmo se fosse estabelecido o regime de separação em pacto antenupcial".[42]

A escolha do regime de bens pelos nubentes é um direito patrimonial e disponível, englobado pela autonomia privada. Destarte, não seria cabível interferência do Estado para regular tal relação privada, indo além do que seria permitido pelo princípio da intervenção mínima e justificável pelas necessidades da sociedade em que vivemos.

Tal determinação legal infringe o direito à liberdade, especialmente, no que tange o princípio da livre estipulação, como informa Luiz Felipe Brasil dos Santos.[43] É retirada dos nubentes a prerrogativa legalmente assegurada de eleger seu regime de bens e de, se desejado, compor um novo regime conforme com seus interesses. Como visto, tal imposição é justificável nas hipóteses das causas suspensivas – algumas nas quais, inclusive, é possível seu afastamento –, porém não é cabível para os septuagenários pelo simples fato de sua idade.

Além de discriminatória, desconsiderando a capacidade do idoso, esta obrigatoriedade do regime de bens é feita de uma maneira incoerente com relação a diversas normas do ordenamento jurídico. A Súmula 377 traz mais uma imposição, relativizando o regime de separação de bens, porém o faz de modo impositivo, representando mais uma interferência do Estado na relação privada.

Esta intromissão vai além do que seria cabível atualmente. Como explica Rodrigo da Cunha Pereira, compete ao Estado apenas a tutela dos interesses da família e dos membros que a compõem, não realizar "uma intervenção direta e ostensiva".[44] Sinaliza o autor que "não se deve confundir, entretanto, essa tutela com o poder de fiscalização e controle, de forma a restringir a autonomia privada, limitando a vontade e a liberdade dos indivíduos".[45] A atuação do Estado, neste âmbito, seria, portanto, com o fim de "tutelar a família e dar-lhes garantias, inclusive de ampla manifestação de vontade e de que seus membros vivam em condições propícias à manutenção do núcleo afetivo".[46]

Assim, da mesma forma que merece constituir direito dos cônjuges a não opção pela separação de bens, agindo conforme sua autonomia da vontade e seu direito

---

42. RODRIGUES, Silvio, op. cit., p. 323.
43. SANTOS, Luiz Felipe Brasil. Autonomia de vontade e os regimes de bens matrimoniais. In: CHAVES, Adalgisa Wiedemann; WELTER, Belmiro Pedro; MADALENO, Rolf Hassen (Coord.). *Direitos fundamentais do direito de família*. Porto Alegre: Livraria Advogado Editora, 2004, p. 212.
44. PEREIRA, Rodrigo da Cunha. *Princípios fundamentais norteadores do direito de família*. 3. ed. São Paulo: Saraiva, 2016, p. 183.
45. PEREIRA, Rodrigo da Cunha. Op. cit., p. 183.
46. PEREIRA, Rodrigo da Cunha. Op. cit., p. 188.

de liberdade econômica, possibilitando-lhes a administração de seu patrimônio (ou seus patrimônios) segundo seus próprios interesses, não deveria ser-lhes imposto qualquer regime de bens. Se ambos os cônjuges são considerados aptos para proferir manifestação de vontade que constitua seu matrimônio, não resta justificativa que os impeça de administrar seus bens.

Embora as determinações legais apresentem um viés protetivo, com o fim de proteger os idosos, não é necessário neste aspecto. A proteção ao idoso é um princípio constitucional, como previsto no art. 230, Constituição Federal, e, como escreveu Tânia da Silva Pereira, "o idoso precisa da força protetora da lei para mantê-lo [o pleno reconhecimento de sua autonomia], diante de sua natural e crescente fragilidade com as complexas exigências da vida".[47] Este amparo, no entanto, não pode ir contra a sua dignidade, desconsiderando suas capacidades em vista de sua idade avançada, assim, explica a autora que:

> Para garantir a dignidade da pessoa humana, não basta a garantia de direitos; é preciso que todos olhem para o idoso como uma pessoa igual às demais e, por uma questão do próprio organismo humano, passa a ter certas limitações que não o tornam um inútil, mas sim uma pessoa que precisa de cuidado, assim como os adultos e as crianças também precisam.[48]

Em suma, não pode o idoso ser visto como um inválido pela sua idade avançada. Ressalta Pablo Stolze Gagliano, que

> Se existe receio de o idoso ser vítima de um golpe por conta de uma vulnerabilidade explicada por enfermidade ou deficiência mental, que seja instaurado procedimento próprio de interdição, mas disso não se conclua em favor de uma inadmissível restrição de direitos, simplesmente por conta da sua idade. Aliás, com 60 anos (como era o limite original do dispositivo), 70 anos (na atual redação) ou mais idade ainda, a pessoa pode presidir a República. Pode integrar a Câmara de Deputados. O Senado Federal. Poderia, ainda, no limite etário original de 60 anos, compor a mais alta Corte brasileira, na condição de ministro! E não poderia escolher livremente o seu regime de bens? Não podemos tentar encontrar razão onde ela simplesmente não existe. Nessa linha, concluímos pela completa inconstitucionalidade do dispositivo sob comento (art. 1.641, II), ainda não pronunciada, em controle abstrato, infelizmente, pelo Supremo Tribunal Federal.[49]

Aliás, como ressalta Flavio Tartuce, o Enunciado n. 125, da I Jornada de Direito Civil, propõe a revogação do art. 1.641, II, do Código Civil:

> a norma que torna obrigatório o regime da separação absoluta de bens em razão da idade dos nubentes (qualquer que seja ela) é manifestamente inconstitucional, malferindo o princípio da dignidade da pessoa humana, um dos fundamentos da República, inscrito no pórtico da Carta Magna (art. 1.º, inc. III, da CF/1988). Isso porque introduz um preconceito quanto às pessoas idosas que, somente pelo fato de ultrapassarem determinado patamar etário, passam a gozar da

---

47. PEREIRA, Tânia da Silva. *Proteção dos Idosos*. Tratado de Direito de Família; p. 346-347.
48. PEREIRA, Tânia da Silva. Op. cit., p. 349.
49. GAGLIANO, Pablo Stolze; PAMPLONA FILHO, Rodolfo Mario Veiga. *Novo curso de Direito Civil* – Direito de Família. 11. ed. São Paulo: Saraiva, 2021, v. 6, p. 379.

presunção absoluta de incapacidade para alguns atos, como contrair matrimônio pelo regime de bens que melhor consultar seus interesses.[50]

Há dois projetos de leis que propõem a revogação do art. 1.641, II, do Código Civil: em trâmite na Câmara dos Deputados e no Senado Federal, o Estatuto das Famílias, proposto pelo IBDFAM e no Senado Federal, o PL 209/2006, de autoria do Senador José Maranhão, amparado no parecer da Professora Silmara Juny Chinellato, Titular da USP.[51]

Na doutrina há praticamente unanimidade de entendimento quanto à inconstitucionalidade do art. 1641, II do Código Civil. Zeno Veloso alerta que um número impressionante de doutrinadores poderia ser invocado em controle difuso de constitucionalidade para afastar a incidência e aplicação do art. 1641, cujo efeito prático seria afasta a restrição e o casamento teria o regime da comunhão parcial de bens, inclusive quanto ao direito hereditário entre os cônjuges.[52]

A inconstitucionalidade do art. 1641, II do Código Civil como dito é evidente, mas o comando é contraditório não só com o Estatuto do Idoso, Lei 10.741/2003, mas com o mesmo Código Civil quanto à capacidade civil alcançada em regra, com a maioridade, a partir dos dezoito anos e, para os menores, nas hipóteses previstas em lei. No rol taxativo das hipóteses de incapacidade, absoluta e relativa, dos artigos 3º e 4º do Código Civil, não está prevista a capacidade relativa aos maiores de setenta anos de idade, portanto, não se perde a capacidade de fato com o implemento da idade.

8. REFERÊNCIAS

BEVILAQUA, Clovis. *Direito da Família*. 9. ed. Rio de Janeiro: Freitas Bastos, 1958.

BOBBIO, Norberto. *Teoria do ordenamento jurídico*. Trad. Ari Marcelo Solon. 2. ed. São Paulo: EDIPRO, 2017.

BRASSOLOTO, Maria Julia Buoro e CECCATTO, Michele Cristina Montenegro Schio. Inconstitucionalidade do artigo 1641, II, do Código Civil. *Revista Jurídica*, v. 16, n. 1, p. 45-72, Rio Claro, jan./dez. 2018. Disponível em? http//intranet.redeclaretiano.edu.br. Acesso em: 1º jun. 2022.

CALMON, Rafael. *Partilha de bens na separação, no divórcio e na dissolução da união estável* – aspectos materiais e processuais. 2. ed. São Paulo: Saraiva, 2018.

CARVALHO, Luiz Paulo Vieira De, Direito Civil, DE FARIAS, Cristiano Chaves, ROSENVALD, Nelson. *Direito das Famílias*. 3. ed. Rio de Janeiro: Lumen Juris, 2011.

DIAS, Maria Berenice. *Manual de Direito das Famílias*: Porto Alegre: Livraria do Advogado, 2005.

DIAS, Maria Berenice. *Manual de Direito das Famílias*. 10. ed. São Paulo: Ed. RT, 2015.

DINIZ, Maria Helena. *Curso de Direito Civil brasileiro*: Direito de Família. 26. ed. São Paulo: Saraiva, 2011. v. 5.

DINIZ, Maria Helena. *Código Civil anotado*. 15. ed. São Paulo: Saraiva, 2010.

---

50. TARTUCE, Flávio. *Manual de Direito Civil* – Volume Único, p. 1265-1266.
51. TARTUCE, idem p. 1266.
52. VELOSO, Zeno, op. cit., p. 66-67.

GAGLIANO, Pablo Stolze; PAMPLONA FILHO, Rodolfo Mario Veiga. *Novo Curso de Direito Civil*: Direito de Família. 11. ed. São Paulo: Saraiva, 2021. v. 6.

GOMES, Orlando. *Direito de Família*. 14. ed. Rio de Janeiro: Forense, 2002.

LÔBO, Paulo. *Direito Civil*. 10. ed. São Paulo: Saraiva, 2020. v. 5: Famílias.

MADALENO, Rolf. *Direito de Família*. 12. ed. Rio de Janeiro: Forense, 2022.

MADALENO, Rolf. Do regime de bens entre os cônjuges. In: DIAS, Maria Berenice; MONTEIRO, Washington de Barros, SILVA, Regina Beatriz Tavares. *Curso de Direito Civil*: Direito de Família. 43. ed. São Paulo: Saraiva, 2016, v. 2.

NEVARES, Ana Luiza Maia. A sucessão do cônjuge casado no regime da separação total convencional de bens. In: HIRONAKA, Gizelda Maria Fernanda Novaes, TARTUCE, Flavio, SIMÃO, José Fernando (Coord.). *Aspectos controvertidos dos regimes de bens, direito de família e das sucessões, temas atuais*. Rio De Janeiro: Forense, São Paulo: Método, 2009.

PEREIRA, Caio Mario da Silva. *Instituições de Direito Civil*. 14. ed. Rio de Janeiro: Forense, 2004. v. V.

PEREIRA, Caio Mario da Silva. *Instituições de Direito Civil*. 28. ed. Rio de Janeiro: Forense, 2020. v. V.

PEREIRA, Rodrigo da Cunha (Coord.) *Direito de família e o novo Código Civil*. 3. ed. Belo Horizonte: Del Rey, 2003.

PEREIRA, Rodrigo da Cunha. *dicionário de direito de família e sucessões ilustrado*.

PEREIRA, Rodrigo da Cunha. *Direito das Famílias*. Rio de Janeiro: Forense, 2020.

PEREIRA, Rodrigo da Cunha. *Princípios fundamentais norteadores do direito de família*. 3. ed. São Paulo: Saraiva, 2016.

PEREIRA, Tânia da Silva. Proteção dos Idosos. In: PEREIRA, Rodrigo da Cunha (Org.). *Tratado de Direito de Família*. Belo Horizonte: IBDFAM, 2015.

RODRIGUES, Silvio. *Direito Civil*. 27. ed., por Francisco José Cahali, com anotações ao Novo Código Civil. São Paulo: Saraiva, 2002. v. 6.

SANTOS, Luiz Felipe Brasil. Autonomia de vontade e os regimes de bens matrimoniais. In: CHAVES, Adalgisa Wiedemann; WELTER, Belmiro Pedro; MADALENO, Rolf Hassen (Coord.). *Direitos Fundamentais do Direito de Família*. Porto Alegre: Livraria Advogado Editora, 2004.

SCHREIBER, Anderson. *Manual de Direito Civil contemporâneo*. 4. ed. 2. tir. São Paulo: Saraiva, 2021.

SIMÃO, José Fernando. Aspectos controvertidos dos regimes de bens. In: HIRONAKA, Gizelda Maria Fernanda Novaes, TARTUCE, Flavio, SIMÃO, José Fernando (Coord.). *Direito de Família e das Sucessões, temas atuais*. Rio de Janeiro: Forense, São Paulo: Método, 2009.

TARTUCE, Flávio. *Manual de Direito Civil*. 12. ed. Rio de Janeiro: Forense, Método, 2022.

TARTUCE, Flávio. *Doação entre cônjuges no regime da separação obrigatória de bens*. Disponível em: https://www.migalhas.com.br/coluna/familia-e-sucessoes/366691/doacao-entre-conjuges-no-regime-da-separacao-obrigatoria-de-bens. Acesso em: 29 maio 2022.

VELOSO, Zeno. *Direito hereditário do cônjuge e do companheiro*. São Paulo: Saraiva, 2010.

VENOSA, Silvio de Salvo. *Direito civil, família e sucessões*. 20. ed. São Paulo: Atlas, v 5.

VIANA, Marco Aurelio de Sá. *Curso de Direito Civil*: Direito De Família. Belo Horizonte: Del Rey, 1993. v. 2.

WALD, Arnold. *O novo Direito de Família*. 16. ed. São Paulo: Saraiva, 2005.

A MUDANÇA DE REGIME DE BENS DA SEPARAÇÃO OBRIGATÓRIA PARA COMUNHÃO PARCIAL SOB O ENFOQUE DAS NUANCES DAS RESTRIÇÕES AO DIREITO DE AMAR

Rodrigo da Cunha Pereira

Doutor em Direito pela Universidade Federal do Paraná. Mestre em Direito Civil pela Universidade Federal de Minas Gerais. Professor. Advogado especializado em Direito de Família e Sucessões, com ênfase interdisciplinar em Psicanálise. Presidente Nacional do IBDFAM. Palestrante. Parecerista. Autor de livros e artigos jurídicos.

Sumário: 1. Prelúdio: a autonomia da vontade, liberdade patrimonial e a não intervenção estatal na esfera privada dos cidadãos – 2. O regime de bens: separação obrigatória e comunhão parcial – 3. A relativização do princípio da imutabilidade do regime de bens, em especial da separação obrigatória, para comunhão parcial; seria lícito exigir a cessação das causas suspensivas? – 4. Conclusão – 5. Referências.

1. PRELÚDIO: A AUTONOMIA DA VONTADE, LIBERDADE PATRIMONIAL E A NÃO INTERVENÇÃO ESTATAL NA ESFERA PRIVADA DOS CIDADÃOS

Para se fazer uma leitura, ou releitura de um Direito que se pretenda traduzir a família contemporânea, ou pós-moderna como dizem alguns, é necessário que as leis estejam em consonância com princípios basilares do Direito de Família. É necessário que se adote uma hermenêutica contextualizada numa revolução paradigmática, especialmente quando se fala da escolha do regime de bens ou a imposição dele, objeto do tema proposto, em que o alicerce se restringe na autonomia da vontade e liberdade patrimonial, enfocando que a boa-fé se presume, e a má fé se prova.

Autonomia da vontade, que no caso específico guarda relação com a possibilidade de escolha do regime de bens, ou a imposição dele, não podemos esquecer que essa autonomia volitiva passa a ser um elemento ético e intrínseco à dignidade da pessoa humana. É o que sustenta o livre arbítrio e vincula-se diretamente à verdade do sujeito e ao desejo. Autonomia da vontade significa reger a própria vida e ser senhor do próprio desejo e destino. Não podemos esquecer que a liberdade de constituição de família tem estreita consonância com o princípio da autonomia da vontade, pois diz respeito às relações mais íntimas do ser humano, cujo valor supremo é a busca da felicidade.

Assim, o princípio da autonomia privada[1] e da menor intervenção estatal no Direito de Família atua como instrumento de freios e contrapesos da intervenção do

---

1. Exemplo e reflexo da autonomia da vontade, liberdade, não intervenção estatal na esfera privada, constata-se nos julgados abaixo exemplificados:

Estado e funda-se, ainda, no próprio direito à intimidade e liberdade dos sujeitos. O art. 1.513 do Código Civil brasileiro bem traduz o espírito de um Estado laico, isto é, que não se deve interferir nestas escolhas privadas e particulares: *É defeso a qualquer pessoa, de direito público ou privado, interferir na comunhão de vida instituída pela família.*² Independentemente de o Estado autorizar ou não, e quer gostemos ou não,

---

A) (...) Recurso especial. União estável sob o regime da separação obrigatória de bens. Companheiro maior de 70 anos na ocasião em que firmou escritura pública. Pacto antenupcial afastando a incidência da súmula n. 377 do STF, impedindo a comunhão dos aquestos adquiridos onerosamente na constância da convivência. Possibilidade. Meação de bens da companheira. Inocorrência. Sucessão de bens. Companheira na condição de herdeira. Impossibilidade. Necessidade de remoção dela da inventariança. 1. O pacto antenupcial e o contrato de convivência definem as regras econômicas que irão reger o patrimônio daquela unidade familiar, formando o estatuto patrimonial – regime de bens – do casamento ou da união estável, cuja regência se iniciará, sucessivamente, na data da celebração do matrimônio ou no momento da demonstração empírica do preenchimento dos requisitos da união estável (CC, art. 1.723). 2. O Código Civil, em exceção à autonomia privada, também restringe a liberdade de escolha do regime patrimonial aos nubentes em certas circunstâncias, reputadas pelo legislador como essenciais à proteção de determinadas pessoas ou situações e que foram dispostas no art. 1.641 do Código Civil, como sói ser o regime da separação obrigatória da pessoa maior de setenta anos (inciso II).

B) "A *ratio legis* foi a de proteger o idoso e seus herdeiros necessários dos casamentos realizados por interesse estritamente econômico, evitando que este seja o principal fator a mover o consorte para o enlace" (REsp 1689152/SC, Rel. Ministro Luis Felipe Salomão, Quarta Turma, julgado em 24.10.2017, DJe 22.11.2017). 4. Firmou o STJ o entendimento de que, "por força do art. 258, § único, inciso II, do Código Civil de 1916 (equivalente, em parte, ao art. 1.641, inciso II, do Código Civil de 2002), ao casamento de sexagenário, se homem, ou cinquentenária, se mulher, é imposto o regime de separação obrigatória de bens. Por esse motivo, às uniões estáveis é aplicável a mesma regra, impondo-se seja observado o regime de separação obrigatória, sendo o homem maior de sessenta anos ou mulher maior de cinquenta" (REsp 646.259/RS, Rel. Ministro Luis Felipe Salomão, Quarta Turma, julgado em 22.06.2010, DJe 24.08.2010). 5. A Segunda Seção do STJ, em releitura da antiga Súmula n. 377/STF, decidiu que, "no regime de separação legal de bens, comunicam-se os adquiridos na constância do casamento, desde que comprovado o esforço comum para sua aquisição" EREsp 1.623.858/MG, Rel. Ministro Lázaro Guimarães (Desembargador convocado do TRF 5ª região), Segunda Seção, julgado em 23.05.2018, DJe 30.05.2018), ratificando anterior entendimento da Seção com relação à união estável (EREsp 1171820/PR, Rel. Ministro Raul Araújo, Segunda Seção, julgado em 26.08.2015, DJe 21.09.2015). 6. No casamento ou na união estável regidos pelo regime da separação obrigatória de bens, é possível que os nubentes/companheiros, em exercício da autonomia privada, estipulando o que melhor lhes aprouver em relação aos bens futuros, pactuem cláusula mais protetiva ao regime legal, com o afastamento da Súmula n. 377 do STF, impedindo a comunhão dos aquestos. 7. A mens legis do art. 1.641, II, do Código Civil é justamente conferir proteção ao patrimônio do idoso que está casando-se e aos interesses de sua prole, impedindo a comunicação dos aquestos. Por uma interpretação teleológica da norma, é possível que o pacto antenupcial venha a estabelecer cláusula ainda mais protetiva aos bens do nubente septuagenário, preservando o espírito do Código Civil de impedir a comunhão dos bens do ancião. O que não se mostra possível é a vulneração dos ditames do regime restritivo e protetivo, seja afastando a incidência do regime da separação obrigatória, seja adotando pacto que o torne regime mais ampliativo e comunitário em relação aos bens. 8. Na hipótese, o de cujus e a sua companheira celebraram escritura pública de união estável quando o primeiro contava com 77 anos de idade – com observância, portanto, do regime da separação obrigatória de bens –, oportunidade em que as partes, de livre e espontânea vontade, realizaram pacto antenupcial estipulando termos ainda mais protetivos ao enlace, demonstrando o claro intento de não terem os seus bens comunicados, com o afastamento da incidência da Súmula 377 do STF. Portanto, não há falar em meação de bens nem em sucessão da companheira (CC, art. 1.829, I). 9. Recurso especial da filha do de cujus a que se dá provimento. Recurso da ex-companheira desprovido (REsp 1922347/PR, Rel. Ministro Luis Felipe Salomão, Quarta Turma, julgado em 07.12.2021, DJe 1º.02.2022)

2. (...) Trata-se, em verdade, do reconhecimento da intervenção mínima do Estado na vida privada, com o afastamento de intromissões desinfluentes para dissolução dos laços que podem existir entre duas pessoas, primando-se pela nova visão constitucional de reconstrução principiológica das relações privadas. STJ – REsp:

queiramos ou não, novas estruturas conjugais e parentais continuarão acontecendo, inclusive conjugalidade de pessoas idosas. E por falar em modernas perspectivas, *o Direito de Família, segundo o princípio da intervenção mínima, desapega-se de amarras anacrônicas do passado, para cunhar um sistema aberto e inclusivo, facilitador do reconhecimento de outras formas de arranjo familiar.*[3]

O desafio fundamental para a família e das normas que a disciplinam é conseguir conciliar o direito à autonomia e à liberdade de escolha com os interesses de ordem pública, que se consubstancia na atuação do Estado apenas como protetor. Esta conciliação deve ser feita por meio de uma hermenêutica comprometida com os princípios fundamentais do Direito de Família, especialmente o da autonomia privada, desconsiderando tudo aquilo que põe o sujeito em posição de indignidade e o assujeite ao objeto da relação ou ao gozo de outrem sem o seu consentimento.[4]

2. O REGIME DE BENS: SEPARAÇÃO OBRIGATÓRIA E COMUNHÃO PARCIAL

Regime de bens, como se sabe, é o conjunto de regras que regulamentam as questões relativas ao patrimônio dos cônjuges/companheiros, delimitando as diretrizes que deverão ser seguidas por eles enquanto o casamento/união estável existir, ou quando chegar ao seu fim, seja em razão de divórcio, dissolução em vida da união estável ou falecimento de uma ou ambas as partes. Não há casamento sem regime de bens, embora possa-se estabelecer a sua incomunicabilidade. O regime de bens é uma das consequências do casamento.

A escolha do regime de bens é feita antes do casamento, estipulando-se por meio de pacto antenupcial, quando se escolhe um dos regimes previstos em lei, ou um regime personalizado que melhor atenda às necessidades do casal (art. 1.639 do CCB/2002). Rolf Madaleno classifica os regimes de bens em imperativos, livres e convencionais.[5] Maria Berenice Dias os organiza em duas categorias: os tipos primários, que são quatro regimes previstos na lei; e os tipos secundários, que são os regimes em que se faz pacto antenupcial e aí estabelece-se outras avenças.[6] Paulo Lôbo, citando Pontes de Miranda diz que há duas espécies de regime legal: regime legal dispositivo, que é aquele estabelecido por lei, quando não manifesta a vontade das partes, o que significa conversão tácita; regime legal obrigatório, ou melhor, cogente, quando a lei impõe as normas, ainda que os nubentes queiram escolher outro regime.[7]

1558015 PR 2015/0136813-3, Relator: Ministro Luis Felipe Salomão, Data de Julgamento: 12.09.2017, 4ª Turma, pub. 23.10.2017.
3. DIAS, Maria Berenice. *Divórcio já!: comentários à emenda constitucional 66 de 13 de julho de 2010*. São Paulo: Ed. RT, 2010, p. 38.
4. PEREIRA, Rodrigo da Cunha. *Princípios fundamentais norteadores do Direito de Família*. 3. ed. Saraiva: São Paulo, p. 194.
5. MADALENO, Rolf. *Manual de Direito de Família*. 2. ed. Rio de Janeiro, 2019, p. 267.
6. DIAS, Maria Berenice. *Manual de Direito das Famílias*. Salvador: JusPodivm, 2020, p. 661.
7. LÔBO, Paulo. *Famílias*. São Paulo. Saraiva, 2019, p. 333.

O regime de bens da separação obrigatória é aquele imposto às pessoas que têm mais de 70 anos de idade, quem ainda não resolveu a partilha de bens do casamento anterior, e também aos que dependerem de autorização judicial para se casar, tal como estabelecido no art. 1.641 do CCB: "É obrigatório o regime da separação de bens no casamento: I – das pessoas que o contraírem com inobservância das causas suspensivas da celebração do casamento; II – da pessoa maior de 70 (setenta) anos; III – de todos os que dependerem, para casar, de suprimento judicial". O inciso II do referido artigo teve sua redação alterada pela Lei 12.344/12. Onde se lê 70 (setenta) anos, lia-se 60 anos, e na vigência do CCB 1916 a idade proibitiva era de 50 anos para mulher e 60 para o homem. O fundamento e espírito desta proibição é evitar os chamados popularmente "golpes do baú",[8] ou confusão patrimonial entre uma conjugalidade e outra.

É inadequada a imposição de limite de idade para escolha do regime de bens do casamento para os maiores de 70 anos. O fato de completar esta idade, por si só, não pode significar incapacidade de escolhas e prática de nenhum ato da vida civil, muito menos o estabelecimento de regras patrimoniais da relação conjugal. Se grande parte dos ocupantes de cargos no Legislativo e Executivo, têm mais de setenta anos, e tomam decisões importantes para a vida política e econômica do país, não há razão de serem impedidos de decidir sobre a economia de sua própria vida. Tal restrição atenta contra a liberdade individual e fere a autonomia e dignidade dos sujeitos.

É obrigatório também o regime da separação de bens para as pessoas que se casarem sem observância das causas suspensivas do casamento (art. 1.641, I), elencadas no art. 1.523 do CCB/2002: *Não devem casar: I – o viúvo ou a viúva que tiver filho do cônjuge falecido, enquanto não fizer inventário dos bens do casal e der partilha aos herdeiros; II – a viúva, ou a mulher cujo casamento se desfez por ser nulo ou ter sido anulado, até dez meses depois do começo da viuvez, ou da dissolução da sociedade conjugal; III – o divorciado, enquanto não houver sido homologada ou decidida a partilha dos bens do casal; IV – o tutor ou o curador e os seus descendentes, ascendentes, irmãos, cunhados ou sobrinhos, com a pessoa tutelada ou curatelada, enquanto não cessar a tutela ou curatela, e não estiverem saldadas as respectivas contas.* É permitido aos nubentes solicitar ao juiz que não lhes sejam aplicadas as causas suspensivas previstas nos incisos I, III e IV deste artigo, provando-se a inexistência de prejuízo, respectivamente, para o herdeiro, para o ex-cônjuge e para a pessoa tutelada ou curatelada; no caso do inciso II, a nubente deverá provar nascimento de filho, ou inexistência de gravidez, na fluência do prazo (Parágrafo único, do art. 1.523 do CCB/2002).

Embora o regime da separação obrigatória de bens, seja no sentido de proteger pessoas vulneráveis, muitas vezes ele provoca injustiças, especialmente nos casos de pessoas que se casaram com idades impostas por esse regime. O CCB/2002 que reproduziu esta concepção do CCB/1916, esquecendo-se que as relações familiares

---

8. PEREIRA, Rodrigo da Cunha. *Dicionário de Direito de Família e Sucessões ilustrado.* 2. ed. São Paulo: Saraiva, 2018, p. 394.

do século XXI estavam muito diferentes das concepções do século anterior, deixando de fazer a necessária adaptação legislativa.

Mesmo antes do atual Código Civil a doutrina e jurisprudência[9] já vinham tentando corrigir tais injustiças,[10] culminando em 08.05.1964, na Súmula 377 do STF:

> *No regime de separação legal de bens, comunicam-se os adquiridos na constância do casamento.*

A Súmula 377 do STF amenizou e relativizou o regime da separação obrigatória ao dispor que os bens adquiridos na constância do casamento, a título oneroso, devem ser partilhados. A obrigatoriedade do regime de separação pode ser relativizada quando o casamento é precedido de união estável, cujo termo inicial é anterior à idade que determinava tal impedimento.

Em outras palavras, a jurisprudência se encarregou de fazer a alteração ao dispositivo, ou pelo menos relativizá-lo, onde se impunha o regime da separação obrigatória, reafirmando o conteúdo da Súmula 377. E foi assim que o STJ fez uma releitura da referida súmula, pois afinal, ela transformava o regime da separação obrigatória de bens em regime de comunhão parcial. Neste sentido, e na tentativa de evitar isto, ponderou-se que o esforço comum deve ser demonstrado, como se vê no julgado abaixo transcrito:

> (...) No regime de separação legal de bens, comunicam-se os adquiridos na constância do casamento, desde que comprovado o esforço comum para sua aquisição. A Segunda Seção do Superior Tribunal de Justiça uniformizou o entendimento que encontrava dissonância no âmbito da Terceira e da Quarta Turma. De início, cumpre informar que a Súmula 377/STF dispõe que "no regime de separação legal de bens, comunicam-se os adquiridos na constância do casamento". Esse enunciado pode ser interpretado de duas formas: 1) no regime de separação legal de bens, comunicam-se os adquiridos na constância do casamento, sendo presumido o esforço comum na aquisição do acervo; e 2) no regime de separação legal de bens, comunicam-se os adquiridos na constância do casamento, desde que comprovado o esforço comum para sua aquisição. No entanto, a adoção da compreensão de que o esforço comum deve ser presumido (por ser a regra) conduz à ineficácia do regime da separação obrigatória (ou legal) de bens, pois, para afastar a presunção, deverá o interessado fazer prova negativa, comprovar que o ex-cônjuge ou ex-companheiro em nada contribuiu para a aquisição onerosa de determinado bem, conquanto tenha sido a coisa adquirida na constância da união. Torna, portanto, praticamente impossível a separação dos aquestos. Por sua vez, o entendimento de que a comunhão dos bens adquiridos pode ocorrer, desde que comprovado o esforço comum, parece mais consentânea com o sistema legal de

---

9. (...) Em se tratando de regime de separação obrigatória (Código Civil, art. 258), comunicam-se os bens adquiridos na constância do casamento pelo esforço comum. II – O enunciado 377 da súmula STF deve restringir-se aos aquestos resultantes da conjugação de esforços do casal, em exegese que se afeiçoa à evolução do pensamento jurídico e repudia o enriquecimento sem causa. III – No âmbito do recurso especial não é admissível a apreciação da matéria fática estabelecida nas instâncias locais" (REsp 9938/SP, Rel. Ministro Sálvio de Figueiredo Teixeira, DJU, 03.08.1992).
10. Para um Direito de Família mais justo, ou que se aproxime mais da ideia e ideal de justiça, é fundamental que o ordenamento jurídico se aproprie de todas as fontes do direito, especialmente porque a mais comum delas, a lei em sentido técnico legislativo, não consegue acompanhar ou traduzir a realidade jurídica, que também deveria traduzir os costumes. PEREIRA, Rodrigo da Cunha. *Dicionário de Direito de Família e sucessões ilustrado*. 2. ed. São Paulo: Saraiva, 2018, p. 380.

regime de bens do casamento, recentemente adotado no Código Civil de 2002, pois prestigia a eficácia do regime de separação legal de bens. Caberá ao interessado comprovar que teve efetiva e relevante (ainda que não financeira) participação no esforço para aquisição onerosa de determinado bem a ser partilhado com a dissolução da união (prova positiva). (EREsp 1.623.858-MG, Rel. Min. Lázaro Guimarães (Desembargador Convocado do TRF 5ª Região), por unanimidade, julgado em 23.05.2018, DJe 30.05.2018).

Como se vê, o motivo da relativização do referido artigo, é que ficaria injusto um casamento em que o esforço comum, ainda que indireto para aquisição patrimonial do casal não fosse considerado. Portanto, o espírito e o ensejo desta evolução jurisprudencial, é reparar possíveis injustiças decorrentes da não consideração do esforço comum, ainda que indireto. Essa é uma forma de ser evitar possível enriquecimento ilícito que decorreria do trabalho invisível, feito historicamente pelas mulheres. Em outras palavras, é uma forma de se atribuir um conteúdo econômico ao desvalorizado e invisível trabalho doméstico.

Importante lembrar aqui as regras deste regime legal, para estabelecermos um parâmetro do justo, também, para as pessoas com mais de 70 anos, que em regra a ele não se enquadram. Se invocarmos princípios constitucionais este seria o regime mais justo para estas pessoas, ainda que possam fazer ressalvas em pacto antenupcial. O regime da comunhão parcial é o regime legal supletivo, ou simplesmente regime legal. É aquele aplicável a todos os casamentos,[11] cuja celebração tenha se dado sem pacto antenupcial e, também, nos casos de união estável sem contrato estabelecendo regime diverso da comunhão parcial. E é por este regime que a maioria dos brasileiros se casam, seja por dificuldade de falar do assunto, seja por ignorar a importância de estabelecer tais regras. É como se fosse um "regime automático". Os cônjuges passam a ser coproprietários, como titulares de partes ideais, que se denomina meação, desde a data da celebração do casamento.

É possível neste regime de bens, fazer pacto antenupcial para estabelecer complemento ou para se fazer alguma ressalva, como por exemplo sobre a administração de bens, dizer se determinados frutos se comunicam ou não, se fundo de previdência, FGTS e outras rendas se comunicam ou não.

Entram na comunhão parcial todos os bens móveis e imóveis adquiridos a título oneroso, ou seja, com o produto do trabalho de um, ou de ambos (art. 1.660, I do CCB/2002). Os bens adquiridos por fato eventual (art. 1.660, II) após o casamento, também entram na comunhão parcial de bens, como por exemplo, aluvião, premiações, apostas, loterias etc. Em outras palavras, a sorte é considerada fato eventual, e ela deve ser repartida a ambos os cônjuges.

---

11. A elaboração de pacto antenupcial por meio de escritura pública é condição formal indispensável para a escolha de qualquer regime patrimonial diverso do legal, porquanto condição estabelecida pela lei insubstituível pela certidão de casamento. 3. Na ausência de convenção entre os nubentes, vigorará quanto ao regime de bens, o da comunhão parcial, supletivo por opção legislativa. 4. O regime da comunhão parcial exclui do monte partilhável os bens recebidos a título de herança. 5. Recurso especial não provido. (STJ – REsp: 1608590 ES 2016/0162966-5, Relator: Ministro Ricardo Villas Bôas Cueva, T3 – 20.03.2018).

Também entra na comunhão os direitos autorais e de propriedade intelectual recebidos na constância do casamento, à exceção dos direitos patrimoniais do autor, como disposto no artigo 39 da Lei 9.610/1998.[12] Rolf Madaleno, bem nos lembra, que é necessário diferenciar direitos patrimoniais e direitos morais do autor. Os primeiros referem-se à exploração econômica da obra, e os direitos morais são os direitos de personalidade do autor de acordo com o artigo 24 da Lei 9.610/1998,[13] e dessa forma são comunicáveis. Os frutos recebidos durante o casamento, são comunicáveis, mas incomunicáveis os direitos patrimoniais do autor, salvo se estabelecido em pacto antenupcial.[14]

Também entra na comunicabilidade deste regime, os bens adquiridos por doação, herança ou legado quando feitos em favor de ambos os cônjuges (art. 1.660, III), seja por via da doação, ou testamento, e as benfeitorias em bens particulares de cada cônjuge (art. 1.660, IV). Não podem ser consideradas benfeitorias os acréscimos de fatos eventuais, como a aluvião, por exemplo. Os casos mais comuns são as edificações em terrenos de bens particulares. Partilha-se tão somente a edificação, e deve-se avaliar separadamente o terreno e o que nele foi construído.[15]

---

12. Art. 39. Os direitos patrimoniais do autor, excetuados os rendimentos resultantes de sua exploração, não se comunicam, salvo pacto antenupcial em contrário.
13. Art. 24. São direitos morais do autor: I – o de reivindicar, a qualquer tempo, a autoria da obra; II – o de ter seu nome, pseudônimo ou sinal convencional indicado ou anunciado, como sendo o do autor, na utilização de sua obra; III – o de conservar a obra inédita; IV – o de assegurar a integridade da obra, opondo-se a quaisquer modificações ou à prática de atos que, de qualquer forma, possam prejudicá-la ou atingi-lo, como autor, em sua reputação ou honra; V – o de modificar a obra, antes ou depois de utilizada; VI – o de retirar de circulação a obra ou de suspender qualquer forma de utilização já autorizada, quando a circulação ou utilização implicarem afronta à sua reputação e imagem; VII – o de ter acesso a exemplar único e raro da obra, quando se encontre legitimamente em poder de outrem, para o fim de, por meio de processo fotográfico ou assemelhado, ou audiovisual, preservar sua memória, de forma que cause o menor inconveniente possível a seu detentor, que, em todo caso, será indenizado de qualquer dano ou prejuízo que lhe seja causado. § 1º Por morte do autor, transmitem-se a seus sucessores os direitos a que se referem os incisos I a IV. § 2º Compete ao Estado a defesa da integridade e autoria da obra caída em domínio público. § 3º Nos casos dos incisos V e VI, ressalvam-se as prévias indenizações a terceiros, quando couberem.
14. MADALENO, Rolf. *Manual de Direito de Família*. 2. ed. Rio de Janeiro: Forense, 2019, p. 301.
15. (...) A jurisprudência do STJ vem reconhecendo que, em havendo alguma forma de expressão econômica, de bem ou de direito, do patrimônio comum do casal, deve ser realizada a sua meação, permitindo que ambos usufruam da referida renda, sem que ocorra o enriquecimento sem causa e o sacrifício patrimonial de apenas um deles. 4. É possível a partilha dos direitos decorrentes da edificação da casa de alvenaria, que nada mais é do que patrimônio construído com a participação de ambos, cabendo ao magistrado, na situação em concreto, avaliar a melhor forma da efetivação desta divisão. 5. Em regra, não poderá haver a partilha do imóvel propriamente dito, não se constando direito real sobre o bem, pois a construção incorpora-se ao terreno, passando a pertencer ao proprietário do imóvel (CC, art. 1.255), cabendo aos ex-companheiros, em ação própria, a pretensão indenizatória correspondente, evitando-se o enriquecimento sem causa do titular do domínio. 6. No entanto, caso os terceiros, proprietários, venham a integrar a lide, torna-se plenamente possível, no âmbito da tutela de partilha, o deferimento do correspondente pleito indenizatório. No ponto, apesar de terem integrado o feito, não houve pedido indenizatório expresso da autora em face dos proprietários quanto à acessão construída, o que inviabiliza o seu arbitramento no âmbito da presente demanda. 7. Na hipótese, diante da comprovação de que a recorrida ajudou na construção da casa de alvenaria, o Tribunal de origem estabeleceu a possibilidade de meação "com o pagamento dos respectivos percentuais em dinheiro e por quem tem a obrigação de partilhar o bem", concluindo não haver dúvida de "que o imóvel deve ser partilhado entre os ex-companheiros, na proporção de 50% para cada um". 8. Assim, as instâncias ordinárias estabeleceram forma de compensação patrimonial em face do ex-companheiro, em

Os frutos dos bens comuns, ou dos particulares recebidos na constância do casamento, ou de união estável (art. 1.660, V) também serão partilháveis. O exemplo mais comum de frutos são os aluguéis.

A expressão frutos, do latim *fructus*, originalmente significava apenas frutos derivados das flores produto da planta ou árvore, o que se chama fruta. Esse primeiro conceito, hoje, é conhecido na terminologia jurídica como frutos naturais, ou seja, uma espécie do gênero frutos. Ampliou-se este sentido para compreendê-lo como todos os produtos naturais da coisa, vindos da terra ou dos animais. Atualmente, os frutos podem ser definidos como tudo aquilo que pode ser produzido ou gerado pela propriedade, sem que isso diminua o seu conteúdo, ou seja, se separados, não determinam a destruição total ou parcial do bem principal. Nas palavras de Ana Florinda Dantas: o conceito de frutos pode ser operacionalizado no Direito de Família como gênero, do qual os rendimentos são espécie, podendo-se concluir que os frutos são os bens produzidos por outro bem preexistente, periodicamente, sem prejuízo de sua substância, assim como as rendas ou interesses que dele provêm diretamente, em consequência de uma relação jurídica.[16]

Frutos naturais são aqueles que estritamente advêm na definição romana, *fructus est quidquid ex re nasci et renasci solete* – frutos é tudo aquilo que nasce e renasce sempre, isto é, tudo aquilo que a coisa gera por si mesma, independente do esforço ou do engenho humano. Desenvolvem e se renovam periodicamente, em virtude da força orgânica da própria natureza, como por exemplo as frutas, o leite, as crias dos animais etc.

Frutos industriais são as utilidades que provêm da coisa, porém com a contribuição necessária do trabalho do homem. Ou seja, aparecem pela mão do homem, surgem em razão da atuação ou indústria do homem sobre a natureza, como um bem industrializado.

Frutos civis são os rendimentos periódicos retirados da coisa, decorrente do seu uso e gozo, sem sua alteração ou diminuição. São as vantagens pecuniárias que se retira da coisa em razão de sua utilização. No regime da comunhão parcial de bens, são comunicáveis, e, portanto, partilháveis *os frutos dos bens comuns, ou dos particulares de cada cônjuge, percebidos na constância do casamento, ou pendentes ao tempo de cessar a comunhão* (Art. 1.660, V, CCB).

São exemplos de frutos civis, os juros extraídos do capital, mesmo aquele aplicado com a sobra ou excedente do produto do trabalho (Art. 1.659, VI, CCB) ou de

---

razão dos direitos decorrentes da edificação da casa de alvenaria, sendo que o valor percentual atribuído deverá ser apurado em sede de liquidação de sentença e pago pelo varão, não havendo falar em partilhamento do imóvel, já que que se trata de bem de propriedade de outrem. 9. Recurso especial parcialmente provido (STJ, RESP 1327652 / RS 2012/0117609-0, Rel. Min. Luis Felipe Salomão, 4ª Turma, pub. 22.11.2017).

16. DANTAS, Ana Florinda. A diversidilidade dos frutos no regime de bens do casamento e na União Estável. O que são frutos? In: PEREIRA, Rodrigo da Cunha (Coord.). *As famílias nossas de cada dia*. Anais do X Congresso Brasileiro de Direito de Família do IBDFAM. Belo Horizonte: IBDFAM, 2015, p. 31.

dinheiro anterior à união ou recebido a título gratuito (herança, doação); os frutos de propriedade particular de cada cônjuge obtidos com a sua locação, portanto os aluguéis; os dividendos recebidos das ações de sociedade anônima, ou seja, o lucro que a assembleia de acionistas distribui; as retiradas dos sócios nas sociedades empresárias por cota de responsabilidade limitada; os lucros que se retira do comércio.

Frutos civis do trabalho é a contraprestação pelo exercício de atividade do trabalho. É a retribuição pelo trabalho prestado de natureza pessoal a que se denomina também de proventos. Estes rendimentos do trabalho pessoal de cada cônjuge, e por analogia dos companheiros, não são comunicáveis (Art. 1.659, VI, CCB) mas apenas os seus frutos, ou melhor, o que se economizar dos proventos mensais e for acumulado, transformando-se em patrimônio. *A lei utiliza o termo "proventos" como gênero, do qual são espécies: a) as remunerações do trabalho assalariado público ou privado; b) as remunerações decorrentes do trabalho prestado na condição de empresário; c) as remunerações da aposentadoria, como trabalhador inativo; d) os honorários do profissional liberal; e) o pro labore do serviço prestado. Sua origem etimológica autoriza a abrangência, pois vem do latim proventus, com sentido de ganho, proveito, resultado obtido ou lucro do negócio. No sentido estrito do termo, proventos tem sido empregado para remuneração de aposentadoria.*[17] Assim, nela se inclui não apenas o salário propriamente dito, como todo e qualquer benefício decorrente do exercício do trabalho autônomo ou assalariado, como gratificações espontâneas do empregador, participações nos lucros, benefícios de natureza social como o FGTS, PIS, PASEP, salários extraordinários etc.

No regime da comunhão parcial e comunhão universal de bens, os frutos civis do trabalho são incomunicáveis (Arts. 1.659, VI e 1.668, V, CCB). Todavia, o que efetivamente é excluído da partilha de bens é o direito aos proventos mensais que não se comunica ao fim do casamento em razão de seu caráter personalíssimo. Entretanto, os proventos recebidos por um ou ambos os cônjuges, passa a ser considerado bem comum, ou seja, entra no patrimônio do casal no momento em que esses frutos civis do trabalho ingressarem no mundo financeiro, como por exemplo, se ele ou parte dele, se transforma em aplicações e reservas financeiras, ou se se adquire algum bem móvel ou imóvel. Neste caso, perdem completamente as características originais, transformando-se em bens adquiridos na constância da sociedade conjugal (REsp 861.058).

É possível a cobrança dos frutos dos bens em ação autônoma, aplicando-se analogicamente as regras da instituição do condomínio. *Cada condômino responde aos outros pelos frutos que percebeu da coisa e pelo dano que lhe causou (Art. 1.319, CCB).*

Não são comunicáveis neste regime legal (supletivo) os bens cuja aquisição tiver sido anterior ao casamento (Art. 1.661 CCB), como por exemplo usucapião do bem se não tiver prova do contrário, mesmo se adquirido antes, presume-se comunicáveis

---

17. LÔBO, Paulo. *Família*. São Paulo: Saraiva, 2019. p. 359.

(Art. 1.662 CCB). Os bens adquiridos por doação ou herança, antes ou depois do casamento, sem cláusula expressa de comunicabilidade, bem como as sub-rogadas. Sub-rogação é a substituição do bem, por outro em seu lugar. No cotidiano forense, o problema está na prova da sub-rogação e na mensuração dos valores sub-rogados. Por exemplo, se um bem particular for vendido por dez dinheiros, e comprado outro na constância do casamento por 30 dinheiros. O que passa a ser comunicável é tão somente a parte adquirida a título oneroso, ou seja, dos trinta dinheiros do valor total do bem, partilhar-se-á tão somente os vinte dinheiros, que significa apenas 2/3 da totalidade do bem. Mas não basta demonstrar a venda do bem particular, já que o produto da venda pode ter sido utilizado para outra finalidade. É necessário demonstrar o emprego do produto da venda do bem particular na aquisição do outro bem (Art. 1.659, II).

As obrigações contraídas ilicitamente, a não ser que seja em benefício do casal (Art. 1.659, IV).

Os livros e instrumentos para uso profissional, presumem-se particulares de cada cônjuge, assim como as roupas, objetos de uso pessoal como celular, joias, equipamentos de trabalho (Art. 1.659, V). Da mesma forma, não se comunica ganhos mensais de cada cônjuge, mas apenas o que se acumular com essas rendas.

No inciso VII do artigo 1.659, em que se inclui as pensões, meio de soldos e outras rendas semelhantes, pode-se entender também como incomunicável as previdências privadas, FGTS e seguros. Mas o assunto não é pacífico na doutrina e jurisprudência, como se verá a seguir.

3. A RELATIVIZAÇÃO DO PRINCÍPIO DA IMUTABILIDADE DO REGIME DE BENS, EM ESPECIAL DA SEPARAÇÃO OBRIGATÓRIA, PARA COMUNHÃO PARCIAL; SERIA LÍCITO EXIGIR A CESSAÇÃO DAS CAUSAS SUSPENSIVAS?

Uma das importantes inovações do CCB 2002 foi a introdução da regra que rompeu o antiquado princípio da imutabilidade do regime de bens no casamento (Art. 1.639, § 2º, do CCB). Além de ampliar a liberdade dos cônjuges de estabelecerem, e também restabelecerem, o que lhes aprouver quanto aos seus bens, contribuiu para que muitos casais não se divorciassem. É que um dos motivos ensejadores de brigas e divergências entre casais é a questão patrimonial. A maioria das pessoas se casa sem saber ou se preocupar com o significado do regime de bens "escolhido", seja por constrangimento de discutir o assunto, seja por não dar a devida importância a este aspecto no momento do casamento.

Com a quebra do princípio da imutabilidade do regime de bens, introduziu-se no ordenamento jurídico a possibilidade de se fazer não apenas o pacto pré-nupcial ou antenupcial, mas também o pacto pós-nupcial, que é feito no momento da mudança do regime de bens.

A mudança do regime de bens só pode ser feita judicialmente e de forma consensual, em pedido motivado por ambos os cônjuges, apurada a procedência das razões e ressalvados os direitos de terceiros. A tendência doutrinária e jurisprudencial, é relativizar a motivação, já que o Estado tem se afastado cada vez mais destas relações interprivadas. Ademais, o motivo pode ser de ordem subjetiva, ou simplesmente a vontade das partes. Desrespeitar isto é interferir na autonomia da vontade do casal.

A justificativa feita por vários autores que defendiam o princípio da imutabilidade era o de proteção à mulher. Numa época em que a mulher era mais "assujeitada" ao homem, mudar o regime de bens, poderia significar fraudar a sua meação. Com a evolução dos costumes, princípio constitucional da igualdade, globalização e acesso das mulheres ao mercado de trabalho, a ideia dessa fragilidade diminuiu e saiu vitoriosa no CCB/2002, a quebra do princípio da imutabilidade.

Os primeiros processos judiciais de alteração de regime de bens, após vigência do CCB/2002, eram extremamente rígidos, no sentido de medo da fraude a terceiros. Com o tempo e a evolução jurisprudencial[18] chegou-se à conclusão da desnecessidade de uma profunda averiguação da existência de dívidas dos cônjuges, ou seja, da proteção de terceiros, pois a própria regra do Código já estabelecia essa segurança: (...) *2º É admissível alteração do regime de bens, mediante autorização judicial em pedido motivado de ambos os cônjuges, apurada a procedência das razões invocadas e ressalvados os direitos de terceiros (art. 1.639, § 2º, do CCB/2002).*

É necessário dar publicidade à mudança de regime de bens. Não basta a simples averbação no assento de casamento. Os cônjuges devem registrar à margem das matrículas de imóveis e, se existir sociedade comercial, também levar à Junta Comercial ou Cartório de Pessoas Jurídicas. Quanto maior a publicidade deste ato, maior será a segurança jurídica (art. 167 da Lei 6.015/73).

Não resta dúvida da possibilidade de alteração, porém resta saber os efeitos se são ou não retroativos. O entendimento sobre este assunto se divide em *ex tunc* e *ex nunc, isto é, tem efeito retroativo ou somente dali em diante.* Maria Berenice Dias entende que faculta às partes optar pela amplitude do efeito. Aliás, o próprio texto legislativo conduz à possibilidade da eficácia retroativa ao ressalvar os direitos de terceiros, ressalva essa que só tem cabimento pela possibilidade de retroação.[19] A melhor solução, para não precisar se curvar a qualquer das correntes de pensamento,

---

18. (...) O art. 2039 do Código Civil não impede a mudança no regime de bens dos casamentos celebrados na vigência do Código Civil de 1916. Ao dispor que o regime de bens nos casamentos celebrados na vigência do Código Civil anterior (...) é o por ele estabelecido, claramente visa a norma resguardar o direito adquirido e o ato jurídico perfeito. Isso porque ocorreram diversas modificações nas regras próprias de cada um dos regimes de bens normatizados no Código de 2002 em relação aos mesmos regimes no Código de 1916, e, assim, a alteração decorrente de lei posterior viria a malferir esses cânones constitucionais. 2. Mérito. Há de ser deferida a alteração do regime de bens, porquanto estão atendidos os requisitos legais postos no § 2º do art. 1.639 do CCB: (a) consenso entre os requerentes; b) procedimento de autorização judicial; c) indicação dos motivos – que pode ser o interesse pessoal, pois são os postulantes maiores e capazes e d) ressalva do direito de terceiros. 3. Mudança que vigora para os bens que vierem a ser doravante adquiridos, consoante manifestação expressa dos requerentes. (TJ-RS – AC: 70050767839 RS, Relator: Luiz Felipe Brasil Santos, Oitava Câmara Cível, pub. 04.12.2012).
19. DIAS, Maria Berenice. *Manual de Direito das Famílias.* Salvador: JusPodivm, 2020, p. 705.

é proceder à partilha de bens havidos até a efetiva mudança com a sentença homologatória, reorganizando patrimonialmente o casamento.[20]

Se na conversão da união estável é possível alterar o regime e colocar efeito retroativo, não há porque não poder fazer o mesmo na modificação do regime. Da mesma forma, na união estável é possível proceder tais modificações sem maiores formalidades.

Com o tempo, a jurisprudência se encarregou também de esclarecer sobre o termo inicial da mudança do regime de bens. Ou seja, a alteração começaria a valer somente do trânsito em julgado da sentença que autorizou tal alteração, isto teria efeitos *ex nunc*, ou seria *ex tunc*, retroagindo à data do casamento?[21]

Um dos argumentos para que a mudança não tenha efeitos retroativos, é o de que isso pode proporcionar, ou ser um meio de fraudar a comunicabilidade de bens. Fraudes entre cônjuges sempre existiram e continuarão existindo, por mais que a lei crie mecanismos para coibi-la. E é aí que o Direito vai criando regras para estabelecer a máxima segurança possível. Um dos pioneiros a escrever sobre a fraude na partilha é o jurista gaúcho Rolf Madaleno, embora neste aspecto tenha opinião diferente da minha. Mas ninguém melhor que ele para falar sobre a fraude na partilha de bens do casamento/união estável:

> Sob o risco de convalidar a fraude, toda a modificação de um regime econômico de comunicação de bens idealizado para restringir direitos, pressupõe a prévia liquidação do regime anterior e a correlata divisão do patrimônio amealhado e comunicável, pela aplicação automática à união estável do regime da comunhão parcial, quando ausente precedente contrato escrito.[22]

Para a resposta da licitude de se exigir a cessação das causas suspensivas para autorizar a modificação de regime de bens, o Superior Tribunal de Justiça, em um de seus julgados assim concluiu:

> Direito civil. Família. Casamento celebrado sob a égide do CC/16. Alteração do regime de bens. Possibilidade. – A interpretação conjugada dos arts. 1.639, § 2º, 2.035 e 2.039, do CC/02, *admite a alteração do regime de bens adotado por ocasião do matrimônio, desde que ressalvados os direitos de terceiros e apuradas as razões invocadas pelos cônjuges para tal pedido*. – Assim, se o Tribunal Estadual analisou *os requisitos autorizadores da alteração do regime de bens e concluiu pela sua viabilidade, tendo os cônjuges invocado como razões da mudança a cessação da incapacidade civil interligada à causa suspensiva da celebração do casamento a exigir a adoção do regime de separação obrigatória, além da necessária ressalva quanto a direitos de terceiros, a alteração para

---

20. (...) Os fatos anteriores e os efeitos pretéritos do regime anterior permanecem sob a regência da lei antiga. Os fatos posteriores, todavia, serão regulados pelo CC/02, isto é, a partir da alteração do regime de bens, passa o CC/02 a reger a nova relação do casal. Por isso, não há se falar em retroatividade da lei, vedada pelo art. 5º, inc. XXXVI, da CF/88, e sim em aplicação de norma geral com efeitos imediatos. Recurso especial não conhecido (STJ, REsp. 821807/PR, Rel. Min. Nancy Andrighi, public. em 13.11.2006).
21. (...) Reconhecimento da eficácia "ex nunc" da alteração do regime de bens, tendo por termo inicial a data do trânsito em julgado da decisão judicial que o modificou. Interpretação do art. 1639, § 2º, do CC/2002. (STJ – REsp: 1300036 MT 2011/0295933-5, Relator: Ministro Paulo de Tarso Sanseverino, 3ª Turma, publ. DJe 20.05.2014).
22. MADALENO, Rolf. *Manual de Direito de Família*. 2. ed. Rio de janeiro: Forense, 2019, p. 278-279.

o regime de comunhão parcial é permitida. – Por elementar questão de razoabilidade e justiça, o desaparecimento da causa suspensiva durante o casamento e a ausência de qualquer prejuízo ao cônjuge ou a terceiro, permite a alteração do regime de bens, antes obrigatório, para o eleito pelo casal, notadamente porque cessada a causa que exigia regime específico. – Os fatos anteriores e os efeitos pretéritos do regime anterior permanecem sob a regência da lei antiga. Os fatos posteriores, todavia, serão regulados pelo CC/02, isto é, a partir da alteração do regime de bens, passa o CC/02 a reger a nova relação do casal. – Por isso, não há se falar em retroatividade da lei, vedada pelo art. 5º, inc. XXXVI, da CF/88, e sim em aplicação de norma geral com efeitos imediatos. Recurso especial não conhecido. (STJ, REsp 821.807/PR, Rel. Ministra Nancy Andrighi, Terceira Turma, julgado em 19.10.2006, DJ 13.11.2006, p. 261).

Como dito acima, e devemos sempre ponderar diante do caso concreto, pois embora o regime da separação obrigatória de bens, seja no sentido de proteger pessoas vulneráveis, muitas vezes ele provoca injustiças, especialmente nos casos de pessoas que se casaram com idades impostas por esse regime. O CCB/2002 que reproduziu esta concepção do CCB/1916, esquecendo-se que as relações familiares do século XXI estavam muito diferentes das concepções do século anterior, deixando de fazer a necessária adaptação legislativa. Não é por acaso que o próprio Superior Tribunal de Justiça, já no ano de 2013, concluiu:

> (...) A melhor interpretação que se pode conferir ao § 2º do art. 1.639 do CC é aquela segundo a qual não se deve "*exigir dos cônjuges justificativas exageradas ou provas concretas do prejuízo na manutenção do regime de bens originário, sob pena de se esquadrinhar indevidamente a própria intimidade e a vida privada* dos consortes" (REsp 1119462/MG, Quarta Turma, julgado em 26.02.2013, DJe 12.03.2013). Grifo nosso.

Não podemos esquecer que o Estatuto da Pessoa com Deficiência (Lei 13.146/2015) deu uma "repaginada" no conceito de capacidade civil, merecendo uma atenção especial, sobretudo para o casamento a constituição da união estável.[23] Se a evolução é no sentido de não intervenção estatal na vida privada dos cidadãos, preservando a vontade de cada pessoa, friso que toda essa consolidação hermenêutica é para prestigiar a autonomia privada,[24] liberdade e boa-fé. A manifestação volitiva dos cônjuges/companheiros, deve ser o elemento norteador para autorizar tal pretensão, sob pena de violação da intimidade, vida privada, não intervenção estatal no código particular de cada cônjuge/companheiro.

A modificação do regime de bens[25] é traduzida aqui para refletirmos sobre a possibilidade da modificação/alteração do regime da separação obrigatória, como

---

23. Art. 6º A deficiência não afeta a plena capacidade civil da pessoa, inclusive para: I – casar-se e constituir união estável;
24. (...) Ante a previsão do art. 1.639, § 2º, do CC/2002 e a presunção de boa-fé que favorece os autores, desde que resguardado direitos de terceiros, a cessação da incapacidade de um dos cônjuges – que impunha a adoção do regime da separação obrigatória de bens sob a égide do Código Civil de 1916 – autoriza, na vigência do CC/2002, *em prestígio ao princípio da autonomia privada, a modificação do regime de bens do casamento.* (...) (REsp 1947749/SP, Rel. Ministra Nancy Andrighi, Terceira Turma, julgado em 14.09.2021, DJe 16.09.2021) grifamos.
25. (...) Em se tratando de regime de separação obrigatória (Código Civil, art. 258), comunicam-se os bens adquiridos na constância do casamento pelo esforço comum. II – O enunciado 377 da súmula STF deve

já anunciado no título deste artigo. Se se respeitar a autonomia privada, a boa-fé, a liberdade das pessoas em disporem livremente de seus bens, deve-se entender que pessoas maiores de 70 anos também podem operar o seu regime de bens.[26]

4. CONCLUSÃO

Embora ainda persistam anacronismos dogmáticos que ferem a esfera individual das pessoas, como a separação obrigatória de bens para maiores de setenta anos, a faculdade da mudança do regime de bens do casamento, como se disse, sem dúvida foi uma evolução e também um passo adiante em direção à consolidação do princípio da liberdade e responsabilidade.

Não se pode aplicar, analogicamente aos maiores de setenta anos,[27] a proibição de alteração do regime de bens. Primeiro, porque a regra da proibição é tão somente

---

restringir-se aos aquestos resultantes da conjugação de esforços do casal, em exegese que se afeiçoa à evolução do pensamento jurídico e repudia o enriquecimento sem causa. III – No âmbito do recurso especial não é admissível a apreciação da matéria fática estabelecida nas instâncias locais." (REsp 9938/SP, Rel. Ministro Sálvio de Figueiredo Teixeira, DJU, 03.08.1992).

26. Recurso especial. Civil. Fundamentação deficiente. Ausência. Casamento celebrado sob a vigência do CC/1916. Advento do CC/2002. Possibilidade de modificação do regime de bens. Cessação da incapacidade de um dos cônjuges. Motivação suficiente. 1 – Recurso especial interposto em 26.06.2020 e concluso ao gabinete em 02.07.2021. 2 – O propósito recursal consiste em dizer se: a) o acórdão recorrido estaria deficientemente fundamentado; e b) a cessação da incapacidade civil de um dos cônjuges, que impunha a adoção do regime da separação obrigatória de bens sob a égide do Código Civil de 1916, autoriza, em prestígio ao princípio da autonomia privada e na vigência do Código Civil de 2002, a modificação do regime de bens do casamento. 3 – Devidamente analisada e discutida a questão de mérito e fundamentado suficientemente o acórdão recorrido naquilo que o Tribunal considerou pertinente ao deslinde da controvérsia, de modo a esgotar a prestação jurisdicional, não há que se falar em violação do art. 489 do CPC/15. 4 – A teor do § 2º do art. 1.639 do CC/2002, para a modificação do regime de bens, basta que ambos os cônjuges deduzam pedido motivado, cujas razões devem ter sua procedência apurada em juízo, sem prejuízo dos direitos de terceiros, resguardando-se os efeitos do ato jurídico perfeito do regime originário, expressamente ressalvados pelos arts. 2.035 e 2.039 do Código atual. 5 – O poder atribuído aos cônjuges pelo § 2º do art. 1.639 do CC/2002 de modificar o regime de bens do casamento subsiste ainda que o matrimônio tenha sido celebrado na vigência do Código Civil de 1916. 6 – A melhor interpretação que se pode conferir ao § 2º do art. 1.639 do CC é aquela segundo a qual não se deve "exigir dos cônjuges justificativas exageradas ou provas concretas do prejuízo na manutenção do regime de bens originário, sob pena de se esquadrinhar indevidamente a própria intimidade e a vida privada dos consortes" (REsp 1119462/MG, Quarta Turma, julgado em 26.02.2013, DJe 12.03.2013). 7 – Em situações como a presente, em que o exame dos autos não revelou aos juízos de primeiro e segundo graus – soberanos na apreciação das provas – qualquer elemento concreto capaz de ensejar o reconhecimento, ainda que de forma indiciária, de eventuais danos a serem suportados por algum dos consortes ou por terceiros, há de ser preservada a vontade dos cônjuges, sob pena de violação de sua intimidade e vida privada. 8 – Ante a previsão do art. 1.639, § 2º, do CC/2002 e a presunção de boa-fé que favorece os autores, desde que resguardado direitos de terceiros, a cessação da incapacidade de um dos cônjuges – que impunha a adoção do regime da separação obrigatória de bens sob a égide do Código Civil de 1916 – autoriza, na vigência do CC/2002, em prestígio ao princípio da autonomia privada, a modificação do regime de bens do casamento. 9 – Os efeitos da modificação do regime de bens do casamento operam *ex nunc*, isto é, a partir da decisão que homologa a alteração, ficando regidos os fatos jurídicos anteriores e os efeitos pretéritos pelo regime de bens então vigente. Precedentes. 10 – Recurso especial provido. (REsp 1947749/SP, Rel. Ministra Nancy Andrighi, Terceira Turma, julgado em 14.09.2021, DJe 16.09.2021).
27. A Lei 12.344 de 09.12.10 alterou o inciso II do *caput* do artigo 1.641, II do CCB 2002 passando de 60 para 70 anos a idade do regime de bens da separação obrigatória. O IBDFAM – Instituto Brasileiro de Direito de Família, já se posicionou, por meio da apresentação do PLS 470/2013 – Estatuto das Famílias (atualmente,

para adoção do regime de bens. Segundo, porque contraria o princípio da não intervenção do Estado, e também a regra no artigo 1.513[28] do CCB – 2002 que proíbe tal interferência. Terceiro, se casais que tenham mais de sessenta anos, ambos os cônjuges/companheiros ou apenas um deles, entenderem que o melhor é alterar as regras econômicas do casamento, é porque esta, certamente, é a forma que encontraram para a manutenção do vínculo conjugal.

A possibilidade de mudança do regime de bens no casamento, como se disse, vai ao encontro da ampla liberdade da gestão patrimonial, que, inclusive, já era dada às relações conjugais constituídas pela união estável. Esse raciocínio é endossado e reforçado por Maria Berenice Dias:

> Nada justifica sujeitar a vontade dos cônjuges, até porque, na união estável, plena é a liberdade dos companheiros para estabelecerem, em contrato escrito, tudo o que quiserem. Somente no silêncio dos conviventes é que se aplica o regime da comunhão parcial (CC 1.725). No momento em que a Constituição Federal concedeu o mesmo *status* ao casamento e à união estável, não há como dar tratamento mais benéfico a qualquer das entidades familiares. Assim, é necessário reconhecer como inconstitucionais limitações à liberdade de decidir questões patrimoniais no casamento (CC 1.641), sem que exista qualquer restrição na união estável. Não há como chegar à outra conclusão.[29]

Se é permitido aos cônjuges a utilização de mais de um formato de regime de bens, assim como bem estabelecido no *caput* do artigo 1.639 do CCB, ou seja, se podem escolher, ou mesmo construírem um regime de bens para se adaptar à vontade e realidade econômica dos nubentes em pacto pré-nupcial, deve-se também garantir-lhes que estabeleçam novas regras econômicas do casamento em pacto pós-nupcial, atendendo-se ao princípio constitucional da liberdade dos sujeitos e a regra do referido *caput* do artigo 1.694 do CCB 2002.

Para que se efetive a mudança, como já se disse, é necessário que seja por acordo entre as partes e passe pelo crivo do Judiciário. A única justificativa para não se homologar o acordo de alteração do regime de bens é se houver lesão a interesse de terceiros. No mais, se as partes são maiores e capazes, são livres para estabelecerem novas regras econômicas para o casamento. Em muitas situações esse pacto pós-nupcial, geralmente, é a única alternativa que resta ao casal para que continue o casamento. Caso o Judiciário não homologue tal proposição, ainda que haja aparente desequilíbrio, certamente será o fim do casamento, como bem enfatiza Gustavo Tepedino:

> Enquanto parte da jurisprudência sustenta a necessidade de se avaliar, rigidamente, os motivos indicados pelos cônjuges para a alteração do regime, não sendo possível efetuar a mudança com base em razões simplesmente pessoais, outra corrente afirma que a justificativa dos cônjuges não

---

a proposta legislativa se encontra arquivada), contrário a qualquer limite de idade para escolha do regime de bens, pois isto significa ferir a autonomia privada.

28. Art. 1.513. É defeso a qualquer pessoa, de direito público ou privado, interferir na comunhão de vida instituída pela família.
29. DIAS, Maria Berenice. *Manual de Direito das Famílias*, 5. ed., rev., atual. e ampl. São Paulo: Ed. RT, 2009, p. 206.

deve constituir objeto de ampla sindicância. Este último entendimento coaduna-se com a liberdade conferida pelo Código aos cônjuges para a escolha do regime de bens.[30]

É inadmissível que o Estado-Juiz interfira na intimidade do jurisdicionado, ao discordar do mérito para a mudança do regime de bens, a não ser que seja proteção às pessoas vulneráveis. Mas será que todas, ou a maioria das pessoas com mais de 70 anos são vulneráveis? O mútuo desejo de felicidade, e o de se manter neste estado de espírito na relação conjugal, por si só, justifica a modificação do regime de bens. Para se chegar a esta opção, às vezes tão limítrofe da separação, os cônjuges certamente discutiram, refletiram e buscaram tal mudança em caráter de solução para a manutenção do casamento, repita-se, às vezes a única solução. A proteção ao interesse de terceiros é exigência normativa aceita e necessária para que não se desnature o instituto, para que casais não violem interesses de credores ao desviar o patrimônio para um dos cônjuges e deixar o outro devedor insolvente.

Enfim, a possibilidade de mudança no regime de bens do casamento consolida os princípios jurídicos da liberdade, responsabilidade e autonomia privada no sistema jurídico brasileiro. A evolução do Direito de Família, e, consequentemente, um país melhor, perde o sentido, ou deixa de ser evolução, se a autonomia privada do sujeito não anda bem. Neste sentido, o amor e a autonomia privada têm sido fonte de ampliação dos horizontes, pois nunca se demonstrou tanta preocupação com o outro e o seu bem-estar como nas sociedades atuais.

5. REFERÊNCIAS

DANTAS, Ana Florinda. *A diversibilidade dos frutos no regime de bens do casamento e na União Estável. O que são frutos? As famílias nossas de cada dia.* In: PEREIRA, Rodrigo da Cunha (Coord.). *Anais do X Congresso Brasileiro de Direito de Família do IBDFAM.* Belo Horizonte: IBDFAM, 2015.

DIAS, Maria Berenice. *Divórcio já!*: comentários à emenda constitucional 66 de 13 de julho de 2010. São Paulo: Ed. RT, 2010.

DIAS, Maria Berenice. Manual de Direito das Famílias. Salvador: JusPodivm, 2020, p. 661.

LÔBO, Paulo. *Famílias.* São Paulo. Saraiva, 2019.

MADALENO, Rolf. *Manual de Direito de Família.* 2. ed. Rio de janeiro: Forense, 2019.

PEREIRA, Rodrigo da Cunha. *Dicionário de Direito de Família e Sucessões ilustrado.* 2. ed. São Paulo: Saraiva, 2018.

PEREIRA, Rodrigo da Cunha. *Princípios fundamentais norteadores do Direito de Família.* 3. ed. São Paulo: Saraiva.

PEREIRA, Rodrigo da Cunha. *Direito das Famílias.* 3. ed. Rio de Janeiro: Forense, 2022.

TEPEDINO, Gustavo José Mendes. Controvérsias sobre o regime de bens no Novo Código Civil. *Anais do VI Congresso Brasileiro de Direito de Família – Família e Solidariedade.* Rio de Janeiro: IBDFAM – Lumen Juris, 2008.

---

30. TEPEDINO, Gustavo José Mendes. Controvérsias sobre o regime de bens no Novo Código Civil. *Anais do VI Congresso Brasileiro de Direito de Família – Família e Solidariedade.* Rio de Janeiro: IBDFAM – Lumen Juris, 2008, p. 208.

O REGIME DE SEPARAÇÃO CONVENCIONAL DE BENS E O RESP 1.472.945/RJ: ANÁLISE DE CASO

Ricardo Villas Bôas Cueva

Doutor pela Universidade de Frankfurt (Alemanha). Mestre pela Universidade de Harvard (Estados Unidos). Formado em Direito pela Universidade de São Paulo (USP). Ministro do Superior Tribunal de Justiça, integrando a Segunda Seção e a Terceira Turma, ambas especializadas em direito privado. Foi procurador do Estado de São Paulo e da Fazenda Nacional, advogado e membro do Conselho Administrativo de Defesa Econômica (Cade).

Fernanda Mathias de Souza Garcia

Mestre em Direito, Regulação e Políticas Públicas pela Universidade de Brasília. Especialista em Direito Administrativo pela Universidade Católica de Brasília e em *"Diritto dell'Integrazione e Unificazione del Diritto nel Sistema Giuridico Romanistico (Diritti Europei e Diritto Latinoamericano)"* pela Università degli Studi di Roma *"Tor Vergata"*. Formada em Direito pelo UniCEUB. Professora do UniCEUB. Assessora de Ministro no Superior Tribunal de Justiça, com foco em Direito Privado.

Sumário: 1. Introdução – 2. A evolução da jurisprudência quanto ao sentido da expressão "separação obrigatória de bens" no STJ – 3. Resp 1.472.945/RJ: estudo de caso – 4. Conclusões – 5. Referências.

1. INTRODUÇÃO

A sucessão é um conhecido meio de aquisição da propriedade, de definição do destino de créditos, débitos e obrigações, bem como de transmissão de direitos aos sucessores, seja em vida (*inter vivos*), seja por ocasião da morte do proprietário (*causa mortis*).[1] Nesta última hipótese, a sucessão hereditária se realiza no momento da morte do autor da herança, regra que se extrai do art. 1.784 do Código Civil de 2002 (CC/2002), que retrata o momento da *saisine*.

Maria Helena Diniz, com maestria, nos ensina que se aplica a palavra sucessão, em sentido amplo, a todos os modos derivados de aquisição do domínio, indicando o ato pelo qual alguém sucede a outrem, investindo-se no todo, ou em parte, nos direitos que lhe pertenciam. Trata-se da sucessão *inter vivos*. Já em sentido restrito, sucessão é a transferência total ou parcial da herança, por morte de alguém, a um ou mais herdeiros. É a sucessão *mortis causa*, que, no conceito subjetivo, retrata direito pelo qual alguém recolhe os bens da herança; e, no

---

1. Acerca das regras concernentes à sucessão *post mortem* no Brasil confira-se o primeiro capítulo da obra Herança Digital: o direito brasileiro e a experiência estrangeira (GARCIA, 2022, p. 5-33).

conceito objetivo, indica a universalidade dos bens do *de cujus*, caracterizados por seus direitos e encargos.²

A despeito da longa tramitação do projeto de lei que ensejou a atual codificação cível brasileira, nem sempre o sistema sucessório atendeu à operabilidade, um dos pilares do novo sistema, ao lado da socialidade e da eticidade. Infelizmente, nossas regras da sucessão são um tanto quanto confusas e, por vezes, até mesmo incompreensíveis, quer aos profissionais de direito,³ quer ao homem médio.

Dentre as inúmeras polêmicas extraídas da novel legislação está aquela referente à exegese do art. 1.829, inciso I, do CC/2002. O Superior Tribunal de Justiça, guardião da interpretação da legislação federal, por diversas vezes foi instado a se manifestar acerca da sua interpretação. A discussão tangenciou o *status* de herdeiro necessário conferido cônjuge (art. 1.845 do CC/2002)⁴ e a possibilidade de que concorresse na sucessão universal, seja com descendentes, seja com ascendentes do autor da herança. A concorrência sucessória representou uma inovação apta a substituir o usufruto vidual,⁵ regra então constante do art. 1.611, § 1º, do Código

---

2. DINIZ, Maria Helena. *Curso de direito civil brasileiro*: direito das sucessões. 19. ed., rev. aum. e atual. de acordo com o novo código civil, Lei 10.406, de 10.01.2002. São Paulo: Saraiva, 2002. v. 6, p. 16.
3. SIMÃO, José Fernando. Separação convencional, separação legal e separação obrigatória: reflexões a respeito da concorrência sucessória e o alcance do artigo 1.829, I, do CC. Recurso Especial 992.749/MS. *Revista brasileira de direito das famílias e sucessões*, v. 12, n. 15, p. 5-19, Porto Alegre, abr./maio 2010.
4. Segundo Carlos Alberto Dabus Maluf, os motivos que levaram à inclusão do cônjuge supérstite como herdeiro necessário são compreensíveis em perspectiva histórica", fazendo referência às lições de Clóvis do Couto e Silva no seguinte sentido: 'as modificações nos regimes de bens acompanham assim a História da aplicação do princípio da igualdade ao direito de família'(MALUF, 2009, p. 371). No mesmo sentido: "o objetivo da regra, e já venho dizendo isto desde 2003, é garantir o sustento do cônjuge supérstite, ou seja, que se em razão do regime de bens, o falecido ficar presumivelmente sem patrimônio, há concorrência para que não fique à míngua. O sistema foi pensado na década de 1960 e se baseou nos 'novos Códigos' daquela época, quais sejam, o Código civil italiano de 1942 e o Código civil português de 1966." (NETO; TARTUCE; SIMÃO, 2012, p. 239). Em nota de rodapé, o professor José Fernando Simão acrescenta: Adotar no século XXI um sistema sucessório pensado para a família de meados do século XX é, por si só, prenúncio de problemas graves para o sistema. Primeiro, porque quando a regra foi pensada o Brasil sequer admitia o divórcio e, portanto, o conceito de família era o de estabilidade ou permanência. Segundo, porque os casamentos se davam entre pessoas de faixas etárias próximas. Por fim, eram, em regra de longa duração. Por não existir o divórcio, o casamento ainda era encarado nos moldes católicos *per omne vitae* (NETO; TARTUCE; SIMÃO, 2012, p. 239).
5. Artigo 1.611, § 1º, do Código Civil: "A falta de descendentes ou ascendentes será deferida a sucessão ao cônjuge sobrevivente se, ao tempo da morte do outro, não estava dissolvida a sociedade conjugal (Redação dada pela Lei 6.515, de 1977).
§ 1º O cônjuge viúvo se o regime de bens do casamento não era o da comunhão universal, terá direito, enquanto durar a viuvez, ao usufruto da quarta parte dos bens do cônjuge falecido, se houver filho dêste ou do casal, e à metade se não houver filhos embora sobrevivam ascendentes do 'de cujus' (Incluído pela Lei 4.121, de 1962).
§ 2º Ao cônjuge sobrevivente, casado sob o regime da comunhão universal, enquanto viver e permanecer viúvo será assegurado, sem prejuízo da participação que lhe caiba na herança, o direito real de habilitação relativamente ao imóvel destinado à residência da família, desde que seja o único bem daquela natureza a inventariar. (Incluído pela Lei 4.121, de 1962).
§ 3º Na falta do pai ou da mãe, estende-se o benefício previsto no § 2º ao filho portador de deficiência que o impossibilite para o trabalho" (Incluído pela Lei 10.050, de 2000). Disponível em: http://www.planalto.gov.br/ccivil_03/leis/L3071impressao.htm. Acesso em: 07 jun. 2022). Trata-se de mulher que não adquiria

Civil de 1916[6] e que não incidia na hipótese de escolha dos cônjuges pelo regime da comunhão universal de bens.

O art. 1.829, inciso I, do CC/2002 delimitou as regras para a sucessão do cônjuge supérstite quando concorresse com os descendentes, partindo da premissa relativa ao regime de bens definido em vida pelo casal, por instrumento público e solene, ou por adesão à opção estatal, a saber: a regra legal concernente ao regime da comunhão parcial de bens.[7] A importância da identificação do regime de bens e, consequentemente, do estado civil do autor da herança é justamente aferir a comunicabilidade ou a gestão destes após a morte com seus herdeiros necessários.[8]

Segundo Karime Costalunga, a nova regra da sucessão do cônjuge supérstite teve

> origem em proposição de Orlando Gomes, coordenador da segunda tentativa de reforma do Código Civil Brasileiro, que, ao apresentar o projeto de alteração (não obstante não tenha logrado êxito), justificara a proposição da mulher casada (...) à época, não era expressivo, como é hoje, o número de mulheres casadas possuidoras de patrimônio e renda próprios.[9]

Não se desconhece que foi Miguel Reale (coordenador), em reunião da comissão que propunha as alterações ao Código Civil de Beviláqua,[10] quem realizou a alteração

---

patrimônio próprio, pois até para trabalhar necessitava da autorização marital: "O usufruto inexistia para os casados pelo regime da comunhão universal em razão da meação natural do regime. É algo lógico. Garantir sustento a quem não precisa seria extrema injustiça." (SIMÃO, 2010, p. 7). Não obstante a literalidade do dispositivo, a jurisprudência chegou a limitar esse direito na hipótese em que o cônjuge tivesse direito a bens em meação que lhe garantisse a subsistência sem depender do usufruto vidual para tanto. Confira-se: Inventário. Usufruto vidual. Regime de comunhão parcial. Viúva meeira nos aquestos. Reconhecida a comunhão dos aquestos, não tem a viúva meeira, ainda que casada sob regime diverso do da comunhão universal de bens, direito ao usufruto vidual previsto no art. 1.611, par. 1º, do Código Civil. Precedente do STF. Recurso especial não conhecido (REsp 34.714/SP, relator Ministro Barros Monteiro, Quarta Turma, julgado em 25.04.1994, DJ de 06.06.1994, p. 14.278).

6. Aliás, na época do Estatuto da Mulher, editado em 1960, a sociedade machista da época sequer via com bons olhos a mulher que trabalhava fora de casa. Era uma época de relações humanas patrimonializadas em que mulher não tinha, muitas vezes, possibilidade de buscar um curso de educação superior. O usufruto inexistia para os casados pelo regime da comunhão universal em razão da meação natural do regime. É algo lógico (NETO; TARTUCE; SIMÃO, 2012, p. 239).
7. Anteriormente, com o Código Civil de 1916, tínhamos quatro regimes de bens, a saber: comunhão universal de bens, comunhão parcial de bens, separação de bens e dotal. Com a vigência do Código Civil de 2002, foram disciplinados os seguintes regimes: a) comunhão parcial de bens (a regra do sistema – art. 1.658 do CC); b) comunhão universal de bens; c) participação final nos aquestos; e d) separação de bens, suprimindo-se o regime dotal, totalmente em desuso na atualidade. Porém, passamos a contar com um regime novo: a participação final nos aquestos (GANDINI; JACOB, 2004, p. 115).
8. GANDINI, João Agnaldo Donizeti; JACOB, Cristiane Bassi. A vocação hereditária e a concorrência do cônjuge com os descendentes ou ascendentes do falecido (art. 1.829, I, do Código Civil de 2002). *Cadernos jurídicos*, v. 5, n. 23, p. 111-135, São Paulo, set./out. 2004.
9. MALUF, Carlos Alberto Dabus. A sucessão do cônjuge sobrevivente casado no regime da separação convencional de bens. In: NUNES, João Batista Amorim de Vilhena (Coord.). *Família e sucessões*: reflexões atuais. Curitiba: Juruá Editora, 2009. p. 371.
10. O cônjuge vem, no Código Civil de 1916, colocado em terceiro lugar na ordem de vocação hereditária, após os descendentes e ascendentes. Não é herdeiro necessário, podendo, pois, ser afastado da sucessão pela via testamentária. Nesse código, o cônjuge herda na ausência de descendentes ou ascendentes. Atualmente, o cônjuge é herdeiro, sem prejuízo da meação em razão do regime de bens. herdeiro necessário, tendo direito real de habitação em qualquer regime de bens, caso a herança seja composta por um único imóvel residencial.

da posição jurídica do cônjuge na família e na sucessão. Para o notável jurista, as razões para se considerar o cônjuge como parte concorrente à herança com os demais herdeiros necessários foram duas:

> primeira, de ordem jurídica, residia na mudança no regime legal, pelo Código Civil de 1916, vigorava como regime legal o da comunhão universal de bens, de modo que cada cônjuge já era meeiro quando do falecimento do outro – comunicava-se todo o patrimônio do casal não persistindo o motivo para previsão como herdeiro. Ocorre que, com a Lei 6.515/1977 (Lei do Divórcio), passou a vigorar como sendo o regime legal o da comunhão parcial de bens, prevendo dividirem-se somente os bens adquiridos na constância da união, preservando, portanto, os recebidos por herança, doação ou a título de sub-rogação. E a segunda justificativa para a colocação do cônjuge como herdeiro necessário está na absoluta equiparação do homem e mulher, tendo em vista que a maior beneficiada com referido dispositivo é mais a mulher do que o homem, considerando a existência de (sic) viúvas do que viúvos, visto que as mulheres são mais longevas.[11]

Giselda Hironaka lembra que Pontes de Miranda afirmava que o conceito de família envolveria uma complexidade de relações e de pessoas que descendessem de um tronco central comum:

> tanto quanto essa ascendência se conserva na memória dos descendentes, ou nos arquivos, ou na memória dos estranhos; ora o conjunto de pessoas ligadas a alguém, ou a um casal, pelos laços de consanguinidade ou de parentesco civil; ora o conjunto das mesmas pessoas, mais os afins apontados por lei; ora o marido e a mulher, descendentes e adotados; ora, finalmente, marido e mulher e parentes sucessíveis de um e de outra.[12]

Como se sabe, o Código de Beviláqua retratava o Direito Civil do século XX, no qual a família se subdividia em legítima e em ilegítima, a partir de uma ótica de valorização dos vínculos matrimoniais, além dos consanguíneos e patrimoniais.[13]

Os descendentes são os parentes em linha reta, isto é, os filhos, netos, bisnetos etc., contando-se, sem limite, os graus de parentesco pelo número de gerações. É irrelevante para o direito ter sido o descendente havido ou não da relação de casamento, ou mesmo por adoção; todos herdam em igualdades de condições (NERY JUNIOR, Nelson; NERY, Rosa Maria de Andrade. *Código Civil anotado e legislação extravagante*. São Paulo: Ed. RT, 2003, p. 803). Quando o falecido houver deixado herdeiro necessário, seu patrimônio se divide, por assim dizer, em duas partes: a quota disponível e a legítima, sendo esta cabente àqueles. Anteriormente, estatuía o Código Civil de 1916 que o regime de comunhão universal de bens era, até o advento da Lei do Divórcio, considerado como regime legal. De acordo com o artigo 1.667 do novo Código Civil, "O regime de comunhão universal importa a comunicação de todos os bens presentes e futuros dos cônjuges e suas dívidas passivas, com as exceções do artigo seguinte". Quando analisamos este regime, notamos que a comunhão não se dá exclusivamente quanto ao patrimônio, mas também há uma comunhão de interesses. Com a dissolução da sociedade conjugal, cabe ao casal efetuar a divisão do ativo e do passivo, visando, com isso, a cessação de responsabilidade de cada um dos cônjuges para com os credores do outro (artigo 1.671 do Código Civil).

11. MALUF, Carlos Alberto Dabus. A sucessão do cônjuge sobrevivente casado no regime da separação convencional de bens. In: NUNES, João Batista Amorim de Vilhena (Coord.). *Família e sucessões*: reflexões atuais. Curitiba: Juruá Editora, 2009. p. 372.
12. HIRONAKA, Giselda Maria Fernandes Novaes. *Morrer e suceder*: passado e presente da transmissão sucessória concorrente. 2. ed., rev. São Paulo: Ed. RT, 2014, p. 325-326.
13. As disposições do Código Civil de 2002, relativas à ordem de vocação hereditária (arts. 1.829 a 1.844) não se aplicam à sucessão aberta antes de sua vigência, prevalecendo o disposto na lei anterior (Lei 3.071, de 1º de janeiro de 1916); é o que dispõe o artigo 2041 do Novo Código Civil. Pelo Direito Brasileiro anterior ao Código Civil, prevalecia na sociedade conjugal o regime da comunhão de bens, na falta de contrato

Contudo, a depender do regime adotado no casamento, e acrescente-se, também na união estável,[14] o direito sucessório do cônjuge ou do companheiro poderá ser limitado em virtude do disposto no art. 1.829, I, do CC/2002, cuja redação truncada ensejou interpretações díspares no STJ. Eis a integralidade do dispositivo sob análise:

> Art. 1.829. A sucessão legítima defere-se na ordem seguinte: (Vide Recurso Extraordinário 646.721) (Vide Recurso Extraordinário 878.694)
>
> I – aos descendentes, em concorrência com o cônjuge sobrevivente, *salvo* se casado este com o falecido no regime da comunhão universal, ou no da *separação obrigatória de bens (art. 1.640,*

---

antenupcial em contrário; por isso, cabia ao consorte supérstite, por direito próprio, não como herança, a metade do acervo resultante de se confundirem os patrimônios dos dois esposos; tocava-lhe, em partilha, a outra metade, se não havia descendentes, ascendentes, nem colaterais até o décimo grau. No regime das Ordenações, o cônjuge herdava em quarto lugar, após os colaterais. Somente com o Decreto 1.839/1907, conhecido por Lei Feliciano Pena, passou a ocupar o terceiro lugar, no que foi seguido pelo Código Civil, no seu artigo 1.611. A Lei 4.121 de 1962 e, posteriormente, a Lei 6.015/77 deram nova redação a este artigo. Com a edição da nova Lei 10.406 de 10.01.2002, o cônjuge passa a ocupar lugar de destaque sendo-lhe atribuída a qualidade de herdeiro necessário. (GANDINI; JACOB, 2004, p. 119). E ensina Simão: Note-se que Bevilaqua deixa claro que a separação obrigatória é também chamada de separação legal. Continua Bevilaqua: 'O regime da comunhão universal de bens está definido no art. 262 e regulado nos que se lhe seguem. O da separação obedece aos preceitos estabelecidos nos arts. 276 e 277" (p. 131)'. Acerca do regime de separação, diz o autor: "O que caracteriza este regime a distinção completa dos patrimônios dos dois cônjuges, da qual resultam: primeiro, a incomunicabilidade dos frutos e aquisições; segundo, a independência da mulher, na gestão dos seus haveres". Então explica: "O regime da separação pode resultar de pacto antenupcial ou de imposição da lei nos casos do art. 258, parágrafo único" (p. 156). Conclusão de Clóvis Bevilaqua: 'o regime da separação de bens pode ter duas origens: a lei (separação legal ou obrigatória) ou a vontade das partes (separação convencional)' (SIMÃO, 2010, p. 11).

14. O entendimento do Supremo Tribunal Federal firmado em repercussão geral (Tema 809: declaração de inconstitucionalidade do art. 1.790 do Código Civil/2002) estendeu o direito de concorrência ao companheiro sobrevivente na partilha com os demais herdeiros necessários. Assim, na união estável, o companheiro, tal como o cônjuge, concorre em posição isonômica com os herdeiros necessários. Tudo a depender do regime de bens adotado na união estável não poderia ser afastado da sucessão, salvo exceções legais, como na deserdação ou na indignidade (VELOSO, 2017, p. 675-676), foi aplicado, pela vez primeira no STJ no seguinte *leading case*:

Recurso especial. Civil. Processual civil. Direito de família e das sucessões. União estável. Art. 1.790 do CC/2002. Inconstitucionalidade. Art. 1.829 do CC/2002. Aplicabilidade. Vocação hereditária. Partilha. Companheiro. Exclusividade. Colaterais. Afastamento. Arts. 1.838 e 1.839 do CC/2002. Incidência. 1. Recurso especial interposto contra acórdão publicado na vigência do Código de Processo Civil de 1973 (Enunciados Administrativos 2 e 3/STJ).

2. No sistema constitucional vigente, é inconstitucional a distinção de regimes sucessórios entre cônjuges e companheiros, devendo ser aplicado em ambos os casos o regime do artigo 1.829 do CC/2002, conforme tese estabelecida pelo Supremo Tribunal Federal em julgamento sob o rito da repercussão geral (Recursos Extraordinários 646.721 e 878.694).

3. Na falta de descendentes e ascendentes, será deferida a sucessão por inteiro ao cônjuge ou companheiro sobrevivente, ressalvada disposição de última vontade.

4. Os parentes colaterais, tais como irmãos, tios e sobrinhos, são herdeiros de quarta e última classe na ordem de vocação hereditária, herdando apenas na ausência de descendentes, ascendentes e cônjuge ou companheiro, em virtude da ordem legal de vocação hereditária.

5. Recurso especial não provido. (REsp 1.357.117/MG, relator Ministro Ricardo Villas Bôas Cueva, Terceira Turma, julgado em 13.03.2018, DJe de 26.03.2018).

Confira-se acerca do julgamento dos Recursos Extraordinários 878.694/MG e 646.721/RS (LEITE, 2018).

parágrafo único);[15] ou se, no regime da comunhão parcial, o autor da herança não houver deixado bens particulares;

II – aos ascendentes, em concorrência com o cônjuge;

III – ao cônjuge sobrevivente;

IV – aos colaterais.[16] (grifo nosso)

Portanto, da leitura do supracitado artigo, excepciona-se a regra da concorrência entre cônjuge supérstite e os demais herdeiros necessários quando: (i) o casamento observar o regime da comunhão universal de bens, (ii) o regime adotado no casamento for o da separação obrigatória de bens (art. 1.640 do Código Civil de 2002) e (iii) se o regime adotado for o da comunhão parcial e o *de cujus* não tiver deixado bens particulares.

O direito sucessório é ramo autônomo do direito, ainda que atrelado ao de família para a sua operacionalização[17] no que tange, por exemplo, à partilha *post mortem*, tema sempre um tanto quanto incômodo ao âmago das relações amorosas.

A Corte se debruçou em momentos distintos acerca do sentido, amplitude e dicção da construção legal "separação obrigatória de bens" constante do inciso I do art. 1.829 do CC/2002. O Tribunal da Cidadania foi instado a definir se a mencionada disposição abarcaria apenas as hipóteses legais de adoção do regime de separação ou se o regime da separação convencionada entre as partes estaria sujeito às exceções aptas a afastar *status* de herdeiro conferido ao cônjuge. A dubiedade da redação, excessivamente truncada, não facilitou tal tarefa, como se passa a expor.

---

15. José Fernando Simão alerta: "Evidentemente a remissão está equivocada, já que sequer há menção ao regime de separação no dispositivo indicado" (SIMÃO, 2010, p. 8), pois como notório, no lugar do art. 1.640, dever-se-ia ter mencionado o artigo 1.641 do Código Civil de 2002, que versa a respeito das duas hipóteses de adoção obrigatória do regime de separação de bens (quando existente causas suspensivas do casamento, envolver pessoa maior de setenta anos, bem como quando aqueles que casarem dependerem de suprimento judicial para tanto). Ao explicar a origem da problemática, um antigo descuido do legislativo reiterado durante todo o longo transcurso de tramitação do projeto de alteração do Código Civil, assevera o autor, em síntese que, na versão final do Projeto de Código Civil (Projeto 634-E), o regime da separação obrigatória já se encontrava previsto no art. 1.641, mas em matéria sucessória o art. 1.829, que cuidava da concorrência, mencionava, com equívoco, o art. 1.640, parágrafo único. Em suma, desde 1975 o Projeto de Código Civil se equivocou ao mencionar um parágrafo único de um artigo anterior àquele em que efetivamente se dispunha a respeito do regime da separação obrigatória. Trata-se de erro histórico que passou despercebido e se repetiu (NETO; TARTUCE; SIMÃO, 2012, p. 241).
16. BRASIL. Lei 10.406, de 10 de janeiro de 2002. Institui o Código Civil. *Diário Oficial da União*: seção 1, Brasília, DF, ano 139, n. 8, p. 1-74, 11 jan. 2002. Disponível em: http://www.planalto.gov.br/ccivil_03/leis/2002/l10406compilada.htm. Acesso em: 05 jun. 2022.
17. A doutrina destaca a ausência de operabilidade, um dos pilares do Código Civil, ao lado da eticidade e socialidade, no que tange às regras do direito sucessório, por vezes incompreensíveis ou de difícil aplicação prática: A operabilidade, absolutamente imprescindível a qualquer diploma, significa o estabelecimento de soluções normativas de modo a facilitar a interpretação e a aplicação do direito, eliminando-se dúvidas que haviam persistido na aplicação do Código Civil anterior. Fato é que o sistema, *em matéria de sucessão, não se tornou operável, mas absolutamente confuso, gerando perplexidade aos juízes, advogados, estudantes de direito e professores* (NETO; TARTUCE; SIMÃO, 2012, p. 237- grifou-se). Segundo Simão: "A operabilidade, absolutamente imprescindível a qualquer diploma, significa o estabelecimento de soluções normativas de modo a facilitar a interpretação e a aplicação do direito, eliminando-se dúvidas que haviam persistido na aplicação do Código Civil anterior" (SIMÃO, 2010, p. 6).

2. A EVOLUÇÃO DA JURISPRUDÊNCIA QUANTO AO SENTIDO DA EXPRESSÃO "SEPARAÇÃO OBRIGATÓRIA DE BENS" NO STJ

Giselda Hironaka, no que diz respeito ao art. 1.829, inciso I, avalia que esse dispositivo

> tem dado azo à doutrina e à decisões judiciais, nestes anos de vigência da lei nova, a díspares posicionamentos, situação altamente constrangedora da segurança jurídica e responsável pela diversidade de aplicação de resultados, o que não pode ser considerado, de modo algum, como circunstância que não mereça, urgentemente, de ser revista pelo legislador nacional.[18]

A primeira vez que o Superior Tribunal de Justiça (STJ) enfrentou o tema foi no julgamento do REsp 1.111.095/RJ,[19] quando concluiu que um pacto antenupcial firmado sob a égide do Código de 1916 constituiria ato jurídico perfeito, motivo pelo qual quaisquer outros que o sucedessem violariam os princípios da autonomia da vontade e da boa-fé objetiva. Por outro lado, ao afastar a discussão acerca de direito intertemporal, a Corte entendeu que, na hipótese, deveria prevalecer a vontade do testador, assentando que "a interpretação sistemática do Codex" autorizaria "a conclusão no sentido de que o cônjuge sobrevivente, nas hipóteses de separação convencional de bens, não poderia ser admitido como herdeiro necessário".[20]

---

18. HIRONAKA, Giselda Maria Fernandes Novaes. *Morrer e suceder*: passado e presente da transmissão sucessória concorrente. 2. ed., rev. São Paulo: Ed. RT, 2014.
19. No REsp 1.111.095-RJ, por sua vez, não era a viúva que pretendia a sua habilitação em inventário. Pelo contrário, falecido o seu marido, ela nada opôs a que os bens dele fossem inteiramente destinados ao sobrinho. Depois, falecendo também ela, os seus sobrinhos é que requereram habilitação no inventário do marido. Note-se: é possível – e até provável – que houvesse um entendimento em vida entre eles a respeito dessa destinação de bens e, mais uma vez, o resultado desse julgado não se afigura tão grave se comparado à sua fundamentação em dizer que se baseia nos próprios efeitos que a lei atribui ao regime da separação convencional de bens. Ao fazê-lo, atrai-se esse mesmo resultado para uma quantidade de outros casos que são completamente diferentes desse (SÊCO; REIS, 2017, p. 114).
20. BRASIL. Superior Tribunal de Justiça. Recurso Especial 1.111.095/RJ. Direito das sucessões. Recurso especial. Pacto antenupcial. Separação de bens. Morte do varão. Vigência do novo código civil. Ato jurídico perfeito. Cônjuge sobrevivente. Herdeiro necessário. Interpretação sistemática. Relator: Ministro Carlos Fernando Mathias, 01 de outubro de 2009. Disponível em: https://scon.stj.jus.br/SCON/GetInteiroTeor-DoAcordao?num_registro=200900295560&dt_publicacao=11/02/2010. Acesso em: 02 jun. 2022.
    Confira-se, por oportuno, a argumentação utilizada: "De fato, o legislador reconhece aos nubentes, já desde o Código Civil de 1916, a possibilidade de autodeterminação no que se refere ao seu patrimônio, autorizando-lhes a escolha do regime de bens, dentre os quais o da separação total, no qual, segundo Pontes de Miranda, 'os patrimônios dos cônjuges permanecem incomunicáveis, de ordinário sob a administração exclusiva de cada cônjuge, que só precisa da outorga do outro cônjuge, para a alienação dos bens de raiz' (*Tratado de direito privado*. São Paulo: Borsói, t. VIII, p. 343). incomunicabilidade que se perpetua com o falecimento de um deles, dada a possibilidade de se excluir o cônjuge sobrevivente da qualidade de herdeiro, através de testamento, como no caso em comento. Assim, qualquer que seja a razão pela qual os cônjuges decidem por renunciar um ao patrimônio do outro, essa determinação é respeitada pela lei anterior. No novo Código Civil, porém, adotada interpretação literal do art. 1.829, se conclui pela inclusão do cônjuge sobrevivente como herdeiro necessário, o que no caso de separação convencional de bens, significa que é concedido aos consortes liberdade de autodeterminação em vida, retirada essa, porém, com o advento da morte, transformando a sucessão em uma espécie de proteção previdenciária. Cuida-se, iniludivelmente, de quebra na estrutura do sistema codificado. Com efeito, não há como compatibilizar as disposições do art. 1639, que autoriza os nubentes a estipular o que lhes aprouver em relação a seus bens, bem como do art. 1687, que permite a adoção do regime de separação absoluta de bens (afastando, inclusive, a necessidade

Nesse contexto, sob a égide do Código de 1916, o cônjuge sobrevivente não teria assumido o protagonismo atual, porquanto não detentor da qualidade de herdeiro necessário, podendo, consectariamente, ser afastado da sucessão por meio de testamento.[21]

O supracitado entendimento encontra respaldo em abalizada doutrina:

> Enquanto no regime anterior, o cônjuge sobrevivente, na qualidade de herdeiro facultativo, poderia ser afastado da sucessão (através, por exemplo, de disposição testamentária a favor de terceiro, ou, pela destinação da cota disponível ao pagamento de dívidas deixadas pelo *de cujus*) agora, corretamente, o cônjuge sobrevivente é guinado à categoria de herdeiro necessário, sem possibilidade de ser excluído da sucessão. Ainda que o de cujus comprometa toda a sua cota disponível, o cônjuge sobrevivente tem direito à sua cota legítima.[22]

Em situação fática diversa, porém, quanto ao mérito, respaldando essa primeira interpretação conferida pelo STJ, no sentido de que o regime de separação convencional de bens estaria contido, englobado, abarcado e incluído no conceito geral da expressão "separação obrigatória", vinculando, assim, as partes tanto em vida e com o advento da morte, cita-se o seguinte julgado analisado em 2009 pela Terceira Turma:

> Direito civil. Família e Sucessões. Recurso especial. Inventário e partilha. Cônjuge sobrevivente casado pelo regime de separação convencional de bens, celebrado por meio de pacto antenupcial por escritura pública. Interpretação do art. 1.829, I, do CC/02. Direito de concorrência hereditária com descendentes do falecido. Não ocorrência.
>
> – Impositiva a análise do art. 1.829, I, do CC/02, dentro do contexto do sistema jurídico, interpretando o dispositivo em harmonia com os demais que enfeixam a temática, em atenta observância dos princípios e diretrizes teóricas que lhe dão forma, marcadamente, a dignidade da pessoa humana, que se espraia, no plano da livre manifestação da vontade humana, por meio da autonomia da vontade, da autonomia privada e da consequente autorresponsabilidade, bem como da confiança legítima, da qual brota a boa-fé; a eticidade, por fim, vem complementar o sustentáculo principiológico que deve delinear os contornos da norma jurídica.
>
> – Até o advento da Lei 6.515/77 (Lei do Divórcio), vigeu no Direito brasileiro, como regime legal de bens, o da comunhão universal, no qual o cônjuge sobrevivente não concorre à herança, por já lhe ser conferida a meação sobre a totalidade do patrimônio do casal; a partir da vigência da Lei do Divórcio, contudo, o regime legal de bens no casamento passou a ser o da comunhão parcial, o que foi referendado pelo art. 1.640 do CC/02.
>
> – Preserva-se o regime da comunhão parcial de bens, de acordo com o postulado da autodeterminação, ao contemplar o cônjuge sobrevivente com o direito à meação, além da concorrência

---

de outorga do outro cônjuge para a alienação de bens), com os termos do art. 1829, que eleva o cônjuge sobrevivente à qualidade de herdeiro necessário, determinando, inexoravelmente, a comunicabilidade dos patrimônios. De fato, seria de se questionar o porquê de se escolher a incomunicabilidade de bens, se eles necessariamente se somarão no futuro" (RIBEIRO, 2015, p. 471-472).

21. MALUF, Carlos Alberto Dabus. A sucessão do cônjuge sobrevivente casado no regime da separação convencional de bens. In: NUNES, João Batista Amorim de Vilhena (Coord.). *Família e sucessões*: reflexões atuais. Curitiba: Juruá Editora, 2009.
22. LEITE, Eduardo de Oliveira. *Comentários ao novo Código civil*. 2. ed. Rio de Janeiro: Forense, 2003. v. XXI (arts. 1.784 a 2.027), Do direito das sucessões.

hereditária sobre os bens comuns, mesmo que haja bens particulares, os quais, em qualquer hipótese, são partilhados unicamente entre os descendentes.

– O regime de separação obrigatória de bens, previsto no art. 1.829, inc. I, do CC/02, é gênero que congrega duas espécies: (i) separação legal; (ii) separação convencional. Uma decorre da lei e a outra da vontade das partes, e ambas obrigam os cônjuges, uma vez estipulado o regime de separação de bens, à sua observância.

– Não remanesce, para o cônjuge casado mediante separação de bens, direito à meação, tampouco à concorrência sucessória, respeitando-se o regime de bens estipulado, que obriga as partes na vida e na morte. Nos dois casos, portanto, o cônjuge sobrevivente não é herdeiro necessário.

– Entendimento em sentido diverso, suscitaria clara antinomia entre os arts. 1.829, inc. I, e 1.687, do CC/02, o que geraria uma quebra da unidade sistemática da lei codificada, e provocaria a morte do regime de separação de bens. Por isso, deve prevalecer a interpretação que conjuga e torna complementares os citados dispositivos.

– No processo analisado, a situação fática vivenciada pelo casal declarada desde já a insuscetibilidade de seu reexame nesta via recursal é a seguinte: (i) não houve longa convivência, mas um casamento que durou meses, mais especificamente, 10 meses; (ii) quando desse segundo casamento, o autor da herança já havia formado todo seu patrimônio e padecia de doença incapacitante; (iii) os nubentes escolheram voluntariamente casar pelo regime da separação convencional, optando, por meio de pacto antenupcial lavrado em escritura pública, pela incomunicabilidade de todos os bens adquiridos antes e depois do casamento, inclusive frutos e rendimentos.

– A ampla liberdade advinda da possibilidade de pactuação quanto ao regime matrimonial de bens, prevista pelo Direito Patrimonial de Família, não pode ser toldada pela imposição fleumática do Direito das Sucessões, porque o fenômeno sucessório traduz a continuação da personalidade do morto pela projeção jurídica dos arranjos patrimoniais feitos em vida.

– Trata-se, pois, de um ato de liberdade conjuntamente exercido, ao qual o fenômeno sucessório não pode estabelecer limitações.

– Se o casal firmou pacto no sentido de não ter patrimônio comum e, se não requereu a alteração do regime estipulado, não houve doação de um cônjuge ao outro durante o casamento, tampouco foi deixado testamento ou legado para o cônjuge sobrevivente, quando seria livre e lícita qualquer dessas providências, não deve o intérprete da lei alçar o cônjuge sobrevivente à condição de herdeiro necessário, concorrendo com os descendentes, sob pena de clara violação ao regime de bens pactuado.

– Haveria, induvidosamente, em tais situações, a alteração do regime matrimonial de bens post mortem, ou seja, com o fim do casamento pela morte de um dos cônjuges, seria alterado o regime de separação convencional de bens pactuado em vida, permitindo ao cônjuge sobrevivente o recebimento de bens de exclusiva propriedade do autor da herança, patrimônio ao qual recusou, quando do pacto antenupcial, por vontade própria.

– Por fim, cumpre invocar a boa-fé objetiva, como exigência de lealdade e honestidade na conduta das partes, no sentido de que o cônjuge sobrevivente, após manifestar de forma livre e lícita a sua vontade, não pode dela se esquivar e, por conseguinte, arvorar-se em direito do qual solenemente declinou, ao estipular, no processo de habilitação para o casamento, conjuntamente com o autor da herança, o regime de separação convencional de bens, em pacto antenupcial por escritura pública.

– O princípio da exclusividade, que rege a vida do casal e veda a interferência de terceiros ou do próprio Estado nas opções feitas licitamente quanto aos aspectos patrimoniais e extra-patrimoniais da vida familiar, robustece a única interpretação viável do art. 1.829, inc. I, do

CC/02, em consonância com o art. 1.687 do mesmo código, que assegura os efeitos práticos do regime de bens licitamente escolhido, bem como preserva a autonomia privada guindada pela eticidade.

Recurso especial provido. Pedido cautelar incidental julgado prejudicado.[23]

Como se afere dos dois acórdãos já mencionados, a expressão "separação obrigatória" compreenderia tanto o regime de separação legal (art. 1.641 do CC/2002) quanto o dito convencional, firmado por pacto antenupcial. Carlos Roberto Barbosa Moreira alerta para a importante consequência desses julgados na sucessão, qual seja, a de que "todo o acervo hereditário deveria ser atribuído apenas aos descendentes".[24] Do voto da Ministra Nancy, o autor destaca, ainda: "em ambas as hipóteses [a separação] é obrigatória, porquanto na primeira, os nubentes se obrigam por meio de pacto antenupcial – contrato solene – lavrado por escritura pública, enquanto na segunda, a obrigação é imposta por meio de previsão legal".[25] E enfatiza que os mencionados pronunciamentos judiciais impactaram a jurisprudência quanto ao tema, especialmente no que tange às decisões dos tribunais de justiça estaduais.[26]

Essa primeira posição da Corte se coadunava àquela então externalizada pelo professor Miguel Reale, para quem a norma inserida no inc. I do art. 1.829 do Código Civil não poderia ser interpretada isoladamente. Por isso, afirmava que se houvesse cotejo com outros artigos do Código Civil, em especial o art. 1.687, seria possível concluir que "qualquer das modalidades do regime de separação de bens estariam abrangidas pelas exceções"[27] já apontadas. Tanto isto é fato que o professor advertira, em reportagem publicada em 2003 no jornal "Folha de São Paulo", que "se no entanto, apesar da argumentação por mim desenvolvida, ainda" persistisse "a dúvida sobre o inc. I do art. 1829, o remédio" seria "emendá-lo, eliminando o adjetivo 'obrigatória'".[28]

Quanto ao ponto, válido destacar, ainda, a posição de José de Oliveira Ascensão:

> Esse grande reforço da posição sucessória do cônjuge surge paradoxalmente ao mesmo tempo que se torna o vínculo conjugal cada vez mais facilmente dissolúvel. A posição do cônjuge é concebida como uma posição mutável, mesmo precária. Aquele, porém, que teve a sorte de

---

23. BRASIL. Superior Tribunal de Justiça. Recurso Especial 992.749/MS. Direito civil. Família e Sucessões. Recurso especial. Inventário e partilha. Cônjuge sobrevivente casado pelo regime de separação convencional de bens, celebrado por meio de pacto antenupcial por escritura pública. Interpretação do art. 1.829, I, do CC/02. Direito de concorrência hereditária com descendentes do falecido. Não ocorrência. Relatora: Ministra Nancy Andrighi, 01 de dezembro de 2009. Disponível em: https://scon.stj.jus.br/SCON/GetInteiroTeorDoAcordao?num_registro=200702295979&dt_publicacao=05/02/2010. Acesso em: 10 jun. 2022.
24. MOREIRA, Carlos Roberto Barbosa. Vocação sucessória do cônjuge e regime de bens: o capítulo conclusivo de uma evolução jurisprudencial (?). *Revista da EMERJ*, v. 20, n. 1, p. 10-11, Rio de Janeiro, jan./abr. 2018.
25. Ibidem, p. 11.
26. O autor, na qualidade de atualizador do último volume das Instituições de Direito Civil do saudoso Caio Mário da Silva Pereira, sempre defendeu a tese de que no regime da separação convencional de bens o cônjuge supérstite concorreria com os descendentes do falecido (MOREIRA, 2018, p. 11)
27. MALUF, Carlos Alberto Dabus. A sucessão do cônjuge sobrevivente casado no regime da separação convencional de bens. In: NUNES, João Batista Amorim de Vilhena (coord.). *Família e sucessões*: reflexões atuais. Curitiba: Juruá Editora, 2009. p. 377.
28. REALE, Miguel. *Estudos preliminares do Código Civil*. São Paulo: Ed. RT, 2003. p. 63.

ocupar posição conjugal na altura da morte, esse é que vai ter uma muito privilegiada protecção sucessória. Suceder como cônjuge entra na aleatoriedade. Por outras palavras, a lei só se preocupa em favorecer o vínculo conjugal depois de ele estar dissolvido. Ironicamente, dizemos que a lei tende a conceber o casamento como um instituto mortis causa.[29]

É de se observar, todavia, que a doutrina majoritária brasileira não absorveu a posição de Reale, circunstância, aliás, aferível da fundamentação do próprio voto da Ministra Nancy no REsp 992.749/MS, ao salientar que a esposa sobrevivente nem sequer teria permanecido casada por um ano inteiro com o *de cujus*,[30] no que foi acompanhada pelos Ministros Sidnei Benneti e Massami Uyeda, e cujo excerto do voto merece transcrição:

> No tocante à separação de bens, muito embora a doutrina predominante, por meio das três correntes especificadas, posicione-se no sentido de que o cônjuge sobrevivente casado pelo regime da separação convencional de bens ostenta a condição de herdeiro concorrente, há entendimento em sentido contrário, que tem à testa o saudoso Prof. Miguel Reale (*Estudos Preliminares do Código Civil*. São Paulo: Ed. RT, 2003, p. 61-64), que assevera serem 'duas são as hipóteses de separação obrigatória: uma delas é a prevista no parágrafo único do art. 1.641, abrangendo vários casos; a outra resulta da estipulação feita pelos nubentes, antes do casamento, optando pela separação de bens. A obrigatoriedade da separação de bens é uma consequência necessária do pacto concluído pelos nubentes, não sendo a expressão 'separação obrigatória' aplicável somente nos casos relacionados no parágrafo único do art. 1.641'. Dessa forma, a separação obrigatória a que se refere o art. 1.829, I, do CC/02, é gênero do que são espécies a separação convencional e a legal.[31] Com base nisso, conclui que em hipótese alguma, seja na separação legal, seja na separação convencional, o cônjuge será herdeiro necessário do autor da herança.[32]

É possível asseverar que *ratio decidendi* desse último julgado seria de que a "separação obrigatória" a que se refere no inc. I do art. 1.829 do Código Civil configuraria um gênero do qual a "separação legal" e a "separação convencional" seriam subespécies.

---

29. ASCENSÃO, José de Oliveira. *Direito Civil*: sucessões. 4. ed. rev. Coimbra: Coimbra Ed, 1989. p. 434-444.
30. No REsp 992.749-MS, como já se sabe, tratava-se de casamento que teria se dado (conforme alegação admitida) já em momento em que o *de cujus* sofria de doença incapacitante, em que a esposa era 30 anos mais jovem e contava com apenas 21 anos, sendo que o casamento não chegou a durar mais do que 10 meses. Não é dizer que esse quadro fático justifica o desfecho, mas é dizer que sem dúvida há nele elementos a explorar que poderiam, no mínimo, ser tomadas como atenuantes de alguma injustiça (SÊCO; REIS, 2017, p. 114).
31. A decisão do STJ em comento é preocupante. Explico. Em primeiro lugar, pretende criar categoria jurídica inexistente (separação obrigatória como gênero), negando-se 100 anos de História do direito civil brasileiro (SIMÃO, 2010, p. 18) Se prevalecer a decisão em comento, o viúvo ou viúva casados por este regime não terão direito ao usufruto vidual (abolido do sistema), não concorrerão com os descendentes, e, assim, ficarão sem nenhuma espécie de proteção. (SIMÃO, 2010, p. 19) É o pior dos mundos – uma leitura equivocada e casuística: viver da caridade alheia, da própria sorte ou do Estado, o que contradiz totalmente a tendência universal de protagonismo da posição do cônjuge na sucessão legítima (art. 1.845 do CC/2002).
32. BRASIL. Superior Tribunal de Justiça. Recurso Especial 992.749/MS. Direito civil. Família e Sucessões. Recurso especial. Inventário e partilha. Cônjuge sobrevivente casado pelo regime de separação convencional de bens, celebrado por meio de pacto antenupcial por escritura pública. Interpretação do art. 1.829, I, do CC/02. Direito de concorrência hereditária com descendentes do falecido. Não ocorrência. Relatora: Ministra Nancy Andrighi, 01 de dezembro de 2009. Disponível em: https://scon.stj.jus.br/SCON/GetInteiroTeorDoAcordao?num_registro=200702295979&dt_publicacao=05/02/2010 Acesso em: 10 jun. 2022.

Em síntese, extrai-se desses dois julgados até agora analisados que o regime de separação obrigatória de bens (art. 1.829, I, do CC/2002) abarcaria duas espécies: (i) a separação legal e (ii) a separação convencional, sendo certo que a primeira decorreria da lei e a outra a partir da realização da autonomia da vontade das partes. Desse modo, não remanesceria para o cônjuge casado pelo regime da separação de bens nenhum direito à meação, ressalvada eventual externalização por meio de pacto antenupcial em sentido diverso. Em outras palavras: o cônjuge não concorreria na sucessão com os demais herdeiros necessários do autor da herança. Dessa maneira, o regime escolhido em vida pelas partes os vincularia no momento da morte, sob pena de se ensejar uma antinomia entre os arts. 1.829, I, e 1.687, do CC/2002 e a ruptura da unidade do sistema.

No entanto, apresentam-se diversas lições doutrinárias em sentido diametralmente oposto ao revelado pelos acórdãos, revelando que os cônjuges ou companheiros quando adotassem o regime da separação convencional participariam da sucessão *causa mortis* de seus consortes desde que não alcançados pelas exceções constantes do art. 1.829, I, do Código Civil de 2002.[33]

As críticas perpassavam pela surpresa quanto à conclusão a que chegara o STJ, bem como pela categórica incerteza então prevalecente, pois teria sido ignorado "todo o tratamento doutrinário referente às categorias da separação legal e da separação convencional de bens", subvertendo "por completo a lógica do sistema", razão pela qual o entendimento ficaria isolado.[34]

A propósito, catalogam-se as seguintes lições:

> A análise literal do artigo 1.829, I, do novo Código, todavia, conduz à conclusão de que os cônjuges, casados pelo regime da separação convencional, serão sim herdeiros recíprocos necessários, ficando desprovido de validade, após o óbito, o pacto antenupcial. Tal convicção se baseia no

---

33. "As conclusões da doutrina pátria também coincidem com as lições de autores estrangeiros. Ludwig Enneccerus, Theodor Kipp e Martin Wolf (at. Blas Pérez Gonzáles e José Castáns Tobefias), em histórica obra, explicam como a questão é disciplina pelo Código Civil alemão (BGB): *La separación de bienes es el régimen en que la mujer conserva la administración y el disfrute de todo su patrimonio.*' (p. 416) 'Según el CC, la separación de bienes rige: (1) como régimen legal (extraordinario) en tres casos: (a) cuando al contraer matrimonio la mujer estaba limitada en su capacidad (especialmente se era menor de edad) y su representante legal no consistió la conclusión del matrimonio; (b) cuando la comunidad conyugal, suprimida sentencia, es restablecida; (c) cuando se extingue el régimen de bienes del matrimonio pero subsiste éste (...).' Interessante notar que o regime da separação também é chamado pelos autores alemães de separação legal quando a lei o impõe (ex: mulher incapaz em razão da idade que se casa contra a vontade de seus pais). Mas o sistema alemão também admite a existência de separação de bens decorrente da vontade das partes: *"La separación de bienes puede establecerse en todo momento por contrato de matrimonio"* (p. 417). Em nota dos tradutores a respeito do instituto jurídico no direito espanhol de então, observa-se o seguinte: *"El Código Civil ha dado entrada al sistema de separación, pero mirándolo con disfavor. Consiste que se adopte por los contrayentes en las capitulaciones matrimoniales; lo regula, como inevitable, en ciertas situaciones anormales del matrimonio, y lo impone como castigo en el caso del art. 50."* (p. 420) Em suma, também no sistema espanhol da época (década de 1930), a separação poderia decorrer de acordo de vontades ou de castigo ou imposição da lei" (SIMÃO, 2010, p. 14-15).
34. MOREIRA, Carlos Roberto Barbosa. Vocação sucessória do cônjuge e regime de bens: o capítulo conclusivo de uma evolução jurisprudencial (?). *Revista da EMERJ*, v. 20, n. 1, p. 12, Rio de Janeiro, jan./abr. 2018.

texto legal, que enumera, taxativamente, os três regimes de bens que não ensejam que o cônjuge sobrevivente concorre com os descendentes do falecido: a) comunhão de bens; b) separação obrigatória de bens; e c) comunhão parcial, se o de cujus não deixar bens particulares. A enumeração é taxativa, donde ser evidente que em todos os demais casos incidirá a regra geral, que seja, de que a sucessão legítima será deferida, sucessivamente, I) aos descendentes em concorrência com o cônjuge; II) aos ascendentes em concorrência com o cônjuge; III) ao cônjuge sobrevivente. A norma é tão clara que outra interpretação parece descabida *(in claris cessat interpretatio)*.[35]

(...) o cônjuge sobrevivente, portanto, deixa de herdar em concorrência com os descendentes: a) se judicialmente separado do de cujus; b) se, separado de fato há mais de dois anos, não provar que a convivência se tornou insuportável sem culpa sua, c) se casado pelo regime da comunhão universal de bens, d) se casado pelo regime da separação obrigatória de bens; e) se casado pelo regime da comunhão parcial, o autor da herança não houver deixado bens particulares.[36]

Ora, mesmo examinando o inc. I do art. 1829 do Código Civil de 2002, com as disposições que tratam do regime de bens do casamento, veremos que as normas guardam similitude, pois, como já dissemos, são duas as modalidades do regime de separação de bens, a primeira é o da separação obrigatória de bens, que está abrangida pela exceção do inc. I do art. 1829 da nova lei civil e a segunda, é o regime da separação convencional ou voluntária de bens que não está, à evidência, abrangida pela exceção que ora examinamos. Se formos cotejar a norma em tela com o art. 1.687 do Código Civil de 2002, veremos facilmente que não existe qualquer conflito, pois o referido artigo trata de matéria diferente, tanto que está disciplinado no capítulo 'Do Regime de Separação de Bens', que nada tem a ver com o tema aqui tratado que é o da sucessão por morte do cônjuge, que é cuidado em outro título "Da Sucessão Legítima" em outro capítulo Da 'Ordem da Vocação Hereditária'.[37]

A separação de bens é o regime pelo qual cada um dos nubentes é proprietário de seu patrimônio, não havendo patrimônio comum. Lições da doutrina ajudam a compreender que a origem do regime da separação pode ser: i) a vontade dos nubentes (que elegem tal regime por meio de um pacto antenupcial) e assim teremos o regime da separação convencional de bens; ii) ou a imposição da lei, e, portanto, inexistente pacto antenupcial, sendo que nesta hipótese, o regime recebe o nome de separação obrigatória de bens.[38]

Em verdade o regime da separação convencional confere independência completa dos patrimônios amealhados pelos dois cônjuges, o que resulta em duas importantes consequências destacadas por Clóvis Beviláqua: 'primeiro, a incomunicabilidade dos frutos e aquisições; segundo, a independência da mulher, na gestão dos seus haveres.' Segundo um dos mentores intelectuais do Código Civil de 1916: 'o regime da separação pode resultar de pacto antenupcial ou de imposição da lei nos casos do art. 258, parágrafo único.'[39]

O regime da separação determina a conservação e exclusividade para si no que tange aos bens fruídos antes do casamento, sendo também incomunicáveis os bens que cada um dos cônjuges vier a adquirir na constância do casamento (...) 'A cada um o que é seu, aí está a fórmula que bem sintetiza o aludido regime matrimonial' (p. 248) conclui Washington de Barros Monteiro, para

---

35. AZEVEDO, Maria Vicente de. *Tribuna do Direito*. São Paulo, nov. 2003. p. 24.
36. MONTEIRO, Washington de Barros. *Curso de direito civil*. 39. ed., atualizada por Anna Cristina de Barros Monteiro França Pinto. São Paulo: Saraiva, 2003. v. 6, p. 97.
37. MALUF, Carlos Alberto Dabus. A sucessão do cônjuge sobrevivente casado no regime da separação convencional de bens. In: NUNES, João Batista Amorim de Vilhena (Coord.). *Família e sucessões*: reflexões atuais. Curitiba: Juruá Editora, 2009. p. 377.
38. LAGRASTA NETO, Caetano; TARTUCE, Flávio; SIMÃO, José Fernando. *Direito de família*: novas tendências e julgamentos emblemáticos. 2. ed., rev. e atual. São Paulo: Atlas, 2012. p. 242.
39. BEVILAQUA, Clóvis. *Código civil dos Estados Unidos do Brasil comentado*. 11. ed. atual. Rio de Janeiro: F. Alves, 1956.

quem "o regime de separação é legal ou convencional. É legal, nas várias hipóteses do art. 1.641 do Código Civil de 2002" (p. 249). Porém, 'a separação pode ser convencional, quando adotada pelos cônjuges em pacto antenupcial' (Cód. Civil de 2002, art. 1.639 e Cód. Civil de 1916, art. 256) (p. 255).[40]

O cônjuge, como enfatizamos, foi colocado na posição de herdeiro necessário, juntamente com os descendentes e ascendentes (art. 1.845). Desse modo, aos herdeiros necessários pertence, de pleno direito, a metade dos bens da herança, que se denomina legítima (art. 1.846). Quando se trata de herdeiro cônjuge, nunca é demais reiterar que herança não se confunde com meação. Assim, havendo meação, além desta caberá também ao sobrevivente, pelo menos, a metade da herança, dependendo da situação, que, constitui a porção legítima. Como já apontamos, o cônjuge está colocado em terceiro lugar na ordem de vocação hereditária, recolhendo a herança integralmente, quando não houver descendentes ou ascendentes do de cujus. No entanto, foi atribuída posição favorável ao cônjuge no novo Código porque, além de ser herdeiro necessário, poderá ser ele herdeiro concorrente, em propriedade, com os descendentes e com os ascendentes, na forma do art. 1.829, I e II.[41]

Paulo Luiz Netto Lôbo, em obra coordenada por Álvaro Villaça Azevedo, explica que "em certas circunstâncias, consideradas relevantes pelo direito, os nubentes não podem escolher livremente o regime de bens. O regime passa a ser obrigatório, não se aplicando nem o regime legal dispositivo nem outro escolhido em pacto antenupcial" (p. 241). O regime obrigatório de bens é tipicamente um ônus: a pessoa, incluída em alguma das três hipóteses legais, escolhe casar-se ou não, e, se preferir fazê-lo, suportará o regime obrigatório da separação de bens.[42]

Nesse contexto, válido alertar para a seguinte informação: no que se refere à ordem de vocação hereditária e à concorrência do cônjuge com demais herdeiros, o regime de bens só importa quando incidir o inciso I do art. 1.829 do CC/2002. Em outras palavras, quando houver concorrência do cônjuge sobrevivente com ascendentes, a partilha independe do regime de bens escolhido em vida pelo casal. Ademais, ressalta-se que o cônjuge supérstite herda sozinho quando inexistirem descendentes ou ascendentes aptos na linha da vocação hereditária[43] (art. 1.838 do CC/2002). Portanto, "será herdeiro único se o autor da herança não deixar descendentes ou

---

40. MONTEIRO, Washington de Barros. *Curso de direito civil*. 39. ed. Atual. Anna Cristina de Barros Monteiro França Pinto. São Paulo: Saraiva, 2003. v. 6.
41. VENOSA, Sílvio de Salvo. *Direito civil*. 3. ed. São Paulo: Atlas, 2003. v. 7, p. 108.
42. LÔBO, Paulo Luiz Neto. *Código civil comentado*: direito de família, relações de parentesco, direito patrimonial: arts. 1.591 a 1.693. São Paulo: Atlas, 2003. v. 16, p. 242.
43. A expressão vocação, do latim, significa convocação, pois vem *de vocatio*, sendo a convocação legal de alguém para que venha receber a herança ou a parte que lhe cabe. Tal chamamento obedecerá à ordem estipulada pelo Código Civil, conforme veremos em item apropriado. No entendimento de SILVIO RODRIGUES, a ordem de vocação hereditária é uma relação preferencial, estabelecida pela lei, das pessoas que são chamadas a suceder ao finado (GANDINI; JACOB, 2004, p. 118).
Maria Helena Diniz (2022, p. 97) esclarece: Ante o princípio de que, dentro da mesma classe, os mais próximos excluem os mais remotos, os filhos serão chamados à sucessão *ab intestato* do pai, recebendo cada um (sucessão por cabeça) quota igual da herança (CC, art. 1.834), excluindo-se os demais descendentes, embora não obste a convocação dos filhos de filho falecido do de cujus (sucessão por estirpe), por direito de representação.

ascendentes", ocasião em que recolherá a totalidade da herança, independentemente do regime de bens escolhido em vida para reger a relação.⁴⁴

Como destacado por Thaís Fernanda Tenório Sêco e Fellipe Guerra David Reis, por um pouco mais de cinco anos perdurou na jurisprudência "o tempo em que o cônjuge casado no regime de separação de bens não tinha direito à herança"⁴⁵ (SÊCO; REIS, 2017, p. 94).

Em 2014, o STJ apresentou novo entendimento à temática. O Ministro João Otávio de Noronha, no julgamento do REsp 1.346.324/SP,⁴⁶ abriu divergência no âmbito da Terceira Turma, restando redator para o acórdão, muito embora apenas discutido o art. 1.829, I, do CC/2002 a título de argumentação, porquanto desnecessário para a solução da lide, cujo cerne circunscrever-se-ia à nulidade de uma doação.⁴⁷

---

44. AMORIM, Sebastião; OLIVEIRA, Euclides de. *Inventários e partilhas*: direito das sucessões: teoria e prática. 15. ed., rev., atual. e ampl. em face do novo Código Civil. São Paulo: Leud, 2003. p. 70 e 99.
45. SÊCO, Thaís Fernanda Tenório; REIS, Fellipe Guerra David. O que revelam os julgados que tratam da condição de herdeiro do cônjuge em regime de separação convencional de bens: comentários ao AgRg na MC 23.242-RS ou comentários tardios ao REsp 992.749-MS. *Revista brasileira de direito civil*: RBDCivil, n. 12, p. 93-120, Belo Horizonte, abr./jun. 2017.
46. Válido mencionar o teor da ementa do supracitado julgado:
"Civil. Direito das sucessões. Cônjuge. Herdeiro necessário. Art. 1.845 do cc. Regime de separação convencional de bens. Concorrência com descendente. Possibilidade. Art. 1.829, i, do cc. Doação efetivada antes da vigência do novo código civil. Colação. Dispensa.
1. O cônjuge, qualquer que seja o regime de bens adotado pelo casal, é herdeiro necessário (art. 1.845 do Código Civil).
2. No regime de separação convencional de bens, o cônjuge sobrevivente concorre com os descendentes do falecido. A lei afasta a concorrência apenas quanto ao regime da separação legal de bens prevista no art. 1.641 do Código Civil. Interpretação do art. 1.829, I, do Código Civil.
3. A doação feita ao cônjuge antes da vigência do Código Civil de 2002 dispensa a colação do bem doado, uma vez que, na legislação revogada, o cônjuge não detinha a condição de herdeiro necessário.
4. Recurso especial desprovido" (REsp 1.346.324/SP, relatora Ministra Nancy Andrighi, relator para acórdão Ministro João Otávio de Noronha, Terceira Turma, julgado em 19.08.2014, DJe de 02.12.2014).
47. "No REsp 1.346.324-SP, em que se traduziu a primeira amostra de reversão do entendimento, a matéria discutida era, na verdade, o dever de a viúva casada em separação convencional de bens trazer à colação doação recebida do marido anteriormente à vigência da lei que elevava o cônjuge à condição de herdeiro. A Ministra Nancy Andrighi, que foi novamente a relatora, manifestou-se no sentido de que não haveria o dever de colação porque, na linha do que fora assentado no REsp 992.749-MS, o cônjuge casado nesse regime não é herdeiro, e somente herdeiros têm dever de colação em contratos de doação. Foi nessa ocasião que o Min. João Otávio de Noronha se insurgiu contra aquele entendimento, assegurando que, na esteira do art. 1.845 do Código Civil, o cônjuge, independentemente do regime de bens, é, sim, herdeiro necessário. A isso em nada alteraria o decidido no REsp 992.749-MS, antes de tudo porque o regime de bens, embora interfira na concorrência com descendentes, em nada interfere na concorrência com ascendentes e menos ainda na possibilidade de ser o cônjuge o único herdeiro na falta destes ou daqueles. Mas pontuou também a sua discordância com o posicionamento assentado no REsp 992.749-MS, mencionando as críticas doutrinárias em face do que foi ali decidido, com destaque para as importantes considerações de Zeno Veloso. Afirmou que não há um gênero 'separação obrigatória' para o qual a 'separação legal' e a 'separação convencional' são espécies; para o gênero "separação de bens" é que existem as espécies 'separação obrigatória' e 'separação convencional', as quais não se confundem entre si e, em tudo, foi acompanhado pelo Min. Ricardo Villas Bôas Cueva. Com o REsp 1.346.324-SP, então, atenuaram-se os efeitos do REsp 992.749-MS, gerando ao menos uma controvérsia jurisprudencial em que já se anunciava haver entendimento pacificado" (SÊCO; REIS, 2017, p. 99).

Em seu voto, contudo, reconheceu como *obiter dictum* o *status* de herdeiro necessário ao cônjuge independentemente do regime de bens adotado pelo casal, esclarecendo que o termo "separação obrigatória" mencionado no art. 1.829, I, do CC/2002 se restringiria àquela hipótese constante do art. 1.641 do Código Civil de 2002. Por outro lado, asseverou a ilicitude em se limitar a interpretação e, ainda, que o pacto antenupcial não teria seu efeito diferido com o advento da morte, afastando uma possível "eficácia póstuma" do regime matrimonial. Por fim, ponderou que o cônjuge sobrevivente não deveria ficar à mercê da própria sorte na viuvez, especialmente quando excluído da meação.[48]

Posteriormente, a questão foi julgada pela Segunda Seção, tendo sido do Ministro João Otávio de Noronha o primeiro voto divergente no REsp 1.382.170/SP, motivo pelo qual ficou redator para o acórdão (julgado em 22.04.2015, DJe de 26.05.2015).

Evidentemente que o regime da separação convencional "guarda íntima conexão com o princípio da autonomia privada".[49] O sujeito de direito ao escolhê-lo torna incomunicáveis os bens amealhados antes e durante o relacionamento entre cônjuges[50] ou companheiros,[51] bem como seus frutos e rendimentos, (arts. 1.687 e

---

48. MOREIRA, Carlos Roberto Barbosa. Vocação sucessória do cônjuge e regime de bens: o capítulo conclusivo de uma evolução jurisprudencial (?). *Revista da EMERJ*, v. 20, n. 1, p. 10-21, Rio de Janeiro, jan./abr. 2018.
49. GAGLIANO, Pablo Stolze; FILHO, Rodolfo Pamplona. *Novo curso de direito civil*: direito de família. 11. ed., rev., atual e ampl., 2. tir. São Paulo: Saraiva, 2022. v. 6.
50. O STJ, excepcionalmente, já decidiu no sentido de que, ainda que o regime adotado pelo casal seja o da separação de bens, se tiver sido demonstrado o esforço comum de ambos os cônjuges na aquisição patrimonial, é possível admitir a meação: REsp 286.514/SP, rel. Min. Aldir Passarinho Junior, julgado em 02.08.2007, DJ 22.10.2007, Quarta Turma).
51. Agravo interno no recurso especial. Direito civil. Sucessão. Casamento e união estável. Filhos comuns e exclusivos. Bem adquirido onerosamente na constância da união estável. Regimes jurídicos diferentes. Art. 1790, incisos I e II, do CC/2002. Inconstitucionalidade declarada pelo STF. Equiparação. CF/1988. Nova fase do direito de família. Variedade de tipos interpessoais de constituição de família. Art. 1829, inciso i, do CC/2002. Incidência ao casamento e à união estável. Marco temporal. Sentença com trânsito em julgado. Assistência judiciária gratuita. Ausência dos requisitos. Súm 7/STJ. Violação ao princípio da identidade física do juiz. Não ocorrência.
1. A diferenciação entre os regimes sucessórios do casamento e da união estável promovida pelo art. 1.790 do Código Civil de 2002 é inconstitucional. Decisão proferida pelo Plenário do STF, em julgamento havido em 10.05.2017, nos RE 878.694/MG e RE 646.721/RS.
2. Considerando-se que não há espaço legítimo para o estabelecimento de regimes sucessórios distintos entre cônjuges e companheiros, a lacuna criada com a declaração de inconstitucionalidade do art. 1.790 do CC/2002 deve ser preenchida com a aplicação do regramento previsto no art. 1.829 do CC/2002. Logo, tanto a sucessão de cônjuges como a sucessão de companheiros devem seguir, a partir da decisão desta Corte, o regime atualmente traçado no art. 1.829 do CC/2002 (RE 878.694/MG, relator Ministro Luis Roberto Barroso).
3. Na hipótese, há peculiaridade aventada por um dos filhos, qual seja, a existência de um pacto antenupcial – em que se estipulou o regime da separação total de bens – que era voltado ao futuro casamento dos companheiros, mas que acabou por não se concretizar.
Assim, *a partir da celebração do pacto antenupcial, em 4 de março de 1997 (fl. 910), a união estável deverá ser regida pelo regime da separação convencional de bens*. Precedente: REsp 1.483.863/SP.
Apesar disso, continuará havendo, para fins sucessórios, a incidência do 1829, I, do CC.
4. Deveras, a Segunda Seção do STJ pacificou o entendimento de que 'o cônjuge sobrevivente casado sob o regime de separação convencional de bens ostenta a condição de herdeiro necessário e concorre com os

1.688 do CC/2002), sendo cada qual proprietário de acervos patrimoniais distintos e independentes.[52] Como consectário lógico, as partes têm plena liberdade para alienar e gravar de ônus real seus próprios bens, cujo domínio, posse e administração lhes é exclusiva (art. 1.647 do CC/2002). Segundo Maria Berenice Dias,

> eventual vínculo societário entre os cônjuges transborda a seara familiar e deve ser discutida no juízo cível. Como ambos os cônjuges devem concorrer para a mantença da família na proporção de seus bens (CC 1.688), comunicam-se dívidas ou empréstimos contraídos na compra do necessário à economia doméstica (CC 1.643 e 1.644). A incomunicabilidade dos bens não afasta a obrigação alimentar. Aliás, nesse regime da separação de bens é onde de forma mais saliente se vê a possibilidade de serem estipulados alimentos compensatórios, que têm por justificativa o princípio da solidariedade familiar e dispõem de nítido caráter indenizatório. Destinam-se exatamente a compensar o desequilíbrio econômico que a separação pode ensejar.[53]

Em sessão ocorrida no dia 23.10.2014, a Terceira Turma voltou a discutir o tema de forma ainda mais ampla,[54] como se afere da ementa que ora se transcreve:

> Recurso especial. Direito das sucessões. Inventário e partilha. Regime de bens. Separação convencional. Pacto antenupcial por escritura pública. Cônjuge sobrevivente. Concorrência na sucessão hereditária com descendentes. Condição de herdeiro. Reconhecimento. Exegese do art. 1.829, I, do CC/02. Avanço no campo sucessório do código civil de 2002. Princípio da vedação ao retrocesso social.
>
> 1. O art. 1.829, I, do Código Civil de 2002 confere ao cônjuge casado sob a égide do regime de separação convencional a condição de herdeiro necessário, que concorre com os descendentes do falecido independentemente do período de duração do casamento, com vistas a garantir-lhe o mínimo necessário para uma sobrevivência digna.
>
> 2. O intuito de plena comunhão de vida entre os cônjuges (art. 1.511 do Código Civil) conduziu o legislador a incluir o cônjuge sobrevivente no rol dos herdeiros necessários (art. 1.845), o que reflete irrefutável avanço do Código Civil de 2002 no campo sucessório, à luz do princípio da vedação ao retrocesso social.
>
> 3. O pacto antenupcial celebrado no regime de separação convencional somente dispõe acerca da incomunicabilidade de bens e o seu modo de administração no curso do casamento, não produzindo efeitos após a morte por inexistir no ordenamento pátrio previsão de ultratividade do regime patrimonial apta a emprestar eficácia póstuma ao regime matrimonial.
>
> 4. O fato gerador no direito sucessório é a morte de um dos cônjuges e não, como cediço no direito de família, a vida em comum. As situações, porquanto distintas, não comportam trata-

---

descendentes do falecido, a teor do que dispõe o art. 1.829, I, do CC/2002, e de que a exceção recai somente na hipótese de separação legal de bens fundada no art. 1.641 do CC/2002'.

5. Agravo interno que se nega provimento (AgInt no REsp 1.318.249/GO, relator Ministro Luis Felipe Salomão, Quarta Turma, julgado em 22.05.2018, DJe de 04.06.2018 – grifou-se).

52. MIRANDA, Pontes de. *Tratado de Direito Privado*. São Paulo: Ed. RT, 2012. v. 2, p. 295.
53. DIAS, Maria Berenice. *Manual de direito das famílias*. 15. ed., rev., atual. e ampl. Salvador: JusPodivm, 2022. p. 727.
54. SÊCO, Thaís Fernanda Tenório; REIS, Fellipe Guerra David. O que revelam os julgados que tratam da condição de herdeiro do cônjuge em regime de separação convencional de bens: comentários ao AgRg na MC 23.242-RS ou comentários tardios ao REsp 992.749-MS. *Revista brasileira de direito civil*: RBD Civil, n. 12, p. 94, Belo Horizonte, abr./jun. 2017.

mento homogêneo, à luz do princípio da especificidade, motivo pelo qual a intransmissibilidade patrimonial não se perpetua post mortem.

5. O concurso hereditário na separação convencional impõe-se como norma de ordem pública, sendo nula qualquer convenção em sentido contrário, especialmente porque o referido regime não foi arrolado como exceção à regra da concorrência posta no art. 1.829, I, do Código Civil.

6. O regime da separação convencional de bens escolhido livremente pelos nubentes à luz do princípio da autonomia de vontade (por meio do pacto antenupcial), não se confunde com o regime da separação legal ou obrigatória de bens, que é imposto de forma cogente pela legislação (art. 1.641 do Código Civil), e no qual efetivamente não há concorrência do cônjuge com o descendente.

7. Aplicação da máxima de hermenêutica de que não pode o intérprete restringir onde a lei não excepcionou, sob pena de violação do dogma da separação dos Poderes (art. 2º da Constituição Federal de 1988).

8. O novo Código Civil, ao ampliar os direitos do cônjuge sobrevivente, assegurou ao casado pela comunhão parcial cota na herança dos bens particulares, ainda que os únicos deixados pelo falecido, direito que pelas mesmas razões deve ser conferido ao casado pela separação convencional, cujo patrimônio é, inexoravelmente, composto somente por acervo particular.

9. Recurso especial não provido.⁵⁵

É diante das circunstâncias desse caso que se passa à análise mais pormenorizada: o primeiro em que de fato se reconheceu o direito de herança a uma viúva casada sob a égide do regime de separação convencional de bens.⁵⁶

3. RESP 1.472.945/RJ: ESTUDO DE CASO

Quase no final de 2014, a Terceira Turma do STJ reavivou a discussão relativa à aplicação do art. 1.829, I, do CC/2002. A composição do órgão fracionário era distinta daquela existente em 2009, o que propiciou a alteração do resultado, como ora se expõe.

Como se sabe, parte da doutrina defendia uma interpretação racional do artigo 1.829, I, do CC/2002, a partir de valores éticos e morais, ou ainda de argumentos pragmáticos, como defendido por Habermas, e outra parte defendia a "conjugação de critérios normativos capazes de promover a subsunção à norma, sem ultrapassar os parâmetros impostos ao intérprete".⁵⁷

---

55. REsp 1.472.945-RJ, já mencionado, foi alvo de Embargos de Divergência muito oportunos, porque convinha a análise da questão pela Corte Especial. Entretanto, o EREsp foi rejeitado em decisão monocrática do Min. Antonio Carlos Ferreira, que não reconheceu haver divergência no Tribunal quanto ao ponto, tendo por pacificada a posição afirmativa do direito à herança, o que foi reafirmado em agravo interno julgado pela Corte Especial no feito.
56. A princípio, isso não se confirmou. No julgamento do AgRg na MC 23.242-RS, da Quarta Turma, negou-se novamente o direito de uma viúva à herança de seu falecido com que fora casada em separação convencional de bens, tendo por base, mais uma vez, estritamente os precedentes dos REsp 992.749-MS e 1.111.095-RJ, e afirmando que a negativa de direito à herança do cônjuge casado nesse regime é entendimento pacificado no Tribunal – a despeito dos outros três precedentes em sentido contrário, todos da Terceira Turma, que o antecederam (SÊCO; REIS, 2017, p. 95).
57. SOMBRA, Thiago Luís Santos. O regime de separação convencional de bens e a sucessão hereditária na jurisprudência do STJ. *Revista nacional de direito de família e sucessões*, v. 2, n. 9, p. 86-93, Porto Alegre, nov./dez. 2015.

O caso versava acerca do pedido da filha única do autor da herança para afastar da inventariança a viúva de seu pai, com quem foi casado sob o regime da separação convencional de bens por 27 (vinte e sete) anos, sob a alegação de que aquela não seria herdeira necessária. A remoção da viúva foi negada por decisão interlocutória proferida pelo Juízo da 3ª Vara Cível da Comarca de Volta Redonda/RJ e mantida incólume pelo Tribunal de Justiça do Estado do Rio de Janeiro, cuja ementa merece destaque:

> Agravo de instrumento. Direito das sucessões. Viúva. Separação convencional de bens. Reconhecimento da condição de herdeira necessária, por imposição do art. 1829, I, do CPC. Impossibilidade de se considerar a separação convencional como espécie do gênero separação obrigatória, ante o flagrante antagonismo entre os termos 'convenção' e 'obrigação'. Norma excepcional que, portanto, não comporta interpretação extensiva, sob pena de violação à segurança jurídica. Precedente da 3ª Turma do STJ (RESP 992-749/MS) que, não possui caráter vinculante, tampouco teve o condão de pacificar a matéria atinente à regulamentação da sucessão pelo código civil de 2002. Casamento duradouro (mais de 25 anos), situação fática diametralmente oposta àquela do julgamento do egrégio STJ, onde se apreciou união com duração de apenas 10 meses. Relevante crítica doutrinária ao precedente da corte superior, guardada a devida vênia (Carlos Roberto Gonçalves. direito civil brasileiro, v. 7). Sucessão legítima que, como indica a própria denominação, segue a ordem legal. proteção do novo código ao cônjuge, herdeiro necessário da parte do patrimônio não alcançada por meação. recurso conhecido e desprovido, confirmando-se a decisão de reconhecimento da viúva como herdeira necessária.[58] (grifo nosso)

Nas razões do recurso especial, a recorrente aduziu, em síntese, além de dissídio jurisprudencial, que, à luz do art. 1.829, inciso I, do Código Civil, o cônjuge casado pelo regime de separação convencional de bens não seria herdeiro necessário, apontando como acórdão paradigmático o REsp 992.749/MS, da lavra da Ministra Nancy Andrighi, que teria afastado o cônjuge virago da sucessão nessa hipótese.

Ao investigar se o art. 1.829, I, do CC/2002 conferia ao cônjuge casado sob a égide do regime de separação convencional a condição de herdeiro necessário, independentemente do período de duração do casamento, registram-se as seguintes conclusões:

1) A despeito da truncada redação do art. 1.829, I, do CC/2002, a intenção do legislador foi proteger o cônjuge supérstite, um irrefutável avanço do Código Civil de 2002 no campo sucessório,[59] devendo-se observar o princípio da vedação ao retrocesso socia. A meação não se confunde com a herança, uma vez que aquela representa o direito de cada sócio da sociedade conjugal em vida, e a

---

58. BRASIL. Superior Tribunal de Justiça. Recurso Especial 1.472.945/RJ. Recurso especial. Direito das sucessões. Inventário e partilha. Regime de bens. Separação convencional. Pacto antenupcial por escritura pública. Cônjuge sobrevivente. Concorrência na sucessão hereditária com descendentes. Condição de herdeiro. Reconhecimento. Exegese do art. 1.829, I, do CC/02. Avanço no campo sucessório do código civil de 2002. Princípio da vedação ao retrocesso social. Relator: Ministro Ricardo Villas Bôas Cueva, 23 de outubro de 2009. Disponível em: https://intranet.stj.jus.br/SCON/GetInteiroTeorDoAcordao?num_registro=201303350033&dt_publicacao=19/11/2014 Acesso em: 10 jun. 2022.
59. O voto faz alusão ao Enunciado 270 do Conselho da Justiça Federal, que dispõe: "O art. 1.829, inc. I, só assegura ao cônjuge sobrevivente o direito de concorrência com os descendentes do autor da herança quando casados no regime da separação convencional de bens ou, se casados nos regimes da comunhão parcial ou participação final nos aquestos, o falecido possuísse bens particulares, hipóteses em que a concorrência se restringe a tais bens, devendo os bens comuns (meação) ser partilhados exclusivamente entre os descendentes".

outra, consistente na legítima decorre de fato gerador diverso, qual seja, a morte, não havendo falar em uma espécie de ultratividade do regime patrimonial, que teria uma suposta eficácia póstuma;

2) Na separação convencional impõe-se o concurso hereditário como norma de ordem pública, sob pena de nulidade (art. 1.655 do CC/2002), não sendo razoável restringir a interpretação onde a lei sequer excepcionou;

3) Há manifesta contradição em 'admitir-se que, a despeito de o novo Código ter ampliado os direitos do cônjuge sobrevivente, assegurando ao casado pela comunhão parcial cota na herança dos bens particulares, ainda que fossem os únicos deixados pelo *de cujus*, e, incomunicáveis na vigência do regime de bens, não teria conferido o mesmo direito ao casado pela separação convencional, cujo patrimônio é inexoravelmente composto somente por acervo particular' (p. 9-10);

4) A separação convencional, escolhida livremente pelos nubentes à luz do princípio da autonomia de vontade (por meio do pacto antenupcial), não se confunde, obviamente, com aquela imposta de forma cogente pela legislação (art. 1.641 do Código Civil).

5) A situação relativa à separação convencional reclama a mesma solução conferida ao regime da comunhão parcial de bens, devendo ser assegurada cota na herança dos bens particulares, ou seja, em todo patrimônio, ao cônjuge sobrevivente. Tal assertiva empresta coerência ao sistema.[60]

Como salientado por Carlos Barbosa Moreira, destaca-se, ainda do supramencionado julgado, o argumento segundo o qual o pacto de adoção do regime de separação de bens não poderia incluir cláusula contratual acerca da futura sucessão dos nubentes, porquanto vedada pelo art. 426 do Código Civil, cujo correspondente no Código Civil de 1916 se referia ao art. 1.089, que preconizava não poder ser objeto de contrato a herança de pessoa viva, norma imperativa e cogente (vedação ao que se denomina de *pacta corvina*). A vedação de pactos sucessórios abrange todo e qualquer contrato a respeito da herança futura.[61]

Quanto ao julgado, válido mencionar o seguinte comentário:

Os primeiros aspectos enfrentados pelo Ministro Villas Bôas Cueva foram exatamente a natureza e os limites de conteúdo do pacto antenupcial, ou seja, sob que circunstâncias a autonomia da vontade do casal, ao definir um regime de bens diverso da comunhão parcial, teria o condão de repercutir em período posterior ao término do casamento, por meio da morte. Em resposta à corrente doutrinária capitaneada por Miguel Reale (2005, p. 230), que sustentava a aplicação do inciso I do art. 1.829 do Código Civil de 2002 também ao regime da separação convencional, enquanto expressão da autonomia privada de um ato jurídico perfeito celebrado em vida, o Ministro Relator (BRASIL, 2014) destacou que os efeitos do pacto antenupcial seriam restritos à vigência do casamento, de sorte que não afetaria a forma como se realizaria a sucessão.[62]

---

60. BRASIL. Superior Tribunal de Justiça. Recurso Especial 1.472.945/RJ. Recurso especial. Direito das sucessões. Inventário e partilha. Regime de bens. Separação convencional. Pacto antenupcial por escritura pública. Cônjuge sobrevivente. Concorrência na sucessão hereditária com descendentes. Condição de herdeiro. Reconhecimento. Exegese do art. 1.829, I, do CC/02. Avanço no campo sucessório do código civil de 2002. Princípio da vedação ao retrocesso social. Relator: Ministro Ricardo Villas Bôas Cueva, 23 de outubro de 2009. Disponível em: https://intranet.stj.jus.br/SCON/GetInteiroTeorDoAcordao?num_registro=201303350033&dt_publicacao=19/11/2014 Acesso em: 10 jun. 2022.
61. MAXIMILIANO, Carlos. *Direito das sucessões*. 4. ed. Rio de Janeiro: Freitas Bastos, 1958. v. 2, p. 280.
62. SOMBRA, Thiago Luís Santos. O regime de separação convencional de bens e a sucessão hereditária na jurisprudência do STJ. *Revista nacional de direito de família e sucessões*, Porto Alegre, v. 2, n. 9, p. 86-93, nov./dez. 2015.

Desde o Código Civil de 1916 (BRASIL, 1916), o legislador primou por estabelecer um benefício capaz de compensar a não condição de meeiro do cônjuge sobrevivente.[63] E, com a publicação do novo Código Civil, o cônjuge foi alçado à condição de herdeiro necessário (art. 1.845 do CC/2002).

Em sentido contrário votou o Ministro Moura Ribeiro, que ficou vencido. Em artigo quanto ao tema, o Ministro assentou ser a melhor exegese aquela que entenderia não ser possível a alteração dos efeitos jurídicos do regime matrimonial *post mortem* na separação convencional de bens, devendo ser mantida a coerência com a vontade manifestada pelos cônjuges durante toda a vida em comum, pouco importando o tempo de duração da relação amorosa. Segundo o Ministro, "o regime da separação total de bens é obrigatório tanto por força do pacto antenupcial quanto por força de lei, e os seus objetivos jurídicos devem preponderar", sob pena de esvaziamento do conteúdo do "art. 1.687 do CC/2002 e, por consequência, a livre manifestação da vontade no momento crucial da morte de um dos cônjuges".[64]

4. CONCLUSÕES

A mais alta Corte brasileira competente finalmente conferiu a devida interpretação jurisdicional à legislação federal e uniformizou a jurisprudência nacional, no que tange à controvérsia relativa ao art. 1.829, I, do CC/2002,[65] no sentido de que, na hipótese de o cônjuge ser casado pelo regime da separação *convencional* de bens, concorre com os descendentes do *de cujus*.[66] Em outras palavras: o cônjuge é sempre herdeiro necessário, ressalvadas pontuais exceções.

Aliás, é função primordial do STJ manter a sua jurisprudência estável, íntegra e coerente (art. 926 do CPC/2015).

Há distinção entre o regime da separação convencional de bens (livre escolha) e o da separação obrigatória (legal) de bens; no primeiro, os nubentes estipulam livremente, em contrato (pacto antenupcial), antes de celebrado o casamento, o que melhor lhes convém quanto aos seus bens; já no segundo, é obrigatória a separação dos bens, decorrendo essa da vontade da lei (art. 1.641 do CC/2002). Assim, a opção

---

63. HIRONAKA, Giselda Maria Fernandes Novaes. *Morrer e suceder*: passado e presente da transmissão sucessória concorrente. 2. ed., rev. São Paulo: Ed. RT, 2014. p. 435.
64. RIBEIRO, Paulo Dias de Moura. Sucessão no regime da separação convencional de bens. In: ALMEIDA NETO, Manoel Carlos; CAGGIANO, Monica Herman Salem; LEMBO, Cláudio (Coord.). *Juiz constitucional*: estado e poder no século XXI. São Paulo: Ed. RT, 2015. p. 467-478.
65. REsp 1.382.170/SP, relator Ministro Moura Ribeiro, relator para acórdão Ministro João Otávio de Noronha, Segunda Seção, julgado em 22.04.2015, DJe de 26.05.2015; AgRg no REsp 1.334.340/MG, relator Ministro Marco Aurélio Bellizze, Terceira Turma, julgado em 17.09.2015, DJe de 08.10.2015.
66. E, subsequentemente, citam-se os seguintes precedentes: REsp 1.552.553/RJ, relatora Ministra Maria Isabel Gallotti, Quarta Turma, julgado em 24.11.2015, DJe de 11.02.2016, REsp 1.501.332/SP, relator Ministro João Otávio de Noronha, Terceira Turma, julgado em 23.08.2016, DJe de 26.08.2016, e AgRg nos EREsp 1.472.945/RJ, relator Ministro Antonio Carlos Ferreira, Segunda Seção, julgado em 24.06.2015, DJe de 29.06.2015.

pelo regime da separação convencional de bens não impede a formação de patrimônio comum *post mortem*.

Por fim, registra-se que no art. 1.884 do projeto primitivo, elaborado em 1899 por Clóvis Beviláqua, o cônjuge já era considerado herdeiro necessário, o que foi reiterado no art. 785 do Anteprojeto de Código Civil, de Orlando do Gomes.[67]

5. REFERÊNCIAS

AMORIM, Sebastião; OLIVEIRA, Euclides de. *Inventários e partilhas*: direito das sucessões: teoria e prática. 15. ed., rev., atual. e ampl. em face do novo código civil. São Paulo: Leud, 2003.

ASCENSÃO, José de Oliveira. *Direito civil*: sucessões. 4. ed. rev. Coimbra: Coimbra Ed., 1989.

AZEVEDO, Maria Vicente de. *Tribuna do Direito*. São Paulo, nov. 2003.

BEVILAQUA, Clóvis. *Código civil dos Estados Unidos do Brasil comentado*. 11. ed. atual. Rio de Janeiro: F. Alves, 1956.

BRASIL. Lei 10.406, de 10 de janeiro de 2002. Institui o Código Civil. Diário Oficial da União: seção 1, Brasília, DF, ano 139, n. 8, p. 1-74, 11 jan. 2002. Disponível em: http://www.planalto.gov.br/ccivil_03/leis/2002/l10406compilada.htm Acesso em: 05 jun. 2022.

BRASIL. Superior Tribunal de Justiça. Recurso Especial 992.749/MS. Direito civil. Família e Sucessões. Recurso especial. Inventário e partilha. Cônjuge sobrevivente casado pelo regime de separação convencional de bens, celebrado por meio de pacto antenupcial por escritura pública. Interpretação do art. 1.829, I, do CC/02. Direito de concorrência hereditária com descendentes do falecido. Não ocorrência. Relatora: Ministra Nancy Andrighi, 01 de dezembro de 2009. Disponível em: https://scon.stj.jus.br/SCON/GetInteiroTeorDoAcordao?num_registro=200702295979&dt_publicacao=05/02/2010 Acesso em: 10 jun. 2022.

BRASIL. Superior Tribunal de Justiça. Recurso Especial 1.111.095/RJ. Direito das sucessões. Recurso especial. Pacto antenupcial. Separação de bens. Morte do varão. Vigência do novo código civil. Ato jurídico perfeito. Cônjuge sobrevivente. Herdeiro necessário. Interpretação sistemática. Relator: Ministro Carlos Fernando Mathias, 1º out. 2009. Disponível em: https://scon.stj.jus.br/SCON/GetInteiroTeorDoAcordao?num_registro=200900295560&dt_publicacao=11/02/2010. Acesso em: 02 jun. 2022.

BRASIL. Superior Tribunal de Justiça. Recurso Especial 1.472.945/RJ. Recurso especial. Direito das sucessões. Inventário e partilha. Regime de bens. Separação convencional. Pacto antenupcial por escritura pública. Cônjuge sobrevivente. Concorrência na sucessão hereditária com descendentes. Condição de herdeiro. Reconhecimento. Exegese do art. 1.829, I, do CC/02. Avanço no campo sucessório do código civil de 2002. Princípio da vedação ao retrocesso social. Relator: Ministro Ricardo Villas Bôas Cueva, 23 out. 2009. Disponível em: https://intranet.stj.jus.br/SCON/GetInteiroTeorDoAcordao?num_registro=201303350033&dt_publicacao=19/11/2014 Acesso em: 10 jun. 2022.

DIAS, Maria Berenice. *Manual de direito das famílias*. 15. ed., rev., atual. e ampl. Salvador: JusPodivm, 2022.

DINIZ, Maria Helena. *Curso de direito civil brasileiro*: direito das sucessões. 19. ed., rev. aum. e atual. de acordo com o novo código civil, Lei 10.406, de 10-1-2002. São Paulo: Saraiva, 2002. v. 6.

GAGLIANO, Pablo Stolze; FILHO, Rodolfo Pamplona. *Novo curso de direito civil*: direito de família. 11. ed., rev., atual e ampl., 2. tir. São Paulo: Saraiva, 2022. v. 6.

---

67. VELOSO, Zeno. Sucessão do Cônjuge. *In*: SALOMÃO, Luis Felipe; TARTUCE, Flávio (Coord.). *Direito civil*: diálogos entre a doutrina e a jurisprudência. São Paulo: Atlas, 2018. p. 675.

GANDINI, João Agnaldo Donizeti; JACOB, Cristiane Bassi. A vocação hereditária e a concorrência do cônjuge com os descendentes ou ascendentes do falecido (art. 1.829, I, do Código Civil de 2002). *Cadernos jurídicos*, v. 5, n. 23, p. 111-135, São Paulo, set./out. 2004.

GARCIA, Fernanda Mathias de Souza. *Herança digital*: o direito brasileiro e a experiência estrangeira. Rio de Janeiro: Lumen Juris, 2022.

HIRONAKA, Giselda Maria Fernandes Novaes. *Morrer e suceder*: passado e presente da transmissão sucessória concorrente. 2. ed., rev. São Paulo: Ed. RT, 2014.

LAGRASTA NETO, Caetano; TARTUCE, Flávio; SIMÃO, José Fernando. *Direito de família*: novas tendências e julgamentos emblemáticos. 2. ed., rev. e atual. São Paulo: Atlas, 2012.

LEITE, Eduardo de Oliveira. *Comentários ao novo Código civil*. 2. ed. Rio de Janeiro: Forense, 2003. v. XXI (arts. 1.784 a 2.027), Do direito das sucessões.

LEITE, Olga Fernandes de Moura. A sucessão legítima: a posição jurídica do cônjuge e do convivente após a decisão do Supremo Tribunal Federal. *Revista de direito privado*, v. 19, n. 92, p. 155-178, São Paulo, ago. 2018.

LÔBO, Paulo Luiz Neto. *Código civil comentado*: direito de família, relações de parentesco, direito patrimonial: arts. 1.591 a 1.693. São Paulo: Atlas, 2003. v. 16.

MALUF, Carlos Alberto Dabus. A sucessão do cônjuge sobrevivente casado no regime da separação convencional de bens. In: NUNES, João Batista Amorim de Vilhena (coord.). *Família e sucessões*: reflexões atuais. Curitiba: Juruá Editora, 2009.

MAXIMILIANO, Carlos. *Direito das sucessões*. 4. ed. Rio de Janeiro: Freitas Bastos, 1958.

MIRANDA, Pontes de. *Tratado de Direito Privado*. São Paulo: Ed. RT, 2012. v. 2.

MONTEIRO, Washington de Barros. *Curso de direito civil*. 39. ed. Atual. Anna Cristina de Barros Monteiro França Pinto. São Paulo: Saraiva, 2003. v. 6.

MOREIRA, Carlos Roberto Barbosa. Vocação sucessória do cônjuge e regime de bens: o capítulo conclusivo de uma evolução jurisprudencial (?). *Revista da EMERJ*, Rio de Janeiro, v. 20, n. 1, p. 10-21, jan./abr. 2018.

REALE, Miguel. *Estudos preliminares do Código Civil*. São Paulo: Ed. RT, 2003.

RIBEIRO, Paulo Dias de Moura. Sucessão no regime da separação convencional de bens. In: ALMEIDA NETO, Manoel Carlos; CAGGIANO, Monica Herman Salem; LEMBO, Cláudio (Coord.). *Juiz constitucional*: estado e poder no século XXI. São Paulo: Ed. RT, 2015.

SÊCO, Thaís Fernanda Tenório; REIS, Fellipe Guerra David. O que revelam os julgados que tratam da condição de herdeiro do cônjuge em regime de separação convencional de bens: comentários ao AgRg na MC 23.242-RS ou comentários tardios ao REsp 992.749-MS. *Revista brasileira de direito civil*: RBDCivil, n. 12, p. 93-120, Belo Horizonte, abr./jun. 2017.

SIMÃO, José Fernando. Separação convencional, separação legal e separação obrigatória: reflexões a respeito da concorrência sucessória e o alcance do artigo 1.829, I, do CC. Recurso especial 992.749/MS. *Revista brasileira de direito das famílias e sucessões*, v. 12, n. 15, p. 5-19, Porto Alegre, abr./maio 2010.

SOMBRA, Thiago Luís Santos. O regime de separação convencional de bens e a sucessão hereditária na jurisprudência do STJ. *Revista nacional de direito de família e sucessões*, v. 2, n. 9, p. 86-93, Porto Alegre, nov./dez. 2015.

VELOSO, Zeno. Sucessão do Cônjuge. In: SALOMÃO, Luis Felipe; TARTUCE, Flávio (coord.). *Direito civil*: diálogos entre a doutrina e a jurisprudência. São Paulo: Atlas, 2018.

VENOSA, Sílvio de Salvo. *Direito civil*. 3. ed. São Paulo: Atlas, 2003. v. 7.

NEMO AUDITUR PROPRIAM TURPITUDINEM ALLEGANS

Priscila de Castro Teixeira Pinto Lopes Agapito

Graduada pela Faculdade de Direito da Universidade Católica de Santos/SP. Pós-Graduada em Direito das Famílias pela EPD. Docente em diversos cursos jurídicos. Fundadora da Comissão de Notários e Registradores do IBDFam Nacional, Vice-Presidente da Comissão do IBDFam Tec Nacional e Diretora no IBDFam SP. 29ª. Tabeliã de Notas da Capital de São Paulo. Contribuição de Pesquisa Acadêmica e Jurisprudencial de Camilla Gabriela Chiabrando Castro Alves.

Sumário: 1. Introdução – 2. Aspectos doutrinários e jurisprudenciais – 3. Aspectos notariais – 4. Conclusão – 7. Referências.

1. INTRODUÇÃO

Em 2018 o STJ decidiu, inovando a jurisprudência anterior, sobre a validade absoluta das escrituras de pacto de união estável, nas quais foi avençado o regime da separação total de bens.

No caso em comento, o casal havia lavrado uma escritura destas e escolhido para si, o regime da *separação total de bens*, tudo de acordo com o que permite o artigo 1725 do Código Civil. Foi um regime *eletivo*. O casal não estava subordinado a uma das hipóteses da separação *obrigatória* de bens (casos mais comuns são os de casais que ainda não fizeram a partilha de relacionamento conjugal anterior, ou casais no qual um ou ambos eram maiores de 70 anos de idade, quando do início da relação).

Pois bem, após eleito o regime da separação total (ano de 2006), nos termos do artigo 1687 do Código Civil, no qual havia a *presunção absoluta* de incomunicabilidade, foi adquirido, dois anos depois, em 2008, um imóvel. Esta aquisição se deu em nome apenas da companheira. O contrato de financiamento foi feito em nome exclusivo dela.

Quando da dissolução da união estável, o companheiro pleiteou a meação sobre este bem, alegando que contribuiu *também* para o pagamento do imóvel. Em primeira instância e segunda instância obteve sucesso, pois o juiz de primeiro grau e o tribunal paulista entenderam ser aplicável a Súmula 377 do STF.

Ocorre que, esta Súmula é aplicável apenas nos casos de separação *legal*, do artigo 1641 do Código Civil, aquelas para os casais que ainda não fizeram a partilha de relacionamento conjugal anterior (ou infringem outras causas suspensivas do casamento) ou dos maiores de 70 anos quando do início da relação. No caso da separação legal não há pacto de união estável. As partes simplesmente se subsomem ao regime legal. Logicamente que ainda neste regime é possível pactuar, por escritura pública, o afastamento da Súmula 377 STF, mas não foi o que ocorreu no caso. Em nossa decisão, o casal *elegeu* o regime da separação *absoluta*.

O próprio STJ fixou em 2016 a tese 06 sobre a extensão do regime da separação lega de bens, previsto em lei para os casamentos, para a união estável:

> Na união estável de pessoa maior de setenta anos (art. 1.641, II, do CC/02), impõe-se o regime da separação obrigatória, sendo possível a partilha de bens adquiridos na constância da relação, desde que comprovado o esforço comum.

Embora possuam nomes parecidos, os regimes são diametralmente opostos, ao passo que no regime da *separação legal*, temos verdadeira *comunhão parcial de bens* durante a união estável, com partilha dos bens adquiridos onerosamente na constância da união, provado o esforço comum, e em caso de falecimento, o companheiro sobrevivente não é concorrente com descendentes e ascendentes; no regime da *separação absoluta* de bens, não há qualquer comunicabilidade de patrimônio, sem partilha ao término da união, e em caso de morte, o supérstite é concorrente com descendentes e ascendentes.

Fixada essa premissa, bem fez o STJ ao reformar as decisões e estabelecer que não caberia qualquer partilha do imóvel, vez que vigia entre o casal o regime de separação absoluta de bens, eleito espontaneamente por eles, sendo incomunicável qualquer patrimônio. Além disso, não havia sequer prova da participação do companheiro no pagamento do financiamento (e, ainda que houvesse, comunhão e meação não existiriam). A presunção neste regime é de que não haverá qualquer comunicabilidade.

Segue a ementa e o relatório para melhor compreensão:

> Recurso Especial 1.481.888 – SP (2014/0223395-7) Relator: Ministro Marco Buzzi – Recorrente: S R S – Advogado: Gustavo Tourrucoo Alves e outro(s) – SP297775 – Recorrido: M A T J – Advogado: Joaquim Moreira Ferreira – SP052015 – Ementa recurso especial – Ação de reconhecimento e dissolução de união estável – Escritura pública de união estável elegendo o regime de separação de bens – Manifestação de vontade expressa das partes que deve prevalecer – Partilha do imóvel de titularidade exclusiva da recorrente – Impossibilidade – Insurgência da demandada. Recurso especial provido. Hipótese: Cinge-se a controvérsia a definir se o companheiro tem direito a partilha de bem imóvel adquirido durante a união estável pelo outro, diante da expressa manifestação de vontade dos conviventes optando pelo regime de separação de bens, realizada por meio de escritura pública. 1. No tocante aos diretos patrimoniais decorrentes da união estável, aplica-se como regra geral o regime da comunhão parcial de bens, ressalvando os casos em que houver disposição expressa em contrário. 2. Na hipótese dos autos, os conviventes firmaram escritura pública elegendo o regime da separação absoluta de bens, a fim de regulamentar a relação patrimonial do casal na constância da união. 2.1. A referida manifestação de vontade deve prevalecer à regra geral, em atendimento ao que dispõe os artigos 1.725 do Código Civil e 5º da Lei 9.278/96. 2.2. O pacto realizado entre as partes, adotando o regime da separação de bens, possui efeito imediato aos negócios jurídicos a ele posteriores, havidos na relação patrimonial entre os conviventes, tal qual a aquisição do imóvel objeto do litígio, razão pela qual este não deve integrar a partilha. 3. Inaplicabilidade, *in casu*, da Súmula 377 do STF, pois esta se refere à comunicabilidade dos bens no regime de separação legal de bens (prevista no art. 1.641, CC), que não é caso dos autos.

3.1. O aludido verbete sumular não tem aplicação quando as partes livremente convencionam a separação absoluta dos bens, por meio de contrato antenupcial. Precedente. 4. Recurso especial provido para afastar a partilha do bem imóvel adquirido exclusivamente pela recorrente na constância da união estável. Documento: 82247518 – Ementa / Acordão – Site certificado – DJe: 17.04.2018 – p. 1 de 2 – Superior Tribunal de Justiça – Acórdão. Vistos, relatados e discutidos os autos em que são partes as acima indicadas, acordam os Ministros da Quarta Turma do Superior Tribunal de Justiça, por unanimidade, dar provimento ao recurso especial, nos termos do voto do Sr. Ministro Relator. Os Srs. Ministros Lázaro Guimarães (Desembargador convocado do TRF 5ª Região), Luis Felipe Salomão e Maria Isabel Gallotti votaram com o Sr. Ministro Relator. Ausente, justificadamente, o Sr. Ministro Antonio Carlos Ferreira. Brasília (DF), 10 de abril de 2018 (Data do Julgamento) Ministro Marco Buzzi – Presidente e Relator.

2. ASPECTOS DOUTRINÁRIOS E JURISPRUDENCIAIS

Lida a decisão, passamos a analisar os aspectos doutrinários e jurisprudenciais do tema:

Para melhor compreensão da evolução do tema em estudo, inicialmente é preciso entender como a família, seus princípios, valores e o próprio direito que a regula evoluiu ao longo do tempo.

A Constituição Federal de 1988 reconheceu a família como base da sociedade, garantindo-lhe especial proteção do Estado (art. 226), tutelando o indivíduo e sua dignidade (art. 1º, III). É possível verificar, portanto, que tanto a atual Constituição como o Código Civil de 2002 adotaram em relação a família uma postura voltada a tutela individual de seus membros, deixando de lado o antigo conceito de família como um ente institucionalizado.

Nas palavras de Gustavo Tepedino[1]

> A milenar proteção da família como instituição, unidade de produção e reprodução dos valores culturais, éticos, religiosos e econômicos, dá lugar à tutela essencialmente funcionalizada à dignidade de seus membros, em particular no que concerne ao desenvolvimento da personalidade dos filhos.

A família *eudemonista*, assim conceituada por Maria Berenice Dias,[2] tem seu alicerce fundado no afeto, na solidariedade, no crescimento e desenvolvimento pessoal de seus membros e tudo isso cravado nos princípios constitucionais da dignidade da pessoa humana, função social da família e liberdade.

Contudo, para que tais fundamentos sejam efetivamente levados à efeito é necessário que, previamente, haja nessas famílias regras de convivência ética, de respeito mútuo e de boa fé entre aqueles que a compõe, entre seus diversos núcleos, sob pena de tais conceitos tornarem-se palavras mortas.

---

1. TEPEDINO, Gustavo. *Temas de Direito Civil*. Rio de Janeiro: Renovar, 1999.
2. DIAS, Maria Berenice. *Manual de Direito das Famílias*. 10 ed. São Paulo: Ed. RT, 2015 (versão digital).

Sendo assim, há que se considerar a aplicação da tutela jurídica da confiança no Direito de Família. Para Cristiano Chaves de Farias:[3] "Trata-se, em verdade, da efetivação da solidariedade social abraçada constitucional, que se cristaliza através da tutela jurídica da confiança, impondo um dever jurídico de não serem adotados comportamentos contrários aos interesses e expectativas despertadas em outrem".

É possível constatar a adoção da teoria em comento pelo Código Civil, em seu artigo 112 que consignou: "Nas declarações de vontade se atenderá mais à intenção nelas consubstanciada do que ao sentido literal da linguagem".

E com isso, a confiança, sob o ponto de vista da tutela jurídica, vem estabelecer nas relações entre os particulares, no que se inclui os membros de um núcleo familiar, verdadeira referência que lhes impedem de praticar atos contraditórios às expectativas criadas ao outro que nos relacionamos. Em outras palavras, é o conceito da teoria da proibição do *venire contra factum proprium*, extraída do teor do artigo 422 do Código Civil.[4]

O saudoso Ministro Ruy Rosado de Aguiar, quando do julgamento do REsp 95.539/SP,[5] ao lembrar a importância doutrinária da Teoria dos Atos Próprios, firma entendimento acerca da proibição do *venire contra factum proprium*: "Havendo real contradição entre dois comportamentos, significando o segundo quebra injustificada da confiança gerada pela prática do primeiro, em prejuízo da contraparte, não é admissível dar eficácia à conduta posterior". Nesse sentido também é acórdão do REsp 37.859,[6] da mesma relatoria.

Esses esclarecimentos iniciais são necessários para melhor compreensão do caso em exame, como se observará.

Relembrando nosso caso em estudo: o casal lavrou escritura de união estável em 2006, optando pelo regime de separação total de bens. Em 2008 a companheira adquiriu um imóvel com próprios recursos, fato expressamente consignado no acórdão.

O companheiro pretendeu, pelo manejo de ação de reconhecimento e dissolução de união estável, incluir na partilha o citado imóvel, sob o fundamento de ter sido ele adquirido sob esforço comum do casal para formação do patrimônio, pretendendo, ainda, a aplicação com interpretação extensiva da Súmula 377 do STF.

E a tese do marido foi acolhida tanto em primeira instância, como pelo tribunal estadual paulista, sendo apenas reformada em sede de Recurso Especial, quando o Superior Tribunal de Justiça, acertadamente, afastou o bem da partilha, não reconhe-

---

3. FARIAS, Cristiano Chaves. *A tutela jurídica da confiança aplicada ao Direito de Família*. Disponível em: https://ibdfam.org.br/assets/upload/anais/11.pdf.
4. Art. 422 CC: Os contratantes são obrigados a guardar, assim na conclusão do contrato, como em sua execução, os princípios de probidade e boa-fé.
5. REsp 95.539/SP, Rel. Ministro Ruy Rosado De Aguiar, Quarta Turma, julgado em 03.09.1996, DJ 14.10.1996, p. 39015.
6. REsp 37.859/PR, Rel. Ministro Ruy Rosado De Aguiar, Quarta Turma, julgado em 11.03.1997, DJ 28.04.1997, p. 15874.

cendo a aplicação da referida Súmula 377, dando pleno reconhecimento ao regime de bens livremente escolhido pelas partes quando da lavratura da escritura pública perante o tabelião de notas.

E não poderia ser diferente, sob pena de se dar guarida ao *nemo auditur propriam turpitudinem allegans*, permitindo ao companheiro locupletar-se indevidamente às custas da companheira, que *confiando* estar (1) protegida pelo regime escolhido pelas partes, (2) reconhecido por agente dotado de fé pública, (3) por documento com validade jurídica incontestável e (4) adquiriu bem imóvel com recursos próprios após dois anos da lavratura da escritura de reconhecimento de união estável com adoção do regime de separação total de bens.

No caso em estudo, além do efeito declaratório da ação (reconhecimento e extinção da união estável), há efeito condenatório/constitutivo (patrimonial) onde há de se aplicar a teoria da boa-fé objetiva. Para Cristiano Chaves de Farias

> a partir da boa-fé objetiva, as relações patrimoniais, afastando-se da teoria da vontade (em que predominava a vontade interna das partes sobre a declaração) e da teoria da declaração (pela qual prevalecia o texto do contrato ignorando-se o aspecto psíquico das partes), passam a estar submetidas ao império da teoria da confiança, pela qual materializam-se valores constitucionais e prestigia-se a proteção fundamental da pessoa humana, a partir da solidariedade social e da isonomia. É o ser superando o ter![7]

A seguir, transcrevem-se decisões proferidas pela Ministra Nancy Andrighi acerca da boa-fé objetiva nas relações familiares que melhor elucidam o que ora se aduz:

> A boa-fé objetiva deve guiar as relações familiares, como um manancial criador de deveres jurídicos de cunho preponderantemente ético e coerente (...)" (STJ – REsp: 1025769 MG 2008/0017342-0, Relator: Ministra Nancy Andrighi, T3, Public.: DJe 1º.09.2010).

> Nas relações familiares, o princípio da boa-fé objetiva deve ser observado e visto sob suas funções integrativas e limitadoras, traduzidas pela figura do *venire contra factum proprium* (proibição de comportamento contraditório), que exige coerência comportamental daqueles que buscam a tutela jurisdicional para a solução de conflitos no âmbito do Direito de Família. (...) 6. A omissão do recorrido, que contribuiu decisivamente para a perpetuação do engodo urdido pela mãe, atrai o entendimento de que a ninguém é dado alegrar a própria torpeza em seu proveito (*nemo auditur propriam turpitudinem allegans*) e faz fenecer a sua legitimidade para pleitear o direito de buscar a alteração no registro de nascimento de sua filha biológica. 7. Recurso especial provido. (REsp 1087163/RJ, Rel. Ministra Nancy Andrighi, DJe 31.08.2011).

Um caso muito interessante e similar ao que ora se analisa, foi objeto de julgamento do RE 86787/ RS,[8] em 20.10.78, de relatoria do Ministro Leitão de Abreu, envolvendo empresária brasileira próspera que ao se envolver com um homem mais jovem, resolveu casar-se no Uruguai. Ocorre que naquele país vigia o regime legal

---

7. FARIAS, op. cit.
8. RE 86787, Relator(a): Leitão De Abreu, Segunda Turma, julgado em 20.10.1978, DJ 04.05.1979, PP-03520 EMENT VOL-01130-02 PP-00621 RTJ VOL-00090-03 PP-00968.

de separação de bens, ao passo que no Brasil era o universal de bens. O casamento foi regularmente homologado perante a justiça brasileira.

Pouco tempo depois, a mulher fez doação ao marido, que com o dinheiro montou um negócio e logo em seguida veio à falência e em consequência, acumularam-se as dívidas e os credores. Em uma das execuções judiciais, o credor não localizando patrimônio do marido suficiente para garantir o total da dívida, tentou alcançar o patrimônio da mulher. Entretanto, a defesa arguida pelo marido na execução movida contra ele era que seu casamento havia sido realizado no Uruguai, sob o regime de separação de bens, e por tal razão, o patrimônio de sua esposa não poderia ser atingido. Essa tese foi acolhida e o patrimônio da mulher não foi alcançado pelo credor do marido.

Ocorre que, anos mais tarde, a mulher ingressou com ação de desquite (separação judicial litigiosa), requerendo a partilha de bens com base na separação total de bens. Qual a surpresa, o marido em contestação, afirmou que o regime de bens do casal deveria ser o universal, uma vez que o casamento havia sido homologado no Brasil, devendo seguir as leis brasileiras. Entretanto, o STF ao julgar, decidiu que o marido de fato teria direito a meação, mas, aplicou a teoria do *venire contra factum proprium*, no instante em que criou perante a esposa, a sociedade, inclusive seus credores (quando da tese arguida na execução judicial), a expectativa de que era casado sob o regime de separação de bens, perdendo assim, o direito sobre o patrimônio amealhado durante o casamento.[9]

Portanto, assim como no caso em estudo, quanto no acima relatado, há a aplicação da teoria dos atos próprios, tendo a doutrina adotado em geral a existência dos seguintes pressupostos quanto a proibição do *venire contra factum propium*: a) um uma conduta inicial; b) a legítima confiança de outrem na conservação do sentido objetivo desta conduta; c) um comportamento contraditório com este sentido objetivo; d) um dano ou, no mínimo, um potencial de dano a partir da contradição.

Sobre o tema, o Superior Tribunal de Justiça decidiu:

> (...) Assim é que o titular do direito subjetivo que se desvia do sentido teleológico (finalidade ou função social) da norma que lhe ampara (excedendo aos limites do razoável) e, após ter produzido em outrem uma determinada expectativa, contradiz seu próprio comportamento, incorre em abuso de direito encartado na máxima *nemo potest venire contra factum proprium* (STJ-EDcl no REsp 1143216/RS, Rel. Ministro Luiz Fux, Primeira Seção, julgado em 09.08.2010).

Como se pode notar, no acórdão analisado percebemos que a turma julgadora agiu corretamente ao afastar o bem da partilha, pois, a mulher adquiriu o imóvel dois anos após a lavratura da escritura de união estável onde as partes livremente escolheram o regime de separação de bens. As decisões anteriores ao entenderem de modo diverso, causaram não somente às partes daquele processo, mas à sociedade

---

9. Disponível em: https://www.emerj.tjrj.jus.br/paginas/trabalhos_conclusao/1semestre2010/trabalhos_12010/danielleleite.pdf.

como um todo, enorme insegurança jurídica ao abrir perigoso precedente para aqueles que, imbuídos de má fé, venham no futuro beneficiar-se da sua própria torpeza, causando surpresa aos que agem de boa-fé, com comportamentos explicitamente contraditórios.

Ressaltamos ainda que, no caso em espécie, restou claro nos autos que o marido não provou ter contribuído com a aquisição do bem *sub judice*, o que lhe permitiria, minimamente, uma pequena abertura para discussão sob o enfoque do esforço comum, como pretendeu. Contudo, no instante em que não houve qualquer contribuição de sua parte, a reforma do julgado é medida que se impõe.

Ademais, no que diz respeito a aplicação da Súmula 377 do STF ao regime convencional de separação de bens, evidentemente outra conclusão não poderia ser, senão a sua inaplicabilidade, como bem fez a Quarta Turma do STJ ao julgar o recurso em análise. E isso porque, nas palavras da ministra Nancy Andrighi quanto ao tema: "Ademais, o que pode ser mais expresso, quanto à vontade dos nubentes de não compartilhar o patrimônio adquirido na constância do casamento, do que a prévia adoção do regime de separação de bens?"[10]

Em que pese o quanto acima esposado, de modo diverso, decidiu o Tribunal de Justiça de São Paulo na apelação abaixo colacionada, com aplicação mitigada da Súmula 377 do STF aos regimes convencionais de separação de bens, restringindo aos bens adquiridos na constância do casamento pelo esforço comum:

> Divórcio c.c. partilha de bens. Ação proposta pelo cônjuge varão. Partes que concordaram com o divórcio, tendo a ação prosseguido, apenas, no que tange à partilha de bens. Sentença de improcedência, em razão das partes serem casadas pelo regime da separação convencional de bens e tendo em vista que as questões sobre os bens são estranhas ao matrimônio, tratando-se de negócios jurídicos concluídos à margem dele, devendo ser discutidos em ações autônomas. Inconformismo do autor. Partes que celebraram pacto antenupcial estabelecendo o regime convencional da separação total de bens. Artigos 1.687 e 1.688, ambos do Código Civil, que dispõem que nesse regime não haverá a comunicação de qualquer bem, seja posterior ou anterior à celebração do casamento. Jurisprudência, todavia, que vem admitindo a comunicação dos bens adquiridos na constância do casamento pelo esforço comum do casal, se comprovada a existência da sociedade de fato. Pretensão, todavia, que deve ser buscada em *ação* própria, perante o juízo cível. Precedentes. Sentença mantida. Recurso não provido (TJSP; Apelação Cível 1000773-90.2019.8.26.0445; Relator (a): Ana Maria Baldy; Órgão Julgador: 6ª Câmara de Direito Privado; Foro de Pindamonhangaba – 3ª Vara Cível; Data do Julgamento: 05.10.2020; Data de Registro: 05.10.2020).

3. ASPECTOS NOTARIAIS

Debatida a parte doutrinária e jurisprudencial, passaremos analisar pelo aspecto notarial e prático o caso.

---

10. Disponível em: https://www.stj.jus.br/sites/portalp/Paginas/Comunicacao/Noticias-antigas/2016/2016-11-29_08-39_Regime-de-separacao-convencional-mantem-bens-do-casal-separados-antes-e-durante-o-casamento.aspx.

São pontos que queremos ressaltar neste breve artigo, principalmente por termos a experiência notarial de mais de vinte anos, atendendo um sem-número de casais que fizeram conosco seus pactos de união estável.

Quanto aos aspectos notariais, vale lembrar que a escritura pública tem alguns atributos, quais sejam:

1. *Presunção de certeza e veracidade*: O pacto, no caso, foi feito perante um tabelião de notas. Sendo assim, possui fé-pública, o que significa dizer que os fatos ali atestados pelo tabelião têm presunção de certeza e veracidade.

2. *Inversão do ônus da prova*: toda vez que alguém quiser contestar uma escritura pública, deverá fazer a prova positiva de que os fatos ali atestados naquela cédula não são verdadeiros. Inverte-se o ônus da prova.

3. *Dever de orientação do tabelião*: assinado um instrumento perante um tabelião de notas, que é profissional do Direito, é seguro que as partes foram devidamente orientadas, sobre todos os detalhes do regime de bens que estavam escolhendo, suas consequências em caso de dissolução da união e em caso de morte.

4. *Ausência de Vícios do Negócio Jurídico*: toda vez que o ato é feito por escritura pública a presunção é de inexistência de defeitos do negócio jurídico. Sendo assim, não há que se alegar erro, dolo, coação, lesão ou algo do gênero, pois estavam diante de um oficial público que verificou todos esses pormenores e cuidou para que o ato fosse hígido.

5. *Pacto prévio à aquisição*: O pacto foi feito anteriormente à compra do bem. Mais um motivo para se fortalecer a tese indiscutível da incomunicabilidade. Aqui cabe uma outra rápida subdiscussão acerca da irretroatividade ou não do regime de bens na união estável. Esse mesmo STJ já se manifestou mais de uma vez sobre a impossibilidade de retroação dos efeitos do pacto de regime de bens, como é possível observar no recente julgamento do AREsp 1.631.112 – MT onde a Quarta Turma assim decidiu:

> Civil. Agravo interno no agravo em recurso especial. União estável. Regime de bens. Contrato com efeitos *ex nunc*. Decisão mantida.
>
> 1. Conforme entendimento desta Corte, a eleição do regime de bens da união estável por contrato escrito é dotada de efetividade *ex nunc*, sendo inválidas cláusulas que estabeleçam a retroatividade dos efeitos patrimoniais do pacto. Precedentes.
> 2. Agravo interno a que se nega provimento.
> (AgInt no Agravo em Recurso Especial 1.631.112 – MT (2019/0359603-6) – Relator: Ministro Antonio Carlos Ferreira – j. 26.10.2021).

E no mesmo sentido, como se denota nos arestos a seguir colacionados:

> Agravo Interno no Recurso Especial – Autos de agravo de instrumento na origem – Inventário – Decisão monocrática que proveu o apelo nobre. Insurgência da companheira supérstite.
>
> 1. Nos termos da jurisprudência desta Corte, a eleição de regime de bens diverso do legal, que deve ser feita por contrato escrito, tem efeitos apenas *ex nunc*, sendo inválida a estipulação de forma retroativa.

2. Na linha dos precedentes do STJ, os argumentos trazidos em agravo interno que não foram objeto do acórdão do Tribunal *a quo*, nem das contrarrazões ao recurso especial, não são passíveis de conhecimento, por importar em inovação recursal, a qual é considerada indevida em virtude da preclusão consumativa.

3. Agravo interno desprovido.

(AgInt no REsp 1751645/MG, Rel. Ministro Marco Buzzi, Quarta Turma, julgado em 04.11.2019, DJe 11.11.2019).

Recurso especial. Civil e processual civil. Direito de família. Escritura pública de reconhecimento de união estável. Regime da separação de bens. Atribuição de eficácia retroativa. Não cabimento. Precedentes da terceira turma.

1. Ação de declaração e de dissolução de união estável, cumulada com partilha de bens, tendo o casal convivido por doze anos e gerado dois filhos.

2. No momento do rompimento da relação, em setembro de 2007, as partes celebraram, mediante escritura pública, um pacto de reconhecimento de união estável, elegendo retroativamente o regime da separação total de bens.

3. Controvérsia em torno da validade da cláusula referente à eficácia retroativa do regime de bens

4. Consoante a disposição do art. 1.725 do Código Civil, "na união estável, salvo contrato escrito entre os companheiros, aplica-se às relações patrimoniais, no que couber, o regime da comunhão parcial de bens".

5. Invalidade da cláusula que atribui eficácia retroativa ao regime de bens pactuado em escritura pública de reconhecimento de união estável.

6. Prevalência do regime legal (comunhão parcial) no período anterior à lavratura da escritura.

[...]

9. Recurso especial desprovido.

(REsp 1597675/SP, Rel. Ministro Paulo de Tarso Sanseverino, Terceira Turma, julgado em 25.10.2016, DJe 16.11.2016).

Aqui, ousamos discordar do Tribunal. A união estável não tem uma data precisa de início. Por ser, em tese, informal, os casais se "juntam", começam muitas vezes a morar sob o mesmo teto, a fazer um *teste*, com o intuito de efetivamente constituírem uma família. Dando certo, evoluem para a formalização por contrato. Todo esse processo não tem um prazo fixo ou certo, muito pelo contrário, é altamente subjetivo e pessoal de cada ente familiar. Sendo assim, quando o casal se sente maduro o suficiente para formalizar a relação, seja por contrato particular ou público, muitas vezes já se passaram alguns anos.

Não nos parece razoável exigir das relações convivenciais o mesmo rigorismo formal dos casamentos, considerando que as primeiras se iniciam por situações fáticas que se desenrolam ao longo do tempo, ao passo a esses últimos somente passam a valer após o cumprimento de uma série de exigências legais e formais.

Acerca do tema, Paulo Lobo[11] tece as seguintes considerações:

---

11. LÔBO, Paulo. *Direito Civil*. 8. ed. São Paulo: Saraiva Educação, 2018. v. 5: famílias.

Os companheiros podem, antes ou após o início da união estável, estipular regime de bens diferente da comunhão parcial, adotando qualquer um dos previstos para os cônjuges, ou criando um próprio. O art. 1.725 do Código Civil faculta aos companheiros celebrarem contrato escrito para tal fim, mediante instrumento particular ou público. O contrato equivalente para o casamento é o pacto antenupcial, que apenas pode ser realizado antes da habilitação para aquele, exclusivamente por escritura pública. [...] O contrato para regular o regime de bens tem finalidade exclusivamente patrimonial, não podendo dispor sobre direitos pessoais dos companheiros ou destes em relação aos filhos. A união estável é ato-fato jurídico que independe da vontade das partes, razão por que não pode haver "contrato de união estável" que a constitua ou fixe seu início, mas "contrato de regime de bens de união estável". Para os fins outros que não o de definição do regime de bens, o contrato é ineficaz, por contrariar o que é legalmente cogente. O contrato de regime de bens na união estável, distinto do regime legal supletivo (comunhão parcial), importa ônus aos companheiros de prová-los, pois não há registro público da união estável. Diferentemente, no casamento, não há necessidade de provar a existência do pacto antenupcial, porque o regime de bens consta do registro do casamento, que tem a presunção de publicidade. Sustenta-se que os companheiros podem atribuir ao contrato o regime de bens eficácia retroativa, em virtude do princípio da liberdade (neste sentido, Maria Berenice Dias, 2006, p. 158). Todavia a retroação dos efeitos do contrato tem como limite a proteção de terceiros de boa-fé. [...]

Também nesse sentido é o entendimento de Francisco Cahali:

Temos para nós que não há qualquer impedimento para se conferir retroatividade ao contrato de convivência, no sentido de se fazer incidir suas previsões sobre situação pretérita ou já consumada. As partes são livres para dispor sobre o seu patrimônio atual, passado ou futuro. Nesse sentido, nada obsta que venham a estipular regras sobre os efeitos patrimoniais de união em curso.[12]

E nessa mesma linha de raciocínio, o Ministro Marco Aurélio Bellizze, da Terceira Turma do STJ, em 17 de agosto de 2021, embora vencido no julgamento do Recurso Especial 1.845.416 – MS (2019/0150046-0) de sua relatoria, proferiu seu voto sob o fundamento ao qual nos filiamos:

[...] Como é de sabença, o estabelecimento da união estável, concebida como um ato-fato jurídico, depende da presença de determinadas circunstâncias fáticas que a lei reputa relevantes para a caracterização de uma relação familiar (convivência duradoura, pública, contínua e, como elemento subjetivo dos conviventes, o objetivo de constituir uma família), dispensando, para esse propósito, qualquer formalidade.

Veja-se que a formalização da relação convivencial, por meio do chamado *contrato de convivência*, absolutamente dispensável, há de espelhar, com absoluta fidelidade, a realidade dos fatos. Em havendo disparidade entre aquilo que efetivamente se dá faticamente com o que ficou redigido em tal contrato (por exemplo, quanto ao termo inicial da união estável), dúvidas não restam quanto à prevalência do modo como se deram os fatos na realidade. Já para o específico propósito do estabelecimento de regime de bens diverso do da comunhão parcial de bens, a lei, indiscutivelmente, exige a realização de um *contrato escrito*, podendo ser por instrumento público ou particular. [...]

Ressalta-se, todavia, que a lei não exige que essa formalização acerca do regime de bens (por um contrato escrito), *possivelmente eleito já no início da relação convivencial e faticamente já regente dos bens dos conviventes*, dê-se, necessariamente, em momento anterior ao próprio es-

---

12. CAHALI, 2002, p. 76-77.

tabelecimento da união estável, aos moldes de um pacto antenupcial, como se dá no instituto do casamento. Não se pode transpor o tratamento legal dado ao casamento, de absoluto rigor formal, à união estável, cuja constituição dá-se a partir de circunstâncias fáticas que se fazem presentes ao longo do tempo (ainda que indefinido, que exprima um lapso duradouro). Efetivamente, pretender que os conviventes, antes mesmo da constituição da união estável, formalizem o regime de bens (diverso do legal) – *que possivelmente esteja, em tese, acordado e faticamente vigente entre eles desde o início da convivência* –, é olvidar o modo como as relações convivenciais se dão no mundo dos fatos. [...]

Aliás, é absolutamente possível cogitar – sendo mesmo comum, sobretudo naquelas uniões estáveis em que os conviventes já possuem patrimônio próprio e prole de relação anterior – que haja, entre os companheiros, desde o início da relação, *um acordo verbal* de não comunicação de seus bens, sendo cada um responsável pelo seu patrimônio e por suas despesas. Na prática, na grande maioria desses relacionamentos, a formalização desse regime de bens faticamente *já vigente* entre os companheiros não se dá imediatamente ao início da convivência. Afinal, as relações convivenciais se desenvolvem, no mundo dos fatos, longe dos rigores formais, *o que não pode ser utilizado como justificativa para cercear a liberdade e a autonomia dos companheiros para dispor sobre seus bens já nesse momento inicial.* Entendimento contrário, inclusive, haveria de partir da presunção – que também não se confirma na realidade dos fatos – de que os conviventes possuem (ou devem possuir) conhecimento jurídico para, de plano, adotar as formalidades exigidas por lei, do que também não se pode cogitar.

A condição, imposta por lei, para que este acordo verbal seja convalidado, produzindo os efeitos legais almejados pelos conviventes, é a sua formalização, por meio de um *contrato escrito, o qual pode se dar a qualquer tempo, durante a união estável*. Não há, pois, nenhum óbice legal para que a formalização do regime de bens tenha natureza meramente declaratória, ou seja, destinada a declarar e a comprovar uma situação de fato preexistente, o que haverá de ficar absolutamente claro de seus termos.

É relevante notar, assim, que a formalização do regime de bens da união estável, por meio da confecção de um contrato escrito, não implica, necessariamente, a modificação do regime supletivo da comunhão parcial de bens para outro (caso em que, nos termos da jurisprudência prevalecente da Terceira Turma, tem efeitos apenas prospectivos). Diversamente, se a formalização – cujos termos hão de se apresentar absolutamente claros e unívocos – destina-se a tão somente declarar uma situação de fato preexistente, consistente na circunstância de que o regime de bens regente da união estável, desde o seu início, sempre foi outro, diverso do supletivo legal (separação total de bens, comunhão total de bens ou participação final dos aquestos), seus efeitos hão de retroagir aos fatos ali reportados.

Isso porque a formalização do regime de bens, acordado pelos conviventes e faticamente regente desde o início da relação convivencial, promove sua convalidação, ficando assim, preservados seus efeitos, desde então (do início da união estável).

O entendimento esposado no voto supracitado, como vimos, não é o adotado atualmente pelo STJ, de tal forma que, prevalece o posicionamento da irretroatividade dos efeitos do contrato de regime de bens da união estável.

E então, como fica a situação? Se for feito um pacto de separação total de bens ele deveria valer apenas *ex nunc*? No período sem contrato vigorou o regime da comunhão parcial de bens? Se para alterar o regime de bens na união estável esse mesmo órgão já se manifestou sobre ser necessária ação judicial, à semelhança do casamento, haveria neste caso uma modificação do regime de bens, passível de ação judicial?

Essas perguntas ficam no ar diariamente em nossas mesas do tabelionato. Posso afirmar que os casais, quando firmam propósito de escolher a separação absoluta de bens, o fazem de maneira *refletida*, muitas vezes até assessorados por advogados e desejam, sem dúvida, que valham as regras *ex tunc*, desde o começo do relacionamento. Essa ordem de irretroatividade gera muita insegurança jurídica ao casal e à sociedade como um todo, em nossa modesta opinião.

Fora esses pontos, que por si só já são robustos o suficiente para ser indiscutível a incomunicabilidade dos bens no regime da separação de bens pactuado, existe o princípio que precisa ser observado e que já fora explorado no início deste artigo: *ninguém pode alegar a própria torpeza*.

Em latim: *"nemo auditur propriam turpitudinem allegans"*.

O caso em comento é o exemplo clássico de alguém que deseja se beneficiar de sua própria torpeza. É a antítese da boa-fé objetiva: em outra expressão latina: *venire contra factum proprium*. O sujeito busca favorecer-se em um processo judicial ou extrajudicial, assumindo uma conduta que contradiz outra que a precede no tempo. É uma injustiça. A assinatura do pacto gerou confiança à companheira e a terceiros.

Como poderia um cidadão que foi amplamente esclarecido pelo tabelião de notas à época, assinar um contrato e depois não o querer respeitar? No Brasil vige a regra do *"pacta sunt servanda"*, ou, os contratos devem ser cumpridos.

Sobre esse assunto, importante fazer uma breve e importante reflexão.

A autonomia de vontade, que prevalecia na vigência do Código Civil de 1916, deu lugar a autonomia privada, quando da entrada do atual código civilista em 2002, sendo esta última conceituada da seguinte forma por Francisco Amaral.[13]

> a autonomia privada é o poder que os particulares têm de regular, pelo exercício de sua própria vontade, as relações que participam, estabelecendo-lhe o conteúdo e a respectiva disciplina jurídica. Sinônimo de autonomia da vontade para grande parte da doutrina contemporânea, com ela, porém não se confunde, existindo entre ambas sensíveis diferença. A expressão 'autonomia da vontade' tem uma conotação subjetiva, psicológica, enquanto a autonomia privada marca o poder da vontade no direito de um modo objetivo, concreto e real.

Com o advento da Constituição Federal de 1988, a vontade, como elemento essencial da formação dos negócios jurídicos, passou a seguir preceitos da boa-fé e função social, e nas palavras de Cristiano Chaves[14] o Código de 2002 "buscou proteger a pessoa humana no âmbito das relações privadas, estabelecendo três paradigmas a serem perseguidos: a socialidade, a eticidade e a operabilidade"

Especificamente sobre o contrato em estudo, qual seja, de convivência, Francisco Cahali assim o conceitua como:

---

13. AMARAL, Francisco. *Direito Civil. Introdução*. 5. ed. Rio de Janeiro: Renovar, 2003, p. 347-348.
14. FARIAS, Cristiano Chaves de; ROSENVALD, Nelson. *Curso de Direito Civil*. 11. ed. Salvador: JusPodivm, 2013. p. 49-50. v. 1.

o instrumento pelo qual os sujeitos de uma união estável promovem a auto-regulamentação quanto aos reflexos da relação, podendo revestir-se da roupagem de documento solene, escritura pública, escrito particular, levado ou não à inscrição, registro ou averbação, pacto informal, e, até mesmo, ser apresentado apenas como disposições ou estipulações esparsas, instrumentalizadas em conjunto ou separadamente em negócios jurídicos diversos, desde que contenham a manifestação bilateral da vontade dos companheiros, identificando o elemento volitivo expresso pelas partes.[15]

Aliás, outro aspecto que discordamos da maioria dos juristas é sobre a natureza jurídica do pacto de união estável. A maioria dos doutrinadores julga que é *declaratória* e nós pensamos diferentemente, defendendo que tem natureza mista: *declaratória e constitutiva*, como o pacto antenupcial. Pois, se assim não fosse, como fazer valer os regimes acordados? Claro que, parte da escritura, traz dados declaratórios, como p.ex. a data de início da relação, a inexistência de impedimentos para a união estável, o primeiro domicílio, mas outras cláusulas são contratuais puras: eleição do regime de bens, adoção do nome do companheiro, fixação de indenização em caso de ruptura, nomeação recíproca dos companheiros como beneficiários em previdências e seguros etc. Dissemos tudo isso para reforçar a aplicabilidade dos princípios que regem o direito contratual, dentre eles, o *"pacta sunt servanda"*, que em tradução livre significa "os pactos devem ser cumpridos".

A escritura de união estável firmada no caso em exame tem força de contrato e assim, deve ser cumprida, garantindo-se a manifestação de vontade das partes, devendo apenas ser relativizado se provado abuso de direito ou vício que o torne inválido.

Caio Mário da Silva Pereira ensina que:

> O contrato obriga os contratantes. Lícito não lhes é arrependerem-se; lícito não é revogá-lo senão por consentimento mútuo; lícito não é ao juiz alterá-lo ainda que a pretexto de tornar as condições mais humanas para os contratantes. Com a ressalva de uma amenização ou relatividade de regra [...], o princípio da força obrigatória do contrato significa, em essência, a irreversibilidade da palavra empenhada. A ordem jurídica oferece a cada um a possibilidade de contratar, e dá-lhe a liberdade de escolher os termos da avença, segundo as suas preferências. Concluída a convenção, recebe da ordem jurídica o condão de sujeitar, em definitivo, os agentes. Uma vez celebrado o contrato, com observância dos requisitos de validade, tem plena eficácia, no sentido de que se impõe a cada um dos participantes, que não têm mais liberdade de se forrarem às suas consequências, a não ser com a cooperação anuente do outro. Foram as partes que escolheram os termos de sua vinculação, e assumiram todos os riscos, a elas não cabe reclamar, e ao juiz não é dado preocupar-se com a severidade das cláusulas aceitas, que não podem ser atacadas sob a invocação de princípios de equidade, salvo a intercorrência de causa adiante minudenciada.[16]

Dito isso, partindo-se da premissa que os contratos devem ser cumpridos, é imperioso que a eles (e aqui se incluem as escrituras de união estável), seja aplicada a vedação ao comportamento contraditório à expectativa gerada em outrem, que

---

15. CAHALI, Francisco José. *Contrato de convivência na união estável*. São Paulo: Saraiva, 2002.
16. PEREIRA, Caio Mario da Silva. *Instituições de direito civil*. v. II, p. 13.
    BRASIL. Constituição da República Federativa do Brasil de 1988, promulgada em 05 de outubro de 1988. Disponível em: http://www.planalto.gov.br/ccivil_03/.

como bem asseverado pelo Ministro Luiz Edson Fachin a "revalorização da confiança como valor preferencialmente tutelável no trânsito jurídico corresponde a uma alavanca para repensar o Direito Civil brasileiro contemporâneo e suas categorias jurídicas fundamentais".[17]

Esse comportamento contraditório, segundo Sílvio Venosa, "é conduta ilícita, passível mesmo, conforme a situação concreta de prejuízo, de indenização por perdas e danos, inclusive de índole moral. A aplicação do princípio não exige um dano efetivo, porém: basta a potencialidade do dano".

O que este companheiro poderia ter feito, se boa-fé tivesse, era ter pedido indenização por eventual enriquecimento ilícito da companheira. Julgamos que seria uma tese mais aceitável. Todavia, pelo que se depreende, não havia provas dessa suposta participação dele no financiamento, o que frustraria também o pleito de enriquecimento ilícito.

4. CONCLUSÃO

Concluímos que andou bem o STJ nesta decisão em análise, pois, validou os princípios contratuais do direito civil, reforçou o aspecto executivo do quanto pactuado em escrituras públicas e mais, prestigiou a boa-fé objetiva de indivíduos que não podem querer se valer de sua própria torpeza.

7. REFERÊNCIAS

AMARAL, Francisco. *Direito Civil. Introdução.* 5. ed. Rio de Janeiro: Renovar, 2003.

CAHALI, Francisco José. *Contrato de convivência na união estável.* São Paulo: Saraiva, 2002.

DIAS, Maria Berenice. *Manual de Direito das Famílias.* 10. ed. São Paulo: Ed. RT, 2015 (versão digital).

FARIAS, Cristiano Chaves. *A tutela jurídica da confiança aplicada ao Direito de Família.* Disponível em: https://ibdfam.org.br/assets/upload/anais/11.pdf.

FARIAS, Cristiano Chaves de; ROSENVALD, Nelson. *Curso de Direito Civil.* 11. ed. Salvador: JusPodivm, 2013.

LÔBO, Paulo, Direito civil. 8. ed. São Paulo: Saraiva Educação, 2018. v. 5: famílias.

TEPEDINO, Gustavo. *Temas de Direito Civil.* Rio de Janeiro: Renovar, 1999.

Pesquisa acadêmica e jurisprudencial

Camilla Gabriela Chiabrando Castro Alves, a quem tecemos nossos agradecimentos.

---

17. "O aggiornamento do direito civil brasileiro e a confiança negocial", cit., p. 115-6.

CONTRATO DE NAMORO COMO PACTO ANTECONVIVENCIAL PARA ESCOLHA DA SEPARAÇÃO DE BENS

Felipe Quintella M. de C. Hansen Beck

Doutor, Mestre e Bacharel em Direito pela UFMG. Professor dos Cursos de Graduação e de Mestrado da Faculdade de Direito Milton Campos. Professor do Ibmec BH. Professor dos cursos de pós-graduação da ESA-OAB/MG, da FMP/RS, da ABDConst e do IMADEC. Membro do IBDCivil, do IBERC, do IBDFAM e do IBDConst. Autor do "Curso de Direito Civil" (GEN Atlas) com Elpídio Donizetti. Sócio fundador do Quintella & Righetti Advocacia e Consultoria, escritório especializado em planejamento patrimonial.

Tereza Cristina Monteiro Mafra

Doutora, Mestra e Bacharela em Direito pela UFMG. Professora dos cursos de Graduação e de Mestrado em Direito da Faculdade de Direito Milton Campos. Diretora da Faculdade de Direito Milton Campos. Sócia fundadora do Tereza Mafra Advocacia.

> "Creio que o contrato de namoro é possível, assim como a cautela e caldo de galinha não fazem mal algum."
>
> Zeno Veloso, Jornal *O Liberal*, edição de 16.09.2006

Sumário: 1. Considerações iniciais – 2. Limites à autonomia privada na escolha do regime de bens da união estável e a jurisprudência do STJ – 3. A variedade de relações afetivas e o respectivo enquadramento jurídico na jurisprudência do STJ – 4. O contrato de namoro – 5. O contrato de namoro como pacto anteconvivencial e sua conformidade com a jurisprudência do STJ – 6. Considerações finais – 7. Referências.

1. CONSIDERAÇÕES INICIAIS

Não é de hoje que o assunto das relações afetivas contemporâneas suscita debates fervilhantes na comunidade jurídica brasileira, sobretudo em razão da contínua produção de normas reguladoras.

Ainda em 1999, com a percuciência pela qual se tornou internacionalmente conhecido, João Baptista Villela já afirmara que "especialmente grave tem sido nos últimos anos o furor regulamentatório da República em matéria das chamadas *uniões estáveis*".[1]

---

1. VILLELA, João Baptista. Repensando o Direito de Família. In: PEREIRA, Rodrigo da Cunha. (Org.) *Repensando o Direito de Família*: Anais do I Congresso Brasileiro de Direito de Família. Belo Horizonte: Del Rey, 1999, p. 23.

Na mesma ocasião, advertiu Villela sobre a dificuldade que já se tinha configurado, àquela época, em distinguir um namoro de uma união estável:

> A intervenção na esfera da privacidade amorosa chegou a tal ponto que um diário abriu espaço para que se questionasse "se ainda faz sentido celebrar o dia dos namorados, já que, em rigor, até mesmo esta instituição, a um só tempo, natural, alegre, espontânea, saudável e indescritível, que é o namoro, parece ter-se convertido em modalidade de casamento".[2]

Curioso notar que as ponderações de Villela datam da década de 1990. São anteriores, pois, ao Código Civil de 2002, e à imposição, aos conviventes em união estável, do regime da comunhão parcial, prevista no art. 1.725 do referido Código.

Interessante, outrossim, observar que, já em 1999, Villela criticava o autoritarismo das leis de família no Brasil citando, como exemplos, justamente a impossibilidade de alteração do regime de bens após o casamento, bem como a imposição do regime da separação legal a certas pessoas em razão da sua idade.[3]

Pois bem. Mais de duas décadas se passaram desde as reflexões do jurista mineiro, e os problemas por ele questionados somente se acirraram.

E é nesse contexto que, ainda controvertido quanto ao seu uso para afastar a configuração da união estável, o contrato de namoro tem outra utilidade que, conforme se pretende demonstrar, é segura. Trata-se do uso do contrato de namoro para estabelecer o regime de bens do relacionamento, como estratégia de planejamento patrimonial preparatório, caso o namoro evolua para união estável.

É que, como se sabe, frequentemente um relacionamento que se inicia como namoro vem, em algum momento, a se converter em união estável, a partir de quando os até então namorados passam a ter o intuito de constituir família. (Não que seja fácil, claro, indicar que momento é esse).

Também com frequência ocorre de os próprios sujeitos do relacionamento demorarem para perceber essa conversão, e, mesmo quando percebem, pode ser que, em um primeiro momento, não estejam devidamente informados sobre o fato de que, na ausência de escolha de regime de bens por escrito, seu relacionamento será regido pela comunhão parcial de bens, conforme o art. 1.725 do Código Civil de 2002.

Nas palavras de João Baptista Villela, nessas situações, "o delírio normativista do Estado traduz-se, por assim dizer, em casar *ex officio* quem não quis casar *motu proprio*. Ou seja, submeter compulsoriamente ao regime legal do casamento, tanto quanto possível, aqueles que deliberadamente fizeram a opção pelo não casamento".[4]

Quando os sujeitos se conscientizam, e buscam fazer um planejamento patrimonial, já em caráter diagnóstico, pretendendo escolher o regime da separação de bens, deparam-se com outro problema.

---

2. Idem, ibidem, p. 25.
3. Idem, ibidem, p. 22.
4. Idem, ibidem, p. 24-25.

Isso porque, desde 2015, o Superior Tribunal de Justiça (STJ) se posicionou no sentido de não ser possível, sob pena de se dar à união estável tratamento mais benéfico que ao casamento, atribuir produção de efeitos retroativos à escolha de regime de bens pelos conviventes.[5]

Sendo assim, o objetivo deste trabalho é demonstrar que, para afastar a incidência do regime da comunhão parcial de bens – obviamente, quando esta for a vontade dos sujeitos –, o contrato de namoro se afigura como uma interessante ferramenta de planejamento patrimonial em caráter preparatório, fazendo as vezes, quanto à união estável, de um pacto *antenupcial*. Aqui, porém, um "pacto *anteconvivencial*". Pretende-se, ainda, demonstrar que a proposta é conforme à jurisprudência do STJ.

2. LIMITES À AUTONOMIA PRIVADA NA ESCOLHA DO REGIME DE BENS DA UNIÃO ESTÁVEL E A JURISPRUDÊNCIA DO STJ

A noção moderna de patrimônio, construída pela doutrina alemã, diversa da teoria clássica personalista, concebe-o sob um caráter objetivo, cujo fundamento é o fim comum atribuído a uma massa de bens.[6] O patrimônio, em regra, é destinado à satisfação das necessidades e ao adimplemento das obrigações de seu titular. Mas, ao lado desse patrimônio, geral, é possível a criação de um ou vários outros, caracterizados também pela destinação e guardando maior ou menor separação em relação àquele geral.

Clóvis Beviláqua, ao defender o tratamento do Direito de Família no primeiro livro da Parte Especial do Código Civil, sustentava haver

> no Direito de Família um núcleo de relações que entendem com a própria organização da sociedade, que influi e deve influir sobre os interesses econômicos, e é natural que essas relações, que formam a urdidura da sociedade familiar, sejam expostas primeiro que os interesses econômicos que são de ordem inferior.[7]

E isso porque "é certo que ao descerrarmos a influência das relações de família sobre os bens, iremos encontrar as noções de propriedade e de obrigações".[8]

O Direito de Família "determina um complexo de modificações importantes nos princípios gerais que regulam o direito de propriedade".[9] A incidência dos direitos patrimoniais promove uma modificação no patrimônio da pessoa casada ou que vive em união estável, de modo que surgem três massas patrimoniais distintas, qualquer

---

5. STJ. REsp 1.383.624/MG, Terceira Turma, relator: Min. Moura Ribeiro, julgado em 02.06.2015, DJe 12.06.2015.
6. LOPES, Miguel Maria de Serpa. *Curso de Direito Civil*: Direito das coisas – Princípios gerais, posse, domínio e propriedade imóvel. São Paulo: Freitas Bastos, 1964, v. 6, p. 57.
7. BEVILÁQUA, Clóvis. *Em defeza do projecto do Codigo Civil Brazileiro*. São Paulo: Francisco Alves, 1906, p. 52.
8. Idem, ibidem.
9. PEREIRA, Lafayette Rodrigues. *Direitos de família*. 2. tir. Rio de Janeiro: Typographia da Tribuna Liberal, 1889[1869], p. 88.

que seja o regime de bens: os conjuntos de bens pertencentes somente a cada um dos cônjuges/companheiros (*bens particulares*) e o aglomerado patrimonial formado pelos bens partilháveis (*bens comuns*).

Os bens comuns, no casamento, qualquer que seja o regime aplicável (pois mesmo na hipótese da separação convencional pode haver bens em condomínio), integram, por sua própria natureza, um patrimônio coletivo, em que cada cônjuge é titular de uma quota-parte indivisa, da qual não pode livremente dispor, e cuja dissolução exige partilha.

Os efeitos patrimoniais são regulados, para a hipótese de casamento, pelo Código Civil, pelo regime de bens. Seja o regime escolhido pelos nubentes, no exercício da *liberdade de pactuar*,[10] ou imposto pela lei (separação legal), encerra as regras sobre aquisição, uso, fruição, gozo, administração e disposição de bens, ou sobre créditos e débitos dos cônjuges.

Mas a comunicação de bens não é decorrência necessária do casamento. Pelo princípio da liberdade de pactuar, é dada aos nubentes ampla possibilidade de escolha do regime patrimonial, incluída a hipótese da separação absoluta (convencional).

Na síntese de Xavier, a autonomia privada dos cônjuges traduz o reconhecimento da sua legitimidade para determinar e regular o respectivo estatuto patrimonial.[11] A autonomia privada dos cônjuges, nesse âmbito, traduz-se pela possibilidade de autorregularem as relações patrimoniais, adaptando seus interesses à sua situação específica, pelo exercício da liberdade de planejamento familiar.[12]

Na união estável, por mais forte razão, deveria prevalecer o mesmo princípio de *autonomia privada*, deixando livres os companheiros para decidirem se querem que a sua união envolva a formação de um patrimônio comum, fruto da convergência de esforços e haveres, ou se preferem patrimônios separados, mantendo distintas suas atividades econômicas.

A união estável nasce a partir da vontade dos companheiros associada à verificação de um comportamento que corrobore a existência de uma relação reconhecida como entidade familiar (convivência, pública, contínua, duradoura e com o objetivo de constituição de família, nos termos do art. 1.723 do Código Civil de 2002), sem qualquer instrumento, oponível a terceiro, exigido legalmente para início da sua eficácia, como asseverou o Min. Roberto Barroso em seu voto no julgamento do Recurso Extraordinário 878.694/MG:

---

10. No Brasil, prevalece a liberdade de pactuar, permitindo-se aos noivos estabelecer, quanto aos seus bens, mediante pacto antenupcial, o que lhes aprouver. Ou seja, podem adotar um dentre os regimes tipificados no Código Civil, ou criar suas próprias regras, como ocorre na Espanha, França e Portugal. Já na Alemanha, de acordo com Wilfried Schlüter, "vale o princípio da limitação dos tipos (*numerus clausus* dos tipos de regimes de bens modelados na lei)" (SCHLÜTER, Wilfried. *Código Civil Alemão*: Direito de Família. Porto Alegre: Sergio Antonio Fabris Editor, 2002, p. 160).
11. XAVIER, Maria Rita Aranha da Gama Lobo. *Limites à autonomia privada na disciplina das relações patrimoniais entre os cônjuges*. Coimbra: Almedina, 2000, p. 496.
12. GALLETA, Franca. *I regolamenti patrimoniale tra coniugi*. Napoli: Jovene Editore, 1990, p. 9.

A união estável depende da verificação de uma situação fato. Não há um documento único que a constitua e que sirva de prova definitiva. Consequentemente, para todos os terceiros que se relacionam com os companheiros, e para a sociedade em geral, há um nível menor de segurança.[13]

Para além da questão meramente probatória, casamento e união estável são negócios jurídicos distintos, embora ambos destinados à formação da família, de modo que, conforme Tepedino, a interpretação da união estável pode se basear nas normas disciplinadoras do casamento, enquanto relação familiar, mas as normas reguladoras dos efeitos do casamento, como negócio jurídico formal e solene, "não podem ser aplicadas às uniões estáveis, já que dependem essencialmente do ato solene, pressuposto fático para sua incidência".[14] O casamento, marcado pela forma e solenidade legalmente exigidas, é regido por regras específicas, que se derivam de uma ordem pública própria, com eficácia perante terceiros, não passível de ser estendida à união estável.[15]

Já se cunhou a peculiar expressão *osmose dos modelos familiares*, para se referir ao fato de que as relações de casal na Europa, sejam derivadas ou não do casamento, por vezes, submetem-se à aplicação das mesmas regras, considerando que a igualdade e a liberdade imporiam a incidência do mesmo direito a situações fáticas semelhantes, excetuando-se, porém, o que está vinculado às diferenças entre os modos de vida a dois.[16]

Assim, é forçoso concordar com Delgado no sentido de que não é possível uma integral equiparação entre casamento e união estável:

> Não compete ao legislador, nem muito menos à jurisprudência, regulamentar a união estável a ponto de atribuir-lhe direta e autoritariamente os efeitos da sociedade conjugal, o que implica, na prática, transformar a união estável em casamento contra a vontade dos conviventes, aos quais estar-se-ia impondo um verdadeiro "casamento forçado".[17]

Reflexão similar, vale lembrar, já havia feito João Baptista Villela.[18]

Ademais, não há previsão, expressa em lei, de um momento específico determinante do termo inicial de eficácia (pessoal e/ou patrimonial) da união estável, tal como ocorre no casamento – em que a maior parte dos efeitos jurídicos se dá a partir da celebração. Assim, deveria ser lícito aos companheiros, a qualquer tempo, cele-

---

13. STF. RE 878.694/MG, Tribunal Pleno, relator: Min. Roberto Barroso, julgado em 10.05.2017, p. 28.
14. TEPEDINO, Gustavo. *Temas de Direito Civil*: A disciplina civil-constitucional das relações familiares. Rio de Janeiro: Renovar, 1999, p. 357.
15. NIBOYET, Frédérique. *L'ordre publique matrimonial*. Paris: L.G.D.J., 2008, p. 134-135.
16. PAPAUX VAN DELDEN, Marie-Laure. *L'influence des droits de l'homme sur l'osmose des modèles familiaux*. Genève: Helbing et Lichtenhahn, 2002, passim.
17. DELGADO, Mário Luiz. O paradoxo da união estável: um casamento forçado. *Revista Jurídica Luso-Brasileira*, ano 2, n. 1, 2016, p. 1351.
18. VILLELA, João Baptista. Repensando o Direito de Família. In: PEREIRA, Rodrigo da Cunha. (Org.) *Repensando o Direito de Família*: Anais do I Congresso Brasileiro de Direito de Família. Belo Horizonte: Del Rey, 1999, p. 24-25.

brar contrato de convivência, inclusive com efeitos retroativos, pois não há qualquer vedação nesse sentido.

Na doutrina, defendem que o contrato de convivência possa ser celebrado a qualquer momento e com efeitos retroativos Álvaro Villaça Azevedo;[19] Antônio Carlos Mathias Coltro;[20] Claudia Grieco Tabosa Pessoa;[21] Francisco José Cahali;[22] Gustavo Tepedino e Ana Carolina Brochado Teixeira;[23] Maria Berenice Dias;[24] Rainer Czajkowski.[25]

Rolf Madaleno[26] sustenta uma *retroatividade restritiva do contrato de convivência* e faz referência à orientação jurisprudencial em sentido contrário.

Com apoio na jurisprudência do STJ, Flávio Tartuce defende que:

> No curso do período de convivência, não é lícito aos conviventes atribuírem por contrato efeitos retroativos à união estável elegendo o regime de bens para a sociedade de fato, pois, assim, estar-se-ia conferindo mais benefícios à união estável que ao casamento.[27]

Também contrários à retroatividade e defendendo que o contrato de convivência se submeta às normas de ordem pública e àquelas relativas ao casamento verificam-se as posições de Arnaldo Rizzardo;[28] Guilherme Calmon Nogueira da Gama;[29] Marco Aurélio S. Viana.[30]

Pois bem. Em 2015, no julgamento do REsp 1.383.624/MG, a Terceira Turma do STJ decidiu que, por não ser possível atribuir à união estável mais benefícios que ao casamento, não se pode conferir efeito retroativo ao contrato de convivência.[31]

Posteriormente, o entendimento foi aplicado no julgamento do AgInt no AREsp 1069255 (Terceira Turma), do AgInt no REsp 1751645 (Quarta Turma), do AgInt no REsp 1843825 (Terceira Turma), do REsp 1845416 (Terceira Turma), e, ainda, do AgInt no AREsp 1631112 (Quarta Turma). Como se vê, até abril de 2022 o precedente, que surgiu na Terceira Turma, foi aplicado mais três vezes pela própria Terceira Turma, e duas vezes pela Quarta Turma.

---

19. *Estatuto da Família de Fato*. 2. ed. São Paulo: Atlas, 2002, p. 348-350.
20. Referências sobre o contrato de união estável. In: Mário Luiz Delgado e Jones Figueiredo Alves (Coord.). *Questões controvertidas no direito das obrigações e dos contratos*. São Paulo: Método, 2005, v. 4, p. 426.
21. *Efeitos patrimoniais do concubinato*. São Paulo: Saraiva, 1997, p. 118.
22. *Contrato de convivência na união estável*. São Paulo: Saraiva, 2002, p. 76-84.
23. *Fundamentos do Direito Civil: Direito de Família*. 3. ed. Rio de Janeiro: Forense, 2022, v. 6, p. 203.
24. *Manual de Direito das Famílias*. 12. ed. São Paulo: Ed. RT, 2017, p. 271.
25. *União livre à luz da Lei 8.971/94 e da Lei 9.278/96*. Curitiba: Juruá, 1996, p. 119.
26. *Direito de Família*. 12. ed. Rio de Janeiro: Forense, 2022, p. 1.307.
27. TARTUCE, Flávio. *Direito Civil: Direito de Família*. 5. 17. ed. Rio de Janeiro: Forense, 2022, v. 5, p. 448.
28. *Direito de Família*. 10. ed. Rio de Janeiro: Forense, 2019, p. 874.
29. *O companheirismo*: uma espécie de família. São Paulo: Ed. RT, 1998, p. 299-301.
30. *Da união estável*. São Paulo: Saraiva, 1999, p. 50.
31. STJ. REsp 1.383.624/MG, Terceira Turma, relator: Min. Moura Ribeiro, julgado em 02.06.2015, DJe 12.06.2015.

No REsp 1.383.624/MG, o relator, Min. Moura Ribeiro, afirma que o contrato escrito entre os conviventes pode ser realizado a qualquer momento:

> A união estável, como situação de fato não se sujeita a nenhuma solenidade. Normalmente, concretizar-se-á com o decorrer do tempo, pois não há como saber previamente se ela será duradoura e estável. Dessa forma, eventual contrato de convivência pode ser formalizado a qualquer momento, seja na sua constância seja previamente ao seu início. Isso se justifica, pois, como não se submetem às solenidades e rigores do casamento, os conviventes possuem maior liberdade para decidir o momento em que vão celebrar o contrato. Além disso, o que não é proibido ou contrário à lei, presume-se permitido.[32]

Até aqui, o raciocínio apresentado no acórdão poderia facilmente sustentar a possibilidade de serem admitidos efeitos retroativos ao contrato escrito da união estável, porque, na lição de Eduardo Espínola, apenas "comportam aplicação analógica as leis que não encerram prescrições de direito excepcional, não estabelecem privilégios, nem restringem direitos ou limitam a liberdade individual".[33] Carlos Maximiliano também afirma a inadmissibilidade de analogia "em se tratando de dispositivos que limitam a *liberdade*, ou *restringem quaisquer outros direitos*".[34]

Contudo, a despeito da posição doutrinária mencionada no acórdão (Maria Berenice Dias e Francisco José Cahali, nas obras *retro* citadas), prevaleceu o entendimento de que "enquanto não houver a formalização da união estável, vigora o regime da comunhão parcial, no que couber,"[35] inadmitindo-se a atribuição de efeitos retroativos para não serem conferidos mais benefícios à união estável do que ao casamento.

Vedada, no caso, a analogia, constata-se que houve *interpretação extensiva*. Para Tércio Sampaio Ferraz Júnior "o cuidado especial com a interpretação extensiva provoca uma distinção entre esta e a interpretação por analogia",[36] de modo que:

> A doutrina afirma que a primeira se limita a incluir no conteúdo da norma um sentido que já estava lá, apenas não havia sido explicitado pelo legislador. Já na segunda, o intérprete toma de uma norma e aplica-a em um caso para o qual não havia preceito nenhum, pressupondo uma semelhança entre os casos.

Em suma, com a interpretação extensiva, ainda consoante Tércio Sampaio Ferraz Jr, há uma valoração, pelo intérprete, das situações de forma mais ostensiva e radical, pois, de certo modo, "o intérprete altera a norma, contra o pressuposto de que a interpretação deve ser fiel – o mais possível – ao estabelecido na mensagem normativa".[37]

---

32. STJ. REsp 1.383.624/MG, Terceira Turma, relator: Min. Moura Ribeiro, julgado em 02.06.2015, DJe 12.06.2015, p. 17.
33. ESPÍNOLA, Eduardo, FILHO, Eduardo Espínola. *A Lei de Introdução ao Código Civil Brasileiro*. Rio de Janeiro: Renovar, 1999, v. 1, p. 105.
34. MAXIMILIANO, Carlos. *Hermenêutica e aplicação do direito*. 5. ed. São Paulo: Freitas Bastos, 1951, p. 261.
35. STJ. REsp 1.383.624/MG, Terceira Turma, relator: Min. Moura Ribeiro, julgado em 02.06.2015, DJe 12.06.2015, p. 17.
36. FERRAZ JR., Tercio Sampaio. *Introdução ao Estudo do Direito*. 11. ed. Rio de Janeiro: Forense, 2019, p. 261.
37. Idem, ibidem.

Outro limite à *liberdade de pactuar* é o regime da separação legal (obrigatória), previsto no art. 1.641 do Código Civil de 2002.[38] A liberdade de pactuar é a regra, mas a lei a retira de algumas pessoas, para as quais impõe a separação como regime de bens. Tais pessoas não podem livremente escolher outro regime patrimonial para seus casamentos, sob pena de nulidade do pacto antenupcial que venham a celebrar. Trata-se de restrição à liberdade de pactuar, prevista no art. 1.641 do Código Civil, especificamente para o casamento.

O STJ, porém, estendeu a separação legal, em razão da idade, para a união estável. O primeiro julgado nesse sentido foi o do REsp 736.627/PR, da Terceira Turma, de 2006, cuja tese foi adotada nos seguintes acórdãos: REsp 821.807/PR (Terceira Turma), REsp 1.090.722/SP (Terceira Turma), REsp 646.259/RS (Quarta Turma), REsp 1.171.820/PR (Terceira Turma), REsp 1.689.152/SC (Quarta Turma), AgInt nos EDcl no REsp 1.873.590/RS (Quarta Turma) e REsp 1.922.347/PR (Quarta Turma). Até dezembro de 2021 o precedente, que surgiu na Terceira Turma, foi aplicado mais três vezes pela própria Terceira Turma, e três vezes pela Quarta Turma.

Embora tenha havido entendimento coincidente sobre a aplicabilidade da separação legal à união estável, em razão da idade, a Terceira e a Quarta Turmas do STJ, durante bastante tempo, divergiram quanto à aplicação da súmula 377, do Supremo Tribunal Federal (STF).[39]

Na jurisprudência do STF havia o entendimento de que "no regime de separação legal de bens, comunicam-se os adquiridos na constância do casamento", sem exigência da comprovação de esforço comum na aquisição patrimonial.[40]

No STJ, entretanto, durante muito tempo, houve posições dissonantes. Na Quarta Turma, exigia-se a comprovação do esforço comum para a incidência da Súmula 377 do STF.[41] Na Terceira Turma, o esforço comum era presumido.[42]

A Segunda Seção, interpretando a Súmula 377 do STF, decidiu que "no regime de separação legal de bens, comunicam-se os adquiridos na constância do casamento, desde que comprovado o esforço comum para sua aquisição", no EREsp 1.623.858/

---

38. Art. 1.641. É obrigatório o regime da separação de bens no casamento:
    I – das pessoas que o contraírem com inobservância das causas suspensivas da celebração do casamento;
    II – da pessoa maior de 70 (setenta) anos; (Redação dada pela Lei 12.344, de 2010)
    III – de todos os que dependerem, para casar, de suprimento judicial.
39. STF. Súmula 377: No regime de separação legal de bens, comunicam-se os adquiridos na constância do casamento.
40. STF. RE 93.168, Primeira Turma, relator: Min. Néri da Silveira, julgado em 18.10.1984; STF. RE 85.315, Segunda Turma, relator: Min. Xavier de Albuquerque, julgado em 20.08.1976.
41. STJ. REsp 646.259/RS, Quarta Turma, relator: Min. Luis Felipe Salomão, julgado em 22.06.2010; STJ. REsp 123.633/SP, Quarta Turma, relator: Min. Aldir Passarinho Junior, julgado em 17.03.2009; STJ. REsp 9938/SP, Quarta Turma, relator: Min. Sálvio de Figueiredo Teixeira, julgado em 09.06.1992.
42. STJ. REsp 1.199.790/MG, Terceira Turma, relator: Min. Vasco Della Giustina (Desembargador convocado do TJRS), julgado em 14.12.2010; STJ. REsp 1.171.820/PR, Terceira Turma, relatora: Min. Nancy Andrighi, julgado em 07.12.2010; STJ. REsp 736.627/PR, Terceira Turma, relator: Min. Carlos Alberto Menezes Direito, julgado em 11.04.2006.

MG, em 2018, ratificando anterior entendimento da Seção no EREsp 1.171.820/PR, de 2015.

Por fim, deve ser mencionado o REsp 1.922.347/PR, da Quarta Turma, julgado em 2021, em que o STJ decidiu que:

> Assim, no casamento ou na união estável regidos pelo regime da separação legal ou obrigatória de bens, é possível que os nubentes/companheiros, em exercício da autonomia privada, estipulando o que melhor lhes aprouver em relação aos bens futuros, venham a afastar, por escritura pública, a incidência da Súmula 377 do STF, perfazendo um casamento ou uma união estável celebrada por separação obrigatória com pacto antenupcial de separação de bens (ou de impedimento da comunhão do patrimônio).[43]

O acórdão recorrido, do Tribunal de Justiça do Paraná (TJPR), havia mantido a sentença quanto à possibilidade de celebração do pacto para eleição do regime de separação absoluta, mas a havia reformado, quanto aos efeitos sucessórios, vez que o regime da separação convencional não afasta a concorrência do cônjuge/companheiro com os descendentes.

No julgamento do recurso especial, o Min. Luis Felipe Salomão, relator, esclareceu que:

> É bem de ver que, com essa interpretação, o casal ou os companheiros não estão substituindo o regime de bens de separação obrigatória pelo de separação convencional, o que é vedado pela norma (CC, art. 1.641, II), aliás cogente e imperativa.
>
> O que se reconhece é tão somente a possibilidade de os cônjuges/companheiros estipularem, no pacto antenupcial, cláusula mais protetiva ao seu enlace, afastando a mitigação decorrente da Súmula 377 do STF.[44]

Neste ponto, que levou o STJ a reformar o acórdão recorrido, o Min. Salomão se baseou, especificamente, no posicionamento doutrinário defendido por José Fernando Simão:[45] "Isto é, 'o casal não se casa por separação convencional de bens após fazer o pacto. Casa-se por separação obrigatória com pacto antenupcial de separação de bens'".[46-47]

---

43. STJ. REsp 1.922.347/PR, Quarta Turma, relator: Min. Luis Felipe Salomão, julgado em 07.12.2021, DJe 1º.02.2022, p. 32.
44. Idem, ibidem, p. 28.
45. SIMÃO, José Fernando. *Separação obrigatória com pacto antenupcial? Sim, é possível*. Disponível em: https://www.conjur.com.br/2018-fev-11/processo-familiar-separacao-obrigatoria-pacto-antenupcial-sim-possivel#sdfootnote5sym. Acesso em: 10 maio 2022.
46. SIMÃO, José Fernando. Op. cit.
47. STJ. REsp 1.922.347/PR, Quarta Turma, relator: Min. Luis Felipe Salomão, julgado em 07.12.2021, DJe 1º.02.2022, p. 28.

3. A VARIEDADE DE RELAÇÕES AFETIVAS E O RESPECTIVO ENQUADRAMENTO JURÍDICO NA JURISPRUDÊNCIA DO STJ

Em 2017, no julgamento do REsp 1.558.015/PR, o STJ teve a ocasião de se manifestar sobre a inquestionável complexidade das relações afetivas da atualidade, bem como do respectivo enquadramento jurídico. Foi o que afirmou o relator do recurso, Min. Luis Felipe Salomão: "o que se pode afirmar é que as relações afetivas são inquestionavelmente complexas e, da mesma forma, o respectivo enquadramento no ordenamento, principalmente, no que respeita à definição dos efeitos jurídicos que delas irradiam".[48]

Em seu voto, o Min. Salomão afirmou, sobre união estável:

> A união estável, por se tratar de estado de fato, demanda, para sua conformação e verificação, a reiteração do comportamento do casal que revele, a um só tempo e de parte a parte, a comunhão integral e irrestrita de vidas e esforços, de modo público e por lapso significativo.[49]

Já sobre namoro, explicou o Ministro:

> Noutro ponto, o namoro, por inexistir entre aqueles que se relacionam a *affectio maritalis*, que é a afeição conjugal ou o fito de se constituir família, não preenche os requisitos para ser considerado uma entidade familiar, mesmo que estejam presentes características como estabilidade, intimidade e intensa convivência.[50]

Por fim, o Min. Salomão tratou do namoro qualificado:

> Avançando nas modalidades de relacionamento, é relativamente recente o julgado deste Superior Tribunal que reconheceu a configuração do namoro qualificado, que tem, como principal traço distintivo da união estável, a ausência da intenção presente de constituir uma família. Na ocasião, o eminente relator, Ministro Marco Aurélio Bellizze, ponderou que, na hipótese, inexistia qualquer elemento que evidenciasse a constituição de uma família, na acepção jurídica da palavra, em que há, necessariamente, o compartilhamento de vidas, com irrestrito apoio moral e material entre os conviventes.[51]

O ministro prosseguiu em seu raciocínio citando Carlos Alberto Dabus Maluf e Adriana Caldas do Rego Freitas Dabus Maluf, segundo os quais:

> Para que se configure o início do namoro basta que duas pessoas estejam num relacionamento amoroso, o que abrange desde encontros casuais até relacionamentos mais sérios, em que há publicidade, fidelidade e uma possível intenção de casamento ou constituição de união estável no futuro. A confusão que pode surgir entre o namoro e a união estável, no entanto, ocorre nas relações em que há observância das regras morais impostas pela sociedade. São aqueles relacionamentos duradouros, com convivência contínua do casal, em que há fidelidade mútua, pelo menos na aparência, em que ambos se apresentam na sociedade como namorados. A doutrina divide o namoro simples e qualificado. O namoro simples é facilmente diferenciado da união estável, pois não possui sequer um de seus requisitos básicos.

---

48. STJ. REsp 1.558.015/PR, Quarta Turma, relator: Min. Luis Felipe Salomão, julgado em 12.09.2017, DJe 23.10.2017, p. 11.
49. Idem, ibidem, p. 11-12.
50. Idem, ibidem, p. 28. Grifos do original.
51. Idem, ibidem.

(...)
Já o namoro qualificado apresenta a maioria dos requisitos também presentes na união estável. Trata-se, na prática, da relação amorosa e sexual madura, entre pessoas maiores e capazes, que, apesar de apreciarem a companhia uma da outra, e por vezes até pernoitarem com seus namorados, não têm o objetivo de constituir família. Por esse motivo é tão difícil, na prática, encontrar as diferenças entre a união estável e o namoro qualificado. Muito embora as semelhanças existentes ente ambos, o que os diferencia é o objetivo precípuo de constituir família – presente na união estável e ausente no namoro qualificado.[52]

O primeiro caso em que o STJ cuidou do *namoro qualificado*, mencionado em seu voto pelo Min. Luis Felipe Salomão, foi o do REsp 1.454.643/RJ, julgado em 2015, em que a Terceira Turma deu provimento ao recurso especial, para reformar o acórdão do Tribunal de Justiça do Rio de Janeiro (TJRJ) que havia entendido configurada a união estável entre as partes do litígio.

No julgamento do mencionado recurso, explicou o relator, Min. Marco Aurélio Bellizze:

Segundo a fundamentação adotada pela Corte estadual, ainda, o intuito de constituir família teria restado evidenciado, em especial, pela mensagem, via e-mail, encaminhada por M. aos pais de P., "de que estariam apostando no futuro", bem como pela confirmação, no depoimento pessoal do requerido, de que, em tal período, efetivamente coabitaram.

Permissa venia, o propósito de constituir família, alçado pela lei de regência como requisito essencial à constituição da união estável – a distinguir, inclusive, esta entidade familiar do denominado "namoro qualificado" –, não consubstancia mera proclamação, para o futuro, da intenção de constituir uma família. É mais abrangente. Esta deve se afigurar presente durante toda a convivência, a partir do efetivo compartilhamento de vida, com irrestrito apoio moral e material entre os companheiros. É dizer: a família deve, de fato, restar constituída.[53]

Sobre o contexto fático do caso, assim o resumiu o Ministro:

Na hipótese, da análise acurada dos autos, tem-se que as partes litigantes, no período imediatamente anterior à celebração de seu matrimônio (de janeiro de 2004 a setembro de 2006), não vivenciaram uma união estável, mas sim um namoro qualificado, em que, em virtude do estreitamento do relacionamento projetaram, para o futuro – e não para o presente, ressalta-se –, o propósito de constituir uma entidade familiar, desiderato que, posteriormente, veio a ser concretizado com o casamento.[54]

Concluiu, então, o Min. Bellizze:

Nesse contexto, é de se reconhecer a configuração, na verdade, de um namoro qualificado, que tem, no mais das vezes, como único traço distintivo da união estável, a ausência da intenção presente de constituir uma família. Quando muito há, nessa espécie de relacionamento amoroso, o planejamento, a projeção de, no futuro, constituir um núcleo familiar.[55]

---

52. MALUF, Carlos Aberto Dabus; MALUF, Adriana Caldas do Rego Freitas Dabus. *Curso de Direito de Família*. São Paulo: Saraiva, 2013, p. 371-374.
53. STJ. REsp 1.454.643/RJ, Terceira Turma, relator: Min. Marco Aurélio Bellizze, julgado em 03.03.2015, DJe 10.03.2015, p. 12. Grifos do original.
54. Idem, ibidem, p. 14.
55. Idem, ibidem, p. 15. Grifo do original.

Ora, justamente em face da constatação, do Min. Luis Felipe Salomão, acerca da complexidade das relações afetivas e do respectivo enquadramento, bem como da conclusão, do Min. Marco Aurélio Bellizze, de que o namoro qualificado, na maior parte dos casos, somente se distingue da união estável pela ausência do intuito de constituir família, é de se concluir que a jurisprudência do STJ reconhece a dificuldade de estabelecer, no caso prático, a linha que distingue o namoro da união estável, o que reforça a necessidade e a conveniência do planejamento patrimonial.

4. O CONTRATO DE NAMORO

Inicialmente, a ideia de um *contrato de namoro* causa estranheza. Seria o namoro um fato jurídico, a justificar que fosse objeto de contrato?

A rigor, seguindo-se as lições de Pontes de Miranda e de Marcos Bernardes de Mello, não, por não haver norma jurídica que contenha no seu suporte fático o namoro. E, não havendo norma jurídica que incida sobre o fato, não ingressa este – segundo a lição clássica – no mundo jurídico. É que, como bem explica Marcos Bernardes de Mello, na concepção de Pontes de Miranda "fato jurídico é, pois, o fato ou complexo de fatos sobre o qual incidiu a regra jurídica".[56]

Todavia, sem entrar aqui na discussão específica da contratualização das relações afetivas, fato é que, após a Constituição da República de 1988, é possível afirmar que o trato da união estável pelo ordenamento jurídico foi do "oito ao oitenta", para usar uma expressão contundente e significativa. Aqui, cabe refletir sobre as ponderações de João Baptista Villela, para quem:

> Uma análise ainda que perfunctória de nossa produção em direito de família irá mostrar, com efeito, que o parasitam traços de marcada hostilidade à nossa capacidade de nos exprimirmos a nós mesmos, no espaço das relações amorosas.
>
> Não creio laborar em equívoco ou exagero, se disser que o direito de família brasileiro é procriacionista, autoritário, determinista, substitutivista, invasivo e extremamente guloso.[57]

Além de criticar o "furor regulamentatório da República em matéria das chamadas uniões estáveis" – e isso em 1999... –, Villela ainda advertiu:

> Em sua crônica obstinação de navegar na contracorrente da história, o Brasil insiste em impor normas para tudo, quando a consciência dos novos tempos e a superação de paradigmas positivistas apontam para a *desregulamentação*. A *bulimia normativa* constitui um dos traços mais persistentes e autoritários de nossa cultura: legisla-se sempre, e cada vez mais, sobre o imaginável e o inimaginável, como se a regra do Estado apusesse aos assuntos uma espécie de selo de qualidade.

---

56. MELLO, Marcos Bernardes de. *Teoria do Fato Jurídico:* plano da existência. 22. ed. São Paulo: SaraivaJur, 2019, p. 175.
57. VILLELA, João Baptista. Repensando o Direito de Família. In: PEREIRA, Rodrigo da Cunha. (Org.) *Repensando o Direito de Família:* Anais do I Congresso Brasileiro de Direito de Família. Belo Horizonte: Del Rey, 1999, p. 21.

Fato é que, com a regulação da união estável no Brasil, tornou-se bastante difícil distingui-la de certos namoros, o que já foi até mesmo reconhecido pela jurisprudência do STJ, conforme visto na seção anterior.

É justamente o que preocupava, também, o saudoso Zeno Veloso: "Nem sempre é fácil distinguir essa situação – a união estável – de outra, o namoro, que também se apresenta informalmente no meio social".[58]

Conforme salientou o mestre,

> Numa feição moderna, aberta, liberal, especialmente entre pessoas adultas, maduras, que já vêm de relacionamentos anteriores (alguns bem sucedidos, outros nem tanto), eventualmente com filhos dessas uniões pretéritas, o namoro implica, igualmente convivência íntima – inclusive, sexual –, os namorados coabitam, frequentam as respectivas casas, comparecem a eventos sociais, viajam juntos, demonstram para os de seu meio social ou profissional que entre os dois há uma afetividade, um relacionamento amoroso.[59]

Justamente por isso, destacou Zeno: "E quanto a esses aspectos, ou elementos externos, objetivos, a situação pode se assemelhar – e muito – a uma união estável. Parece, mas não é!".[60]

Arrematou, então, o mestre paraense:

> Diante disso, pela insegurança que envolve o assunto, para evitar riscos e prejuízos que podem advir de uma ação com pedidos de ordem patrimonial, alegando-se a existência de uma união estável, com o rol imenso de efeitos patrimoniais que enseja, quando, de fato e realmente, havia só namoro, sem maior comprometimento, algumas pessoas combinam e celebram o que se tem denominado *contrato de namoro*. Já se vê que não é acordo de vontades que tem por objeto determinar, singelamente, a existência de um namoro, que, se assim fosse, nem contrato, tecnicamente, seria. Mas, deixando de lado a questão terminológica e indo direto ao ponto, tal avença, substancialmente, é uma declaração bilateral em que pessoas maiores, capazes, de boa-fé, com liberdade, sem pressões, coações ou induzimento, confessam que estão envolvidas num relacionamento amoroso, que se esgota nisso mesmo, sem nenhuma intenção de constituir família, sem o objetivo de estabelecer uma comunhão de vida, sem a finalidade de criar uma entidade familiar, e esse namoro, por si só, não tem qualquer efeito de ordem patrimonial, ou conteúdo econômico.[61]

Maria Berenice Dias, no entanto, enxerga o problema por outro ângulo, e explica que "desde a regulamentação da união estável, levianas afirmativas de que simples namoro ou relacionamento fugaz pode gerar obrigações de ordem patrimonial provocaram pânico generalizado, entre os homens, é claro".[62] Sobre o contrato de namoro, que se apresentou como a solução para o pânico, Maria Berenice Dias o considera "de nenhum valor, a não ser o de monetizar singela relação afetiva".[63]

---

58. VELOSO, Zeno. A união estável e o chamado namoro qualificado na Brasil. *Direito Civil*: temas. 2. ed. Salvador: JusPodivm, 2019, 312.
59. Idem, ibidem.
60. Idem, ibidem.
61. Idem, ibidem, p. 321.
62. DIAS, Maria Berenice. *Manual de Direito das Famílias*. 12. ed. São Paulo: Ed. RT, 2017, p. 273.
63. Idem, ibidem.

Em resposta ao posicionamento da jurista gaúcha, Zeno, seu companheiro de IBDFAM – Instituto Brasileiro de Direito de Família –, publicou artigo no jornal *O Liberal*, que se eternizou pelo uso de sua comparação do contrato de namoro com *a cautela e o caldo de galinha*:

> Maria Berenice não admite a hipótese de um casal de namorados firmar um contrato para exprimir, exatamente, que não têm, além do relacionamento afetivo, outro compromisso, outro comprometimento, que possa gerar, por exemplo, deveres pessoais e patrimoniais: alimentos, herança etc. Eu penso diferente e já escrevi sobre o tema neste espaço. Creio que o contrato de namoro é possível, assim como a cautela e caldo de galinha não fazem mal algum.[64]

Mais tarde, em sua coleção *Direito Civil Brasileiro*, Carlos Roberto Gonçalves, com apoio em Zeno, também viria a defender que:

> nada obsta que os casais, que participam de eventos sociais, viajando juntos, hospedando-se nos mesmos quartos de hotel, passando dias e noites cada um no apartamento do outro, sem que tenham, porém, qualquer intenção de constituir família, não os envolvendo a *affectio maritalis* e não havendo entre eles qualquer compromisso, celebrem um contrato escrito, para ressalva de direitos e para tornar a situação bem clara, definida e segura, prevenindo pretensões incabíveis, em que declaram, expressamente, que o relacionamento deles esgota-se em si próprio, representando um simples namoro, e não se acham ligados por qualquer outro objetivo, especialmente o de constituir uma família, obrigando-se a nada reclamar, a qualquer título, um do outro, se o namoro se extinguir.[65]

Na Universidade Federal do Paraná (UFPR), em sua pesquisa de mestrado sobre o contrato de namoro, após examinar a sociedade atual e as ideias de Zygmunt Bauman sobre o amor líquido, concluiu Marília Pedroso Xavier que:

> o amor líquido é fruto das diversas vicissitudes que permeiam a sociedade capitalista em que se vive. Em síntese, pode-se dizer que os laços humanos atuais são marcados, em regra, por uma fluidez exacerbada, uma incerteza constante, que produz vínculos afetivos frágeis. Com isso, o relacionamento passa a ser encarado de maneira puramente utilitarista, de acordo com a lógica do consumo e do consequente descarte.[66]

Segundo a autora,

> a liquefação da sociedade provocou expressivas transformações na configuração dos relacionamentos afetivos contemporâneos. Sendo essencialmente marcada pelo triunfo do consumo como política de vida, a sociedade atual convive com parcerias conjugais que tendem a ser pautadas por sensos de imediatismo e hedonismo. A tradicional visão romantizada "até que a morte os separe" é substituída pela possibilidade de revogação do laço afetivo a qualquer momento.[67]

---

64. Idem, ibidem, p. 321.
65. GONÇALVES, Carlos Roberto. *Direito Civil Brasileiro*: Direito de Família. 18. ed. São Paulo: Saraiva, 2021, v. 6, p. 254.
66. XAVIER, Marília Pedroso. *Contrato de Namoro*: amor líquido e Direito de Família mínimo. 2. ed. Belo Horizonte: Fórum, 2022, p. 62.
67. Idem, ibidem, p. 85.

Sendo assim, critica a jurista paranaense a tendência de significativa parte da doutrina brasileira "em cultuar um viés tradicionalista, um conservadorismo que impede o reconhecimento jurídico de situações familiares que já estão disseminadas no plano da realidade fática".[68]

Acerca da linha tênue entre o namoro e a união estável, Marília Pedroso Xavier defende a possibilidade de uso do contrato de namoro para afirmar a inexistência do intuito de constituir família entre as partes contratantes e, assim, afastar a configuração da união estável. Sustenta a autora:

> Diante de uma possível confusão, nada melhor que facultar às próprias partes a regulamentação jurídica de um assunto tão íntimo. O exercício dessa pactuação garantiria, em última instância, um relacionamento mais sadio, tendo em vista que possíveis desconfianças restariam afastadas. Não há fundamento idôneo que justifique o ato autoritário de impedir que o casal se autorregule.[69]

Ademais, a autora chama a atenção para os riscos de "vigência de uma lógica paternalista de desresponsabilização e de infantilização dos indivíduos", caso se enfraqueçam as bases da autonomia privada do casal.[70] Bem na linha do que, em 1999, havia concluído João Baptista Villela:

> Os custos da contínua e crescente usurpação de nossa liberdade de autorregramento por parte do Estado são múltiplos e elevados. Ela começa por nos desqualificar como sujeitos. Depois alimenta a *infantilização* das pessoas individualmente consideradas e a *castração* da sociedade civil. É como se umas e outra fossem incapazes de adotar, por si mesmas, regras de convivência e de composição dos seus interesses. E, portanto, devessem estar sob a permanente tutela de uma superorganização, o Estado, supostamente tão sábio, arguto, sensível e prudente, que lhes devesse ditar até mesmo como viver uma experiência amorosa.[71]

Triste é ver, não obstante, que, a despeito de bem formuladas advertências, no campo do Direito de Família os problemas há décadas apontados não se corrigem; ao contrário, acentuam-se...

5. O CONTRATO DE NAMORO COMO PACTO ANTECONVIVENCIAL E SUA CONFORMIDADE COM A JURISPRUDÊNCIA DO STJ

A despeito das discussões acerca da possibilidade do uso do contrato de namoro para afastar a configuração da união estável, quais seriam os impedimentos à sua celebração, como *pacto anteconvivencial*, para escolher o regime da separação de bens?

---

68. Idem, ibidem, p. 87.
69. Idem, ibidem, p. 105.
70. Idem, ibidem.
71. VILLELA, João Baptista. Repensando o Direito de Família. In: PEREIRA, Rodrigo da Cunha. (Org.) *Repensando o Direito de Família*: Anais do I Congresso Brasileiro de Direito de Família. Belo Horizonte: Del Rey, 1999, p. 24.

Não se enxergam óbices. Ao contrário, depois de tudo o que foi apresentado nas seções anteriores, pretende-se, agora, demonstrar que a estratégia é, inclusive, conforme à jurisprudência do STJ.

Inicialmente, é de se relembrar que, no julgamento do REsp 1.383.624/MG, o STJ decidiu que, por não ser possível atribuir à união estável mais benefícios que ao casamento, não se pode conferir efeitos retroativos à escolha do regime de bens da união estável.[72]

Seguindo-se a mesma lógica, conclui-se ser lícito *também aos futuros conviventes* estipular, antes de constituída a união estável, quanto aos seus bens, o que lhes aprouver. Em outras palavras, assim como o STJ partiu da regra do § 2º do art. 1.639 do Código Civil de 2002 para decidir sobre a irretroatividade da escolha do regime de bens, sob pena de conceder mais benefícios à união estável do que ao casamento, é preciso aplicar à união estável, por analogia, a regra do *caput* do art. 1.639, a qual permite aos nubentes a celebração do pacto antenupcial, sob pena de conceder mais benefícios ao casamento do que à união estável. Aqui, inclusive, o raciocínio é permitido tanto pela interpretação extensiva, quanto pela interpretação por analogia, vez que não se trata de regra restritiva de direitos.

Ademais, no julgamento do REsp 1.558.015/PR, o STJ tangenciou o assunto do contrato de namoro, ainda que sem utilizar a expressão, e para examinar não um pacto *antecedente*, mas sim *extintivo*:

> A G e F T compareceram, em âmbito de jurisdição voluntária, no juízo de família de Curitiba, pleiteando a homologação de reconhecimento e dissolução judicial consensual da relação havida entre ambos. Analisando o instrumento apresentado, o juízo homologou o acordo firmado pelas partes, a fim de reconhecer e dissolver o relacionamento havido entre eles.
>
> No entanto, posteriormente a varoa interpôs apelação (fls. 68-94), alegando, em síntese, que a sentença deveria ser anulada, diante da existência de vício processual insanável, considerando que, antes da audiência de ratificação, já tinha revogado os poderes outorgados ao primitivo procurador das partes, não tendo comparecido ao referido ato. Alegou que teria habilitado novo procurador, o qual se manifestou suscitando discordância com os termos do acordo e, mesmo diante destes fatos, o Juízo singular proferiu a sentença homologatória.[73]

Conforme destacou o Min. Luis Felipe Salomão,

> o acórdão recorrido apreciou a demanda a partir da premissa de que os acordantes levaram a Juízo documento que visava deixar estabelecido que entre eles nunca houvera se constituído uma união estável, mas sim outro tipo de relacionamento pessoal, diverso da união estável.
>
> Diante da dissonância entre as premissas das quais partem o acórdão e a recorrente para apresentação de argumentos, respectivamente, a verdade é que não há, no acordo apresentado pelas

---

72. STJ. REsp 1.383.624/MG, Terceira Turma, relator: Min. Moura Ribeiro, julgado em 02.06.2015, DJe 12.06.2015.
73. STJ. REsp 1.558.015/PR, Quarta Turma, relator: Min. Luis Felipe Salomão, julgado em 12.09.2017, DJe 23.10.2017, p. 3.

partes, a afirmação de que viveram em união estável e, outrossim, nas "cláusulas" apostas, pouco se detalha acerca do relacionamento existente, capaz de elucidar a questão.[74]

Ainda que o objeto do recurso tenha sido a necessidade ou não de realização de audiência de ratificação, se o acordo celebrado entre as partes tinha como finalidade "deixar estabelecido que entre eles nunca houvera se constituído uma união estável, mas sim outro tipo de relacionamento pessoal, diverso da união estável", caso enxergasse nesse tipo de ajuste algum defeito grave, ensejador de nulidade, teria o STJ o reconhecido de ofício, conforme determina o parágrafo único do art. 168 do Código Civil de 2002.

Além disso, posicionando-se quanto à não exigência de realização de audiência de ratificação, afirmou o Min. Salomão:

> Deixando de lado, nesse momento, o debate acerca da manutenção do procedimento da separação judicial (...), fato é que, consoante a leitura atenta dos dispositivos transcritos, *não mais se encontra previsão da invocada audiência de ratificação.*
>
> (...)
>
> Trata-se, em verdade, do reconhecimento da intervenção mínima do Estado na vida privada, com o afastamento de intromissões desinfluentes para dissolução dos laços que podem existir entre duas pessoas, primando-se pela nova visão constitucional de reconstrução principiológica das relações privadas.[75]

Além disso, no acórdão do REsp 1.383.624/MG, ficou consignado, sobre a liberdade de pactuar dos conviventes em união estável, que:

> A união estável, como situação de fato não se sujeita a nenhuma solenidade. Normalmente, concretizar-se-á com o decorrer do tempo, pois não há como saber previamente se ela será duradoura e estável. Dessa forma, eventual contrato de convivência pode ser formalizado *a qualquer momento, seja na sua constância seja previamente ao seu início.* Isso se justifica, pois, como não se submetem às solenidades e rigores do casamento, *os conviventes possuem maior liberdade para decidir o momento em que vão celebrar o contrato.* Além disso, o que não é proibido ou contrário à lei, presume-se permitido.[76]

Por fim, no julgamento do AgInt no REsp 1.590.811/RJ, em se discutia se um pacto antenupcial não seguido de casamento no prazo legal poderia ser eficaz quanto à união estável, o STJ decidiu que:

> 2. O eg. Tribunal de origem concluiu que o pacto antenupcial firmado entre os conviventes, além de dispor sobre a escolha do regime da separação total de bens, tratou sobre regras patrimoniais atinentes à própria união estável, extremando o acervo patrimonial de cada um e consignando a

---

74. STJ. REsp 1.558.015/PR, Quarta Turma, relator: Min. Luis Felipe Salomão, julgado em 12.09.2017, DJe 23.10.2017, p. 10-11.
75. STJ. REsp 1.558.015/PR, Quarta Turma, relator: Min. Luis Felipe Salomão, julgado em 12.09.2017, DJe 23.10.2017, p. 16. Grifos do original.
76. STJ. REsp 1.383.624/MG, Terceira Turma, relator: Min. Moura Ribeiro, julgado em 02.06.2015, DJe 12.06.2015, p. 17. Grifos nossos.

ausência de interesse na constituição de esforço comum para formação de patrimônio em nome do casal.

3. Independentemente do *nomen iures* atribuído ao negócio jurídico, as disposições estabelecidas pelos conviventes visando disciplinar o regime de bens da união estável, ainda que contidas em pacto antenupcial, devem ser observadas, especialmente porque atendida a forma escrita, o único requisito exigido.[77]

Com isso, afastou-se a tese de que, por não ter sido realizado o casamento, o pacto antenupcial seria ineficaz, razão pela qual o regime de bens da união estável seria, *ante a inexistência de escolha eficaz por escrito*, o da comunhão parcial.

No julgamento, a Quarta Turma seguiu a orientação já estabelecida no julgamento do REsp 1.483.863/SP:

> A controvérsia reside na definição do regime de bens durante o período final da união estável, após a celebração do pacto antenupcial (16.4.2003) que precedeu ao segundo casamento pelo regime da separação total ocorrido em 7.7.2004.
>
> Sustenta a recorrente que contrato escrito de convivência não se confunde com pacto antenupcial, o qual somente passa a ter eficácia a partir do casamento.
>
> (...)
>
> Assim, ao meu sentir, o pacto antenupcial, estabelecendo a livre vontade dos então conviventes e futuros cônjuges de se relacionarem sob o regime da separação total de bens, embora somente tenha vigorado com a qualidade de pacto antenupcial a partir da data do casamento (7.7.2004), já atendia, desde a data de sua celebração (16.4.2003), ao único requisito legal para disciplinar validamente a relação patrimonial entre os conviventes de forma diversa da comunhão parcial, pois é um contrato escrito, feito sob a forma solene, e mais de segura, da escritura pública.[78]

Pois bem.

Considerando-se:

(1) que o STJ não visualizou defeito em negócio celebrado com a finalidade de estabelecer que o relacionamento entre as partes tinha natureza diversa da união estável (REsp 1.558.015/PR);

(2) que o STJ reconhece que, primando-se por uma visão constitucional de reconstrução principiológica das relações privadas, deve haver uma intervenção mínima do Estado nestas (REsp 1.558.015/PR);

(3) que o STJ reconhece a liberdade dos conviventes ou futuros conviventes em união estável para decidir o momento em que celebrarão o contrato de convivência, antes ou depois de constituírem a união estável (REsp 1.383.624/MG);

---

77. STJ. AgInt no REsp 1.590.811/RJ, Quarta Turma, relator: Min. Lázaro Guimarães (Desembargador convocado do TRF5), julgado em 27.02.2018, DJe 02.03.2018, p. 1.
78. STJ. REsp 1.483.863/SP, Quarta Turma, relatora: Min. Maria Isabel Gallotti, julgado em 10.05.2016, DJe 22.06.2016, p. 8-9.

(4) que o STJ entende que a única exigência para a validade e eficácia da escolha de regime de bens da união estável é que o instrumento que a contém seja escrito (AgInt no REsp 1.590.811/RJ e REsp 1.483.863/SP);

(5) que o STJ estende à união estável a proibição do § 2º do art. 1.639 do Código Civil, para não admitir a produção de efeitos retroativos à escolha do regime de bens da união estável (REsp 1.383.624/MG e outros).

É possível, pois, concluir que é conforme à jurisprudência do STJ a celebração do contrato de namoro como *pacto anteconvivencial*, para, por meio deste, escolher o regime da *separação de bens*.

6. CONSIDERAÇÕES FINAIS

Ante o exposto, conclui-se que, como estratégia de planejamento patrimonial para aqueles que namoram, e admitem a possibilidade de que, um dia, seu relacionamento se torne uma união estável, mas não desejam se submeter às regras do regime da comunhão parcial de bens, é possível, em contrato de namoro com caráter de pacto anteconvivencial, fazer-se a escolha pelo regime da separação de bens, o que se revela conforme à jurisprudência do Superior Tribunal de Justiça quanto aos assuntos envolvidos.

7. REFERÊNCIAS

AZEVEDO, Álvaro Villaça. *Estatuto da Família de Fato*. 2. ed. São Paulo: Atlas, 2002.

BEVILÁQUA, Clóvis. *Em defeza do projecto do Código Civil Brazileiro*. Rio de Janeiro: Livraria Francisco Alves, 1906.

CAHALI, Francisco José. *Contrato de convivência na união estável*. São Paulo: Saraiva, 2002.

COLTRO, Antônio Carlos Mathias. Referências sobre o contrato de união estável. In: DELGADO, Mário Luiz e ALVES, Jones Figueiredo (Coord.). *Questões controvertidas no direito das obrigações e dos contratos*. São Paulo: Método, 2005. v. 4.

CZAJKOWSKI, Rainer. *União livre à luz da Lei 8.971/94 e da Lei 9.278/96*. Curitiba: Juruá, 1996.

DELGADO, Mário Luiz. O paradoxo da união estável: um casamento forçado. *Revista Jurídica Luso-Brasileira*, ano 2, n. 1, 2016.

DIAS, Maria Berenice. *Manual de Direito das Famílias*. 12. ed. São Paulo: Ed. RT, 2017.

ESPÍNOLA, Eduardo, FILHO, Eduardo Espínola. *A Lei de Introdução ao Código Civil Brasileiro*. Rio de Janeiro: Renovar, 1999. v. 1.

GALLETA, Franca. *I regolamenti patrimoniale tra coniugi*. Napoli: Jovene Editore, 1990.

GAMA, Guilherme Calmon Nogueira da. *O companheirismo: uma espécie de família*. São Paulo: RT, 1998.

GONÇALVES, Carlos Roberto. *Direito Civil Brasileiro:* Direito de Família. 18. ed. São Paulo: Saraiva, 2021. v. 6.

LOPES, Miguel Maria de Serpa. *Curso de Direito Civil:* Direito das coisas – Princípios gerais, posse, domínio e propriedade imóvel. São Paulo: Freitas Bastos, 1964. v. 6.

MADALENO, Rolf. *Direito de Família*. 12. ed. Rio de Janeiro: Forense, 2022.

MAXIMILIANO, Carlos. *Hermenêutica e aplicação do direito*. 5. ed. São Paulo: Freitas Bastos, 1951.

MELLO, Marcos Bernardes de. *Teoria do Fato Jurídico*: plano da existência. 22. ed. São Paulo: SaraivaJur, 2019.

NIBOYET, Frédérique. *L'ordre publique matrimonial*. Paris: L.G.D.J., 2008.

PAPAUX VAN DELDEN, Marie-Laure. *L'influence des droits de l'homme sur l'osmose des modèles familiaux*. Genève: Helbing et Lichtenhahn, 2002.

PEREIRA, Lafayette Rodrigues. *Direitos de família*. 2. tir. Rio de Janeiro: Typographia da Tribuna Liberal, 1889[1869].

PESSOA, Claudia Grieco Tabosa. *Efeitos patrimoniais do concubinato*. São Paulo: Saraiva, 1997.

RIZZARDO, Arnaldo. *Direito de Família*. 10. ed. Rio de Janeiro: Forense, 2019.

SCHLÜTER, Wilfried. *Código Civil Alemão*: Direito de Família. Porto Alegre: Sergio Antonio Fabris Editor, 2002.

SIMÃO, José Fernando. *Separação obrigatória com pacto antenupcial? Sim, é possível*. Disponível em: https://www.conjur.com.br/2018-fev-11/processo-familiar-separacao-obrigatoria-pacto-antenupcial-sim-possivel#sdfootnote5sym. Acesso em: 10 maio 2022.

STF. RE 85.315, Segunda Turma, relator: Min. Xavier de Albuquerque, julgado em 20.08.1976.

STF. RE 93.168, Primeira Turma, relator: Min. Néri da Silveira, julgado em 18.10.1984.

STF. RE 878.694/MG, Tribunal Pleno, relator: Min. Roberto Barroso, julgado em 10.05.2017.

STJ. AgInt no REsp 1.590.811/RJ, Quarta Turma, relator: Min. Lázaro Guimarães (Desembargador convocado do TRF5), julgado em 27.02.2018, DJe 02.03.2018.

STJ. REsp 9938/SP, Quarta Turma, relator: Min. Sálvio de Figueiredo Teixeira, julgado em 09.06.1992.

STJ. REsp 123.633/SP, Quarta Turma, relator: Min. Aldir Passarinho Junior, julgado em 17.03.2009.

STJ. REsp 646.259/RS, Quarta Turma, relator: Min. Luis Felipe Salomão, julgado em 22.06.2010.

STJ. REsp 736.627/PR, Terceira Turma, relator: Min. Carlos Alberto Menezes Direito, julgado em 11.04.2006.

STJ. REsp 1.171.820/PR, Terceira Turma, relatora: Min. Nancy Andrighi, julgado em 07.12.2010.

STJ. REsp 1.199.790/MG, Terceira Turma, relator: Min. Vasco Della Giustina (Desembargador convocado do TJRS), julgado em 14.12.2010.

STJ. REsp 1.383.624/MG, Terceira Turma, relator: Min. Moura Ribeiro, julgado em 02.06.2015, DJe 12.06.2015.

STJ. REsp 1.454.643/RJ, Terceira Turma, relator: Min. Marco Aurélio Bellizze, julgado em 03.03.2015, DJe 10.03.2015.

STJ. REsp 1.483.863/SP, Quarta Turma, relatora: Min. Maria Isabel Gallotti, julgado em 10.05.2016, DJe 22.06.2016.

STJ. REsp 1.558.015/PR, Quarta Turma, relator: Min. Luis Felipe Salomão, julgado em 12.09.2017, DJe 23.10.2017.

STJ. REsp 1.922.347/PR, Quarta Turma, relator: Min. Luis Felipe Salomão, julgado em 07.12.2021, DJe 1º.02.2022.

TARTUCE, Flávio. *Direito Civil*: Direito de Família. 17. ed. Rio de Janeiro: Forense, 2022. v. 5.

TEPEDINO, Gustavo. *Temas de Direito Civil*: A disciplina civil-constitucional das relações familiares. Rio de Janeiro: Renovar, 1999.

TEPEDINO, Gustavo; TEIXEIRA, Ana Carolina Brochado. *Fundamentos do Direito Civil:* Direito de Família. 3. ed. Rio de Janeiro: Forense, 2022. v. 6.

VELOSO, Zeno. A união estável e o chamado namoro qualificado no Brasil. *Direito Civil:* temas. 2. ed. Salvador: JusPodivm, 2019.

VIANA, Marco Aurélio S. *Da união estável.* São Paulo: Saraiva, 1999.

VILLELA, João Baptista. Repensando o Direito de Família. In: PEREIRA, Rodrigo da Cunha. (Org.) *Repensando o Direito de Família:* Anais do I Congresso Brasileiro de Direito de Família. Belo Horizonte: Del Rey, 1999.

XAVIER, Maria Rita Aranha da Gama Lobo. *Limites à autonomia privada na disciplina das relações patrimoniais entre os cônjuges.* Coimbra: Almedina, 2000.

XAVIER, Marília Pedroso. *Contrato de Namoro:* amor líquido e Direito de Família mínimo. 2. ed. Belo Horizonte: Fórum, 2022.

DIREITO PATRIMONIAL DE FAMÍLIA, REGIME OBRIGATÓRIO DE SEPARAÇÃO PATRIMONIAL E A AUTONOMIA PRIVADA: COMENTÁRIOS AO RECURSO ESPECIAL 1.922.347/PR

Guilherme Calmon Nogueira da Gama

Mestre e Doutor em Direito Civil pela UERJ. Professor Titular de Direito Civil da Universidade do Estado do Rio de Janeiro. Professor Permanente do PPGD da Universidade Estácio de Sá. Professor Titular de Direito Civil do IBMEC. Desembargador Vice-Presidente do Tribunal Regional Federal da 2ª Região (RJ-ES). Coordenador da Rede de Juízes de Enlace para a Conferência da Haia de Direito Internacional Privado. Acadêmico Fundador da Academia Brasileira de Direito Civil – ABDC. Membro do Instituto Brasileiro de Direito de Família (IBDFAM) e do Instituto Brasileiro de Responsabilidade Civil (IBERC).

Thiago Ferreira Cardoso Neves

Mestre e doutorando em Direito Civil pela UERJ. Professor dos cursos de pós-graduação da EMERJ, do IBMEC, da PUC-Rio e do CERS; Pesquisador visitante no *Max Planck Institute for Comparative and International Private Law* – Hamburg-ALE. Vice-Presidente Administrativo da Academia Brasileira de Direito Civil – ABDC e Advogado.

Sumário: 1. Introdução – 2. A autonomia privada e os regimes de bens do casamento – 3. O regime obrigatório da separação de bens – 4. O Resp 1.922.347/PR e a autonomia privada no regime obrigatório da separação de bens – 5. Conclusão – 6. Referências.

1. INTRODUÇÃO

O Direito brasileiro tem vivenciado período dos mais importantes na sua história a partir das alterações levadas a cabo no sistema de justiça, em especial a partir da Constituição Federal de 1988, com a criação do Superior Tribunal de Justiça para, entre outras competências, uniformizar a interpretação da lei federal e, assim, permitir simultaneamente a efetivação das noções – e, ao mesmo tempo valores – da justiça e da segurança jurídica. Mesmo com a metodologia da constitucionalização do Direito Civil e, consequentemente, um papel também fundamental do Supremo Tribunal Federal no controle concentrado – e também difuso – da constitucionalidade das leis em geral, inclusive no âmbito do Direito de Família, é certo que assuntos relativos ao Direito Patrimonial das Famílias têm sido enfrentados pelo Superior Tribunal de Justiça. Daí a necessidade de se proceder à análise de julgados realizados sobre questões que interessam a toda sociedade e a cada família brasileira.

Tais considerações iniciais se revelam importantes para realçar o papel que a jurisprudência vem desempenhando na atualidade do sistema jurídico como um todo e, assim, merece aplauso a iniciativa de se produzir literatura jurídica a respeito do Direito Patrimonial das Famílias sob o prisma da atuação do Superior Tribunal de Justiça. Nessa toada, o presente trabalho tem como objetivo central abordar o julgado do STJ no Recurso Especial 1.922.347/PR. Como será analisado em momento próprio, o julgamento acima referido tratou do regime de separação obrigatória de bens, do pacto antenupcial e da orientação contida na Súmula 377, do Supremo Tribunal Federal, abordando aspectos fundamentais para identificação das consequências da autonomia privada ainda que em sede de tema tradicionalmente conhecido como objeto de normas de ordem pública.

Diz-se, no anedotário popular, que as relações amorosas se iniciam com "meu bem" e terminam com "meus bens". Ainda que se trate de uma pilhéria, o fato é que as questões patrimoniais nas relações amorosas sempre foram um ponto sensível, a suscitar inúmeras discussões e controvérsias tanto no plano jurídico quanto nas vertentes antropológica e sociológica.

A informalidade típica dos brasileiros, aliado a um receio de constrangimento entre os nubentes, faz com que em nossa cultura não se tenha por hábito a discussão prévia sobre o regime patrimonial do casamento, o que leva, muitas vezes, a um acirramento dos ânimos durante a relação e, especialmente, quando do seu término. Comumente nada se discute sobre o assunto, e acaba-se por adotar, com muita frequência, o chamado regime legal de bens -, portanto, o regime da comunhão parcial –, que tem como característica principal a comunicação apenas dos bens adquiridos onerosamente pelos cônjuges na constância do casamento, ainda que com algumas nuances referidas na legislação codificada.

Mas não precisava ser assim. Isso porque o legislador conferiu uma ampla liberdade aos noivos de decidir, antes do enlace, qual deve ser o regime de bens de sua relação. No Código Civil (art. 1.528), é previsto o dever do Oficial do Registro Civil de Pessoas Naturais de informar os vários regimes de bens aos nubentes durante o procedimento de habilitação para o casamento. E são inúmeras as possibilidades, que vão desde a comunicação quase absoluta dos bens – como se verifica na comunhão universal –, até a divisão total – como ocorre no regime da separação. Admite-se, ainda, a combinação de regimes, mediante a criação de um regime híbrido ou misto, de acordo com a conveniência do futuro casal em que, a partir dos regimes legais existentes, os nubentes façam certos ajustes,[1] como, por exemplo, excluindo ou incluindo determinados bens que estariam abrangidos ou excluídos da comunhão.

Nada obstante, e por determinados motivos, há casos em que o legislador excepciona o princípio da liberdade de escolha e impõe sobre a relação matrimonial um determinado regime de bens: o da separação total. Consoante as regras legais, neste regime a autonomia privada dos indivíduos fica, então, limitada devido à noção de se

---

1. Nesse sentido, ver, exemplificativamente, GAGLIANO, Pablo Stolze; PAMPLONA FILHO, Rodolfo. *Novo curso de direito civil*: direito de família. 6. ed. São Paulo: Saraiva, 2016. v. 6, p. 311.

tratar de previsão baseada na noção de ordem pública. Dúvida que exsurge é se, neste cenário, remanesceria para as partes alguma alternativa ou liberdade de regulação sobre a questão do regime de bens.

A questão, para muitos, é sensível, e por essa razão entende-se por relevante o posicionamento firmado no âmbito da Quarta Turma do Superior Tribunal de Justiça, no final do ano de 2021, no julgamento do Recurso Especial 1.922.347/PR, em que foram circunscritos os limites da liberdade dos nubentes na regulação do regime da separação legal de bens, e que nos propomos a examinar no presente texto.

2. A AUTONOMIA PRIVADA E OS REGIMES DE BENS DO CASAMENTO

A autonomia privada é um dos pilares de um ordenamento jurídico fundado na dignidade da pessoa humana. Tida, em uma visão kantiana, como a liberdade do homem de fazer suas próprias escolhas a partir de princípios morais por ele próprio estabelecidos,[2] a autonomia privada assegura aos indivíduos a liberdade de decidir os rumos de sua própria vida, sendo, pois, condição *sine qua non* para uma vida digna. O homem só pode viver com dignidade se tiver a liberdade de fazer suas próprias escolhas.

No curso da história da civilização sempre houve relação próxima entre as noções de autonomia individual, sujeito de direito, contrato e propriedade, ensejando a construção do conceito moderno de negócio jurídico.[3] Daí a necessidade de se conceber a transição da noção da autonomia da vontade para a autonomia privada, devido à imperatividade de reconhecimento da funcionalização do negócio jurídico com a reformulação da ideia de liberdade jurídica conectada à realidade social e informada pelo princípio da igualdade material (ou substancial).[4]

Nada obstante, nenhum direito ou garantia é absoluto, nem mesmo a liberdade. Os institutos jurídicos devem se conformar à ordem jurídica, que impõe limites, sob as mais variadas razões, também à liberdade das pessoas. A dignidade da pessoa humana perpassa pela observância das balizas constitucionais e legais, muitas vezes impostas para a proteção do próprio sujeito. Destaque-se que a autonomia privada representa noção diversa daquela referente à autonomia da vontade, esta vinculada ao ideário do período áureo das Codificações oitocentistas.

Nesse sentido, hipóteses há em que o legislador restringe a autonomia dos indivíduos, seja como forma de sanção, seja para a própria tutela deles. E como exemplo é possível citar o caso da imposição legal do regime da separação de bens em determinadas hipóteses previstas na lei. Como já foi abordado em outra ocasião, "o regime obrigatório de separação de bens excepciona o princípio da liberdade de

---

2. Sobre a autonomia privada na ótica de Kant, ver KANT, Immanuel. *Fundamentação à metafísica dos costumes*. Trad. Paulo Quintela. Lisboa: Edições 70, 2011.
3. PRATA, Ana. *A tutela constitucional da autonomia privada*. Coimbra: Almedina, 1982, p. 7-9.
4. GAMA, Guilherme Calmon Nogueira da. *Direito Civil*: obrigações. São Paulo: Editora Atlas, 2008, p. xvii.

escolha do regime através do pacto antenupcial",[5] é dizer: as pessoas não têm possibilidade de escolher o regime que melhor lhes convier, pois o Código Civil impõe a observância obrigatória do regime de separação de bens. Contudo, uma questão se coloca: há espaço para o exercício da autonomia privada em certos aspectos relativos à imposição do regime de separação de bens?

Como já vem enunciando a doutrina, "torna-se imperiosa a incidência dos princípios informadores da autonomia privada na legalidade constitucional, de modo a conciliar a liberdade individual com a tutela dos valores existenciais"[6] que, notadamente nas entidades familiares, merecem ser tutelados e privilegiados.

De um modo geral, as pessoas são livres para decidir o regime de bens que irá reger o casamento, em plena observância ao princípio da liberdade dos pactos antenupciais, positivado no art. 1.639 do Código Civil. Essa garantia conferida pelo ordenamento jurídico se deve aos inequívocos efeitos do matrimônio sobre as questões de ordem patrimonial não só dos cônjuges, mas de toda a entidade familiar em torno deles e relativamente a terceiros. A comunhão de vida estabelecida pelo casamento traz, inexoravelmente, impactos sobre a vida financeira e patrimonial da família, daí porque, além de todas as repercussões pessoais, afetivas, morais e espirituais, o vínculo matrimonial também representa uma espécie de "associação financeira", ou seja, a conjugação dos esforços dos consortes para a prosperidade econômica da entidade familiar.

Por essa razão, é inequívoco que compete aos cônjuges decidir o regime patrimonial dessa "sociedade", não devendo o Estado, como regra, se imiscuir na decisão dos "sócios". Sem prejuízo, tais decisões precisam de regulamentação, a evitar abusos e excessos, bem como o uso do importante instituto do casamento com outros propósitos, como o enriquecimento sem causa (ou ilegítimo) ou mesmo a violência patrimonial, tema discutido, hodiernamente, ainda sem a intensidade e a importância que merece. Com a regulação legal busca-se, então, tratar das questões inerentes à propriedade e à administração dos cônjuges (ou de apenas um deles) sobre os bens adquiridos em período anterior à celebração do casamento e os bens havidos durante a constância do casamento, especialmente sob o prisma da comunicabilidade ou da incomunicabilidade destes.[7]

Dentro dessa regulação, o legislador trouxe quatro regimes básicos, com regramento próprio, a orientar os nubentes: regime da comunhão parcial; regime da comunhão universal; regime da participação final nos aquestos; e regime da separação de bens. "Não há casamento sem regime de bens",[8] pois revela-se fundamental

---

5. GAMA, Guilherme Calmon Nogueira da. *Direito Civil:* família. São Paulo: Atlas, 2008, p. 221.
6. TEPEDINO, Gustavo; TEIXEIRA, Ana Carolina Brochado. *Fundamentos do Direito Civil:* Direito de Família. Rio de Janeiro. Editora Forense, 2020, v. 6, p. 95.
7. GAMA, Guilherme Calmon Nogueira da. Comentários ao art. 1.639. In: NANNI, Giovanni Ettore (Coord.). *Comentários ao Código Civil:* direito privado contemporâneo. 2. ed. São Paulo: Saraiva, 2021. p. 1.241 (e-book).
8. FACHIN, Luiz Edson. *Elementos críticos do Direito de Família.* Rio de Janeiro: Renovar, 1999, p. 157.

disciplinar como se operarão os efeitos da aquisição, manutenção e extinção das titularidades sobre bens adquiridos antes e durante a vigência da sociedade conjugal iniciada no momento da celebração do casamento entre os noivos.

Cada um deles possui suas próprias características, visando atender aos anseios e particularidades de cada casal, e perpassam desde uma comunicação quase absoluta de bens, como no caso da comunhão universal, até uma separação quase total, como no regime da separação de bens, mitigado pela interpretação dada pelo enunciado 377 da súmula de jurisprudência do Supremo Tribunal Federal que, em que pese as controvérsias existentes, como se verá adiante, segue servindo de orientação no âmbito do Superior Tribunal de Justiça, mesmo com algumas particularidades. É interessante observar a crítica feita a respeito da orientação da Súmula 377, do STF: "o comando da referida súmula também afrontou a literalidade do dispositivo interpretado, eis que expressamente prevista ressalva que já excluiria a possibilidade de abranger a separação obrigatória",[9] ao se referir ao art. 259, do Código Civil de 1916.

Para além destes regimes tem se reconhecido, ainda, a constituição de um "regime" híbrido. Embora não se possa falar, tecnicamente, em um outro regime, em verdade o que se tem admitido é a possibilidade de os nubentes, no âmbito dos regimes legais existentes, fazerem ajustes, por exemplo, excluindo bens que se comunicariam, ou mesmo incluindo bens que não entrariam na comunhão. Isso, à toda evidência, não traz uma nova normativa aplicável sobre a situação concreta, ou seja, a implantação de um novo regime, mas evidencia o prestígio à autonomia privada dado pelo legislador, na medida em que dá uma maior liberdade às pessoas de decidir como pretendem regular patrimonialmente sua relação.

Disso se conclui que a autonomia privada é, de fato, um pilar sobre o qual se estrutura a escolha do regramento que irá reger as relações patrimoniais do casamento, na medida em que os nubentes têm inúmeras alternativas, até mesmo a hibridez dos regimes dispostos na lei.

Há, no entanto, uma exceção: nas hipóteses taxativamente previstas no art. 1.641 do Código Civil, o legislador estabeleceu a obrigatoriedade do regime da separação obrigatória de bens, assim mitigando a autonomia das partes acerca da definição das regras que irão reger as relações patrimoniais do casamento.

Dúvida que exsurge, acerca dessa imposição, é se mesmo diante do texto legal há alguma margem de liberdade para as partes interessadas. Essa foi a questão discutida e decidida no âmbito do Recurso Especial 1.922.347/PR, que encontrou solução que visa preservar a *mens legis* quando da determinação do regime da separação de bens. No entanto, antes de se adentrar, propriamente, na análise do referido julgado, impõe-se tecer breves comentários sobre o chamado regime *obrigatório* da separação de bens.

---

9. NOGUEIRA, Eduardo Anesi. Aspectos polêmicos dos regimes de bens. In: GAMA, Guilherme Calmon Nogueira da (Coord.). *Direito das Famílias e das Sucessões:* 20 anos desde a promulgação do Código Civil. Rio de Janeiro: Editora Processo, 2022, p. 275.

3. O REGIME OBRIGATÓRIO DA SEPARAÇÃO DE BENS

Como visto anteriormente, vigora em nosso ordenamento jurídico o princípio da liberdade dos pactos antenupciais, negócio jurídico em que as partes definem o regime de bens da união. Ocorre, contudo, que essa liberdade de pactuar o regramento patrimonial do matrimônio tem exceções, particularmente nas hipóteses previstas no art. 1.641 do Código Civil em vigor que, desse modo, segue fundamentalmente a disciplina que anteriormente era prevista no Código Civil de 1916, ainda que com alterações pontuais.

Segundo o dispositivo legal, é obrigatório o regime da separação de bens no casamento (i) das pessoas que o contraírem com inobservância das causas suspensivas da celebração do casamento, (ii) da pessoa maior de 70 (setenta) anos e (iii) de todos os que dependerem, para casar, de suprimento judicial. Há quem defenda o entendimento de que a imposição de um regime obrigatório de bens "constitui uma intervenção indevida do Estado nas relações familiares com fundamento em um patrimonialismo exagerado, consagrando não uma norma de tutela, mas uma norma de preconceito".[10]

É oportuna a observação de Paulo Lôbo, para quem "o regime obrigatório de bens é tipicamente um ônus: a pessoa (...) escolhe entre casar ou não casar: se prefere casar, deverá suportar o ônus do regime obrigatório de bens", para sustentar que não seria propriamente uma consequência legal em decorrência de descumprimento de certo dever jurídico.[11]

Ressalvadas as discussões acerca da (in)constitucionalidade de certas hipóteses previstas na lei,[12] o regime impositivo da separação de bens tem como propósito a tutela de certas pessoas, presumidamente vulneráveis pelo legislador, bem como a sanção a outras que não cumprem, à perfeição, as exigências legais para o casamento. Trata-se, na lição de parcela da doutrina,[13] de um ônus à pessoa que se enquadrar em alguma das hipóteses legalmente previstas, na medida em que, se optar pela celebração do vínculo matrimonial, deverá observar e suportar o ônus do regime obrigatório da separação de bens. Isso significa que qualquer pessoa que contrair núpcias nas condições previstas na lei, não comunicará seus bens com seu cônjuge, impondo-se a absoluta separação patrimonial, seja em relação aos bens adquiridos antes do casamento, seja daqueles adquiridos posteriormente à celebração e durante a constância da sociedade conjugal.

Questão que suscita debates é a da subsistência da orientação da Súmula 377 do Supremo Tribunal Federal. Na vigência do Código Civil de 1916, o Supremo Tribunal

---

10. OLIVEIRA, J.M. Leoni Lopes. *Direito Civil*: família. Rio de Janeiro: GEN Forense, 2018, p. 559.
11. LÔBO, Paulo. *Direito Civil*: famílias. 3. ed. São Paulo: Saraiva, 2010, p. 323.
12. Discute-se, na doutrina, acerca da constitucionalidade da imposição do regime da separação de bens aos maiores de 70 (setenta) anos. Sobre o tema, e entendendo por sua inconstitucionalidade, dentre outros, Pablo Stolze e Rodolfo Pamplona (GAGLIANO; PAMPLONA FILHO. Op. cit. p. 325) e Guilherme Calmon (GAMA. Op. cit. p. 1.247).
13. LÔBO, Paulo. *Direito Civil*: famílias. 11. ed. São Paulo: Saraiva, 2021. v. 5, p. 155 (*e-book*).

Federal editou o referido verbete sumular, cuja redação é a seguinte: "No regime de separação legal de bens comunicam-se os adquiridos na constância do casamento". Pela orientação contida na referida súmula, aqueles sobre os quais fosse imposto o regime da separação de bens, esta não seria absoluta, na medida em que se comunicariam os bens adquiridos, com comunhão de esforços, durante o casamento.

A justificativa para o enunciado sumular era uma interpretação extensiva do disposto no art. 259 do Código Civil de 1916, e visava proteger o trabalho e esforço comum dos cônjuges durante a sociedade conjugal. Na constância do casamento presume-se a comunhão de esforços do casal e, desse modo, os bens adquiridos onerosamente na sua constância, ainda que sob a regência do regime da separação legal, se comunicam. É preciso destacar, contudo, que essa comunicabilidade se restringe aos bens adquiridos em decorrência do trabalho conjunto dos cônjuges, isto é, aqueles adquiridos com colaboração mútua, pelo esforço comum do casal.[14]

Nada obstante, com a redação do art. 1.641 do Código Civil de 2002, entende-se não haver mais espaço para tal orientação e, assim como ocorre com o regime da separação convencional, o regime da separação convencional não mais deve ensejar a constituição do patrimônio comum dos cônjuges. Tal raciocínio decorre, inclusive, de não ter sido reproduzida no Código Civil atualmente em vigor preceito igual ou assemelhado àquele do art. 259, do Código Civil de 1916. Observe-se, entretanto, que havendo prova da contribuição econômica direta de ambos os cônjuges na aquisição de determinado bem, mas que fora registrado no nome de apenas um deles, haverá o direito à sua partilha, em atendimento ao princípio da vedação ao enriquecimento sem causa, na medida em que há, na referida hipótese, uma verdadeira sociedade de fato.[15] Cuida-se de, tão somente, reconhecer o mesmo fundamento que ensejou a edição da Súmula 380, do Supremo Tribunal Federal, quanto à sociedade de fato entre companheiros em momento bem anterior à Constituição Federal de 1988 que, como se sabe, reconheceu a união estável como entidade familiar no Direito brasileiro.

Tal entendimento, contudo, não é uníssono, de modo que tanto na doutrina,[16] quanto na jurisprudência do Superior Tribunal de Justiça,[17] encontra-se eco no sentido de que a orientação contida na Súmula 377 do Supremo Tribunal Federal continua aplicável, de modo que, mesmo sob a égide do Código Civil de 2002, em se tratando de regime obrigatório da separação de bens, os bens adquiridos onerosamente na constância da união, e desde que comprovado o esforço comum na aquisição, devem

---

14. GAMA. Op. cit. p. 1.247 (e-book).
15. Idem.
16. Nesse sentido, exemplificativamente, Pablo Stolze e Rodolfo Pamplona (GAGLIANO; PAMPLONA FILHO. Op. cit. p. 327) e Rolf Madaleno (MADALENO, Rolf. Curso de direito de família. 4. ed. Rio de Janeiro: Forense, 2011. p. 710 e 713).
17. Ver, nesse sentido, o EREsp. 1.171.820/PR, julgado no âmbito do Segunda Seção do Superior Tribunal de Justiça, ao examinar a questão de união estável celebrada por pessoa com idade superior ao previsto em lei para a imposição do regime da separação obrigatória de bens (EREsp. 1.171.820/PR. Relator Ministro Raul Araújo. Segunda Seção. DJe 21.09.2015). Mais recentemente, ver o AgInt no EDcl no REsp. 1.873.590/RS. Relator Ministro Luis Felipe Salomão. Quarta Turma. DJe 26.10.2020.

ser objeto de partilha. Ainda que com certa dubiedade no início, o Superior Tribunal de Justiça pacificou a orientação de que é exigida a prova do esforço comum para a comunicação dos bens adquiridos a título oneroso nos casos de regime obrigatório de separação de bens.[18] Parcela da doutrina considera acertada tal orientação jurisprudencial, ao considerar que "quando o legislador impõe um regime, atentando contra a liberdade dos cônjuges, o que deve ser presumido é o esforço comum, e não o contrário".[19]

Assim posto, e constatando-se a aplicação, concretamente, da orientação contida na Súmula 377 do STF ao regime obrigatório da separação de bens, de modo a permitir a comunicabilidade de certos bens do casal adquiridos na constância da união, dúvida que exsurge é se há alguma margem de autonomia das partes, de modo a afastar, parcial ou totalmente, a aplicabilidade do enunciado sumular. Essa foi a discussão travada no âmbito do Recurso Especial 1.922.347/PR, e que será objeto de análise no tópico seguinte. Cuida-se de importante debate, eis que sua solução permite atribuir maior segurança jurídica às situações assemelhadas àquela que foi julgada.

4. O RESP 1.922.347/PR E A AUTONOMIA PRIVADA NO REGIME OBRIGATÓRIO DA SEPARAÇÃO DE BENS

Na linha do que foi dito anteriormente, o legislador impôs, em certas hipóteses, o regime da separação de bens, limitando, assim, a autonomia privada dos nubentes e, consequentemente, mitigando o princípio da liberdade de pactos antenupciais. Nada obstante, e notadamente no âmbito da jurisprudência do STJ, tem-se entendimento que a incomunicabilidade dos bens no regime obrigatório da separação não é absoluta, uma vez que ainda se revela aplicável a orientação contida no verbete sumular 377 do STF, no sentido de que os bens adquiridos onerosamente na constância da união, e desde que comprovada a contribuição de ambos os cônjuges na aquisição destes, se comunicam e, logo, são partilháveis.

A dúvida que remanesce é se, diante desta orientação, os noivos têm autonomia para celebrar pacto antenupcial visando afastar a incidência da orientação contida na referida Súmula e, assim, tornar incomunicáveis todos, ou apenas alguns, bens adquiridos onerosamente na constância do casamento, mesmo havendo prova da contribuição comum para a sua aquisição.

Sempre defendemos a referida possibilidade, notadamente na hipótese prevista no inciso II do art. 1.641 do Código Civil, segundo a qual os maiores de 70 (setenta) anos de idade devem se casar, obrigatoriamente, pelo regime da separação de bens. Entendendo-se pela constitucionalidade da norma, têm os nubentes (ou mesmo os companheiros em união estável) a liberdade de decidir pelo afastamento da orientação

---

18. BRASIL, STJ, Segunda Seção, EREsp 1.623.858/MG Rel. Desembargador Convocado Lázaro Guimarães, julgado em 23.05.2018, DJe 30.05.2018.
19. ALMEIDA, Renata Barbosa de; RODRIGUES JÚNIOR, Walsir Edson. *Direito Civil:* famílias. Rio de Janeiro: Editora Lumen Juris, 2010, p. 198.

contida na Súmula 377 do STF e, assim, tornar incomunicáveis todos – ou determinados bens – adquiridos onerosamente durante a relação.[20] Parcela da doutrina já vinha defendendo tal possibilidade como se verifica do seguinte trecho, defendendo "a possibilidade de os cônjuges, ainda que um deles tenha mais de setenta anos de idade, estabelecerem em pacto antenupcial o afastamento da Súmula 377 do STF".[21]

O Superior Tribunal de Justiça enfrentou a questão, no âmbito de sua Quarta Turma, no julgamento do Recurso Especial 1.922.347/PR. Um casal, constituído por um idoso de 77 anos e sua companheira de 34 anos, declarou, por meio de manifestações de vontade constantes de escritura pública celebrada em 2014, a existência da união estável desde 2007. Em razão da idade do companheiro, a união deveria observar o regime obrigatório da separação de bens, o qual levaria à comunicação dos bens adquiridos onerosamente, e com esforço comum, durante a relação, em consonância com a Súmula 377 do STF. No entanto, e sem prejuízo do regime legal obrigatório, os companheiros firmaram pacto antenupcial que estipulava termos mais restritivos à comunicabilidade dos bens, tornando-os absolutamente incomunicáveis.

Com o falecimento do companheiro, a viúva distribuiu ação de inventário postulando a inventariança e a meação e partilha dos bens deixados pelo *de cujus*. Os herdeiros impugnaram a nomeação da companheira como inventariante e a sua condição de meeira, bem como requereram a sua exclusão da partilha, o que acabou por ser acolhido pelo Juízo de piso que, embora entendendo aplicável a orientação contida na Súmula 377 do STF ao regime obrigatório da separação de bens, afastou a comunicabilidade dos bens e, consequentemente, a condição de meeira da viúva diante da existência de pacto antenupcial, cujos efeitos deveriam retroagir até a data do início da união estável declarada pelos companheiros em escritura pública.

A decisão foi objeto de recurso pela viúva, o qual foi acolhido pelo Tribunal de Justiça paranaense para restabelecê-la à condição de inventariante, uma vez que, no entender da Corte Estadual, ao preverem, em pacto antenupcial, um regime mais restritivo ao da separação obrigatória, teriam os companheiros optado pelo regime convencional da separação e, por essa razão, teria a viúva uma expectativa de recebimento da herança na qualidade de herdeira, razão pela seria legítima a sua condição de inventariante.

Interposto Recurso Especial contra o acórdão do Tribunal Estadual, o Superior Tribunal de Justiça o reformou para remover a viúva da inventariança e excluí-la da sucessão, reconhecendo como válido o pacto antenupcial de separação total de bens celebrado pelos companheiros.

Segundo o voto condutor do Ministro Relator Luis Felipe Salomão, é lícito aos cônjuges ou companheiros unidos sob o regime obrigatório da separação de bens celebrar um pacto antenupcial, em acréscimo ao regime protetivo, para a afastar

---
20. GAMA. Op. cit., p. 1.247.
21. OLIVEIRA, J.M. Leoni Lopes. *Direito Civil*: família, op. cit., p. 567.

a incidência da orientação contida na Súmula 377 do Supremo Tribunal Federal que, como visto anteriormente, admite a comunicação do patrimônio adquirido na constância da união.

Como explicitado no voto do Ministro Relator, o Código Civil, excepcionando a autonomia privada, restringiu, em certos casos, a liberdade de escolha dos nubentes quanto à escolha do regime de bens do casamento e, por analogia, também o dos companheiros em união estável. É o caso das pessoas com mais de 70 anos, cuja *mens legis* é a proteção do idoso.

Sem prejuízo, e também como ressaltado pelo Ministro Relator, a Segunda Seção do STJ já firmou posicionamento no sentido de que a Súmula 377 do Supremo Tribunal Federal é aplicável ao regime da separação legal, tanto para o casamento, quanto para a união estável, de modo a admitir a comunicação dos bens adquiridos na constância da relação, desde que provado o esforço comum.

Desse modo, se o objetivo do legislador, ao limitar a autonomia privada dos noivos ou companheiros na definição do regime de bens, no caso dos maiores de 70 anos, é a proteção do idoso e de seus herdeiros necessários na classe dos descendentes, evitando a realização de uniões com interesses estritamente econômicos, nada impede que as partes celebrem um pacto antenupcial para conferir maior proteção a esses interessados, estipulando cláusula ainda mais protetiva aos bens do nubente septuagenário, inclusive para afastar a incidência da Súmula 377 do STF.

O que não é possível, ainda segundo o Ministro Relator, é as partes celebrarem pacto antenupcial para flexibilizar o regime da separação legal, seja para afastar o regime obrigatório da separação, seja para ampliar a comunicação dos bens, por exemplo, para além dos limites da Súmula 377 do STF.

O que se percebe, do julgamento da Corte, é o prestígio, ainda que no regime obrigatório da separação de bens, à autonomia privada, o que sempre defendemos para esta hipótese de modo mitigado. No entanto, essa autonomia deve ser exercida em conformidade com a intenção da norma contida na lei civil. Parte da doutrina já admitia que no regime obrigatório de separação de bens houvesse a "separação absoluta": "a separação absoluta apenas ocorre quando o regime for convencionado em pacto antenupcial, alcançando os aquestos",[22] mas sem que haja a transformação do regime obrigatório em regime convencional de separação de bens.

Se o objetivo da lei civil, ao prever a obrigatoriedade do regime da separação de bens para os maiores de 70 (setenta) anos, é a tutela do idoso, o que, como já observamos, é de duvidosa constitucionalidade, é evidente que eventual pacto antenupcial não pode estipular regras que flexibilizem ou atenuem a tutela pretendida pelo legislador.

---

22. LÔBO, Paulo. *Direito Civil*: famílias, op. cit., p. 324.

Por outro turno, podem as partes, no exercício da sua autonomia, estipular regras ainda mais restritivas, notadamente quando se leva em consideração que a jurisprudência do Superior Tribunal de Justiça é favorável à incidência da orientação contida na Súmula 377 do STF, visando uma maior proteção do septuagenário, a fim de afastar de modo absoluto a comunicabilidade dos bens, ainda que adquiridos onerosamente e com esforço comum na constância da união, ou para afastar parte deles, estabelecendo regras particulares para a comunicabilidade destes bens.

Sem prejuízo, e isso é importante destacar, que ao contrário do que fora decidido pelo Tribunal de Justiça do Paraná, o exercício dessa autonomia, no âmbito do regime obrigatório da separação de bens, não o desnatura para o regime da separação convencional, o que levaria o cônjuge ou companheiro, no caso de falecimento do maior de 70 (setenta) anos, à condição de herdeiro. Tal ponto é de extrema importância pois haveria fraude à lei caso se entendesse que o regime não seria aquele decorrente da previsão contida no art. 1.641, do Código Civil.

O regime da separação legal não autoriza a celebração de pacto para modificá-lo, ainda que para o regime da separação convencional. A celebração do pacto antenupcial no âmbito do regime obrigatório da separação de bens conserva a sua natureza: ele continua a ser o regime da separação legal.

O que poderá ser feito, como dito, é trazer ainda mais limitações à comunicabilidade, de modo que havendo o falecimento do idoso, o cônjuge ou companheiro sobrevivente não terá direitos sucessórios, seja na condição de meeiro, seja na de herdeiro, o que, portanto, modifica radicalmente as consequências.

5. CONCLUSÃO

A família "é o coração e o centro vital de toda civilização humana"[23] e, por isso, ela sempre existiu, existe e existirá no plano terreno. Não há dúvida de que as estruturas familiares vêm se transformando e, obviamente, os fatores de mudança decorrem de acontecimentos de ordem econômica, social, histórica, ética, religiosa e cultural. A dignidade da pessoa humana, como valor máximo e, simultaneamente sobreprincípio no ordenamento jurídico brasileiro, encontra na família importante campo de aplicação, devido à sua condição de atributo-objetivo a ser alcançado nos lares e, por isso, autoriza a constituição e o desenvolvimento das relações familiares mais autênticas, valorosas e plurais.

Como ressalta Luiz Kignel, "A sociedade vai inventando novos sistemas de casamento e a Justiça vai se adaptando, para abrigar a todos sob o manto da lei, ou, pelo menos, amenizar aquela hora muito pouco civilizada em que uma parte só pensa

---

23. GAMA, Guilherme Calmon Nogueira da. *Direito de Família brasileiro*. São Paulo: Editora Juarez de Oliveira, 2001, p. 179.

em sair da relação, nem que seja com a roupa do corpo, e a outra conspira para que aconteça exatamente isso".

A afirmação mostra o quão difícil é, em muitos casos, uma relação amorosa que entra em rota de colisão. Conflitos existem, e muitas vezes a falta de sabedoria (ou mesmo um desinteresse em lutar pela continuidade da relação), leva ao seu fim. E com o seu término, em muitos casos, as discussões se intensificam, especialmente quando há bens patrimoniais envolvidos.

Por essa razão, os pactos antenupciais são importantes para, se não pôr fim às discussões, ao menos para diminuir os pontos de divergência, buscando prevenir os conflitos que porventura poderiam existir não fosse a convenção sobre questões patrimoniais. Desse modo, quanto mais detalhados eles forem acerca das estipulações sobre os patrimônios dos cônjuges, melhor.

Há, contudo, e como visto, casos em que a possibilidade de celebração desses pactos é limitada. O conteúdo fica restrito, reduzindo-se a autonomia dos noivos ou companheiros, a qual deve ser exercida tendo como norte o propósito da lei. No caso do regime obrigatório da separação de bens, busca-se a proteção dos maiores de 70 (setenta) anos, assim como impor ônus àqueles que contraírem núpcias, ou se uniram em união estável, inobservando as causas suspensivas da celebração do casamento ou sem o suprimento judicial, quando exigido.

Nessa linha de interpretação, o Superior Tribunal de Justiça decidiu pela possibilidade de celebração de pactos antenupciais nos casamentos ou uniões estáveis de maiores de 70 (setenta) anos de idade, desde que o conteúdo do pacto tenha como propósito restringir, ainda mais, a comunicabilidade dos bens, como, por exemplo, afastando a incidência da Súmula 377 do Supremo Tribunal Federal. Desse modo, preserva-se a autonomia privada, que é um dos pilares da dignidade da pessoa humana, a qual deverá ser exercida, no entanto, dentro dos limites da lei. Tal circunstância não terá o condão de transformar o regime obrigatório de separação de bens em regime convencional de separação de bens, mesmo porque a imposição do referido regime decorre de norma de ordem pública.

Em uma sociedade com valores muitas vezes invertidos, em que *"ter"* é melhor do que *"ser"*, as uniões muitas vezes são celebradas visando atender apenas interesses patrimoniais. Ainda assim, o Estado deveria conferir aos particulares autonomia, até mesmo para a tomada de decisões equivocadas, movidas exclusivamente pela paixão. Isso é a vida na sua mais pura acepção. Nada obstante, na hipótese aqui debatida, o legislador limita essa liberdade e, com uma visão paternalista, não confere aos indivíduos a autonomia plena para a tomada de suas decisões. Nesse ambiente, devem as partes envolvidas ter serenidade, e agir de modo consciente e cientes de que, no campo do amor e da afetividade, nem sempre tudo é possível. Especialmente quando há interesses econômicos envolvidos.

6. REFERÊNCIAS

ALMEIDA, Renata Barbosa de; RODRIGUES JÚNIOR, Walsir Edson. *Direito Civil*: famílias. Rio de Janeiro: Lumen Juris, 2010.

BRASIL, STJ, Segunda Seção, EREsp 1.623.858/MG Rel. Desembargador Convocado Lázaro Guimarães, julgado em 23.05.2018, DJe de 30.05.2018.

FACHIN, Luiz Edson. *Elementos críticos do Direito de Família*. Rio de Janeiro: Renovar, 1999.

GAGLIANO, Pablo Stolze; PAMPLONA FILHO, Rodolfo. *Novo curso de direito civil*: direito de família. 6. ed. São Paulo: Saraiva, 2016. v. 6.

GAMA, Guilherme Calmon Nogueira da. Comentários ao art. 1.639. In: NANNI, Giovanni Ettore (Coord.). *Comentários ao Código Civil*: direito privado contemporâneo. 2. ed. São Paulo: Saraiva, 2021. (*e-book*)

GAMA, Guilherme Calmon Nogueira da. *Direito Civil*: obrigações. São Paulo: Atlas, 2008.

GAMA, Guilherme Calmon Nogueira da. *Direito Civil*: família. São Paulo: Atlas, 2008.

GAMA, Guilherme Calmon Nogueira da. *Direito de Família brasileiro*. São Paulo: Juarez de Oliveira, 2001.

KANT, Immanuel. *Fundamentação à metafísica dos costumes*. Trad. Paulo Quintela. Lisboa: Edições 70, 2011.

LÔBO, Paulo. *Direito Civil*: famílias. 11. ed. São Paulo: Saraiva, 2021. v. 5. (*e-book*)

LÔBO, Paulo. *Direito Civil*: famílias. 3. ed. São Paulo: Saraiva, 2010.

MADALENO, Rolf. *Curso de direito de família*. 4. ed. Rio de Janeiro: Forense, 2011.

NOGUEIRA, Eduardo Anesi. Aspectos polêmicos dos regimes de bens. In: GAMA, Guilherme Calmon Nogueira da (Coord.). *Direito das Famílias e das Sucessões*: 20 anos desde a promulgação do Código Civil. Rio de Janeiro: Editora Processo, 2022.

OLIVEIRA, J. M. Leoni Lopes. *Direito Civil*: família. Rio de Janeiro: GEN Forense, 2018.

PRATA, Ana. *A tutela constitucional da autonomia privada*. Coimbra: Almedina, 1982.

TEPEDINO, Gustavo; TEIXEIRA, Ana Carolina Brochado. *Fundamentos do Direito Civil*: Direito de Família. Rio de Janeiro. Editora Forense, 2020. v. 6.

ASPECTOS MATERIAIS E REGISTRAIS DOS PACTOS ANTENUPCIAIS E ESCRITURAS DE UNIÃO ESTÁVEL NO REGIME DA SEPARAÇÃO DE BENS

Carla Watanabe

Mestranda em Direito Constitucional pelo IDP. Especialista em Direito Tributário pela ESAF/MF e em Administração Pública pelo ISC/TCU. Tabeliã de Notas. Engenheira Mecânica pelo ITA, premiada pelo melhor desempenho acadêmico do curso.

Sumário: 1. Introdução – 2. O pacto antenupcial e o contrato de convivência – 3. Cláusulas no pacto e no contrato de convivência – 4. Considerações finais – 5. Referências.

1. INTRODUÇÃO

O direito privado brasileiro, na contemporaneidade, tem na contratualização das relações de família um fenômeno que se adequa ao reconhecimento do pluralismo dos núcleos familiares. É a aplicação do princípio da liberdade,[1] que franqueia a cada um a escolha consciente de seus próprios projetos de vida, sem a interferência estatal. Dessa forma, sem a imposição de estereótipos normativos, são reconhecidos como válidos estatutos que privilegiem as mais diversas visões de felicidade.

A autonomia da vontade amparada na ordem constitucional de 1988 não é a mesma dos códigos do Século XIX. Estes possuíam uma visão estritamente patrimonialista das relações jurídicas,[2] a tal ponto de reduzir a pessoa a um indivíduo insulado, que nada mais era senão um ser abstrato, dotado apenas de razão e de vontade. Não possuía sexo, raça, orientação sexual, posição socioeconômica ou origem. Exatamente por esse motivo, adequava-se perfeitamente ao padrão dominante: patriarcal, sexista, europeu e proprietário.

Um dos principais limites para o exercício da autonomia da vontade agora se encontra na proteção aos vulneráveis. Se antes era afirmada a plena liberdade negocial, agora o indivíduo abstrato se depara com a tutela constitucional da dignidade da pessoa humana como fronteira para suas ambições. Há, decerto, a necessidade de aderência às normas estatais, mas agora elas não são o único marco, principalmente

---

1. O princípio da liberdade é amplo. Aplica-se quando da criação, manutenção e extinção de toda sorte de núcleos familiares, que estão permanentemente se constituindo e reinventando (DIAS, Maria Berenice. *Manual de Direito das Famílias*. Salvador: JusPodivm, 2020).
2. O caráter patrimonial do Código Civil de 1916 pode ser medido, segundo Paulo Luiz Netto Lôbo, no Livro de Direito de Família daquela lei. 151 artigos tratavam de conteúdo patrimonial, enquanto apenas 15 não o faziam (LÔBO, Paulo Luiz Netto. A repersonalização das relações de família. In: BITTAR, Carlos Alberto (Coord.). *O direito de família na Constituição de 1988*. São Paulo: Saraiva, 1989, p. 64).

após a Emenda Constitucional 66, que deu às famílias a responsabilidade pelos seus próprios rumos.

É neste contexto que se analisa o tema do pacto antenupcial, do contrato de convivência e seus impactos sobre as famílias. Os nubentes e os companheiros são tidos, por presunção, como ocupantes de posições paritárias, o que nem sempre é uma verdade absoluta. O consagramento da hipótese de comunhão de vida do casal pode acabar por obscurecer vulnerabilidades de um deles. Estas podem ser decorrentes da hipossuficiência, ou de condições estruturais da sociedade, que perpetuam desigualdades de gênero, raça, origem ou quaisquer outras fragilidades materiais.

Ao tabelião, todavia, cabe apenas o exame da cláusula do pacto antenupcial ou da escritura de união estável sob a perspectiva de sua aderência às normas de ordem pública.[3] Além desse exame objetivo, sua missão se restringe a averiguar a manifestação externa da vontade de cada indivíduo. Trata-se de um modelo de atuação que remete à concepção oitocentista do direito privado, subordinada ao formalismo que caracterizou aquele período.

A discrepância torna-se nítida ao se constatar que tanto o pacto, quanto o contrato de união estável, admitem cláusulas não vinculadas ao regime de bens escolhido pelo casal. Com efeito, esses instrumentos admitem cláusulas patrimoniais não vinculadas ao regime de bens e, também, disposições existenciais.

A discussão sobre os limites da autonomia privada naqueles instrumentos, sua tensão com as normas estatais, e o reconhecimento da tutela das vulnerabilidades, atravessarão este texto. Sua adequação aos estreitos limites das normas de notas e de registro permeará a análise.

2. O PACTO ANTENUPCIAL E O CONTRATO DE CONVIVÊNCIA

Cabe diferenciar brevemente a união estável do casamento. Eles se distinguem quando das respectivas constituições. Enquanto o casamento é formalizado por um ato jurídico solene, a união estável é um ato-fato jurídico.[4] Independe de qualquer formalidade prévia para sua formação.[5] Ao contrário do matrimônio, sua existência precede qualquer contrato que os companheiros eventualmente desejem acordar para formalizar sua união. Mesmo que o casal decida caracterizar, em um determinado momento, seu relacionamento como um simples namoro, vá a um tabelionato de notas e faça uma declaração nesse sentido em escritura pública, a formalidade deve sempre

---

3. Código Civil, Art. 1.655. *É nula a convenção ou cláusula dela que contravenha disposição absoluta de lei.*
4. Basta a simples existência da união estável no mundo real para gerar os efeitos previstos nas normas estatais, daí dizer-se que é um fato jurídico que gera efeitos jurídicos (LÔBO, Paulo. A concepção da união estável como ato-fato jurídico e suas repercussões processuais. In: MADALENO, Rolf; PEREIRA, Rodrigo da Cunha (Org.). *Direito de Família*: processo, teoria e prática. Rio de Janeiro: Forense, 2008. p. 101-116).
5. Fique claro que a intenção de formar família é elemento constitutivo da união estável, no seu aspecto subjetivo. Apenas inexiste uma manifestação expressa da vontade dos companheiros nesse sentido, ao contrário do que ocorre no matrimônio.

ceder espaço à realidade. Seja porque o eventual namoro já atendia a todas as condições para sua configuração como união estável à época da declaração;[6] seja porque, no decorrer do tempo após a declaração, aquele namoro evoluiu para uma união estável.[7]

Perceba-se, então, que ambos os institutos têm, a partir de sua formação, mais pontos em comum do que diferenças. O afeto que une seus membros, que leva à constituição de família, é o mesmo. Daí inexistir hierarquia entre qualquer modalidade de núcleo familiar, ou entre seus membros, como consequência direta da tábua axiológica trazida pela Constituição de 1988, que colocou a igualdade, o respeito à diferença e o pluralismo como princípios basilares do direito das famílias.[8] Derrogou conceitos patriarcais e patrimonialistas que faziam com que a família constituída pelo matrimônio fosse a única admitida pelo direito brasileiro,[9] enquanto sua chefia era exercida apenas pelo marido.[10]

Assim, embora divergentes na formação, a união estável e o casamento são em tudo semelhantes nos seus efeitos. Nesse sentido, devem ser mencionados os temas 498 e 809 adotados em Repercussão Geral pelo Supremo Tribunal Federal – STF.[11] Aquela Corte, ao igualar os direitos sucessórios de cônjuges e de companheiros, derrubou a última distinção ainda existente no ordenamento jurídico nacional entre os dois tipos de núcleos familiares, independentemente da composição afetiva de seus membros.

O pacto antenupcial é, segundo a majoritária corrente da literatura jurídica, um *negócio jurídico de direito de família*. Possui natureza própria,[12] o que afasta sua

---

6. São as condições expostas no Art. 1.723 do Código Civil: "convivência pública, contínua e duradoura e estabelecida com o objetivo de constituição de família".
7. Eventual alegação de que a autonomia privada, expressa pelo casal quando da declaração, deveria prevalecer cede obrigatoriamente espaço diante da caracterização do suporte fático do ato jurídico, que gera os efeitos previstos na norma.
8. DIAS, Maria Berenice. Op. cit., p. 66-68.
9. A Constituição autoritária de 1967 afirmava uma via única de reconhecimento da família no *caput* de seu Art. 167 *A família é constituída pelo casamento e terá direito à proteção dos Poderes Públicos*.
10. O *caput* do Art. 233 do Código Civil de 1916 tinha o seguinte texto: "O marido é o chefe da sociedade conjugal".
11. Tema 498: "A Constituição brasileira contempla diferentes formas de família legítima, além da que resulta do casamento. Nesse rol incluem-se as famílias formadas mediante união estável. Não é legítimo desequiparar, para fins sucessórios, os cônjuges e os companheiros, isto é, a família formada pelo casamento e a formada por união estável. Tal hierarquização entre entidades familiares é incompatível com a Constituição de 1988. Assim sendo, o art. 1790 do Código Civil, ao revogar as Leis 8.971/1994 e 9.278/1996 e discriminar a companheira (ou o companheiro), dando-lhe direitos sucessórios bem inferiores aos conferidos à esposa (ou ao marido), entra em contraste com os princípios da igualdade, da dignidade humana, da proporcionalidade como vedação à proteção deficiente, e da vedação do retrocesso. Com a finalidade de preservar a segurança jurídica, o entendimento ora firmado é aplicável apenas aos inventários judiciais em que não tenha havido trânsito em julgado da sentença de partilha, e às partilhas extrajudiciais em que ainda não haja escritura pública".
    Tema 809: "É inconstitucional a distinção de regimes sucessórios entre cônjuges e companheiros prevista no art. 1.790 do CC/2002, devendo ser aplicado, tanto nas hipóteses de casamento quanto nas de união estável, o regime do art. 1.829 do CC/2002".
12. Nesse sentido podem ser mencionados, entre diversos autores, Maria Berenice Dias (*Op. cit.*, p. 680) e Luiz Edson Fachin (FACHIN, Luiz Edson. *Elementos Críticos do Direito de Família*. Rio de Janeiro: Renovar, 1999, p. 160).

regulação pelo direito das obrigações, que é aplicado apenas subsidiariamente.[13] Por seu intermédio, os nubentes podem eleger para seu casamento quaisquer dos regimes de bens elencados na legislação, mesclá-los, ou mesmo criar um novo.[14] Podem dispor sobre outras questões patrimoniais, além do regime de bens, tais como uma promessa de compra e venda, ou de doação, entre os nubentes; ou escolher determinado bem como reservado, quando adotado o regime da comunhão universal de bens.

É requisito de validade do pacto sua formalização por escritura pública.[15] Se ela inexistir, for inválida ou ineficaz, vigorará entre os cônjuges o regime legal,[16] que atualmente é o da comunhão parcial de bens. A invalidade de alguma cláusula não prejudicará as demais, exceto se estas forem acessórias daquela, em respeito ao princípio da conservação do negócio jurídico (art. 184 do Código Civil).

Sua confecção antecede obrigatoriamente ao casamento, uma vez que deve ser juntado ao processo de habilitação.[17] Trata-se de condição de eficácia. Afinal, no assento do matrimônio, deve ser transcrito o regime de bens e as informações referentes à escritura do tabelionato de notas onde foi lavrado o pacto. Este, porém, pode ser realizado a qualquer momento, sem regramento de prazo mínimo, desde que anteceda o matrimônio.

Os efeitos do pacto perante terceiros ocorrem com sua transcrição no registro de imóveis do primeiro domicílio dos cônjuges.[18] Se ele não for apresentado ao registrador imobiliário, seus efeitos se restringirão aos cônjuges e aos seus herdeiros. Mas não basta o registro do pacto. Deverá também ser providenciada sua averbação nas matrículas de todos os imóveis de propriedade de cada um dos cônjuges, e naquelas cujas propriedades vierem a ser adquiridas após o casamento.[19]

Questiona-se acerca dos efeitos do pacto ao qual não se seguir o casamento. Ele se torna um instrumento existente, válido, mas ineficaz, pois não haverá qualquer respaldo fático sobre o qual possa incidir. Situação diversa é aquela na qual o pacto é válido e os nubentes não se casaram, mas decidiram conviver em união estável.

---

13. Por ser considerado um negócio jurídico, são ao pacto antenupcial aplicáveis, no que couberem, as regras dispostas nos art. 166 e 167, referentes à invalidade do negócio jurídico.
14. É o que admite o Enunciado 331 do Conselho de Justiça Federal – CJF: "Art. 1.639: O estatuto patrimonial do casal pode ser definido por escolha de regime de bens distinto daqueles tipificados no Código Civil (art. 1.639 e parágrafo único do art. 1.640), e, para efeito de fiel observância do disposto no art. 1.528 do Código Civil, cumpre certificação a respeito, nos autos do processo de habilitação matrimonial".
15. Código Civil, art. 1.640, parágrafo único.
16. Código Civil, *caput* do art. 1.640.
17. No Estado de São Paulo, essa providência é detalhada nas Normas de Serviço do Extrajudicial, item 72 do Capítulo XVI.
18. Código Civil, Art. 1.657. *As convenções antenupciais não terão efeito perante terceiros senão depois de registradas, em livro especial, pelo oficial do Registro de Imóveis do domicílio dos cônjuges.*
19. Lei de Registros Públicos (Lei 6.015/1973): Art. 167 – *No Registro de Imóveis, além da matrícula, serão feitos: (...) II – a averbação: 1) das convenções antenupciais e do regime de bens diversos do legal, nos registros referentes a imóveis ou a direitos reais pertencentes a qualquer dos cônjuges, inclusive os adquiridos posteriormente ao casamento.*

Ora, deve-se recordar que, caracterizada a união estável como um ato-fato jurídico, ela independe de formalidades para sua constituição. Eventual contrato de convivência tem como único requisito a forma escrita, podendo ser realizado por documento particular e mesmo durante o relacionamento.[20] Se inexistir esse instrumento, vigorará entre os companheiros o regime da comunhão parcial de bens.[21] Devido ao fato de independer de forma específica, é possível inclusive sua formalização por escritura pública.

Se for a escritura a modalidade escolhida pelos companheiros para formalizar sua união, ela poderá ser levada a registro no cartório civil das pessoas naturais.[22] A inscrição ocorrerá no Livro E do Oficial do Registro Civil das Pessoas Naturais da Sede ou, se existir, no 1º. Subdistrito da Comarca em que os companheiros têm ou tiveram seu último domicílio.[23] Uma das possibilidades que se abre com esse procedimento é a autorização para que qualquer dos companheiros passe a adotar o sobrenome do outro.[24]

O registro não é obrigatório, afinal, a principal característica da união estável é a sua liberdade. Os companheiros podem celebrar um contrato de convivência para comprovar o início de sua união e efetivamente eleger um regime de bens aplicável. Todavia, se o contrato for omisso quanto a este tema, presume-se que o regime escolhido foi o legal, que é atualmente o da comunhão parcial de bens.

Foi fundamentado nessa liberdade de forma que a Quarta Turma do Superior Tribunal de Justiça – STJ decidiu, em 22 de maio de 2018, o Agravo Interno no Recurso Especial 1.318.249 – GO (2011/0066611-2), de relatoria do Ministro Luis Felipe Salomão. Naquele acórdão, foi firmado o entendimento de que o pacto antenupcial tem efeitos imediatos como contrato de convivência, se os companheiros mantiverem união estável, mesmo que não venha a ser celebrado posteriormente o casamento. Dele destaco o seguinte trecho:

> 3. Na hipótese, há peculiaridade aventada por um dos filhos, qual seja, a existência de um pacto antenupcial – em que se estipulou o regime da separação total de bens – que era voltado ao futuro casamento dos companheiros, mas que acabou por não se concretizar. Assim, a partir da celebração do pacto antenupcial, em 4 de março de 1997 (fl. 910), a união estável deverá ser regida pelo regime da separação convencional de bens. Precedente: REsp 1.483.863/SP. Apesar disso, continuará havendo, para fins sucessórios, a incidência do 1829, I, do CC.

---

20. CALMON, Rafael. *Manual de partilha de bens*: na separação, no divórcio e na dissolução da união estável. São Paulo: Saraiva Educação, 2021, p. 69.
21. Código Civil, art. 1.725. *Na união estável, salvo contrato escrito entre os companheiros, aplica-se às relações patrimoniais, no que couber, o regime da comunhão parcial de bens.*
22. Essa possibilidade consta das Normas de Serviço da Corregedoria do Estado de São Paulo, Capítulo XVII, itens 118 a 121.
23. Veda-se esse registro se ao menos um dos companheiros for casado, ainda que separado de fato. Excetuam-se dessa regra os reconhecimentos de união estável decorrentes de sentença judicial transitada em julgado.
24. Também podem ser inscritas as escrituras de dissolução de união estável; e as sentenças declaratórias de reconhecimento e de dissolução de união estável.

Dessa forma, restou privilegiado o pensamento da conservação do negócio jurídico. Ainda que os companheiros não tivessem a intenção específica de acordar um contrato de convivência quando da celebração do pacto antenupcial, é indubitável que desejavam o regime da separação convencional de bens para reger suas relações patrimoniais.

De fato, como mencionado naquele julgado, os efeitos do contrato de convivência são imediatos. O regime de bens escolhido passa a vigorar a partir do acordo de vontades. Porém, se for escolhido regime diverso do legal, não serão admitidos efeitos retroativos ao contrato, ainda que a união estável tenha iniciado em data anterior. Pensar o contrário implicaria, para o regime da separação de bens, em enriquecimento sem causa de um dos companheiros em prejuízo do outro, em burla ao regime da comunhão parcial de bens.

Foi nesse sentido que decidiu a Terceira Turma do STJ, em 17 de agosto de 2021, o Recurso Especial 1.845.416-MS (2019/0150046-0), com relatoria para o acórdão da Ministra Nancy Andrighi, sendo representativo o seguinte trecho:

> 7- Em suma, às uniões estáveis não contratualizadas ou contratualizadas sem dispor sobre o regime de bens, aplica-se o regime legal da comunhão parcial de bens do art. 1.725 do CC/2002, não se admitindo que uma escritura pública de reconhecimento de união estável e declaração de incomunicabilidade de patrimônio seja considerada mera declaração de fato preexistente, a saber, que a incomunicabilidade era algo existente desde o princípio da união estável, porque se trata, em verdade, de inadmissível alteração de regime de bens com eficácia *ex tunc*.

No caso concreto, o tribunal decidiu que, na ausência de contrato de convivência que regule o regime de bens, incide o art. 1.725 do Código Civil. Vigora entre os companheiros o regime da comunhão parcial desde o início da união. Por esse motivo, a escritura de convivência que, a pretexto de simplesmente declarar a situação fática anteriormente acordada do regime da separação, que vigoraria desde o início da união estável, não pode gerar efeitos pretéritos. Seria o mesmo que alterar retroativamente, na constância do casamento, seu regime de bens. Perceba-se que a retroatividade do regime de bens alcançaria situações jurídicas já consolidadas, o que, no caso, prejudicaria os herdeiros do companheiro falecido, e, se admitida exclusivamente para a união estável, daria a ela situação superior à do casamento. Afinal, é necessária autorização judicial para alteração do regime de bens do matrimônio.

É nesse contexto que deve ser analisada a incidência do art. 1.641[25] sobre a escritura de convivência. Naquele dispositivo estão regradas as situações nas quais é obrigatório o regime da separação de bens quando do casamento. Devido à mesma lógica de serem emprestados à união estável efeitos paralelos ao casamento, não é considerado admissível que um casal ao qual seria imposto o regime da separação

---

25. Art. 1.641. *É obrigatório o regime da separação de bens no casamento:*
   I – Das pessoas que o contraírem com inobservância das causas suspensivas da celebração do casamento;
   II – Da pessoa maior de 70 (setenta) anos; (Redação dada pela Lei 12.344, de 2010)
   III – De todos os que dependerem, para casar, de suprimento judicial.

obrigatória de bens, venha a estabelecer em escritura pública de convivência regime de bens diverso daquele (exceto o da separação convencional de bens, como será exposto mais adiante).

Esse foi o entendimento da Quarta Turma do STJ, quando decidiu, em 22 de junho de 2010, o Recurso Especial 646.259 – RS (2004/0032153-9), de relatoria do Ministro Luis Felipe Salomão. No caso concreto examinado pelo acórdão, sequer havia contrato escrito. Todavia, ficou provado que a união estável começara após um dos companheiros ultrapassar a idade fixada em lei para a imposição do regime da separação obrigatória.

> Direito de família. União estável. Companheiro sexagenário. Separação obrigatória de bens. Art. 258, § único, inciso II, do Código Civil de 1916.
>
> 1. Por força do art. 258, § único, inciso II, do Código Civil de 1916 (equivalente, em parte, ao art. 1.641, inciso II, do Código Civil de 2002), ao casamento de sexagenário, se homem, ou cinquentenária, se mulher, é imposto o regime de separação obrigatória de bens. Por esse motivo, às uniões estáveis é aplicável a mesma regra, impondo-se seja observado o regime de separação obrigatória, sendo o homem maior de sessenta anos ou mulher maior de cinquenta.
>
> 2. Nesse passo, apenas os bens adquiridos na constância da união estável, e desde que comprovado o esforço comum, devem ser amealhados pela companheira, nos termos da Súmula 377 do STF.
>
> 3. Recurso especial provido.

Na escritura de convivência, o entendimento deste acórdão deve ser mesclado com o que prescreve a irretroatividade dos efeitos do contrato de convivência, conforme decidido no mencionado Recurso Especial 1.845.416-MS. Para o tabelião, apenas será possível considerar a condição apresentada pelos companheiros quando da lavratura do ato notarial. Verificada a hipótese fática de aplicação do Art. 1.641 do Código Civil, o regime da separação obrigatória de bens será a regra, mesmo que os companheiros planejem regime diverso para sua união. Tal tratamento jurídico ocorrerá ainda que os companheiros venham a declarar que sua união estável teve início em data anterior, na qual não haveria a imposição do regime obrigatório.

Esta é a orientação mais recente da Corregedoria Geral da Justiça do Estado de São Paulo, afirmada no Processo CG 1107198-46.2018.8.26.0100.[26] Nela ficaram claras as limitações da competência administrativa do tabelião, uma vez que esse agente pode atestar que determinadas declarações foram prestadas em sua presença; porém, não pode afirmar ser verdadeiro seu conteúdo. Tal fato, no caso examinado, se refere à declaração da data de início da união estável pelos companheiros na escritura de união estável, quando não haveria ainda a obrigatoriedade da separação de bens devido à idade de um dos companheiros. Foi este o argumento lógico desenvolvido no parecer:

---

26. O Parecer 267/2019-E, de 22/05/2019, publicado no Diário da Justiça Eletrônico de 11/06/2019, foi de autoria do Juiz José Marcelo Tossi Silva e aprovado pelo Desembargador Geraldo Francisco Pinheiro Franco, então Corregedor Geral da Justiça.

No que tange ao conteúdo, ou seja, ao fundo das declarações de vontade das partes reproduzidas na escritura pública, não existe presunção de veracidade decorrente da fé pública do tabelião, mas somente presunção de que essas declarações foram, efetivamente, manifestadas ao Tabelião de Notas.

Por esse motivo, na data da outorga da escritura pública declaratória de união estável os companheiros já não podiam adotar o regime da comunhão universal de bens, cujos efeitos retroagem a todo patrimônio que tinham individualmente, porque incidia a vedação contida no art. 1.641, inciso II, do Código Civil.

E o regime da separação legal de bens prevalece tanto para o casamento como para a união estável que, reitero, somente teve a existência declarada, com adoção do regime da comunhão universal, por escritura pública que foi lavrada quando o companheiro já contava com mais de setenta anos de idade.

A interpretação está correta, diante da interpretação sistemática do ordenamento positivo. Todavia, há situações jurídicas que ficariam ao desamparo, mormente aquelas nas quais o início da união efetivamente se deu em época anterior à obrigatoriedade. O efeito da imposição do regime se potencializa mais ainda devido à influência que terá no direito das sucessões.[27]

Afinal, para todos os efeitos, o relevante é a data de início da união estável. O Enunciado 261,[28] do Conselho da Justiça Federal, aprovado na III Jornada de Direito Civil, ratifica esse posicionamento. Também foi assim que decidiu a Terceira Turma do STJ, em 26 de abril de 2011, o Recurso Especial 918.643 – RS (2007/0011372-6), com relatoria para o acórdão da Ministra Nancy Andrighi. Dele é relevante destacar o item a seguir:

> 7. O reconhecimento da existência de união estável anterior ao casamento é suficiente para afastar a norma, contida no CC/16, que ordenava a adoção do regime da separação obrigatória de bens nos casamentos em que o noivo contasse com mais de sessenta, ou a noiva com mais de cinquenta anos de idade, à época da celebração. As idades, nessa situação, são consideradas reportando-se ao início da união estável, não ao casamento.

Resta o caminho do instrumento particular para esses casais, uma vez que não há requisito de forma para o contrato de convivência. De toda sorte, em nenhuma hipótese será possível a aplicação de efeitos retroativos ao regime escolhido.

Tradicionalmente, justifica-se com o argumento da proteção do patrimônio, a imposição do regime da separação obrigatória de bens para o casamento no qual um dos cônjuges conte com mais de setenta anos quando de sua celebração. Frise-se que, atualmente, quando da imposição do regime obrigatório, é aplicável a Súmula 377/STF, com a nova releitura emprestada pelo STJ,[29] acerca da necessidade de comprovação do esforço comum para adquirir-se o direito à meação.

---

27. No regime da separação obrigatória de bens, na existência de descendentes do autor da herança, o cônjuge (ou companheiro) não terá direito à concorrência na herança do outro (Código Civil, Art. 1.829, I).

28. Enunciado 261/CJF: "*A obrigatoriedade do regime da separação de bens não se aplica a pessoa maior de sessenta anos, quando o casamento for precedido de união estável iniciada antes dessa idade*".

29. Havia anterior divergência de julgados no STJ. Alguns reiteravam que os bens adquiridos onerosamente durante a união compunham a meação, independentemente de prova de esforço comum; enquanto outros afirmavam a necessidade de comprovação do esforço comum para que o bem integrasse a meação. A Se-

O STJ passou a adotar o entendimento de que, nesses casos, é possível a adoção de regime de bens mais restritivo. Assim, seria possível aos nubentes pactuar a separação convencional de bens, uma vez que esse regime protegeria mais ainda o patrimônio daquele maior de setenta anos e de seus herdeiros necessários. Dessa forma, seria afastada a incidência da Súmula 377/STF e o outro cônjuge não teria direito à meação. Mais ainda, esse cônjuge sequer teria direitos sucessórios se o falecido deixasse descendentes.

Devido ao paralelismo, essa possibilidade seria aplicável tanto ao pacto antenupcial, quanto ao contrato de convivência da união estável. Foi acerca dessa segunda hipótese que tratou o acórdão da Quarta Turma do STJ, no Recurso Especial 1.922.347 – PR (2021/0040322-7), de relatoria do Ministro Luis Felipe Salomão, em 07 de dezembro de 2021. Dele, é relevante destacar sua elucidativa ementa:

> Recurso especial. União estável sob o regime da separação obrigatória de bens. Companheiro maior de 70 anos na ocasião em que firmou escritura pública. Pacto antenupcial afastando a incidência da súmula 377 do STF, impedindo a comunhão dos aquestos adquiridos onerosamente na constância da convivência. Possibilidade. Meação de bens da companheira. Inocorrência. Sucessão de bens. Companheira na condição de herdeira. Impossibilidade. Necessidade de remoção dela da inventariança.

No acórdão, foi destacado o papel da autonomia privada, uma vez que no casal pode livremente pactuar cláusula mais protetiva do que a imposta legalmente, afastando-se a Súmula 377 do STF, com a consequente não comunicação dos aquestos.

A autonomia privada deve realmente ser privilegiada. Mais ainda, deve ser preservada a autonomia do idoso, cuja vontade deve ser sempre respeitada, sem que o cuidado venha a restringir, de forma heterônoma, o espaço dessa autonomia. No caso concreto, houve a confecção de escritura de convivência na qual fora estipulado o regime da separação convencional de bens; porém, relatado o início do convívio sete anos antes. Três anos mais tarde, o companheiro veio a falecer. Foram dez anos de convivência no total, dos quais a ex-companheira nenhum bem receberá a título de meação ou de sucessão.

Sobre o tema, julgo relevante realizar uma reflexão. Apesar de o direito clássico considerar correto colocar a vontade do indivíduo no centro da teoria do negócio jurídico, é de se questionar se esse posicionamento sempre produz soluções justas. Afinal, por basear-se na exclusiva patrimonialização das relações interpessoais, algumas vezes ele pode ser útil apenas para reproduzir pensamentos estereotipados, como o do "golpe do baú". Em contraponto, acaba por ocultar afetos e vulnerabilidades de gênero, uma vez que é a mulher, via de regra, aquela que tem menos idade e menos posses quando do início do relacionamento. Ao final, além da dor da perda de seu companheiro, com quem ficou anos até a morte, a viúva sai com menos do

---

gunda Seção do STJ adotou o segundo posicionamento em Acórdão de 23 de maio de 2018, nos Embargos de Divergência em Recurso Especial 1.623.858 – MG (2016/0231884-4), cujo relator foi o Ministro Lázaro Guimarães (Desembargador Convocado do TRF 5ª Região).

que chegou quando do início do convívio. A falta de atualização profissional e de estudos, decorrentes de sua dedicação ao companheiro hão de cobrar-lhe um preço, o qual será mais pesado quanto menos patrimônio particular tiver para sobreviver após o fim da sociedade conjugal.

3. CLÁUSULAS NO PACTO E NO CONTRATO DE CONVIVÊNCIA

Cláusulas existenciais são consideradas admissíveis tanto no pacto, quanto no contrato de convivência.[30] Dentre elas, todavia, merecem maior discussão sobre sua validade aquelas que dispensem os nubentes dos deveres conjugais estipulados no Art. 1.566 do Código Civil.[31] Maria Berenice Dias afirma que "a tendência é não aceitar que os noivos afastem os deveres do casamento, como, por exemplo, o dever de fidelidade".[32] Gustavo Tepedino, a seu turno, menciona a necessidade de uma análise em concreto da cláusula do pacto e dos planos de vida dos nubentes. Afinal, "especialmente quanto à fidelidade e à coabitação, há de se examinar, caso a caso, a seriedade do pacto, de modo que, caso não violem a dignidade da pessoa dos cônjuges e o princípio da isonomia, não parece haver, a priori, óbice na ordem pública para a sua admissão".[33]

A modulação dos outros deveres conjugais, entretanto, encontra limites na ordem constitucional. O princípio da liberdade, que rege as relações de família, deve ser compatibilizado com os da paternidade responsável e da solidariedade familiar, o que torna indisponíveis os deveres de assistência e respeito recíprocos, além dos deveres com os filhos que advierem da união. Sua dispensa ou renúncia em pacto ou em contrato tornam inválida uma cláusula dessa natureza.

Da mesma forma devem ser tratadas outras cláusulas existenciais. Enquanto elas forem isonômicas e não ferirem liberdade ou a dignidade do outro, estarão no universo da autonomia da vontade dos nubentes. Dentre elas podem ser exemplificadas o tipo de educação que será ministrado aos filhos, a religião que lhes será ensinada, a escolha de tutor, ou o reconhecimento de prévia união estável estabelecida entre os nubentes. Em contraponto, seria inadmissível cláusula que impedisse um eventual pedido de divórcio ou de dissolução de união estável, ou que estabelecesse que o futuro marido seria o chefe da família.

É possível a pactuação de cláusula penal no pacto antenupcial e no contrato de convivência. Apesar de sua aplicação algo controversa, por ser um instituto típico de direito das obrigações trazido para o direito das famílias, deve-se recordar que o

---

30. Nesse sentido, merece referência o Enunciado 635 do Conselho de Justiça Federal/STJ: "O pacto antenupcial e o contrato de convivência podem conter cláusulas existenciais, desde que estas não violem os princípios da dignidade da pessoa humana, da igualdade entre os cônjuges e da solidariedade familiar".
31. São estipulados os deveres de fidelidade recíproca; coabitação; mútua assistência; sustento, guarda e educação dos filhos; e respeito e consideração mútuos.
32. DIAS, Maria Berenice. Op. cit., p. 683.
33. TEPEDINO, Gustavo. Controvérsias sobre Regime de Bens no Novo Código Civil. *Revista Brasileira de Direito das Famílias e Sucessões*. v. 2, p. 16. Belo Horizonte: IBDFAM, 2008.

pacto, apesar de regido por regras próprias, tem as regras civis obrigacionais aplicadas subsidiariamente. Assim, não haveria qualquer norma legal ou principiológica que vede seu estabelecimento. Sequer se pode afirmar em restabelecimento da antiga ideia de "culpa" no direito das famílias após a EC 66, de 13 de julho de 2010, com o reconhecimento da admissibilidade dessa cláusula. Afinal, a despeito do disposto no texto do art. 408 do Código Civil,[34] a responsabilidade civil contratual é objetiva; portanto, independe de culpa, bastando provar o inadimplemento da obrigação para caracterizar-se.[35]

A análise da possibilidade de acordos sucessórios são tema recorrente nos pactos antenupciais e nos contratos de convivência. De certa forma, a utilização desses acordos permite influenciar na ordem de vocação hereditária, ainda que de forma indireta.[36] Com efeito, a escolha do regime de bens por intermédio desses instrumentos terá efeitos sobre a concorrência do cônjuge ou companheiro sobrevivente quando o falecido deixar descendentes, de acordo com o art. 1829, I, do Código Civil. O sobrevivo não concorrerá se o regime de bens do casamento for o da comunhão universal, o da separação obrigatória ou se, no regime da comunhão parcial, o autor da herança não houver deixado bens particulares. Por exclusão, se o regime eleito for o da separação convencional de bens ou o da participação final nos aquestos, haverá concorrência do cônjuge ou companheiro.

Essa concorrência dos descendentes com o cônjuge e, posteriormente, com o companheiro fez com que muitos juristas defendessem a possibilidade jurídica da renúncia prévia a esse direito concorrencial, no pacto ou no contrato.[37] Mais tarde, quando o companheiro foi alçado à mesma posição do cônjuge, também foi defendida a possibilidade de excluí-lo da sucessão, sob a argumentação de que não seria herdeiro necessário. Alegam a seu favor a autonomia privada, que é o "poder que o particular tem de estabelecer as regras jurídicas de seu próprio comportamento", embora, ressalve-se desde já, que se trata de um "poder de criar, *nos limites da lei*, normas jurídicas"[38] (grifos meus). Os que se opõem à tese da renúncia trazem como principal argumento a vedação ao "pacta corvina" estipulada no art. 426 do Código Civil.[39]

---

34. Art. 408. "Incorre de pleno direito o devedor na cláusula penal, desde que, *culposamente*, deixe de cumprir a obrigação ou se constitua em mora" (grifos meus).
35. BDINE JR. Hamid Charaf. Obrigações. Artigo 408. In: PELUSO, Cesar (Org.). *Código Civil comentado. Doutrina e jurisprudência*. Barueri: Manole, 2021, p. 160-441, p. 418-419.
36. Deve-se recordar que o STF, ao julgar o Recurso Extraordinário RE 878.694, em maio de 2017, adotou em repercussão geral o tema 809, já mencionado anteriormente, que equiparou os direitos sucessórios de companheiros e de cônjuges.
37. Nesse sentido, pode ser mencionado artigo de livro desta mesma série, tendo como base os ensinamentos de Rolf Madaleno. CARVALHO, Newton Teixeira. Pacto antenupcial no regime da comunhão parcial. In: CALMON, Rafael; PORTANOVA, Rui. *Regime de comunhão parcial de bens*. Indaiatuba: Editora Foco Jurídico, 2022, p. 347-367.
38. AMARAL, Francisco. *Direito Civil*: introdução. Rio de Janeiro: Renovar, 1998, p. 326.
39. Art. 426. *Não pode ser objeto de contrato a herança de pessoa viva*.

De fato, apesar de trazida do direito dos contratos, a interdição ao "pacta corvina" seria aplicável ao pacto antenupcial e ao contrato de convivência, uma vez que eles têm a natureza de negócio jurídico. Mas este não é o único motivo pelo qual deveriam ser vedados os pactos sucessórios nesses instrumentos.

Preliminarmente, deve-se destacar que as normas sucessórias são de ordem pública. A ordem de vocação hereditária expressa no art. 1.829 do Código Civil apenas pode ser modulada por instrumento sucessório cabível, como o testamento. Trata-se de escolha legislativa que, amparada em valores constitucionais, privilegia o afeto conjugal e a comunhão de vida decorrentes da união entre pessoas que formam família. Por esse motivo, a autonomia privada não tem o poder de construir para si uma ordem própria diante da expressa e determinante previsão legal.

Deve-se recordar que a autonomia privada tem a doutrina individualista como suporte filosófico. Nesse sentido, ao discorrer acerca da concepção clássica do direito privado, Francisco Amaral sintetiza que o individualismo é "uma tendência a colocar as instituições políticas, jurídicas e sociais de um país ao serviço dos interesses particulares dos indivíduos que compõem a população, de preferência aos interesses coletivos".[40] Indo além em seu raciocínio, aquele autor afirma que, para os que atribuem à vontade individual um efeito normativo, as leis são, em sua larga maioria, dispositivas ou supletivas.[41] Esses juristas defendem que "o Estado deve se fazer cada vez menos presente na vida das pessoas, que poderão, por consequência, sempre dispor de seus direitos, antecipadamente", desde que não envolvam interesses de menores.[42]

A Carta Constitucional de 1988, todavia, impõe uma hierarquia axiológica que se propaga por todo o ordenamento jurídico. Valores como solidariedade familiar e proteção às vulnerabilidades materiais, aliados à igualdade que caracteriza as relações de família são princípios aptos a modular a autonomia privada em pactos e contratos de convivência.

A partir desses princípios, deve-se socorrer da definição conferida por Maria Berenice Dias para o casamento: "relação íntima de afeto",[43] da qual decorre a plena comunhão de vida do casal. Supõe-se, então, a plena igualdade formal entre os cônjuges. Entretanto, essa paridade nem sempre se verifica no mundo concreto.

Não raras vezes, a eleição de cláusulas extravagantes para o regime da separação de bens, conjugada com a prévia renúncia dos cônjuges a direitos sucessórios, pode indicar e perpetuar desigualdades e vulnerabilidades materiais, sob a singela justificativa da autonomia privada das partes. Apesar de a redação do instrumento

---

40. AMARAL, Francisco. Op. cit., p. 333.
41. Idem, p. 341.
42. CARVALHO, Newton Teixeira. Op. cit., p. 364.,
43. A autora se utilizou do Art. 5º, III, da Lei Maria da Penha (Lei 11.340/2006). (DIAS, Maria Berenice. Op. cit. p. 459).

ser pretensamente aderente à legislação;[44] portanto, perfeitamente válida, um dos membros do casal pode estar em posição materialmente inferior à do outro. Essa assimetria, com a total exclusão patrimonial desse cônjuge, teria o arremate final com sua renúncia aos direitos sucessórios.

Exemplo de cláusula extravagante de pacto antenupcial em regime da separação de bens foi noticiada na dissertação de mestrado de Fabiana Domingues Cardoso, obtida em sua pesquisa de campo:

> Chamou atenção pacto firmado pelo qual se denotava a instituição do regime de separação de bens, contendo a declaração da mulher de seu conhecimento sobre o histórico familiar da empresa e acervo patrimonial do esposo, e de sua irrisória participação para a constituição do montante, e por consequência sua renúncia em relação àquele patrimônio acumulado pelo homem e sua família, bem como de seus frutos e de eventual crescimento da sociedade.[45]

Cláusulas dessa natureza são perfeitamente admissíveis em um universo no qual todos fossem formalmente iguais. É o que, muitas vezes, ocorre na prática, na hipótese de pares com perfis socioeconômicos semelhantes. No mundo concreto, todavia, as desigualdades de raça, gênero, e origem, entre outras, aliadas à hipossuficiência são hábeis a gerarem vulnerabilidades materiais. Nesse sentido, torna-se importante destacar que "é necessário compreender a vulnerabilidade como uma característica, transitória ou permanente, que impõe uma desigualdade grave se comparada com aqueles que não carregam essa particularidade".[46] Cabe destacar ainda a interseccionalidade, uma vez que "as situações de desigualdade serão tão mais profundas quando entrelaçarem-se os diversos fatores de discriminação como o gênero, a situação social, a ancianidade e deficiência, por exemplo. De forma jocosa, a velhice já foi comparada a uma mulher pobre e negra. (...) Pior situação: a mulher idosa, negra e com deficiência".[47]

Um acordo no qual um dos nubentes é excluído de qualquer acréscimo patrimonial em vida, conjugado a uma renúncia de direitos sucessórios, pode ter o condão de condená-lo a uma existência sem recursos. Ainda mais ao serem consideradas as desigualdades de gênero que persistem em nossa sociedade, por exemplo. Uma mulher pode se dedicar à vida doméstica após a união, sem auferir nenhum rendimento, sem ter oportunidade de se dedicar aos estudos e sem ter acesso ao mercado de trabalho, com uma vida financeira dependente em tudo dos recursos do marido.

Se o regime de bens acordado no pacto antenupcial ou no contrato de convivência for o da separação de bens, essa mulher nada terá acumulado de patrimônio

---

44. Código Civil, art. 1.655. *É nula a convenção ou cláusula dela que contravenha disposição absoluta de lei.*
45. CARDOSO, Fabiana Domingues. *Pacto antenupcial no Brasil: formalidades e conteúdo*. Tese (Mestrado em Direito das Relações Sociais) – Pontifícia Universidade Católica de São Paulo. São Paulo. 304 p. 2009, p. 167.
46. TEIXEIRA, Ana Carolina Brochado; MENEZES, Joyceane Bezerra de. Apresentação. In: TEIXEIRA, Ana Carolina Brochado; MENEZES, Joyceane Bezerra de. *Gênero, vulnerabilidade e autonomia: Repercussões jurídicas*. Indaiatuba: Editora Foco, 2021, p. VII.
47. Idem, p. VIII.

durante a vida, pois não terá direito a eventual meação. Cenário pior ocorrerá quando terminar o vínculo conjugal por morte do esposo, e ela tiver renunciado a seus direitos decorrentes da sucessão do falecido no pacto ou no contrato. Ainda mais se os nubentes tiverem renunciado ao direito de habitação previsto no art. 1.831 do Código Civil no instrumento antenupcial.

Assim, a renúncia antecipada a direitos sucessórios em instrumentos antenupciais não merece guarida na atual ordem jurídica. A uma por representar disposição atinente à sucessão de pessoa viva. A duas por pretender contrariar disposição de ordem pública, qual seja, a ordem de vocação sucessória prevista no art. 1.829 do Código Civil. Finalmente, por acarretar potencial violação aos princípios da igualdade e da solidariedade familiar, quando combinada com o regime da separação convencional de bens. Afinal, pode ter o efeito de condenar um dos nubentes a uma vida financeira sem recursos, com consequências que perdurariam mesmo após o término da sociedade conjugal.

Sensível à realidade social, a jurisprudência do Superior Tribunal de Justiça – STJ abraça a ideia de que o regime da separação convencional de bens não implica na exclusão sucessória do cônjuge sobrevivente sobre o patrimônio do falecido. Aquela Corte, por suas decisões, dá ao viúvo a possibilidade de ter algum suporte econômico, uma vez que é possível que ele não tenha acumulado reserva financeira alguma em sua vida conjugal, em decorrência do regime de bens.

Merece relevo, nesse sentido o Acórdão proferido no Recurso Especial 1.472.945 – RJ (2013/0335003-3), de relatoria do Ministro Ricardo Villas Bôas Cueva, julgado pela Terceira Turma do STJ em 23 de outubro de 2014. Era debatida naquele julgamento a posição sucessória do cônjuge supérstite quando o regime adotado pelo casal fora o da separação convencional de bens. A tese levantada pela recorrente era a de que o cônjuge casado em separação convencional de bens não seria herdeiro necessário. O fundamento lógico de seu raciocínio seria que pessoas casadas em separação de bens por pacto antenupcial teriam como propósito a segregação de seu patrimônio daquele pertencente ao outro cônjuge, tanto durante o casamento, quanto após sua morte.

> Recurso especial. Direito das sucessões. Inventário e partilha. Regime de bens. Separação convencional. Pacto antenupcial por escritura pública. Cônjuge sobrevivente. Concorrência na sucessão hereditária com descendentes. Condição de herdeiro. Reconhecimento. Exegese do art. 1.829, I, do CC/02. Avanço no campo sucessório do código civil de 2002. Princípio da vedação ao retrocesso social.
>
> 1. O art. 1.829, I, do Código Civil de 2002 confere ao cônjuge casado sob a égide do regime de separação convencional a condição de herdeiro necessário, que concorre com os descendentes do falecido independentemente do período de duração do casamento, com vistas a garantir-lhe o mínimo necessário para uma sobrevivência digna.
>
> 2. O intuito de plena comunhão de vida entre os cônjuges (art. 1.511 do Código Civil) conduziu o legislador a incluir o cônjuge sobrevivente no rol dos herdeiros necessários (art. 1.845), o que reflete irrefutável avanço do Código Civil de 2002 no campo sucessório, à luz do princípio da vedação ao retrocesso social.

3. O pacto antenupcial celebrado no regime de separação convencional somente dispõe acerca da incomunicabilidade de bens e o seu modo de administração no curso do casamento, não produzindo efeitos após a morte por inexistir no ordenamento pátrio previsão de ultratividade do regime patrimonial apta a emprestar eficácia póstuma ao regime matrimonial.

4. O fato gerador no direito sucessório é a morte de um dos cônjuges e não, como cediço no direito de família, a vida em comum. As situações, porquanto distintas, não comportam tratamento homogêneo, à luz do princípio da especificidade, motivo pelo qual a intransmissibilidade patrimonial não se perpetua post mortem.

5. O concurso hereditário na separação convencional impõe-se como norma de ordem pública, sendo nula qualquer convenção em sentido contrário, especialmente porque o referido regime não foi arrolado como exceção à regra da concorrência posta no art. 1.829, I, do Código Civil.

6. O regime da separação convencional de bens escolhido livremente pelos nubentes à luz do princípio da autonomia de vontade (por meio do pacto antenupcial), não se confunde com o regime da separação legal ou obrigatória de bens, que é imposto de forma cogente pela legislação (art. 1.641 do Código Civil), e no qual efetivamente não há concorrência do cônjuge com o descendente.

7. Aplicação da máxima de hermenêutica de que não pode o intérprete restringir onde a lei não excepcionou, sob pena de violação do dogma da separação dos Poderes (art. 2º da Constituição Federal de 1988).

8. O novo Código Civil, ao ampliar os direitos do cônjuge sobrevivente, assegurou ao casado pela comunhão parcial cota na herança dos bens particulares, ainda que os únicos deixados pelo falecido, direito que pelas mesmas razões deve ser conferido ao casado pela separação convencional, cujo patrimônio é, inexoravelmente, composto somente por acervo particular.

9. Recurso especial não provido.

O voto do relator destacou que o pacto antenupcial somente tem efeitos durante a constância do matrimônio. De fato, a morte de um dos cônjuges dissolve o vínculo conjugal[48] e, por consequência, acarreta a extinção do regime de bens. Assim, a eficácia do pacto cessa quando do falecimento do consorte, e como destacou o acórdão, não há previsão de ultratividade desse instrumento para após a morte de um dos cônjuges.

Este trecho do acórdão delimita o campo de eficácia do pacto antenupcial e do contrato de convivência. Tais instrumentos não são hábeis para afastar regras de direito das sucessões, que são de ordem pública, mormente porque seus campos de incidência são diferentes. Enquanto o casamento ou a união estável podem ter regras pactuadas naqueles acordos, que perduram durante a constância da vida conjugal, o direito sucessório têm seus efeitos quando do falecimento de um dos cônjuges. Conquanto sequenciais, esses fenômenos obedecem a regras diversas.

Ficou claro ainda que, apesar de nomes assemelhados, o regime da separação obrigatória e o da separação convencional são diferentes. Obedecem a regras próprias, que geram efeitos diversos no direito patrimonial das famílias e no direito das sucessões. Por esse motivo, não é possível adotar-se interpretação extensiva, muito menos para restringir direitos. Não é admissível estender a previsão legal de ausência de direito concorrencial do cônjuge sobrevivente que fora casado sob o regime da

---

48. Código Civil, art. 1.571, § 1º.

separação obrigatória de bens àquele que fora casado no regime da separação convencional (Código Civil, art. 1829, I).[49]

Como destacou o Ministro Ricardo Villas Bôas Cueva, em seu voto, mencionando trecho de voto do Ministro Luis Felipe Salomão, ressalta-se a preocupação do legislador com a dignidade do cônjuge sobrevivente, agora alçado à condição de herdeiro necessário. Ainda mais porque, neste caso, anteriormente casado sob o regime da separação convencional de bens, ele não teria direito à meação.

> O objetivo da regra é garantir o sustento do cônjuge supérstite e, em última análise, a sua própria dignidade, já que, em razão do regime de bens, poderia ficar à mercê de toda sorte e azar em virtude do falecimento de seu cônjuge, fato que por si só é uma tragédia pessoal. A concorrência se justifica justamente por esse motivo, e se coaduna com a finalidade protetiva do cônjuge no campo do direito sucessório, almejada pelo legislador, em histórico avanço, devendo-se observar o princípio da vedação ao retrocesso social (REsp 1.329.993/RS, Rel. Ministro Luis Felipe Salomão, Quarta Turma, julgado em 17.12.2013, DJe 18.03.2014).

Deve-se frisar que as cláusulas relativas ao regime de bens têm tratamento diverso das demais no pacto ou no contrato de convivência. Aquelas, para serem alteradas, necessitam de autorização judicial.[50] Não mais vigora entre nós a imutabilidade do regime de bens, prevista no Código de Bevilaqua. Nesse sentido, mesmo os matrimônios contraídos durante aquele código podem ter seu regime alterado pela sistemática prevista atualmente no Art. 1.639, § 2º. Afinal, os efeitos daqueles casamentos perduram até os dias de hoje; portanto, podem ser regulados pelo código vigente.[51] Foi assim que se firmou a jurisprudência do STJ.[52]

A alteração do regime de bens não tem efeitos retroativos, como mencionado anteriormente.[53] O novo regime vigora a partir da sentença (efeitos "*ex nunc*"), tendo esta eficácia de "novo" pacto antenupcial como documento hábil a ser apresentado no registro civil e no registro de imóveis.[54]

---

49. Ratifica-se, nesta decisão o Enunciado CJF/STJ 270, que afirma o direito concorrencial do cônjuge casado sob o regime da separação convencional de bens.
50. Código Civil, Art. 1.639. § 2º *É admissível alteração do regime de bens, mediante autorização judicial em pedido motivado de ambos os cônjuges, apurada a procedência das razões invocadas e ressalvados os direitos de terceiros.*
51. Código Civil, Art. 2.035. *A validade dos negócios e demais atos jurídicos, constituídos antes da entrada em vigor deste Código, obedece ao disposto nas leis anteriores, referidas no art. 2.045, mas os seus efeitos, produzidos após a vigência deste Código, aos preceitos dele se subordinam, salvo se houver sido prevista pelas partes determinada forma de execução.*
52. Recurso Especial 1.112.123 – DF, julgado pela Terceira Turma em 16 de junho de 2009, Relator: Ministro Sidnei Beneti; Recurso Especial 868.404 – SC, julgado pela Quarta Turma em 12 de junho de 2007, Relator: Ministro Hélio Quaglia Barbosa; e Recurso Especial p 821.807 – PR, julgado pela Terceira Turma em 19 de outubro de 2006, Relatora: Ministra Nancy Andrighi.
53. Recurso Especial 1.845.416-MS, já discutido.
54. Sobre a desnecessidade de confecção de pacto antenupcial perante tabelião após a alteração do regime de bens, vide os seguintes acórdãos, entre outros: TJRS, Agravo de Instrumento 70.026.062.281, Sétima Câmara Cível, Relator: Des. André Luiz Planella Vilarinho, data do julgamento 08.10.2008; e TJRS, Apelação Cível 70.006.709.950, Sétima Câmara Cível, Relator: Des. Sérgio Fernando de Vasconcellos Chaves, data do julgamento 22.10.2003. Neste último, foi ressaltado que "o pacto antenupcial é ato notarial; a alteração do regime matrimonial é ato judicial".

Não há necessidade de justificativas aprofundadas no pedido de alteração. Este prescinde até mesmo de rol dos bens componentes do patrimônio do casal. Afinal, deve ser privilegiada a boa-fé objetiva, que é um dos pilares do direito contemporâneo. Não pode a má-fé ser presumida. Ao contrário; a conduta a ser esperada do outro deve ser sempre a de lealdade, coerência e correção. Magistrais, ao confirmar esse entendimento, são as palavras do Desembargador do TJMG Newton Teixeira Carvalho:

> Antes, porém, ressaltamos que é comum no Direito a inversão do princípio da boa-fé. Pensa-se, primeiramente, na utilização indevida das novas conquistas jurídicas e sociais. É necessário afastar esse pensamento, e entender que a regra é a boa-fé e, que se um instituto jurídico não for utilizado devidamente, há meios de correção do equívoco.[55]

Foi nesse sentido a interpretação adotada no acórdão proferido no Recurso Especial 1.904.498 – SP (2020/0136460-4), de relatoria da Ministra Nancy Andrighi, julgado pela Terceira Turma do STJ em 04 de maio de 2021. Ressaltou-se ainda que avançar em provas ou justificativas demasiadas acabaria por desrespeitar a intimidade e a vida privada do casal. Sobre esse tema destaco os seguintes trechos da decisão:

> 5. De acordo com a jurisprudência consolidada desta Corte Superior, é possível a modificação do regime de bens escolhido pelo casal – autorizada pelo art. 1.639, § 2º, do CC/02 – ainda que o casamento tenha sido celebrado na vigência do Código Civil anterior, como na espécie. Para tanto, estabelece a norma precitada que ambos os cônjuges devem formular pedido motivado, cujas razões devem ter sua procedência apurada em juízo, resguardados os direitos de terceiros.
>
> 6. A melhor interpretação que se pode conferir ao § 2º do art. 1.639 do CC é aquela no sentido de não se exigir dos cônjuges justificativas ou provas exageradas, desconectadas da realidade que emerge dos autos, sobretudo diante do fato de a decisão que concede a modificação do regime de bens operar efeitos *ex nunc*. Precedente.
>
> 7. Isso porque, na sociedade conjugal contemporânea, estruturada de acordo com os ditames assentados na Constituição de 1988, devem ser observados – seja por particulares, seja pela coletividade, seja pelo Estado – os limites impostos para garantia da dignidade da pessoa humana, dos quais decorrem a proteção da vida privada e da intimidade, sob o risco de, em situações como a que ora se examina, tolher indevidamente a liberdade dos cônjuges no que concerne à faculdade de escolha da melhor forma de condução da vida em comum.
>
> 8. Destarte, no particular, considerando a presunção de boa-fé que beneficia os consortes e a proteção dos direitos de terceiros conferida pelo dispositivo legal em questão, bem como que os recorrentes apresentaram justificativa plausível à pretensão de mudança de regime de bens e acostaram aos autos farta documentação (certidões negativas das Justiças Estadual e Federal, certidões negativas de débitos tributários, certidões negativas da Justiça do Trabalho, certidões negativas de débitos trabalhistas, certidões negativas de protesto e certidões negativas de órgãos de proteção ao crédito), revela-se despicienda a juntada da relação pormenorizada de seus bens. Recurso Especial Provido.

---

55. CARVALHO, Newton Teixeira. *Redesignação de sexo e a desnecessidade de judicialização para retificação do registro de nascimento*. Belo Horizonte: Conhecimento, 2019, p. 106.

A necessidade de autorização judicial para alteração do regime de bens, devido à expressa previsão legal, implica em uma conclusão interessante. A interpretação em sentido contrário leva à necessária consequência de que todas as demais disposições do pacto antenupcial, ou do contrato de convivência, podem ser modificadas, desde que não sejam pertinentes ao regime de bens escolhido. Afinal, não há no ordenamento jurídico previsão de que o pacto, ou o contrato de convivência, devam ser apenas alterados mediante apreciação judicial. Só o regime de bens necessita. Milita nesse sentido a regra de que normas que restringem direitos, ou liberdades, devem ser interpretadas restritivamente.

Assim, cláusulas existenciais, por exemplo, podem ser alteradas, desde que o casal assim o deseje. Outras cláusulas, de índole econômica, como a divisão de despesas do lar, também admitiriam modificação sem a necessidade de recorrer ao Judiciário.

Essa interpretação é mais aderente à ideia de que os relacionamentos têm dinâmica própria. Não mais é mais admitida a adoção de fórmulas rígidas e inflexíveis, sob pena de estas se tornarem o objetivo único do intérprete. Afinal, a pessoa humana assumiu a centralidade do ordenamento a partir da Constituição de 1988. Ela e sua dignidade devem ser o objetivo, meio e fim do direito.

4. CONSIDERAÇÕES FINAIS

A leitura dos institutos do contrato de convivência e do pacto antenupcial pelas lentes do Tribunal da Cidadania, na abordagem dos regimes da separação de bens, com suas repercussões na órbita notarial e registral foi a temática deste texto. Não houve o propósito de esgotá-lo, seja devido à extensão do assunto, seja devido aos limites deste artigo.

A questão das vulnerabilidades perpassou boa parte das discussões. Ao contrário do abstracionismo extremo do direito privado clássico, essa característica apenas pode ser avaliada em concreto. Assim, algumas ideias para colaborar na sua identificação foram também dispostas no texto.

5. REFERÊNCIAS

AMARAL, Francisco. *Direito Civil*: introdução. Rio de Janeiro: Renovar, 1998.

BDINE JR. Hamid Charaf. Obrigações. Artigo 408. In: PELUSO, Cesar (Org.). *Código Civil Comentado. Doutrina e jurisprudência*. Barueri: Manole, 2021.

CALMON, Rafael. *Manual de partilha de bens*: na separação, no divórcio e na dissolução da união estável. São Paulo: Saraiva Educação, 2021.

CARDOSO, Fabiana Domingues. *Pacto antenupcial no Brasil: formalidades e conteúdo*. Tese (Mestrado em Direito das Relações Sociais) – Pontifícia Universidade Católica de São Paulo. São Paulo, 2009.

CARVALHO, Newton Teixeira. Pacto antenupcial no regime da comunhão parcial. In: CALMON, Rafael; PORTANOVA, Rui. *Regime de comunhão parcial de bens*. Indaiatuba: Editora Foco Jurídico, 2022.

CARVALHO, Newton Teixeira. *Redesignação de sexo e a desnecessidade de judicialização para retificação do registro de nascimento*. Belo Horizonte: Conhecimento, 2019.

DIAS. Maria Berenice. *Manual de Direito das Famílias*. Salvador: JusPodivm, 2020.

FACHIN, Luiz Edson. *Elementos Críticos do Direito de Família*. Rio de Janeiro: Renovar, 1999.

LÔBO, Paulo. A concepção da união estável como ato-fato jurídico e suas repercussões processuais. In: MADALENO, Rolf; PEREIRA, Rodrigo da Cunha (Org.). *Direito de Família*: Processo, teoria e prática. Rio de Janeiro: Forense, 2008.

LÔBO, Paulo Luiz Netto. A Repersonalização das relações de família. In: BITTAR, Carlos Alberto (Coord.). *O direito de família na Constituição de 1988*. São Paulo: Saraiva, 1989.

TEIXEIRA, Ana Carolina Brochado; MENEZES, Joyceane Bezerra de. Apresentação. In: TEIXEIRA, Ana Carolina Brochado; MENEZES, Joyceane Bezerra de. *Gênero, vulnerabilidade e autonomia*: repercussões jurídicas. Indaiatuba: Editora Foco, 2021.

TEPEDINO, Gustavo. Controvérsias sobre Regime de Bens no Novo Código Civil. *Revista Brasileira de Direito das Famílias e Sucessões*, v. 2, p. 5-21. Belo Horizonte: IBDFAM, 2008.

ENTRE O MEU E O TEU, EXISTE O NOSSO?: REFLEXÕES ACERCA DA FORMAÇÃO DE CONDOMÍNIO NO REGIME DA SEPARAÇÃO CONVENCIONAL DE BENS

Jamile Saraty Malveira Graim

Mestra em Direito Civil pela Faculdade de Direito da Universidade de Coimbra. Pós-graduada em Proteção de Criança pelo Centro de Família da Universidade de Coimbra. Professora de pós-graduação. Colunista em O Liberal, Diretora do IBDFAM seção Pará. Advogada, CEO do Jamille Saraty Sociedade Individual de Advogado.

Sumário: 1. Introdução – 2. Casamento e seus efeitos; 2.1 Conceito de casamento e o que ele representa para sociedade; 2.1.1 Natureza jurídica do casamento e autonomia privada; 2.1.2 Regime de bens e efeitos patrimoniais do casamento; 2.1.3 Mancomunhão, sociedade de fato e condomínio durante o casamento – 3. O regime da separação convencional de bens; 3.1 Regime da separação de bens *versus* regime da separação obrigatória de bens; 3.2 Condomínio entre cônjuges casados sob o regime da comunhão parcial de bens – 4. O direito na prática: o que decide o Superior Tribunal de Justiça; 4.1 Do caso concreto analisado – 5. Considerações finais – 6. Referências.

1. INTRODUÇÃO

Não existe casamento sem regime de bens e, portanto, não deveria existir noivado sem a conversa prévia sobre patrimônio e vida financeira do casal. Infelizmente não é o que ocorre na grande maioria das vezes. Muitos casamentos ocorrem durante o ímpeto da paixão e os enamorados acham totalmente embaraçoso dialogar sobre o destino de seu patrimônio ao longo do casamento.

Assim, casam-se sem entender que união a de vidas transcende ao amor e fixa-se na amizade, companheirismo e manutenção patrimonial. Além disso, temem iniciar uma vida separados pelo dinheiro. Acham que dinheiro é algo sujo que atrapalha o amor. Por isso, na maioria das vezes preferem misturar as contas, os bens, as forças. Assim, o regime da separação convencional de bens, este famigerado instituto ainda é prenúncio da falência de um casamento que ainda nem começou. Por isso, é pouquíssimo adotado, sendo utilizado apenas por grandes empresários, artistas ou qualquer outra pessoa que tenha muito patrimônio.

Ora, quem já tem patrimônio almeja protegê-lo, ou ao menos deseja negociá-lo de forma livre, sem a interferência do cônjuge que chegou depois. Assim, vale a máxima "o que é meu é meu, o que é seu, é seu". Em resumo, este regime divide a massa patrimonial do casal em dois, o patrimônio de cada um dos cônjuges se mantém bipartido em linhas paralelas que nunca se encontrarão – ou pelo menos não deveriam se encontrar. E caso haja divórcio, inexiste discussão de partilha de bens, facilitando processo que já é tão dolorido.

Deve-se lembrar, para que se possa entender este texto, que o regime da separação de bens tratada aqui é a convencional, ou seja, aquela escolhida de livre e espontânea vontade pelas partes através de pacto antenupcial, e não o regime da separação obrigatória, que como o próprio nome já diz, é imposto pela lei tendo em vista algumas circunstancias. Este último, localizado no artigo 1.641 do CC possui algumas exceções que autorizam, ou a sua alteração ou a comunhão de bens entre o casal por força da súmula 377 do STF. Em outras palavras, o "nosso" é totalmente possível da separação obrigatória de bens, enquanto que na separação convencional é impossível.

Mas como Direito é vida e a vida nunca foi e nem será exata, existem momentos em que este casal, mais programado, que decidiu separar seus bens, decide consciente ou inconscientemente misturar seu patrimônio em negócios específicos, formando uma massa comum. Então, como boa comunhão de vidas que o casamento e a união estável são, existe um momento em que esse patrimônio sem querer pode vir a misturar. Entre "amor me empresta aqui, amor estou te pagando ali, e amor, vamos construir algo junto pelos nossos filhos".

Algumas dúvidas logo são suscitadas: 1. É possível a mistura de patrimônio entre os casados pelo regime da separação de bens?; 2. Existem direitos de meação sobre aquilo que foi construído conjuntamente?; 3. Qual a competência para julgar a divisão dos bens? 4. É obrigatório a dissolução da sociedade de fato com o fim da relação?

As hipóteses serão analisadas a partir de uma revisão bibliográfica atualizada sobre o tema que será confrontada com entendimento do Superior Tribunal de Justiça, através da análise do seguinte Acórdão STJ – REsp: 1.706.812/DF 2017/0281834-5, Relator: Ministro Ricardo Villas Bôas Cueva, Data de Julgamento: 03.09.2019, T3 – Terceira Turma, Data de Publicação: DJe 06.09.2019.

Objetiva-se, assim analisar a função do regime de bens na união conjugal do Brasil, sobretudo a separação convencional de bens e como ela pode prejudicar o cônjuge que possui menor informação e dedica-se totalmente a família, a partir da exposição de decisões proferidas pelo Superior Tribunal de Justiça, pretendo ao final propor-se sugestão de solução jurídica cabível.

Em relação à metodologia, o presente artigo parte de uma pesquisa predominantemente teórica, embora aspectos empíricos também tenham relevo, essencialmente no tocante à análise de recentes decisões judiciais dos tribunais pátrios para a melhor compreensão do tema. A abordagem qualitativa faz-se necessária para o aprofundamento das noções básicas, essenciais para a compreensão não apenas do problema de pesquisa como para o resultado. De natureza aplicada, a pesquisa almeja que casais possam aplicar no seu cotidiano e o direito possa ser efetivado, de fato, em sua finalidade. Para isso, o procedimento para pesquisa do presente artigo deu-se através do levantamento bibliográfico e documental para a análise da lei e da jurisprudência pertinente, demonstrando a situação atual do tema.

Desta forma, este artigo será divido em três tópicos: o primeiro que abordará o a contratualização do casamento e seus efeitos patrimoniais. O segundo que abordará o regime da separação de bens e a possibilidade de condomínio entre os cônjuges, e o terceiro que abordará discussão do caso concreto decidido pelo Superior Tribunal de Justiça para demonstração da interpretação prática da legislação vigente e da doutrina majoritária. Ao final a conclusão pretende demonstrar a possibilidade de condomínio no regime da separação convencional de bens e como possível conflito poderá ser dirimido no processo de divórcio.

2. CASAMENTO E SEUS EFEITOS

O casamento inicia a comunhão plena de vidas que entrelaça vida pessoal e patrimonial entre duas pessoas, por isso, saber o porquê da relação entre casamento e de regras patrimoniais inerentes a ele, fará toda a diferença para compreensão da análise deste artigo.

2.1 Conceito de casamento e o que ele representa para sociedade

O casamento por muito tempo significou a melhor forma de assegurar o a propriedade e sua perpetuação. Por meio dele e sua indissolubilidade era garantido a certeza de um herdeiro de sangue que prolongaria e manteria a riqueza da família.[1]

Uma pesquisa básica pela origem da família e a razão dela existir – sobrevivência e perpetuidade –, leva a crer que o casamento é sinônimo de organização social, patrimonial e política que serve não apenas para unir pessoas apaixonadas, mas sobretudo regulamentar limites estatais[2] através da determinação de comportamentos de grupos sociais. Assim, Coelho e Oliveira[3] (2011) explanam em seu Curso de Direito de Família como o casamento *acto* interessa tanto ao Estado como a igreja, dissertando sobre a influência que cada um tem sobre o instituto.[4]

É claro que o casamento atualmente já é prescindível para a formação da família, e tampouco é atrelado a questões religiosas remetidas a celebração religiosa

---

1. VENOSA, Silvio De Salvo, A família conjugal. In: PEREIRA, Rodrigo da Cunha. *Tratado de Direito das famílias*. 3. ed. Belo Horizonte: IBDFAM, 2019.
2. Os homens gregos consideravam desagradável estar casado. Para eles, era um estado dispendioso, incomodo, e um obstáculo à liberdade. Contudo, o casamento era inevitável. O homem precisava de uma dona de casa e era dever dele para com o Estado e a religião dos filhos. [...] O casamento era tão impopular que o Estado se sentiu em perigo. Em Atenas, somente os homens casados podiam tornar-se oradores ou generais. Criaram, durante um período, uma multa para quem passasse dos 40 anos e permanecesse solteiro. Em Esparta havia uma lei semelhaste, instituída pelo legislador Licurgo, que punia todos os homens que deliberadamente evitavam o casamento depois de uma determinada idade. LINS, Regina Navarro. *O livro do amor*. 3. ed. Rio de janeiro, 2013, v. I, p. 51.
3. COELHO, Francisco Pereira; OLIVEIRA, Guilherme de. *Curso de Direito da Família*: Introdução ao Direito matrimonial. 4 ed. Coimbra: Coimbra, 2011. v. 1.
4. COELHO, Francisco Pereira; OLIVEIRA, Guilherme de. *Curso de Direito da Família*: Introdução ao Direito matrimonial. 4 ed. Coimbra: Coimbra, 2011, v. 1.

e indissolúvel, no entanto, ainda enquadra os que aceitam se submeter a ele, regras predispostas não apenas de comportamento, mas direitos e decisões.

Venosa (2019) defende que o casamento é negócio jurídico formal que centraliza o Direito de Família na sociedade contemporânea, permeando desde formalidades indispensáveis que antecedem a sua celebração até as consequências patrimoniais e pessoais inerentes as relações conjugais. Embora seu conceito não seja definido e muito menos imutável, parece claro e universal que juridicamente o casamento signifique um acordo de livre vontade entre duas pessoas realizado segundo determinações predefinidas por lei e dirigido a uma plena comunhão de vidas entre eles.[5]

Desta forma, sendo o casamento ainda um dos instrumentos para a formação de uma família, e sendo a família o cerne da sociedade, o Estado tem total interesse em organizar e regulamentar a base de sua existência, garantindo a liberdade mínima aos seus contraentes. Neste caso, optando pela vida formal e solene do casamento será estabelecido um elo solidário entre cada um dos cônjuges.[6]

2.1.1 Natureza jurídica do casamento e autonomia privada

Considera-se que o casamento é um contrato regido pelas normas do Direito de Família, denominado por vezes um contrato especial em virtude de que ao mesmo tempo depender, para a sua validade de requisitos básicos do negócio jurídico, possui seu conteúdo predefinido institucionalmente pelo Estado.[7]

O artigo 1.511 do CC/2002 inicia este conteúdo determinando que é estabelecido a comunhão plena de vida, com base na igualdade de direitos e deveres dos cônjuges. Mesmo sendo uma opção, a lei determina que em virtude do casamento, haverá a junção de duas vidas que caminharão lado a lado, podendo ou não se unificar totalmente.

Em apertada síntese, apesar de o casamento ser considerado um contrato em virtude da livre escolha das partes, tanto como de iniciá-lo, quanto de terminá-lo, é fato indiscutível seu conteúdo institucional, no que concerne aos seus efeitos, uma vez que as regras do comportamento conjugal são determinadas pela lei e independe da escolha dos contraentes.[8]

---

5. COELHO, Francisco Pereira; OLIVEIRA, Guilherme de. *Curso de Direito da Família*: Introdução ao Direito matrimonial. 4 ed. Cidade da editora: Coimbra, 2011, v. 1, p. 166.
6. ROSENVALD, Nelson; FARIAS, Cristiano Chaves de. *Curso de Direito Civil*: famílias. 8 ed. Salvador: Jus-Podivm, 2016. v. 6.
7. Não resta dúvida de que a celebração, conclusão material do negócio jurídico familiar, tem essa natureza (Contratual). Se visto o casamento, porém, como um todo extrínseco sob o ponto de vista da vida em comum, direitos e deveres dos cônjuges, assistência recíproca, educação da prole, ressalta-se o aspecto institucional, que é muito mais sociológico do que jurídico. O casamento faz com que os cônjuges adiram a uma estrutura jurídica cogente predisposta. Neste sentido apresenta-se a conceituação institucional. Trata-se, pois, de negócio complexo, com características de negócio jurídico e de instituição. VENOSA, Silvio De Salvo. In: PEREIRA, Rodrigo da Cunha. *Tratado de Direito das famílias*. 3. ed. Belo Horizonte: IBDFAM, 2019, p. 159.
8. A exemplo pode-se citar o artigo 1.566 do Código Civil de 2002. BRASIL. Lei 10.406, 10 de janeiro de 2002. Institui o Código Civil. Diário Oficial da União, Brasília, DF, 11 jan. 2002. Disponível em: http://www.planalto.gov.br/ccivil_03/leis/2002/l10406compilada.htm. Acesso em jul. 2022.

Assim, ironiza Dias[9] ao classificar o casamento como contrato de adesão, vez que os nubentes devem se submeter aos direitos e obrigações dispostos no código Civil.

Como se pode perceber pela leitura do art. 1.565 do CC/2002, na qualidade de consortes[10] deve vigorar durante o casamento, um estatuto que irá regulamentar a vida patrimonial dos cônjuges, desta forma, o regime de bens é um dos efeitos do casamento, não pode ser afastado da relação matrimonial. Entretanto, a sua modalidade pode ser escolhida livremente pelos nubentes durante o processo de habilitação. Isso significa que o casal tem autonomia para decidir como funcionará a sociedade conjugal em seu matrimônio, podendo optar livremente por um dos regimes tipificados em lei, ou ainda fazer a opção de um regime misto, além de poder acrescer regras especiais, desde que a convenção não prejudique disposição absoluta em lei, respeitando assim o princípio da autonomia da vontade, conforme artigos 1.639[11] e 1.640[12] do CC/2002.

No entanto, é fato que a liberdade é relativa e impede a ausência de um regime de bens durante o casamento, como também dificulta a alteração do regime de bens condicionando – a chancela judicial, essas imposições afastam o exercício pleno da autonomia da vontade no âmbito do Direito de Família, vinculando de maneira inexorável a vida conjugal a vida patrimonial do casal.[13]

---

9. Muito se debate sobre a natureza jurídica do casamento. O primeiro questionamento que surge é se é um instituto de direito público ou de direito privado. A discussão, ainda que tradicional, é estéril e inútil. Com o casamento, os nubentes aderem a uma estrutura jurídica cogente. Em face do elevado número de regras, imposições e restrições, que surgem a partir da sua celebração – por determinação legal e não por livre manifestação do par –, o casamento é considerado, por muitos, uma instituição. No entanto, o aspecto institucional do casamento é muito mais sociológico do que jurídico. DIAS, Maria Berenice. *Casamento e o conceito plural de família*. Rio Grande do Sul, 2011. Disponível em: https://berenicedias.com.br/casamento-e-o-conceito-plural-de-familia/#_ftn15. Acesso em: jul. 2022.
10. Trata-se a sociedade conjugal de uma comunidade de pessoas, podendo estar inclusos filhos, que precisa atender à sua cotidiana necessidade de subsistência e suprir os seus gastos com as suas rendas e bens (...) para fazer frente ao sustento da família ou exclusivamente da entidade conjugal ou da comunidade afetiva estável, encarregada de satisfazer seus encargos financeiros devem os cônjuges e conviventes contar com seus rendimentos na proporção do esforço de cada um, ou podem seus atores criar um patrimônio acomodado ao uso e às necessidades de sustento da composição familiar. MADALENO, Rolf. *Direito de Família*. 7 ed. Rio de janeiro; Forense, 2016, p. 714-715.
11. CC/2002 Art. 1.639. É lícito aos nubentes, antes de celebrado o casamento, estipular, quanto aos seus bens, o que lhes aprouver. § 1º O regime de bens entre os cônjuges começa a vigorar desde a data do casamento.
12. CC/2002 1.640. Não havendo convenção, ou sendo ela nula ou ineficaz, vigorará, quanto aos bens entre os cônjuges, o regime da comunhão parcial. Parágrafo único. Poderão os nubentes, no processo de habilitação, optar por qualquer dos regimes que este código regula
13. Para Calmon existe um inafastável e inderrogável regime primário de bens que objetiva preservar o núcleo familiar a lei, estabelecendo um conjunto de imposições mínimas, aplicáveis a todos os regimes de bens, dispostos entre os artigos 1.639 a 1.652 do CC. CALMON, Rafael. *Manual de partilha de bens*: na separação, no divórcio e na dissolução da união estável – aspectos materiais e processuais. 3. ed. São Paulo: Saraiva Educação, 2021, p. 45.

2.1.2 Regime de bens e efeitos patrimoniais do casamento

Denomina-se regime de bens o conjunto de regras que definem a propriedade sobre os bens do casal, ou seja, como se organizam os bens entre os Cônjuges.[14] Para Madaleno[15] essa relação econômica deriva das relações familiares, pois a vida e desenvolvimento de uma sociedade tem seu ponto de partida na família que a unidade de produção primária de um povo.

Calmon vai mais além, pontuando aspecto pouco observado pela doutrina, o magistrado acrescenta que o regime de bens para além de ser um conjunto de valores, princípios e regras destinados a as relações patrimoniais dos cônjuges entre si e entre terceiros, vigora da constituição da família até a partilha dos bens, ou seja, poderá permanecer mesmo com a separação de fato entre o casal.[16]

Farias e Rosenvald[17] asseveram que o regime de bens é apenas um estatuto base ou mínimo das relações patrimoniais, pois não disciplinam determinadas relações econômicas advindas do casamento, a exemplo de obrigação alimentar, usufruto, administração de bens de filhos menores e herança.

Desta forma, o regime de bens é um efeito patrimonial do casamento regido pelos princípios da liberdade de escolhas, variedade de regime, mutabilidade controlada, estabelecendo um estatuto patrimonial que rege a aquisição, administração, transferência e responsabilidade do patrimônio dos consortes, a depender da modalidade escolhida pelos nubentes. Sendo eles: a) comunhão universal de bens (art. 1.667 a 1.671 CC), b) comunhão parcial de bens (arts. 1.653 a 1.657 CC), c) participação final dos aquestos (1.672 a 1.686 CC); d) separação convencional de bens (art. 1.687 a 1.688).

2.1.3 Mancomunhão, sociedade de fato e condomínio durante o casamento

O regime que vigora como supletivo ou legal, ainda é o da comunhão parcial de bens, também é ele o mais utilizado pelos casais no Brasil. Por Comunhão parcial de bens, entende-se a comunicação de patrimônio adquirido durante o casamento, existindo três massas patrimoniais, a que pertence individualmente a cada cônjuge e uma terceira massa que pertence aos dois.[18]

---

14. COELHO, Francisco Pereira; OLIVEIRA, Guilherme de. *Curso de Direito da Família*: Introdução ao Direito matrimonial. 4. ed. Cidade da editora: Coimbra, 2011, v. 1, p. 474.
15. MADALENO, Rolf. *Direito de Família*. 7. ed. Rio de Janeiro; Forense, 2016, p. 711.
16. CALMON, Rafael. *Manual de partilha de bens*: na separação, no divórcio e na dissolução da união estável – aspectos materiais e processuais. 3. ed. São Paulo: Saraiva Educação, 2021.
17. ROSENVALD, Nelson; FARIAS, Cristiano Chaves de. *Curso de Direito Civil*: famílias. 8 ed. Salvador: Jus-Podivm, 2016, v. 6, p. 304.
18. A unidade de vida exige que também se pressuponha a unidade de patrimônio e de dívidas contraídas no propósito de assegurar a subsistência e desenvolvimento do grupo familiar, tanto que na inércia dos nubentes a legislação brasileira interpreta o silêncio como assunção de um regime de bens de comunhão parcial de bens, no qual a sociedade afetiva considera comuns, com pontuais exceções, bens hauridos pelo presumido esforço comum na constância do relacionamento. O casamento a união estável, como diz Carlos H. Vidal Taquini, criam uma comunidade de interesses pecuniários e fazem nascer numerosas relações concernentes aos bens. MADALENO, Rolf. *Direito de Família*. 7. ed. Rio de Janeiro: Forense, 2016, p. 712.

A mancomunhão, diferente do condomínio significa uma universalidade de direitos consequente do matrimônio em que, segundo Calmon, implica, "o verdadeiro encapsulamento do patrimônio jurídico conjuntamente construído, por meio de um involucro invisível, responsável por tornar comuns todas as situações jurídicas que o compõem, assim em seus aspectos ativo e passivo".[19]

Para Pereira trata-se de um estado dos bens conjugais que torna os bens indivisíveis até a partilha, pois pertencem a ambos os cônjuges na mesma proporção.[20]

Desta forma, a mancomunhão nasce em virtude da comunhão de bens (regime de comunhão, seja parcial, seja universal), reunindo o patrimônio dos cônjuges em prol da unidade familiar, sem que ele possa ser individualizado para cada cônjuge.

Diferente é o condomínio,[21] que, embora haja uma união de pessoas em copropriedade, ela é individualizada em frações, podendo ser dispostas e executadas livre e autonomamente, sem que dependa do outro condômino.[22] O condomínio é instaurado quando termina a mancomunhão entre os cônjuges.[23]

---

19. CALMON, Rafael. *Manual de partilha de bens*: na separação, no divórcio e na dissolução da união estável – aspectos materiais e processuais. 3. ed. São Paulo: Saraiva, 2021, p. 113.
20. PEREIRA, Rodrigo da Cunha. *Dicionário de direito de família e sucessões ilustrado*. São Paulo: Saraiva, 2015.
21. Direito civil. Família. Recurso especial. Embargos de declaração. Negativa de prestação jurisdicional. Inocorrência. Ação de arbitramento e cobrança de alugueis, em decorrência de uso exclusivo de imóvel não partilhado. Indenização correspondente a metade do valor da renda do aluguel apurado, diante da fruição exclusiva do bem comum por um dos condôminos. Condomínio, ademais, que foi extinto por força de decisão judicial transitada em julgado, tendo sido determinada a alienação judicial do imóvel. Indenização, todavia, devida a partir da citação na ação de arbitramento.
   1 – Ação distribuída em 29.09.2009. Recurso especial interposto em 03.08.2012 e atribuído à Relatora em 15.09.2016.
   2 – O propósito recursal é definir se é cabível o arbitramento de alugueis em favor de ex-cônjuge em razão da ocupação e fruição exclusiva do imóvel comum, ainda que não tenha ele sido objeto de partilha.
   3 – Devidamente analisadas e discutidas as questões colocadas em debate pelas partes, e fundamentado suficientemente o acórdão recorrido, não há que se falar em violação do art. 535, I e II, do CPC/73.
   4 – Havendo separação ou divórcio e sendo possível a identificação inequívoca dos bens e do quinhão de cada ex-cônjuge antes da partilha, cessa o estado de mancomunhão existente enquanto perdura o casamento, passando os bens ao estado de condomínio.
   5 – Com a separação ou divórcio do casal, cessa o estado de comunhão de bens, de modo que, mesmo nas hipóteses em que ainda não concretizada a partilha do patrimônio, é permitido a um dos ex-cônjuges exigir do outro, a título de indenização, a parcela correspondente à metade da renda de um aluguel presumido, se houver a posse, uso e fruição exclusiva do imóvel por um deles.
   6 – Após a separação ou divórcio e enquanto não partilhado o imóvel, a propriedade do casal sobre o bem rege-se pelo instituto do condomínio, aplicando-se a regra contida no art. 1.319 do CC/2002, segundo a qual cada condômino responde ao outro pelos frutos que percebeu da coisa.
   7 – O marco temporal para o cômputo do período a ser indenizado, todavia, não é a data em que houve a ocupação exclusiva pela ex-cônjuge, tampouco é a data do divórcio, mas, sim, é a data da citação para a ação judicial de arbitramento de alugueis, ocasião em que se configura a extinção do comodato gratuito que antes vigorava.
   8 – Recurso especial parcialmente conhecido e, nessa parte, provido em parte, apenas para delimitar a data de início da incidência dos alugueis. Superior Tribunal de Justiça. REsp 1.375.271/SP. Rel. Min. Nancy Andrighi, 3 Turma, julgado em 21.09.2017, DJe de 02.10.2017.
22. PEREIRA, Rodrigo da Cunha. *Dicionário de direito de família e sucessões ilustrado*. São Paulo: Saraiva, 2015.
23. Direito civil. Família. Recurso especial. Embargos de declaração. Negativa de prestação jurisdicional. Inocorrência. Ação de arbitramento e cobrança de alugueis, em decorrência de uso exclusivo de imóvel não

A sociedade de fato, remetida ao Direito de Família na Súmula 380 do STF[24] teve condão apenas de impedir que houvesse violação ao princípio geral de direito que veda o enriquecimento ilícito, o que ocorreria caso não fosse levada em conta à contribuição material e financeira da concubina durante o relacionamento, tratando as relações afetivas estritamente com aspecto patrimonial não regidas pelo Direito de Família.[25] Assim, a relação concubinária estaria classificada no âmbito do direito das obrigações, garantindo uma compensação indenizatória que afasta o enriquecimento ilícito.[26]

Por último, a meação significa o direito de cada consorte de titularização da metade ideal do patrimônio conjunto. Calmon ensina que "só se pode efetivamente

---

partilhado. Indenização correspondente a metade do valor da renda do aluguel apurado, diante da fruição exclusiva do bem comum por um dos condôminos. Condomínio, ademais, que foi extinto por força de decisão judicial transitada em julgado, tendo sido determinada a alienação judicial do imóvel. Indenização, todavia, devida a partir da citação na ação de arbitramento.

1 – Ação distribuída em 29.09.2009. Recurso especial interposto em 03.08.2012 e atribuído à Relatora em 15.09.2016.

2 – O propósito recursal é definir se é cabível o arbitramento de alugueis em favor de ex-cônjuge em razão da ocupação e fruição exclusiva do imóvel comum, ainda que não tenha ele sido objeto de partilha.

3 – Devidamente analisadas e discutidas as questões colocadas em debate pelas partes, e fundamentado suficientemente o acórdão recorrido, não há que se falar em violação do art. 535, I e II, do CPC/73.

4 – Havendo separação ou divórcio e sendo possível a identificação inequívoca dos bens e do quinhão de cada ex-cônjuge antes da partilha, cessa o estado de mancomunhão existente enquanto perdura o casamento, passando os bens ao estado de condomínio.

5 – Com a separação ou divórcio do casal, cessa o estado de comunhão de bens, de modo que, mesmo nas hipóteses em que ainda não concretizada a partilha do patrimônio, é permitido a um dos ex-cônjuges exigir do outro, a título de indenização, a parcela correspondente à metade da renda de um aluguel presumido, se houver a posse, uso e fruição exclusiva do imóvel por um deles.

6 – Após a separação ou divórcio e enquanto não partilhado o imóvel, a propriedade do casal sobre o bem rege-se pelo instituto do condomínio, aplicando-se a regra contida no art. 1.319 do CC/2002, segundo a qual cada condômino responde ao outro pelos frutos que percebeu da coisa.

7 – O marco temporal para o cômputo do período a ser indenizado, todavia, não é a data em que houve a ocupação exclusiva pela ex-cônjuge, tampouco é a data do divórcio, mas, sim, é a data da citação para a ação judicial de arbitramento de alugueis, ocasião em que se configura a extinção do comodato gratuito que antes vigorava.

8 – Recurso especial parcialmente conhecido e, nessa parte, provido em parte, apenas para delimitar a data de início da incidência dos alugueis. Superior Tribunal de Justiça. REsp 1.375.271/SP. Rel. Min. Nancy Andrighi, 3 Turma, julgado em 21.09.2017, DJe de 02.10.2017.

24. Comprovada a existência de sociedade de fato entre os concubinos, é cabível a sua dissolução judicial, com a partilha do patrimônio adquirido pelo esforço comum em: https://www.stf.jus.br/portal/jurisprudencia/menuSumarioSumulas.asp?sumula=2482#:~:text=Comprovada%20a%20exist%C3%AAncia%20de%20sociedade,patrim%C3%B4nio%20adquirido%20pelo%20esfor%C3%A7o%20comum.

25. FERRAZ, Paula Carvalho. *O concubinato e uma perspectiva de inclusão constitucional*. Belo Horizonte: IBDFAM, 2008. Disponível em: https://ibdfam.org.br/artigos/470/O+Concubinato+e+uma+perspectiva+-de+inclus%C3%A3o+constitucional. Acesso em: jul. 2022.

26. "Concubinato. Sociedade de fato. Direito das obrigações. 1. Segundo entendimento pretoriano, na sociedade de fato entre concubinas, é, para as consequências jurídicas que lhe decorrem das relações obrigacionais, irrelevante o casamento de qualquer deles, sobretudo, porque a censurabilidade do adultério não pode justificar que se locuplete com o esforço alheio, exatamente aquele que o pratica. 2. Recurso não conhecido". Superior Tribunal de Justiça. REsp 229.069/SP. 4 Turma, Rel. Min. Fernando Gonçalves, j. 26.04.2005, DJ 16.05.2005, p. 351.

atribuir a meação a cada um dos consortes quando a união familiar alcançar, oficialmente, seu fim e for efetivada a partilha jurídica".[27]

No caso do regime da separação convencional de bens, não há o que se falar em mancomunhão, pois como será visto a seguir, apesar do dever de mútua assistência persistir, não existe massa patrimonial em comum. No entanto, como já foi frisado, a unidade familiar, seja ela matrimonial ou convivencial, se emaranha em laços que transcendem os limites da afeição e do patrimônio por si só. Família, atualmente, é um complexo de obrigações, direitos e instituições que dificulta a separação total de relação jurídicas enquanto um casal se mantém unido.

Neste cenário, qual seria a relação patrimonial que ligaria cônjuges casados no regime da separação convencional de bens? Condomínio voluntário? Sociedade de fato? Ou meação? Ainda seria interesse a análise sobre a possibilidade de instituição de condomínio forçado e, casos que não contratualização do esforço comum.

3. O REGIME DA SEPARAÇÃO CONVENCIONAL DE BENS

O regime da separação de bens afasta toda e qualquer comunicação patrimonial durante o casamento, construindo duas massas paralelas, que em regra, não se encontram. Pelo menos não pelas regras do Direito de Família.

De acordo com artigo 1.687 do Código Civil de 2002, os bens permanecem sob a administração exclusiva de cada um dos cônjuges, que por sua vez, poderão livremente alienar ou gravar de ônus real. Entretanto, o artigo 1.688 do mesmo diploma ressalva que os cônjuges são obrigados a contribuir para as despesas do casal na proporção dos rendimentos de seu trabalho e de seus bens, salvo estipulação em contrário. Por isso, defende Rosa que a escolha deste regime "em nada afeta a eventual imposição de obrigação alimentar. Isso porque em nosso ordenamento jurídico, o dever de mútua assistência é imposto tanto ao casamento quanto à união estável'.[28]

Para Madaleno[29] existe total independência patrimonial entre cônjuges quando se fala em regime da separação convencional de bens, pois além de não alterar a propriedade dos bens do casal, tampouco oferece qualquer expectativa de ganho ou disposição sobre os bens do parceiro.

No mesmo raciocínio Farias, Rosenvald e Netto ensinam que a separação de bens promove uma diáspora patrimonial, evitando a comunhão de qualquer bem adquirido por cada cônjuge, antes, durante e depois do casamento, seja a título gra-

---

27. CALMON, Rafael. *Manual de partilha de bens*: na separação, no divórcio e na dissolução da união estável – aspectos materiais e processuais. 3 ed. São Paulo: Saraiva Educação, 2021, p. 119.
28. ROSA, Conrado Paulino da. *Curso de família contemporâneo*. 4 ed. Salvador: JusPodivm, 2018, p. 226.
29. MADALENO, Rolf. *Direito de Família*. 7 ed. Rio de janeiro; Forense, 2016, p. 840.

tuito ou oneroso, outorgando assim, uma independência absoluta quanto aos bens e obrigações.[30]

No Brasil, para se escolher regime de bens diverso ao da comunhão parcial, é necessário dispor expressamente a sua vontade, mediante escritura pública de pacto antenupcial, conforme dispõe o já mencionado artigo 1.640 do CC/2002, desta forma os nubentes devem escolher o regime vigorará em casamento antes mesmo que ele aconteça, mais precisamente no momento da habilitação.[31]

A separação convencional de bens, embora seja tratada com certo preconceito, rotulando o casal que elege tal regime, como aquele que já está pensando no divórcio, possui grandes vantagens durante o matrimônio. A exemplo, da liberdade de dispor de bens e patrimônio, como prestar fiança e doar bens a terceiros prescindindo a autorização de seu cônjuge,[32] como também o afastamento de cobrança de dívida do cônjuge não devedor, o que acaba por proteger sua massa patrimonial qualquer que tenha sido a obrigação contratual inadimplida por seu consorte.[33] O regime da absoluta separação de bens pode conter ressalvas, ou seja, ser perigoso, para quem se abdica durante a vida inteira para servir à família, servindo de escada para seu consorte e nada construindo, pois corre o risco de, findada a união conjugal, restar sem patrimônio e amparado pelo mínimo.[34]

Por último, é imperioso registrar que, independentemente da impossibilidade total de comunicabilidade dos bens, ainda existe um estatuto que rege a unidade familiar e que obriga os cônjuges a certos efeitos patrimoniais, como mencionado

---

30. FARIAS, Cristiano Chaves; ROSENVALD, Nelson; NETTO, Felipe Braga. *Manual de Direito Civil*: Volume único. 6 ed. Salvador: JusPodivm, 2021, p 1260.
31. Parágrafo único, art. 1.640 do CC/2002. Poderão os nubentes, no processo de habilitação, optar por qualquer dos regimes que este código regula. Quanto à forma, reduzir-se-á a termo a opção pela comunhão parcial, fazendo-se o pacto antenupcial por escritura pública nas demais escolhas.
32. CC/2002. Art. 1.647. Ressalvado o disposto no art. 1.648, nenhum dos cônjuges pode, sem autorização do outro, exceto no regime da separação absoluta: I – alienar ou gravar de ônus real os bens imóveis; II – pleitear, como autor ou réu, acerca desses bens ou direitos; III – prestar fiança ou aval; IV – fazer doação, não sendo remuneratória, de bens comuns, ou dos que possam integrar futura meação.
33. Agravo de petição. Execução sobre bens da esposa de sócio executado. Casamento sob regime de separação total de bens. Impossibilidade. Na hipótese, o sócio executado e sua esposa celebraram pacto antinupcial, por meio do qual ficou definido o regime de separação total de bens para o matrimônio a ser realizado, cabendo a cada um dos cônjuges a livre administração de seus bens, o que já inviabiliza a pretensão obreira para que a execução avance sobre os bens pessoais do cônjuge. Ademais, na hipótese, inexiste comprovação de que a esposa do sócio executado tenha auferido qualquer proveito econômico, em razão do labor do referido sócio, ou seja, que a renda do executado tenha contribuído para o seu patrimônio. Nesse contexto, não é possível a vinculação dos bens pessoais da esposa na execução que se processa contra o marido executado, não podendo ela ser incluída no polo passivo da execução para responder patrimonialmente e, de forma direta, sobre os débitos nesta reclamação trabalhista. Agravo de petição a que se nega provimento, no particular. Tribunal Regional do Trabalho da 2ª Região. 00439004720055020076 SP Rel. Desembargadora Wilma Gomes Da Silva Hernandes, 11 Turma, Cadeira 1, Data de Publicação: 20.07.2020
34. É possível a fixação de alimentos compensatórios na hipótese de dissolução do casamento em regime de separação total de bens quando um dos cônjuges tiver eventuais prejuízos provenientes da ruptura da sociedade conjugal. Isso porque, nessa situação, é necessário restabelecer o desequilíbrio econômico gerados pelo divórcio. Superior Tribunal de Justiça. REsp 1.655.689/RJ. Rel. Min. Paulo de Tarso Sanseverino, 3 Turma, julgado em 12.12.2017, DJe de 19.12.2017.

acima o artigo 1688 CC/2002 acaba por determina um enlace mínimo patrimonial entre cônjuges que convencionaram a separação absoluta de bens.

Por isso, Madaleno assevera que ainda assim a separação de bens introduz um elemento associativo que inibe a absoluta independência, uma vez que não consegue afastar os deveres conjugais o mútuo socorro, gastos com filhos e domésticos.

Ao compreender esta perspectiva, e, no momento em que toda a teoria é posta em prática, verifica-se que a mistura de patrimônio ocorre no exato momento em que este elemento associativo mistura renda e possível patrimônio entre cônjuges, que permanece à margem do Direito das Famílias, não sendo contemplado como bens comuns. E, diante de um desmanche conjugal inviável é a partilha de bens no divórcio, em face do direito não reconhecer a meação adquirida pelo casal.

3.1 Regime da separação de bens *versus* regime da separação obrigatória de bens

É válido lembrar que o regime da separação convencional de bens diferencia-se do regime da separação obrigatória de bens – art. 1.641 do CC/2002, pois este último é imposto em virtude de condição (idade) ou por sanção civil mediante inobservância do artigo 1.523 do CC/2002.[35]

Na Separação obrigatória de bens, por força da Súmula 377 do STF[36] existe a possibilidade de comunhão de bens,[37] e por isso, de se formar uma comunhão de aquestos comprovada a união de esforço comum.[38] Já no regime da separação convencional, ou seja, aquele escolhido pelo casal de livre e espontânea vontade, não há sequer a hipótese de pretensão se não for expressamente disposto em contrato.

Por isso, não cabe a aplicação da súmula 377 do STF em pedido de partilha de bens no divórcio de pessoas casadas sob o regime convencional da separação de bens.[39]

---

35. Art. 1.641 do CC/2002: É obrigatório o regime da separação de bens no Casamento: I – das pessoas que contraírem com inobservância das causas suspensivas da celebração do casamento.
36. "No regime se separação legal de bens, comunicam-se os adquiridos na constância do casamento".
37. No regime de separação convencional não existe bens comuns, estabelecendo, pois, uma verdadeira separação absoluta de bens. No ponto, inclusive, ele se difere da separação obrigatória ou legal, submetida ao art. 1.641 do Código de 2002. Nesta (separação obrigatória), por conta da incidência da Súmula 377 da Suprema Corte, haverá comunhão dos aquestos (bens adquiridos onerosamente na constância do casamento), deixando claro que separação não é total. FARIAS, Cristiano Chaves; ROSENVALD, Nelson; BRAGA NETTO, Felipe. *Manual de Direito Civil*: Volume único. 6. ed. Salvador: JusPodivm, 2021, p. 1260.
38. Superior Tribunal de Justiça. Informativo STJ 627, de 27 de julho de 2018. EREsp 1.623.858-MG, Rel. convocado Min. Lázaro Guimarães, julgado por unanimidade em 23.05.2018, DJe 30.05.2018) https://www.26notas.com.br/blog/?p=14504.
39. Ação de reconhecimento e dissolução de união estável – Escritura pública de união estável elegendo o regime de separação de bens – Manifestação de vontade expressa das partes que deve prevalecer – Partilha do imóvel de titularidade exclusiva da recorrente – Impossibilidade – Insurgência da demandada. Recurso especial provido. Hipótese: Cinge-se a controvérsia a definir se o companheiro tem direito a partilha de bem imóvel adquirido durante a união estável pelo outro, diante da expressa manifestação de vontade dos conviventes optando pelo regime de separação de bens, realizada por meio de escritura pública. 1. No tocante aos diretos patrimoniais decorrentes da união estável, aplica-se como regra geral o regime da

3.2 Condomínio entre cônjuges casados sob o regime da comunhão parcial de bens

Não raro, casais chegam até os escritórios de advocacia, pretendendo pleitear direitos patrimoniais em divórcio, porém são casados sob o regime da separação de bens. Duas são as hipóteses, quais sejam:

1. Pretendem dividir os bens adquiridos em condomínio voluntário na ação de divórcio, mas há resistência da outra parte;
2. Pretendem dividir bens adquiridos em nome de seu cônjuge, mas com sua ajuda financeira ou laboral, mas alegam não ser reconhecido este esforço pela outra parte.

Ora, como pode um cônjuge pleitear direitos do outro, se antes do casamento houve a convenção de completa separação patrimonial? Os pontos se ligam, justamente quando o elemento associativo da plena comunhão de vidas, evita que questões patrimoniais sejam totalmente afastadas da união conjugal.

Em relação ao condomínio, instituto autônomo e distinto do Direito de Família, a melhor doutrina entende ser possível a sua formação entre casais regidos pela separação de bens. Conrado Paulino da Rosa asseverando que a separação de bens delimita a propriedade de cada cônjuge a partir do registro de imóveis, consoante o artigo 1.687 do Código Civil de 2002, o casal, caso deseje, poderá adquirir bens em conjunto estabelecendo um condomínio voluntário.[40] No entanto, chama atenção para a competência de sua extinção apontando como competente o juízo comum.[41]

---

comunhão parcial de bens, ressalvando os casos em que houver disposição expressa em contrário. 2. Na hipótese dos autos, os conviventes firmaram escritura pública elegendo o regime da separação absoluta de bens, a fim de regulamentar a relação patrimonial do casal na constância da união. 2.1. A referida manifestação de vontade deve prevalecer à regra geral, em atendimento ao que dispõe os artigos 1.725 do Código Civil e 5º da Lei 9.278/96. 2.2. O pacto realizado entre as partes, adotando o regime da separação de bens, possui efeito imediato aos negócios jurídicos a ele posteriores, havidos na relação patrimonial entre os conviventes, tal qual a aquisição do imóvel objeto do litígio, razão pela qual este não deve integrar a partilha. 3. Inaplicabilidade, in casu, da Súmula 377 do STF, pois esta se refere à comunicabilidade dos bens no regime de separação legal de bens (prevista no art. 1.641, CC), que não é caso dos autos. 3.1. O aludido verbete sumular não tem aplicação quando as partes livremente convencionam a separação absoluta dos bens, por meio de contrato antenupcial. Precedente. 4. Recurso especial provido para afastar a partilha do bem imóvel adquirido exclusivamente pela recorrente na constância da união estável. Superior Tribunal de Justiça. REsp. 1.481.888/SP 2014/0223395-7. Rel. Min. Marco Buzzi, Data de Julgamento: 10.04.2018, 4 Turma, Publicado DJe 17.04.2018.

40. Nesse sentido, menciona-se a jurisprudência do Tribunal de Justiça de Minas Gerais: "Casamento – Regime de separação total de bens – Imóvel adquirido em condomínio voluntário – Partilha – Fruição – Vedação do enriquecimento ilícito. – Adquirido o imóvel por ambos os cônjuges, em regime de "condomínio voluntário", admite-se interpretação mais flexível do regime de bens, favorável à comunicabilidade dos aquestos, sobretudo porque adquirido pelo esforço conjunto dos consortes, sob pena de enriquecimento sem causa". Tribunal de Justiça do Estado de Minas Gerais. AC: 10024113421598001. Rel. Des. Selma Marques, Belo Horizonte: 6ª Câmara Cível. Data de Julgamento: 17.09.2013, Data de Publicação: 27.09.2013.

41. ROSA, Conrado Paulino da. *Curso de direito de família contemporâneo.* 4 ed. Salvador: JusPodivm, 2018, p. 226.

Farias, Netto e Rosenvald afirmam que só existe comunicação de bens adquiridos entre casais sob a separação de bens, se eles forem adquiridos conjuntamente pelo casal, formando um condomínio espontâneo sobre eles.[42] No entanto, entende que nada obsta que um bem adquirido e registrado em nome apenas de um, seja reclamado pelo preterido em juízo, por meio de ação *in rem verso*.[43]

Coelho[44] define condomínio como "a propriedade em que mais de um sujeito de direito titula simultaneamente os poderes de proprietário em relação a certo objeto". O autor exemplifica ainda que um casal homoafetivo pode instituir um condomínio através da abertura de conta conjunta mesmo não havendo o reconhecimento de uma união estável, explicando ainda que esta espécie de condomínio geral é denominada de condomínio voluntário, que se classifica pela derivação de convergência de vontade entre os condôminos que decidem dividir o bem. Atenta ainda que é conveniente documentar a negociação do condomínio, mesmo sendo facultativa a convenção em condomínios voluntários.

Via de regra, percebe-se que não existe possibilidade de presunção de esforço comum para reconhecimento de mancomunhão ou meação de aquestos no divórcio de pessoas casados sob o regime da separação total de bens.[45] Sendo possível, porém, a investigação de investimento patrimonial comum para uma possível indenização.[46]

Entretanto, é mais do que certo que não existe óbice alguma para a formação de condomínio voluntário entre os casados no regime da separação de bens, entre-

---

42. Destaca-se aqui o recente entendimento do Tribunal de Justiça do Estado de São Paulo: "Execução – rejeição de impugnação à penhora – Insurgência – Recurso da executada – Alegação de que o imóvel constrito pertence exclusivamente ao seu cônjuge – Casamento sob o regime de separação total de bens – Não acolhimento – Consta na matrícula do imóvel que tal bem foi adquirido pelo casal – Aquisição em conjunto, vigorando o regime de condomínio – Exegese do art. 1.315, *caput*, do Código Civil – Precedentes – Despacho mantido – Recurso não provido". Tribunal De Justiça Do Estado De São Paulo. AI: 20394089520228260000 SP 2039408-95.2022.8.26.0000. Rel. Des. Achile Alesina, São Paulo, Data de Julgamento: 08.03.2022, 15ª Câmara de Direito Privado, Data de Publicação: 08.03.2022.
43. FARIAS, Cristiano Chaves; ROSENVALD, Nelson; NETTO, Felipe Braga. *Manual de Direito Civil*: Volume único. 6 ed. Salvador: JusPodivm, 2021, p. 1260.
44. COELHO, Fábio Ulhoa. *Curso de Direito Civil*: direito das coisas, direito autoral. 7. ed. São Paulo: Ed. RT, 2016, v. 4, p. 131.
45. Casamento. Pacto antenupcial. Separação de bens. Sociedade de fato. Reconhecimento. Impossibilidade. Divisão dos aquestos. – A cláusula do pacto antenupcial que exclui a comunicação dos aquestos impede o reconhecimento de uma sociedade de fato entre marido e mulher para o efeito de dividir os bens adquiridos depois do casamento. Precedentes. Superior Tribunal De Justiça. REsp. 404.088/RS 2001/0163483-7. Rel. Min. Castro Filho, Data de Julgamento: 17.04.2007, 3 Turma, Data de Publicação: DJ 28.05.2007, p. 320 *RDDP* v. 54 p. 140. No mesmo sentido, Superior Tribunal de Justiça. REsp 83.750/RS. Rel. Min. Barros Monteiro, 4 Turma, julgado em 19.08.1999, D.J. de 29.11.1999, p. 165.
46. Casamento precedido de pacto antenupcial em que os nubentes adotaram o regime de absoluta separação de bens. Embargos de declaração. Estipulada expressamente na convenção antenupcial a separação absoluta, não se comunicam os bens adquiridos depois do casamento (aquestos). Sociedade de fato que só pode ser comprovada e reconhecida em ação própria. Acordão que não padece da omissão alegada. Embargos rejeitados. Superior tribunal de justiça. EDcl no REsp 2.541-0/SP. Rel. Min. Torreão Braz, 4 Turma, julgado em 18.04.1995, D.J de 15.05.1995, p. 13406.

tanto é indispensável a expressão escrita em contrato da vontade de concorrer em patrimônio comum, sob pena de haver perda patrimonial para o cônjuge que não constar como proprietário.[47]

Tem-se, portanto, que a discussão do presente artigo circula na possibilidade de discussão sobre a partilha dos aquestos, em juízo de família, quando da não formação de condomínio voluntário.

Percebe-se que a jurisprudência pátria discute massivamente a comunhão dos aquestos pela incidência da Súmula 377 do STF, em casos de separação obrigatória de bens, no entanto, é rara a discussão de admissibilidade de investigação de comunhão no que concerne aos divorciandos que elegeram tal regime por meio de pacto antenupcial.

4. O DIREITO NA PRÁTICA: O QUE DECIDE O SUPERIOR TRIBUNAL DE JUSTIÇA

O Acordão escolhido para ilustração da presente discussão é atual, do ano de 2017 e discute o direito à indenização de uma mulher que viveu para família durante toda a vida trabalhando e se dedicando na empresa do marido, sendo inclusive reconhecida pelos frequentadores como administradora do negócio. No entanto, não houve comprovação de esforço comum para a construção do empreendimento, bem como foi verificado a ausência de contrato que estabelecesse sociedade entre as partes.

O regime da separação de bens foi o fundamento jurídico para afastar a possibilidade de sociedade de fato entre os cônjuges, negando-lhe provimento ao pleito indenizatório.

---

47. Informativo 431 de 19 a 23 de abril de 2010. *Herança. Meação. Separação total. Bens.* A Turma entendeu que o espólio tem legitimidade para se contrapor ao pedido de habilitação do cônjuge supérstite; pois, conforme jurisprudência, antes da partilha, todo o patrimônio permanece em situação de indivisibilidade, a que a lei atribui natureza de bem imóvel (art. 79, II, do CC/1916). Esse *condomínio*, por expressa disposição de lei, em juízo, é representado pelo inventariante. Logo, não há falar que a universalidade consubstanciada no espólio, cuja representação é atribuída ao inventariante, seja parte ilegítima para a ação proposta pelo herdeiro. Outro tema abordado foi quanto à meação em razão da existência de pacto antenupcial que estabelece o *regime de separação de bens* entre a recorrente e o *de cujus*: a Turma reafirmou o entendimento de que há óbice ao direito de meação se o pacto antenupcial estabeleceu o *regime de separação total de bens*. Assim, o pacto antenupcial de *separação* impede que o cônjuge supérstite habilite-se na sucessão. Entendeu, ainda, que, apesar de o regime jurídico de separação de bens ser voluntariamente estabelecido e imutável, admite-se, excepcionalmente, a participação patrimonial de um cônjuge sobre bem de outro se demonstrada, de modo concreto, a aquisição patrimonial pelo esforço comum. No presente caso, o *tribunal a quo afirmara haver participação da ora recorrente nas empresas do casal, mas deixou expresso que não há sequer um único documento que comprove a existência da sociedade de fato. Assim, afastou o direito à meação e remeteu às vias ordinárias a pretensão da recorrente quanto à sua condição de sócia.* A Turma, então, quanto a esse tema, aplicou a Súm. 7-STJ, pois o afastamento, na instância especial, do art. 984 do CPC aplicado pelo tribunal a quo demandaria o revolvimento das provas. Precedentes citados: REsp 123.633-SP, DJe 30.03.2009; REsp 286.514-SP, DJ 22.10.2007; REsp 1.111.095-RJ, DJe 11.02.2010; REsp 992.749-MS, DJe 05.02.2010, e REsp 1.080.614-SP, DJe 21.09.2009. REsp 689.703-AM, Rel. Min. Luis Felipe Salomão, julgado em 20.04.2010.

4.1 Do caso concreto analisado

Passa-se à análise do Recurso Especial 1.706.812/DF (2017/0281834-5) que desafiou o Acórdão proferido pelo Tribunal de Justiça do Distrito Federal e dos territórios, sob a relatoria do Ministro Ricardo Villas Bôas Cueva.[48]

Em síntese, segundo o Relator:

> Trata-se na origem de ação de indenização proposta por Anna Christina Rosa de Santana contra Délio Cardoso Cézar da Silva com quem foi casada por 17 (dezessete) anos. O casamento foi celebrado no dia 08.03.1994 sob o regime da separação convencional de bens e o divórcio ocorreu no dia 08.09.2011, remanescendo a discussão acerca da partilha em ação própria. A autora alega não concordar com o regime matrimonial adotado pelas partes. Ressalta ter anuído com a separação convencional porque estava grávida da filha mais velha do ex-casal (nascida em 29.07.1994), motivo pelo qual sucumbiu à imposição do réu.
>
> Consigna, em síntese, que, em virtude de o restaurante ter sido instalado, em um primeiro momento, no ano de 2003, na própria residência do casal, bem como devido à dedicação e ao trabalho que dispendeu para o sucesso do empreendimento, a autora deveria ser considerada "sócia de fato" ou "dona do negócio" (e-STJ fls. 5-6 e 10). Afirma, ainda, que o réu, "por diversas vezes, prometeu transferir metade das cotas sociais à autora, mas jamais concretizou tais promessas" (e-STJ fl. 6). Sustenta que seu ex-marido, por ser servidor público federal, não poderia administrar a sociedade, e por isso, formalmente constam como administradores seu pai e primo.
>
> Argumenta que os frequentadores do Restaurante Gazebo a identificavam como "a personificação do próprio restaurante" (e-STJ fl. 7) e que trabalhou arduamente até a sua saída, que foi simultânea ao fim do casamento, não tendo jamais recebido em espécie remuneração ou lucro da sociedade, que teria apenas beneficiado o réu (e-STJ fls. 7-8), apesar do esforço comum das partes.
>
> Enfatiza ter direito aos lucros, consoante o disposto no artigo 981 do Código Civil de 2002, pois, independentemente do regime de bens do casamento ou do recebimento de pro labore, salário ou qualquer outra forma de remuneração, faz jus ao status de "sócia de fato" das empresas Casa Amarela Restaurante Ltda. EPP e Gazebo Confeitaria e Café Ltda. ME, regularmente constituídas e registradas em nome de quem nunca teve ligação com os negócios. Por outro lado, imputa ao réu a responsabilidade pelo seu afastamento de uma empresa própria - denominada Óticas Brasília - para contribuir com seu trabalho ao restaurante Gazebo (e-STJ fls. 11-12). Requer uma indenização calcada no fato consumado decorrente da contribuição prestada à sociedade em virtude da "comunhão de bens e interesses" entre as partes (e-STJ fl. 13), justificadora do pleito de indenização por parte da autora, sob pena de enriquecimento injusto O Tribunal de origem, por maioria, vencido o relator, Desembargador Carlos Rodrigues, reformou a sentença, dando provimento à apelação da autora, como se observa da seguinte ementa: *No regime de separação total de bens, de forma convencional, os patrimônios de cada cônjuge são distintos e incomunicáveis, detendo cada cônjuge a livre administração e disposição dos bens (CC, artigo 1.687). No entanto, visando evitar o enriquecimento sem causa de uma das partes, nada obsta que, havendo esforço comum dos cônjuges na aquisição do patrimônio, este seja dividido, desde que se faça prova neste sentido.* (grifos próprios).

Assim decidiu a turma, no mesmo sentido do voto do Relator:

---

48. SUPERIOR TRIBUNAL DE JUSTIÇA. 1.706.812/DF (2017/0281834-5). Rel. Min. Ricardo Villas Bôas Cueva.

Não há falar em sociedade de fato quando o regime adotado é o da separação convencional de bens. É premissa basilar que, sob a égide de tal regime, não se presume comunhão de bens e que eventual interesse em misturar os patrimônios deve ser expressa e não presumida.

Ademais, ainda que se admitisse a possibilidade de os cônjuges casados sob o regime de separação de bens constituírem, eventualmente, uma sociedade de fato, por não lhes ser vedado constituir eventual condomínio, esta não decorreria simplesmente da vida em comum, já que dentre os deveres decorrentes do consórcio, o apoio mútuo é um dos mais relevantes (REsp 30.513/MG, Rel. Ministro Eduardo Ribeiro, Terceira Turma, julgado em 26.04.1994, DJ 13.06.1994). Tem evidência própria que, na falta de mancomunhão, a vontade de adquirirem juntos um mesmo bem ou, como no caso dos autos, de se tornarem sócios de um mesmo negócio jurídico, deveria ter sido explicitada de forma solene, o que não ocorreu.

No caso, para que tivessem uma sociedade civil ou comercial em conjunto, ainda que não regularmente constituída, indispensável seria, ao menos, demonstrar que administravam tal empresa juntos, o que, de fato, não é possível se extrair dos autos. A autora, em verdade, alega ter trabalhado para o ex-marido, sem, contudo, ter fornecido capital ou assumido os riscos do negócio ao longo da relação.

Aparentemente, o que se pretende, por vias oblíquas, na hipótese em análise, é a alteração do regime de bens escolhido por ambas as partes. Extrai-se da inicial que a autora teria sido induzida a casar sob tal regime, ao risco de não entabular as núpcias. E que, por estar grávida na ocasião, teria aceitado de malgrado o pacto antenupcial que dava autonomia às partes por meio da separação patrimonial plena.

Portanto, não há falar em administração patrimonial comum, restando o pedido de partilha de 50% (cinquenta) por cento das empresas despropositado, pois impossível fixar em termos precisos qual a participação societária da recorrida por inexistir associação empresarial.

Ressalta-se a configuração de uma limitação legislativa expressa no sentido de que a prova documental é o único meio apto a demonstrar a existência da sociedade de fato entre os sócios. Em virtude da ausência de alteração no contrato social ou de outra prova documental escrita legalmente admissível, o pedido da autora não encontra respaldo. Isso porque se depreende da inicial que a existência da sociedade de fato em si é a causa de pedir e, repita-se, "se quem necessita provar a existência da sociedade são os seus próprios sócios – com a finalidade, por exemplo de discutir a partilha de investimentos –, só se admite a prova por escrito" (André Luiz Santa Cruz Ramos, *Direito Empresarial Esquematizado*, 5. ed. Editora Gen/Método, p. 239 – grifou-se). Ademais, não há falar em uma sociedade paralela àquelas já existentes e devidamente formalizadas. A situação acaba por enveredar pela possibilidade de duas empresas concomitantes com o mesmo objeto social, situação por si só esdrúxula.

Assim, merece ser restabelecida a sentença proferida pelo Juízo da 11ª Vara Cível de Brasília.

Na leitura sintética do Acórdão aqui mencionado, verifica-se que o Superior Tribunal de Justiça se alinha no sentido da possibilidade de constituição de condomínio voluntário entre cônjuges que elegeram separar seu patrimônio, devendo, para tanto, demonstrar esse desejo do mesmo modo que pactuaram seu regime dos bens, da forma escrita.

Não há como afirmar que a presente decisão está em desconformidade com a lei, quando a aplica certamente, garantindo inclusive a autonomia da vontade dos cônjuges, preservando as normas do direito de família. No entanto, infelizmente percebe-se a tentativa desesperada de uma mulher que dedicou a vida para a família ter estabelecido o mínimo para a sua sobrevivência digna, e o Direito de Família precisa ser mais sensível às questões *sui generis* afetas à unidade familiar, quando de fato, mesmo que afastada a comunicabilidade ainda existe comunhão de vidas entrelaçadas com aspectos patrimoniais, mesmo que mínimos.

5. CONSIDERAÇÕES FINAIS

O casamento é contrato especial que envolve não apenas questões sociais, mas patrimoniais, afetivas e até comportamentais que formam e amoldam uma família. Desta forma, para além do regime de bens, existem direitos e deveres aplicáveis independente do regime patrimonial escolhido e que indissociam o casamento da questão econômica.

Levando essa premissa para a presente discussão, observou-se que, ainda que os nubentes escolham por convencionar o pacto antenupcial, podem a livre escolha, instituir um condomínio voluntario, titularizando a propriedade de um bem em comum. Demonstrou-se que a jurisprudência pátria é alinhada quanto à esta possibilidade, como também a doutrina que assim se posiciona a favor.

De outra forma, o direito brasileiro, tanto em sua jurisprudência, quanto na doutrina, defende a impossibilidade de comunhão ou sociedade de fato entre os que casaram do regime convencional da separação, restando dúvidas se, ainda que seja provado o esforço comum, o cônjuge preterido teria direitos de propriedade. Tal discussão é menos levantada no Superior Tribunal de Justiça, vez que se trata de estrito cumprimento de lei.

Entretanto, é crível que haja possibilidade de ação própria comum para a discussão de compensação pelo esforço patrimonial utilizado sobre bem que não é da propriedade do cônjuge preterido.

Assim, sem criticar tal regime, inclusive acreditando ser ele a modalidade mais adotada em um futuro que acompanha a liberdade econômica de homens e mulheres, é imperioso que a justiça familiarista esteja atenta a possíveis fraudes, coações e até mesmo simulações que induzam um dos cônjuges a enveredar para uma opção que não representa a sua vontade essencial.

Por isso, defende-se a possibilidade de investigação de esforço comum para aquisição de uma propriedade, em divórcios regidos para separação convencional de bens a fim de que sirva como fundamento para instituição de um condomínio forçado, com base em interpretação análoga dos artigos 1297 e 1298 do CC/2002.

6. REFERÊNCIAS

BRASIL. Lei n. 10.406, 10 de janeiro de 2002. Institui o Código Civil. Diário Oficial da União, Brasília, DF, 11 jan. 2002. Disponível em: http://www.planalto.gov.br/ccivil_03/leis/2002/l10406compilada.htm. Acesso em: jul. 2022.

CALMON, Rafael. *Manual de partilha de bens*: na separação, no divórcio e na dissolução da união estável – aspectos materiais e processuais. 3 ed. São Paulo: Saraiva Educação, 2021.

COELHO, Fábio Ulhoa. *Curso de Direito Civil*: direito das coisas, direito autoral. 7 ed. São Paulo: Ed. RT, 2016. v. 4.

COELHO, Francisco Pereira; OLIVEIRA, Guilherme de. *Curso de Direito da Família*: Introdução ao Direito matrimonial. 4. ed. Coimbra, 2011. v. 1.

LINS, Regina Navarro. *O livro do amor*. 3 ed. Rio de Janeiro, 2013. v. 1.

DIAS, Maria Berenice. *Casamento e o conceito plural de família*. Rio Grande do Sul, 2011. Disponível em: https://berenicedias.com.br/casamento-e-o-conceito-plural-de-familia/#_ftn15 Acesso em: jul. 2022.

FARIAS, Cristiano Chaves; ROSENVALD, Nelson; NETTO, Felipe Braga. *Manual de Direito Civil*: Volume único. 6. ed. Salvador: JusPodivm, 2021.

FERRAZ, Paula Carvalho. *O Concubinato e uma perspectiva de inclusão constitucional*. Belo Horizonte: IBDFAM, 2008. Disponível em: https://ibdfam.org.br/artigos/470/O+Concubinato+e+uma+perspectiva+de+inclus%C3%A3o+constitucional. Acesso em: jul. 2022.

MADALENO, Rolf. *Direito de Família*. 7 ed. Rio de Janeiro: Forense, 2016.

PEREIRA, Rodrigo da Cunha. *Dicionário de direito de família e sucessões ilustrado*. São Paulo: Saraiva, 2015.

ROSA, Conrado Paulino da. *Curso de direito de família contemporâneo*. 4 ed. Salvador: JusPodivm, 2018.

ROSENVALD, Nelson; FARIAS, Cristiano Chaves de. *Curso de Direito Civil*: famílias. 8 ed. Salvador: JusPodivm, 2016. v. 6.

SUPERIOR TRIBUNAL DE JUSTIÇA. REsp. 1.481.888/SP 2014/0223395-7. Rel. Min. Marco Buzzi, Data de Julgamento: 10.04.2018, 4 Turma, Publicado DJe 17.04.2018.

SUPERIOR TRIBUNAL DE JUSTIÇA. REsp. 1.375.271/SP. Rel. Min. Nancy Andrighi, 3 Turma, julgado em 21.09.2017, DJe de 02.10.2017.

SUPERIOR TRIBUNAL DE JUSTIÇA. REsp. 1.655.689/RJ. Rel. Min. Paulo de Tarso Sanseverino, 3 Turma, julgado em 12.12.2017, DJe de 19.12.2017.

SUPERIOR TRIBUNAL DE JUSTIÇA. REsp. 229.069/SP. 4 Turma, Rel. Min. Fernando Gonçalves, j. 26.04.2005, DJ 16.05.2005.

SUPERIOR TRIBUNAL DE JUSTIÇA. EDcl no REsp. 2.541-0/SP. Rel. Min. Torreão Braz, 4 Turma, julgado em 18.4.1995, D.J de 15.05.1995, p. 13406.

SUPERIOR TRIBUNAL DE JUSTIÇA. REsp. 404.088/RS 2001/0163483-7. Rel. Min. Castro Filho, Data de Julgamento: 17.04.2007, 3 Turma, Data de Publicação: DJ 28.05.2007.

SUPERIOR TRIBUNAL DE JUSTIÇA. REsp. 83.750/RS. Rel. Min. Barros Monteiro, 4 Turma, julgado em 19.08.1999, D.J. de 29.11.1999.

TRIBUNAL DE JUSTIÇA DO ESTADO DE MINAS GERAIS. AC: 10024113421598001. Rel. Des. Selma Marques, Belo Horizonte: 6ª Câmara Cível. Data de Julgamento: 17.09.2013, Data de Publicação: 27.09.2013.

TRIBUNAL DE JUSTIÇA DO ESTADO DE SÃO PAULO. AI: 20394089520228260000 SP 2039408-95.2022.8.26.0000. Rel. Des. Achile Alesina, São Paulo, Data de Julgamento: 08.03.2022, 15ª Câmara de Direito Privado, Data de Publicação: 08.03.2022.

TRIBUNAL REGIONAL DO TRABALHO DA 2ª REGIÃO. 00439004720055020076 SP Rel. Desembargadora Wilma Gomes Da Silva Hernandes, 11 Turma, Cadeira 1, Data de Publicação: 20.07.2020.

VENOSA, Silvio de Salvo. A família conjugal. In: PEREIRA, Rodrigo da Cunha (Org.). *Tratado de Direito das famílias*. 3 ed. Belo Horizonte: IBDFAM, 2019.

O REGIME DA SEPARAÇÃO DE BENS E O PROGRAMA MINHA CASA MINHA VIDA: UMA ANÁLISE DA AÇÃO AFIRMATIVA PREVISTA NO ART. 35-A DA LEI 11.977/09

Ana Paula Zavarize Carvalhal

Doutora em Direito do Estado pela USP. Mestre em Ciências Jurídico-Políticas pela Universidade de Coimbra. Professora de Direito de Família do IDP/BSB. Assessora de Ministro do STF.

Sumário: 1. Introdução – 2. Considerações sobre o regime da separação de bens – 3. Análise do art. 35-A da Lei 11.977/2009 – 4. Comentários à decisão do STJ no AREsp 1.587.849/MS – 5. Considerações finais – 6. Referências.

1. INTRODUÇÃO

Em 2009, o Programa Minha Casa Minha Vida – PMCMV, criado pela Medida Provisória 459 de 2009, convertida na Lei 11.977, buscou facilitar o acesso à moradia própria para as famílias de menor renda, especialmente diante do cenário de crise financeira mundial vivenciado na época.

Já em sua redação originária, buscou proteger, especialmente, as entidades familiares chefiadas por mulheres ao determinar que os contratos e registros fossem formalizados, preferencialmente, em nome delas (art. 35).

A ação afirmativa de proteção ao direito de moradia foi ampliada em 2012, quando a Medida Provisória 561, convertida na Lei 12.693, de 2012, acrescentou o art. 35-A, determinando que, em caso de dissolução do casamento ou na união estável, a titularidade do imóvel deverá ficar com a mulher ou, com o homem, caso este seja o guardião dos filhos, independentemente do regime de bens adotado.

A previsão legal causou estranhamento entre os aplicadores do direito e, via de regra, não tem sido respeitada pelo poder judiciário, com muitos tribunais pelo país tendo declarado a inconstitucionalidade do dispositivo. Mesmo assim, o legislador insisti com a manutenção da medida protetiva, tendo mantido a norma na Lei 14.118 de 2021, que substituiu o Programa Minha Casa Minha Vida pelo Programa Casa Verde e Amarela.

O presente artigo busca analisar a norma do art. 35-A, inserindo-a no contexto normativo do direito patrimonial do casamento, especialmente à luz das decisões do Superior Tribunal de Justiça. Para tanto, após tecer breves considerações sobre o regime da separação de bens e explicar a ação afirmativa criada pelo Programa Minha

Casa Minha Vida, analisa as decisões do Superior Tribunal de Justiça envolvendo a aplicação da norma em debate, especialmente a decisão proferida pelo Ministro João Otávio de Noronha no AREsp 1.587.849/MS.

2. CONSIDERAÇÕES SOBRE O REGIME DA SEPARAÇÃO DE BENS

Em regra, no direito brasileiro, os nubentes são livres para escolher o regime de bens que mais se adeque às suas necessidades, mediante pacto antenupcial: o regime da comunhão parcial de bens; o da comunhão universal de bens; o da separação de bens (convencional); ou o da participação final nos aquestos.

Não havendo pacto antenupcial, será aplicável o regime da comunhão parcial de bens (regime legal).

Incidindo os nubentes em determinadas hipóteses legais, será imposto o regime da separação de bens (legal ou obrigatória), nos termos do art. 1.641 do Código Civil:

> É obrigatório o regime da separação de bens no casamento:
> I – das pessoas que o contraírem com inobservância das causas suspensivas da celebração do casamento;
> II – da pessoa maior de 70 (setenta) anos;
> III – de todos os que dependerem, para casar, de suprimento judicial.

A imposição legal do regime da separação obrigatória de bens importa em restrição ao princípio da autonomia da vontade, nas situações em que o legislador pretende proteger o interesse de terceiros ou dos próprios nubentes, em razão da regra de incomunicabilidade dos bens adquiridos antes ou durante a união, protegendo-se o patrimônio individual de cada um. Nesse sentido, lembra Sílvio Rodrigues:

> É evidente o intuito protetivo do legislador, ao promulgar o dispositivo. Trata-se, em cada um dos casos compendiados no texto, de pessoas que, pela posição em que se encontram, poderiam ser conduzidas ao casamento pela atração que sua fortuna exerce. De modo que o legislador, para impedir que o interesse material venha a constituir o elemento principal a mover a vontade do outro consorte, procura, por meio do regime obrigatório da separação, eliminar essa espécie de incentivo.
> Em muitos casos, como veremos, a disposição da lei, ao invés de beneficiar, prejudica a pessoa que visa proteger.[1]

Nos termos do Código Civil, no regime da separação de bens, convencional ou legal, em caso de divórcio, os bens adquiridos antes, durante e após o casamento serão incomunicáveis, de modo que os bens de cada cônjuge constituem bens particulares, que podem ser livremente alienados, administrados ou gravados de ônus real, sem a concordância do outro.

---

1. RODRIGUES, Silvio. *Direito Civil*. 27 ed. atual. São Paulo: Saraiva, 2002, v. 6, p. 179.

É bem verdade que o Supremo Tribunal Federal, por meio da Súmula 377, relativizou a regra da incomunicabilidade para os casos de imposição legal do regime da separação de bens: "no regime de separação legal de bens, comunicam-se os adquiridos na constância do casamento".

Recentemente, a Quarta Turma do Superior Tribunal de Justiça, entendeu possível que, por meio de pacto antenupcial, os nubentes afastem a aplicação da Súmula 377 do STF, mesmo se tratando de separação legal de bens, impedindo a comunhão dos aquestos.[2]

Por sua vez, o caráter protetivo do regime da separação obrigatória de bens parece ter sido a inspiração do legislador ao instituir o Programa Minha Casa Minha Vida (Lei 11.977/2009), hoje substituído pelo Programa Casa Verde e Amarela (Lei 14.118/2021), ao determinar que os financiamentos realizados com recursos da União no âmbito do programa sejam feitos, preferencialmente, em nome da mulher, a qual deverá ficar com a propriedade do imóvel, em caso de dissolução do casamento ou união estável, independentemente do regime de bens adotado pelo casal, salvo se a guarda dos filhos ficar unicamente com o marido.

A legislação em comento, que visa implementar política pública de moradia à população de baixa renda, traz uma "ação afirmativa" em favor das mulheres mais vulneráveis, especialmente as responsáveis pela unidade familiar, ao impor a "separação do bem imóvel" financiado no programa em relação aos demais aquestos do casal que deverão ser partilhados.

A medida, no entanto, nasceu envolta em polêmica e tem sido muito questionada nos tribunais, como veremos a seguir.

3. ANÁLISE DO ART. 35-A DA LEI 11.977/2009

O Programa Minha Casa Minha Vida – PMCMV, criado pela Medida Provisória 459 de 2009, convertida na Lei 11.977 de 2009, buscou facilitar o acesso à moradia própria para as famílias de menor renda, especialmente diante do cenário de crise financeira mundial vivenciado na época, conforme Exposição de Motivos encaminhada ao Presidente Luiz Inácio Lula da Silva.[3]

A Lei 11.977 de 2009, em sua redação originária, estabeleceu, em seu art. 35, que "os contratos e registros efetivados no âmbito do PMCMV serão formalizados, preferencialmente, em nome da mulher".

No governo da Presidente Dilma Rousseff, o Programa foi alterado pela Medida Provisória 561, de 2012, convertida na Lei 12.693, de 2012, que acrescentou o art. 35-A à Lei 11.977, de 2009, instituindo uma espécie de "ação afirmativa" em favor

---

2. REsp 1.922.347, Rel. Min. Luis Felipe Salomão, Quarta Turma, DJe 1º.02.2022.
3. EM Interministerial 33/2009/MF/MJ/MP/MMA/MCidades.

das mulheres ou do cônjuge que fica com a guarda exclusiva dos filhos em caso de separação:

> Art. 35-A. Nas hipóteses de dissolução de união estável, separação ou divórcio, o título de propriedade do imóvel adquirido no âmbito do PMCMV, na constância do casamento ou da união estável, com subvenções oriundas de recursos do Orçamento Geral da União, do FAR e do FDS, será registrado em nome da mulher ou a ela transferido, independentemente do regime de bens aplicável, excetuados os casos que envolvam recursos do FGTS.
>
> Parágrafo único. Nos casos em que haja filhos do casal e a guarda seja atribuída exclusivamente ao marido ou companheiro, o título da propriedade do imóvel será registado em seu nome ou a ele transferido.

A inclusão do art. 35-A recebeu a seguinte justificativa:

> A opção por essa medida legislativa vem sinalizar a importância que este governo tem dado à mulher nos programas sociais, especialmente enquanto chefe e centro de inúmeras famílias. Quarenta e sete por cento dos contratos da primeira etapa do Minha Casa, Minha Vida já foram assinados por mulheres.[4]

Antes, a Medida Provisória 514, de 2010, já havia alterado os arts. 3º e 13 da Lei 11.977, de 2009, de modo a incluir a "prioridade de atendimento às famílias com mulheres responsáveis pela unidade familiar". A Lei de Conversão (Lei 12.424, de 2011), ainda, instituiu a figura do usucapião familiar (art. 1240-A no Código Civil):

> Art. 1240-A. Aquele que exercer, por 2 (dois) anos ininterruptamente e sem oposição, posse direta, com exclusividade, sobre imóvel urbano de até 250m² (duzentos e cinquenta metros quadrados) cuja propriedade divida com ex-cônjuge ou ex-companheiro que abandonou o lar, utilizando-o para sua moradia ou de sua família, adquirir-lhe-á o domínio integral, desde que não seja proprietário de outro imóvel urbano ou rural.

Para José Fernando Simão, a usucapião familiar[5] tem especial significado para as mulheres de baixa renda, cujos maridos ou companheiros deixam o lar, desaparecendo da vida familiar, deixando todos os ônus familiares (afetivo, financeiro, de cuidado) sob sua responsabilidade. Busca garantir "à mulher que fica no imóvel a tranquilidade de ter onde morar sem a necessidade de pagar aluguel ao ex-marido ou ex-companheiro e sem risco de propor uma ação de extinção de condomínio para venda do imóvel comum, hipótese em que a família poderia ficar sem ter onde residir".[6]

Verificamos, assim, que a criação do art. 35-A da Lei 11.977, de 2009, insere-se em um conjunto de medidas legais que visam criar "ações afirmativas" para a proteção do direito à moradia das famílias de baixa renda, em especial àquelas "chefiadas" por mulheres.

---

4. EMI 06/2012 – MCIDADES/MF/MP/MI.
5. O STJ, no REsp 1693732, de relatoria da Ministra Nancy Andrighi, entendeu que a separação de fato de um casal é suficiente para fazer cessar a causa suspensiva do prazo prescricional prevista no art. 197 do Código Civil.
6. Disponível em: https://ibdfam.org.br/noticias/7416/Usucapião+familiar:+saiba+mais+sobre+o+tema+e+-descubra+o+que+mudou+com+o+regime+jur%C3%ADdico+emergencial.

O Parecer da Defensoria Pública do Rio de Janeiro, elaborado a pedido do Núcleo de Família de São João de Meiriti como forma de "subsidiar a defesa do cônjuge que se retira do lar, impedindo a configuração da usucapião familiar", diante dos muitos casos de separação judicial e/ou extinção de união estável de casais que são titulares de financiamentos junto ao Programa Minha Casa Minha Vida, bem alerta para esse ponto:

> Trata-se de norma que instrumentaliza uma ação afirmativa, que visa compensar ou equacionar a desigualdade material histórica entre homens e mulheres, assegurando concretude ao princípio constitucional da igualdade substancial, e não meramente formal. Insere-se, portanto, entre as normas que buscam assegurar a isonomia efetiva entre homens e mulheres, pois impõe um tratamento jurídico diferenciado para compensar uma desigualdade ainda existente no plano fático, assim como a Lei 11.340/06 (Lei Maria da Penha), cuja constitucionalidade, inclusive, já foi reconhecida pelo Supremo Tribunal Federal.
>
> Resta claro, portanto, que de acordo com o texto legal em vigor, com o fim do casamento ou da união estável, o imóvel adquirido durante a vida em comum será registrado exclusivamente em nome da mulher se: 1) o casal teve filhos e a sua guarda é exclusivamente da mãe; 2) o casal teve filhos e houve acordo/decisão judicial para guarda compartilhada; 3) o casal não teve filhos.
>
> Em caso de guarda unilateral da prole pelo pai, a este será transferida ou registrada a propriedade do imóvel.
>
> A exceção a esta regra ocorre nos casos em que a compra do imóvel, embora submetida ao programa Minha Casa Minha Vida, envolveu recursos do FGTS de qualquer dos cônjuges/companheiros, quando então deve ocorrer a partilha do imóvel, dentro das regras estabelecidas para o regime de bens adotado.
>
> Diante da normatização do tema, constata-se que, não sendo a aquisição feita com recursos do FGTS ou não ficando o varão como guardião exclusivo da prole comum, a propriedade do imóvel adquirido na constância da união pertencerá, de pleno direito, unicamente à mulher. Desnecessário, portanto, que esta postule usucapião familiar para a consolidação da propriedade integral do bem imóvel em seu nome, bem como qualquer medida do cônjuge varão visando obstaculizar esta usucapião.
>
> Diante do acima exposto, havendo separação/rompimento da união estável do casal, restaria ao cônjuge varão, neste caso, a postulação de perdas e danos em face de sua ex-cônjuge ou companheira, a fim de receber o valor equivalente à sua meação, ou, ao menos, à parte do imóvel pago durante a vida em comum, já que não teria direito à propriedade do imóvel.
>
> Outra solução possível para a defesa do cônjuge/companheiro varão seria a postulação do direito à propriedade sobre a metade do imóvel, arguindo-se, neste caso, incidentalmente, a inconstitucionalidade dos artigos 35-A e 73-A da Lei 11.977/09, por violação à clausula constitucional da igualdade entre homens e mulheres, prevista no art. 5º, inciso I, da Constituição Federal, bem como à regra da igualdade de direitos entre os cônjuges, prevista no art. 226, § 5º, também da Constituição Federal (...).[7]

Em 2010, o IPEA apresentou o Comunicado 65, sobre a chefia feminina de família. O documento apontou um aumento dessas entidades familiares de 27%, em 2001, para 35%, em 2009. Ou seja, aproximadamente 22 milhões de famílias brasileiras tinham como principal responsável alguém do sexo feminino:

---

7. Disponível em: https://defensoria.rj.def.br/uploads/arquivos/ac9afb765dfd4259897f891b2018d74b.pdf.

Outro fenômeno comumente associado ao crescimento do número de famílias chefiadas por mulheres é o da feminização da pobreza, isto é, costuma-se relacionar as famílias com chefia feminina ao fato de que as mulheres possuem renda inferior à dos homens e, no caso da chefe mulher, é mais comum a ausência de um cônjuge – o que limita ainda mais as fontes de renda da família. Finalmente, a maior parte das famílias chefiadas por mulheres é de mães com seus filhos; o que representa mais uma sobrecarga – no sentido de necessidade de recursos e de tempo – num cenário de, supostamente, mais escassez.[8]

A Lei 14.118, de 12 de janeiro de 2021, que instituiu o programa Casa Verde Amarela, em substituição ao programa Minha Casa Minha Vida, manteve a política de proteção especial da mulher responsável pela unidade familiar. Em seu artigo 13, prevê que os contratos e os registros efetivados no âmbito do programa serão formalizados, preferencialmente, em nome da mulher e, na hipótese de esta ser chefe de família, poderão ser firmados independentemente da outorga do cônjuge, afastando-se a incidência dos arts. 1.647, 1.648 e 1.649 do Código Civil.

Já o art. 14 mantém a previsão de atribuição da titularidade do imóvel à mulher, com exceção do imóvel adquirido com recursos do FGTS ou dos casos em que a guarda dos filhos seja atribuída exclusivamente ao homem. Inova, no entanto, em relação ao art. 35-A da Lei 11.977, ao prever que, no caso da guarda vir a ser alterada em favor da mulher, a titularidade do imóvel também deverá ser alterada. Ou seja, a propriedade do imóvel segue a guarda dos filhos, ganhando a propriedade uma "natureza ambulatória", segundo Flávio Tartuce.[9]

O Programa Casa Verde Amarela, inovou, no entanto, ao prever que eventual prejuízo de um dos consortes com a atribuição da propriedade ao outro se resolva com perdas e danos. Para Fernanda Tartuce e Ana Beatriz Ferreira Rebello Presgrave, a Lei criou um "dever indenizatório" em favor do marido/companheiro, diminuindo a proteção conferida às mulheres.[10]

Mesmo com a insistência do legislador em manter a política de ação afirmativa de garantia de direito à moradia da mulher ou das entidades monoparentais com filhos, a previsão legal tem sofrido resistência judicial na sua aplicação.

Muitos Tribunais de Justiça declararam a inconstitucionalidade do art. 35-A da Lei 11.977,[11] passando a partilhar o imóvel adquirido no âmbito do Programa Minha

---

8. Disponível em: https://www.ipea.gov.br/portal/images/stories/PDFs/comunicado/101111_comunicadoipea65.pdf.
9. TARTUCE, Flávio. A Lei 14.118-21 e suas repercussões para o Direito de Família. Breves anotações. *IBDFAM*. Publicado em 28.01.2021. Disponível em: https://ibdfam.org.br/artigos/1632/A+lei+14.118-21+e+suas+repercussões+para+o+Direito+de+Fam%C3%ADlia.+Breves+anotações.
10. TARTUCE, Fernanda; PRESGRAVE, Ana Beatriz Ferreira Rebello. Primeiras impressões sobre impactos familiares da lei 14.118/21. *Genjurídico*. Publicado em 28.01.2021. Disponível em: http://genjuridico.com.br/2021/01/28/impactos-familiares-da-lei-14118-21/.
11. Tribunal de Justiça do Rio Grande do Sul, Arguição de Inconstitucionalidade 70082231507, Órgão Especial, j. 10.10.2019; Tribunal de Justiça de Minas Gerais, ARG 0542932-20.2012.8.13.0702, Órgão Especial, j. 15.05.2015; Tribunal de Justiça de São Paulo, Arguição de Inconstitucionalidade 0083671-96.2015.8.26.0000, j. 09.03.2016.

Casa Minha Vida conforme as normas que regem o regime de bens adotado pelo casal, que, na grande maioria das vezes, é o da comunhão parcial de bens.

As decisões judiciais, assim, acabam por rejeitar aplicação à norma do art. 35-A, deixando de realizar uma conformação da legislação civil incidente sobre a matéria.

4. COMENTÁRIOS À DECISÃO DO STJ NO ARESP 1.587.849/MS

A controvérsia envolvendo a aplicabilidade do art. 35-A da Lei 11.977, de 2009, tem chegado ao Superior Tribunal de Justiça por meio de REsp e AREsp. No entanto, até o momento, encontramos apenas 6 decisões monocráticas sobre o tema, todas no sentido de não conhecimento ou provimento dos recursos: REsp 1.881.075, Rel. Min. Raul Araújo, Dje 17.08.2020; AREsp 1.701.481, Rel. Min. João Otávio de Noronha, Dje 06.08.2020; REsp 1.666.357, Rel. Min. Maria Isabel Gallotti, Dje 13.05.2020; AREsp 1.587.849, Rel. Min. João Otávio de Noronha, Dje 21.11.2019; AgInt no AREsp 1.529.115, Rel. Min. Ricardo Villas Bôas Cueva, Dje 29.10.2019; AREsp 1.208.239, Rel. Min. Marco Buzzi, Dje 16.02.2018.

Das seis, destacamos, para análise, o Agravo no Recurso Especial 1.587.849, do Mato Grosso do Sul.

No caso, o Tribunal de Justiça do Mato Grosso do Sul, ao julgar apelação civil proposta contra sentença em ação de divórcio, após submeter o feito ao incidente de arguição de inconstitucionalidade 0809355-66.20158.12.0001/50000, manteve a sentença impugnada, afastando a aplicação do art. 35-A por ofensa aos princípios constitucionais da isonomia, da razoabilidade e do direito de propriedade, e determinando a necessidade da partilha do imóvel adquirido no âmbito do Programa Minha Casa Minha Vida.

No AREsp, a recorrente alegou violação ao art. 35-A da Lei 11.977/2009. Sustentou que a norma não importa em privilégio concedido à mulher, uma vez que o programa assegura, primeiramente, a titularidade ao cônjuge detentor da guarda unilateral, bem como determina a partilha do imóvel se adquirido com recursos do FGTS. A decisão recorrida teria violado dispositivo de lei que visa resguardar o direito à moradia da família, conferindo a proteção à prole, bem como às mulheres de baixa renda, através de um programa social, como forma de combate à desigualdade histórica.

O relator do recurso no STJ, Ministro João Otávio de Noronha, não conheceu do recurso diante do óbice da Súmula 284 do STF, por entender que as razões recursais delineadas no especial estão dissociadas dos fundamentos utilizados no aresto impugnado:

> (...) Quanto à controvérsia, na espécie, o acórdão assim decidiu:
> No regime de comunhão parcial consideram-se comuns todos os bens adquiridos na constância do casamento ou da união estável, por serem o resultado ou o fruto da estreita colaboração que se forma entre o marido e a mulher, salvo algumas exceções expressamente previstas em lei.

[...] Desse modo, comunicam-se os bens adquiridos por título oneroso, desde que tenham se incorporado ao acervo durante a constância do casamento ou da união estável. Excluem-se da incidência da regra, portanto, os adquiridos antes do casamento ou da união estável.

[...] Na hipótese, a autora pretende que o imóvel obtido pelo Programa Minha Casa Minha Vida não seja partilhado e sua propriedade seja atribuída exclusivamente à apelante, a teor do que dispõe o art. 35-A da Lei 11.977/2009.

[...] Como se vê, a regra é que, na hipótese de divórcio ou de dissolução de união estável, o imóvel adquirido no âmbito do "Programa Minha Casa Minha Vida" seja registrado em nome da mulher ou a ela transferido, salvo duas exceções: (1) se o imóvel foi adquirido com recursos do FGTS e (2) se o marido ou companheiro estiver com a guarda dos filhos.

Na hipótese, não há prova (sequer alegação) de que o imóvel em litígio foi adquirido com recursos do FGTS. Além disso, conforme acordo firmado em audiência, a guarda da menor filha dos ex-cônjuges é exercida pela mãe.

Assim, não há exceção que justifique o afastamento da regra.

No entanto, no julgamento ocorrido em 15.08.2018, decidiu-se, no Órgão Especial deste Tribunal de Justiça, que a norma é inconstitucional.

[...] Sendo o art. 35-A da Lei 11.977/2009 inconstitucional, não é possível atender à pretensão da agravante, de que o imóvel adquirido pelo casal na constância do casamento não integre a partilha dos bens.

Portanto, deve ser mantida a sentença que determinou 'a partilha do bem imóvel na proporção de 50% para cada parte' (fls. 225/227).

Aplicável, portanto, o óbice da Súmula 284/STF, uma vez que as razões recursais delineadas no especial estão dissociadas dos fundamentos utilizados no aresto impugnado, tendo em vista que a parte recorrente não impugnou, de forma específica, os seus fundamentos, o que atrai a aplicação, por conseguinte, do referido enunciado: 'É inadmissível o recurso extraordinário, quando a deficiência na sua fundamentação não permitir a exata compreensão da controvérsia'.

(...)

Ante o exposto, com base no art. 21-E, V, do Regimento Interno do Superior Tribunal de Justiça, conheço do agravo para não conhecer do recurso especial.[12]

De fato, o Ministro Relator não poderia conhecer do recurso, uma vez que a recorrente se limitou a refutar argumentos de inconstitucionalidade da norma que queria ver aplicada, não enfrentando a necessidade de aplicação da lei infraconstitucional, bem como a sua compatibilidade com as demais normas civilistas que envolvem a matéria, conforme argumentos utilizados na decisão objeto do recurso.

A principal questão não enfrentada pelo AREsp, portanto, parece ser a aplicação, pelo julgador de piso, das regras do regime da comunhão parcial de bens ao financiamento do Programa Minha Casa Minha Vida, em flagrante conflito com o disposto no art. 35-A da Lei 11.977, de 2009, que expressamente determina que o imóvel não seja objeto de partilha, independentemente do regime de bens adotado pelo ex-casal.

Nesse ponto, a decisão recorrida contrariou expressa previsão legal (art. 35-A da Lei 11.977/2009), que optou por impor a separação de bens aos casais que se utilizem

---

12. ARESP 1587849, Rel. Min. João Otávio de Noronha, decisão publicada em 21.11.2019.

do financiamento oferecido no âmbito da Programa Minha Casa Minha, excetuado os que se utilizarem de recursos do FGTS, de modo a proteger o direito à moradia das entidades familiares monoparentais, especialmente as chefiadas por mulheres.

Considerando que o legislador sempre se utilizou do regime da separação de bens quando buscou proteger determinado interesse, natural que tenha se socorrido dele, de certo modo, como forma de proteger o direito de moradia das famílias de mais baixa renda, beneficiadas pelo Programa, separando o bem por ele financiado do patrimônio do casal que vier a se separar.

A Lei que institui o Programa, inclusive, afasta a outorga uxória para a formalização dos financiamentos de que trata, determinando, inclusive, que os contratos sejam realizados preferencialmente no nome da mulher, ciente da realidade vivida por muitas mulheres na condução do dia a dia dos seus lares, bem como dos conflitos envolvendo a dissolução das uniões que levam, muitas vezes, a perda da casa da família. Assim, a mulher pode financiar sozinha o imóvel, como se houvesse optado pelo regime da separação de bens, mesmo vivendo em união estável ou estando casada sob o regime da comunhão parcial ou universal de bens.

Vale lembrar, inclusive, que os beneficiados pelo Programa que se encontram na Faixa 1 (famílias com renda mensal bruta de até R$ 1.900,00) não podem vender o imóvel antes do término do financiamento. Durante os dez anos do financiamento, não será possível alugar, vender, ceder ou emprestar o imóvel a outra pessoa, justamente para proteger a finalidade do Programa de promoção do direito à moradia.

Ora, dessa forma, em caso de dissolução da sociedade conjugal, natural que o legislador tenha se preocupado em definir quem terá direito sobre o imóvel, uma vez que eventual partilha seria possível apenas após quitação do financiamento.

Se o objetivo é atender famílias de baixa renda, é de se presumir que o imóvel financiado seja o único da entidade familiar, o que faria que a eventual partilha importasse em venda do imóvel com rateio do valor, deixando ambos os cônjuges sem moradia própria, levando à insegurança habitacional dos membros da unidade familiar, especialmente os filhos menores do ex-casal.

Portanto, o magistrado, ao se deparar com a aplicação do art. 35-A da Lei 11.977, não pode deixar de ter em mente as finalidades da legislação em apreço, bem como a realidade da população por ela atendida, especialmente das mulheres de baixa renda responsáveis pela unidade familiar, o que justifica a excepcionalização da regra do regime de bens por ela operada.

Assim, a questão da constitucionalidade da norma não parece óbice a sua aplicação, estando na esfera de escolha do legislador como legítima opção para a promoção de direitos fundamentais consagrados pela Constituição de 1988 como: direito à moradia, proteção absoluta das crianças e adolescentes e proteção das minorias e dos vulneráveis.

Ao apresentar seu voto divergente na Arguição de Inconstitucionalidade 70082231507, o Desembargador Rui Portanova, do Tribunal de Justiça do Rio Grande do Sul, destacou a constitucionalidade do dispositivo que, não só não afrontaria a Constituição como seria uma forma de concretizá-la, considerando a finalidade da lei e a realidade da população atendida por ela. Nesse sentido, destaco o seguinte trecho de seu voto:

> (...) O dispositivo questionado não afronta a Constituição.
>
> Pelo contrário.
>
> Trata-se de política pública, onde o Estado busca materializar, de certa forma, direitos e garantias fundamentais, inerentes à condição de indivíduo, buscando a efetiva promoção da cidadania.
>
> Para tanto, o dispositivo legal questionado atribui à mulher, nas hipóteses de dissolução da união estável, divórcio, ou separação, a propriedade do imóvel adquirido através do Programa Minha Casa Minha Vida, quando o referido imóvel foi financiado na constância da união estável/casamento, com subvenções oriundas de recursos da União. (...)
>
> Como se pode ver, trata-se de norma que busca impulsionar o progresso social, visto que, antes, a Lei somente atribuía preferencialmente ao registro em nome da mulher, ao passo que, agora, afirma tal proceder como regra.
>
> Vejo, aqui, mais uma conquista social no rumo de uma visão do princípio da igualdade material, obtida através da legislação nacional, na busca da igualização de minoria. (...)
>
> A interpretação do dispositivo legal deve levar em conta o contexto de sua edição.
>
> O crescimento populacional exacerbado nas últimas décadas, fez com que aumentasse a demanda por moradia na zona urbana. A alta demanda, aliada à dificuldade de obtenção de crédito e aos elevados custos da locação habitacional, fez com que os núcleos familiares das camadas mais pobres da população iniciassem um processo de ocupação e construção irregular, o que resultou no conhecido processo de favelização dos centros urbanos.
>
> Em contrapartida, durante anos, os gestores públicos pouco fizeram para solucionar essas mazelas e amparar essa parte socioeconomicamente vulnerável da população brasileira.
>
> Nessa conjuntura, o Governo Federal instituiu o Programa Minha Casa Minha Vida, através da Lei 11.977/2009, como uma política de bem-estar social.
>
> (...)
>
> Na maioria das vezes, nas famílias monoparentais – quando há a ruptura da união estável ou do matrimônio, abandono do lar, ou quando sequer houve a presença de um dos genitores desde o início – a guarda dos filhos fica com a mulher. Em outras palavras, no Brasil, os núcleos familiares monoparentais, na sua esmagadora maioria, são chefiados por mulheres.
>
> É o que justifica a discriminação justa imposta pela Lei.
>
> (...)
>
> Ainda que, no presente caso, não estejamos tratando de violência física (estritamente considerada) contra a mulher, não posso me furtar de, ainda assim, vislumbrar que a norma aqui em debate tem por objetivo a amenizar, de uma certa forma, a violência que a mulher sofre nessas situações que levaram o legislador a fazer uma discriminação justa em favor da mulher. (...)[13]

---

13. Arguição de Inconstitucionalidade 70082231507, Rel. Des. Luiz Felipe Brasil Santos, Órgão Especial do Tribunal de Justiça do Rio Grande do Sul, decisão de 10 de outubro de 2019.

Por outro lado, como bem lembrado pela Desembargadora Denise Oliveira Cezar, que divergiu, igualmente, do relator da arguição, a legislação, ao excepcionar os financiamentos que fazem uso de recursos do FGTS da regra da incomunicabilidade, atende à proteção constitucional do direito de propriedade. Desse modo, o art. 35-A trata de bem adquirido com dinheiro do governo federal, direcionado para política pública de inclusão, de modo que "o Governo Federal por meio de sua política pública oferecer a moradia para proteger a família, em especial prole, protege a infância e a juventude. Por essa razão, o imóvel não fica nem com o homem, nem com a mulher, fica com aquele que detém a guarda dos filhos". A Desembargadora, ao afastar a inconstitucionalidade da norma, destaca a necessidade de análise da medida no contexto normativo do Código Civil, bem como do aprimoramento da sua redação. Vejamos:

> (...) É uma política que foi estabelecida para proteger, dar concretude ao princípio da proteção integral da criança e do adolescente que está previsto na Constituição Federal. Então não há ofensa à propriedade privada, porque o patrimônio utilizado para a aquisição é o patrimônio público e, portanto, é uma política que foi instituída, é o dinheiro da sociedade, é o dinheiro de todos nós. E também não há ofensa à igualdade, porque o discrímen não é feito nem a favor da mulher, nem a favor do homem, é feito a favor da prole da família, da unidade familiar que tem a proteção constitucional assegurada como prioridade absoluta.
>
> Eu, no final de semana, inclusive, fiz uma pequena pesquisa e encontrei um precedente no Supremo Tribunal Federal em que justamente o Min. Alexandre de Moraes não conheceu do recurso extraordinário por entender que não há relevância constitucional nessa causa, que se alguma ofensa há a Constituição ela é indireta, porque eventualmente poderia se estar dizendo que esta lei ofende o Código Civil, na forma que ela estabelece, a linha de partilha e sucessão de bens entre cônjuges. Mas isso não é uma ofensa direta à Constituição e seriam, sim, uma ofensa indireta a ser analisada no âmbito do Superior Tribunal de Justiça na questão da equalização da legislação federal. (...)
>
> Gostaria também de referir que não há dúvida de que provavelmente essa legislação tem uma redação deficiente, porque evidentemente, a cada mudança de titularidade do poder de guarda, teria que se alterar a titularidade do imóvel, mas esta falha, este equívoco, essa impropriedade normativa, não está no âmbito constitucional, está no âmbito da análise da própria redação da lei e da aplicação da lei conforme os princípios que orientam a legislação, e isso deve ser feito pelo Juiz no caso a caso (...).

As críticas da Desembargadora parecem ter sido ouvidas pelo legislador ao instituir o Programa Casa Verde e Amarela, que prevê, inclusive, o ressarcimento por perdas e danos ao ex-cônjuge que não ficar no imóvel, a ser analisado nos termos da legislação de regência.

Esses argumentos favoráveis a aplicação do art. 35-A da Lei, portanto, foram ignorados pelo recorrente ao interpor o AREsp 1.587.849/MS, não deixando ao relator, Ministro João Otávio de Noronha, outra opção que não o desprovimento do recurso, uma vez que não caberia ao STJ analisar os argumentos constitucionais em debate.

Por mais que os tribunais venham decidindo pela inconstitucionalidade do referido dispositivo legal, lembramos que o Supremo Tribunal Federal ainda não se interessou pela controvérsia. Os Recursos Extraordinários propostos contra as decisões relativas à constitucionalidade do art. 35-A esbarraram na jurisprudência defensiva da Corte. Nas decisões monocráticas, os Ministros destacam a necessidade de análise da legislação infraconstitucional, não vendo ofensa direta à Constituição.

No ARE 1.587.849/MS, o Ministro Gilmar Mendes, relator, negou seguimento ao recurso por entender que a matéria, na forma como debatida no acórdão impugnada, restringia-se à legislação infraconstitucional, bem como seu exame exigiria revolvimento do acervo fático-probatório, esbarrando na Súmula 279 do STF. O recurso pretendia a reforma de acórdão do Tribunal de Justiça de São Paulo que, entendendo não aplicável o art. 35-A da Lei 11.977, por não haver quitação do financiamento ainda, determinou, apenas o rateio dos valores efetivamente pagos pelo ex-casal, durante a união, salientando que o financiamento permaneceu em nome da mulher, que continuou residindo no imóvel junto com a filha do casal.[14]

No ARE 126.415/MS, relatora Ministra Rosa Weber, o recorrente buscou desfazer a decisão do Tribunal de Justiça do Mato Grosso do Sul, tomada em sede de arguição de inconstitucionalidade, que declarou a inconstitucionalidade do art. 35-A. A Ministra Rosa Weber não conheceu do Agravo em Recurso Extraordinário por não entender cabível com base na Súmula 513 do STF, segundo a qual não cabe recurso extraordinário contra acórdão que resolve o incidente de inconstitucionalidade.[15]

O ARE 1.215.443/SP, de relatoria do Ministro Alexandre de Moraes, também não foi conhecido. O recurso questionava acórdão do Tribunal de Justiça do Estado de São Paulo que manteve a aplicação do art. 35-A da Lei 11.977, determinando a transferência do imóvel para o nome da mulher. O relator entendeu que o recorrente não demonstrou de forma fundamentada a repercussão geral da controvérsia constitucional subjacente ao caso concreto. Ainda que superada essa preliminar, consignou que o recurso não seria conhecido, porque demandaria revolvimento da prova dos autos e exame de legislação infraconstitucional.[16]

O arcabouço normativo posto em análise, bem como o conjunto de decisões do Superior Tribunal de Justiça, corroboradas pelas decisões monocráticas do Supremo Tribunal Federal, indica a necessidade de análise do art. 35-A da Lei 11.977 (Programa Minha Casa Minha Vida), e dos arts. 13 e 14 da Lei 14.118 (Programa Casa Verde e Amarela), à luz da legislação infraconstitucional.

5. CONSIDERAÇÕES FINAIS

A criação do art. 35-A da Lei 11.977, de 2009, insere-se em um conjunto de medidas legais que visam criar "ações afirmativas" para a proteção do direito à moradia das famílias de baixa renda, em especial àquelas "chefiadas" por mulheres.

---

14. ARE 135339, Rel. Min. Gilmar Mendes, Dje 03.12.2021.
15. ARE 1263415, Rel. Min. Rosa Weber, DJE 22.04.2020.
16. ARE 1215443, Rel. Min. Alexandre de Moraes, Dje 25.06.2019.

O magistrado, ao se deparar com a aplicação do art. 35-A da Lei 11.977, não pode deixar de ter em mente as finalidades da legislação em apreço, bem como a realidade da população por ela atendida.

Parece ser medida razoável e efetiva a imposição, pelo legislador, da separação de bens do casal, no caso, do imóvel financiado no âmbito do Programa social, de modo a garantir a finalidade da lei, qual seja, efetivar o direito de moradia à população de baixa renda.

Ações afirmativas, que buscam concretizar o princípio da igualdade material em detrimento da igualdade formal, já foram declaradas constitucionais pelo Supremo Tribunal Federal. No caso, precedentes da própria Corte Suprema apontam que a controvérsia envolvendo a análise do art. 35-A da Lei 11.977 deverá pautar-se pela análise da legislação infraconstitucional, bem como pelos fatos e provas que orientam o caso concreto.

Desse modo, faz-se necessário que a matéria chegue ao Superior Tribunal de Justiça por meio de recursos que enfrentem adequadamente os argumentos legais favoráveis e contrários à aplicabilidade da norma protetiva prevista no Programa Minha Casa Minha Vida e, agora, repetida no Programa Casa Verde e Amarela.

Considerando todo o arcabouço normativo, quer o que rege e ampara as relações patrimoniais entre os cônjuges, quer o que envolve a promoção da política pública de moradia para população de baixa renda, seria forçoso concluir que a ação afirmativa impõe uma espécie de separação de bens, de modo a garantir que a titularidade do imóvel financiado com recursos públicos fique com aqueles identificados como mais vulneráveis e que, por isso, merecem especial proteção.

Conforme passou a constar expressamente do Programa Casa Verde e Amarela, inclusive, questões relativas a contribuições financeiras do cônjuge ou companheiro que ficará sem a titularidade do imóvel, a ser analisada caso a caso com base no direito civil, deverão ser resolvidas por meio de indenização por perdas e danos, quando cabíveis.

6. REFERÊNCIAS

FERRIANI, Adriano. A preferência da mulher no Programa Minha Casa, Minha Vida. *Migalhas*. Publicado em 11 de abril de 2012. Disponível em: https://www.migalhas.com.br/coluna/civilizalhas/153415/a--preferencia-da-mulher-no-programa-minha-casa--minha-vida.

GAGLIANO, Pablo Stolze; PAMPLONA FILHO, Rodolfo. *Novo Curso de Direito Civil* 11. ed. São Paulo: Saraiva, 2021. v. 6.

GUEDES, Cintia Regina. Parecer da Coordenadoria Cível da Defensoria Pública do Rio de Janeiro. Disponível em: https://defensoria.rj.def.br/uploads/arquivos/ac9afb765dfd4259897f891b2018d74b.pdf.

IBDFAM. *Usucapião familiar*: saiba mais sobre o tema e descubra o que mudou com o regime jurídico emergencial. Publicado em 25.06.2020. Disponível em: https://ibdfam.org.br/noticias/7416/Usucapião+familiar:+saiba+mais+sobre+o+tema+e+descubra+o+que+mudou+com+o+regime+jur%C3%ADdico+emergencial.

IBDFAM. *Especialistas dissecam lei que deu preferência à mulher no registro imobiliário no Programa Casa Verde e Amarela*. Publicado em 28.01.2021. Disponível em: https://ibdfam.org.br/index.php/noticias/8099/Especialistas+dissecam+lei+que+deu+preferência+à+mulher+no+registro+imobiliário+no+Programa+Casa+Verde+e+Amarela.

IPEA. Comunicado 65: PNAD 2009 – Primeiras análises: investigando a chefia feminina de família. Publicado em 11.11.2010. Disponível em: https://www.ipea.gov.br/portal/images/stories/PDFs/comunicado/101111_comunicadoipea65.pdf.

RODRIGUES, Silvio. *Direito Civil*. 27 ed. atual. São Paulo: Saraiva, 2002. v. 6.

TARTUCE, Fernanda; PRESGRAVE, Ana Beatriz Ferreira Rebello. Primeiras impressões sobre impactos familiares da lei 14.118/21. *Genjurídico*. Publicado em 28.01.2021. Disponível em: http://genjuridico.com.br/2021/01/28/impactos-familiares-da-lei-14118-21/.

TARTUCE, Flávio. A Lei 14.118-21 e suas repercussões para o Direito de Família. Breves anotações. *IBDFAM*. Publicado em 28.01.2021. Disponível em: https://ibdfam.org.br/artigos/1632/A+lei+14.118-21+e+suas+repercussões+para+o+Direito+de+Fam%C3%ADlia.+Breves+anotações.

O REGIME DE SEPARAÇÃO OBRIGATÓRIA DE BENS NA UNIÃO ESTÁVEL

Ricardo Calderón

Doutor e Mestre em Direito Civil pela Universidade Federal do Paraná – UFPR. Pós--graduado em Direito Processual Civil e em Teoria Geral do Direito. Coordenador de curso de pós-graduação em Direito das Famílias e Sucessões da Academia Brasileira de Direito Constitucional. Diretor Nacional do IBDFAM. Professor de cursos de pós-graduação e graduação. Sócio do Calderón Advogados, sediado em Curitiba. calderon@calderonadvogados.com.br.

Sumário: 1. Introdução: a paulatina aproximação do tratamento jurídico da união estável ao casamento – 2. O regime da separação obrigatória de bens e a (in)viabilidade de sua extensão para as uniões estáveis – 3. A posição da doutrina – 4. O atual entendimento da jurisprudência – 5. Liberdade e família – 6. Considerações finais – 7. Referências bibliográficas.

1. INTRODUÇÃO: A PAULATINA APROXIMAÇÃO DO TRATAMENTO JURÍDICO DA UNIÃO ESTÁVEL AO CASAMENTO

Nos últimos anos temos assistido a uma paulatina aproximação dos atributos jurídicos afeitos ao casamento com os que são conferidos para as uniões estáveis. Diversos direitos que eram exclusivos dos cônjuges passaram a ser concedidos, analogicamente, aos conviventes. Como exemplo, podemos citar a possibilidade de eleição de regime de bens, a faculdade de alteração do nome, o direito real de habitação, o eventual direito de alimentos ao término da relação, a ordem de preferência na posição de inventariante, a outorga convivencial para o ajuizamento de ações imobiliárias (esses últimos advindos com Código de Processo Civil de 2015), entre tantos outros aspectos.[1]

Um dos mais recentes passos dessa aproximação foi a paradigmática decisão do STF que, em 2018, julgou inconstitucional o art. 1.790 do Código Civil Brasileiro, vindo a afirmar que os regimes sucessórios devem ser os mesmos tanto para o casamento como para a união estável:

---

1. "Diante do estágio cultural, social e jurídico em que nos encontramos, não se pode admitir distinções substanciais entre as famílias – sobretudo se isto vai implicar discriminação, redução, preconceito –, apenas pela circunstância de uma delas ter sido fundada numa solenidade – o casamento – e a outra redundar de uma escolha consciente, informal, de uma conduta prolongada no tempo. Diante da nova ordem constitucional implantada em nosso país em 1988, que em muitos aspectos representou uma verdadeira revolução, dos valores então estabelecidos e que se desenvolveram com a legislação posterior, e com uma jurisprudência progressiva, evoluída, não tem nenhum sentido determinar diversidade ou dessemelhança essencial entre as famílias, nos efeitos que devem produzir, somente considerando a origem, ou o modelo de sua criação. Não se pode enaltecer ou privilegiar uma espécie de entidade familiar em desprestígio ou diminuição de outra" (VELOSO, Zeno. *Direito Civil: temas*. Belém, Associação dos Notários e Registradores do Pará, 2018, p. 320-321).

> Direito constitucional e civil. Recurso extraordinário. Repercussão geral. Inconstitucionalidade da distinção de regime sucessório entre cônjuges e companheiros. *1. A Constituição brasileira contempla diferentes formas de família legítima, além da que resulta do casamento. Nesse rol incluem-se as famílias formadas mediante união estável. 2. Não é legítimo desequiparar, para fins sucessórios, os cônjuges e os companheiros, isto é, a família formada pelo casamento e a formada por união estável. Tal hierarquização entre entidades familiares é incompatível com a Constituição de 1988. 3. Assim sendo, o art. 1790 do Código Civil, ao revogar as Leis 8.971/94 e 9.278/96 e discriminar a companheira (ou o companheiro), dando-lhe direitos sucessórios bem inferiores aos conferidos à esposa (ou ao marido), entra em contraste com os princípios da igualdade, da dignidade humana, da proporcionalidade como vedação à proteção deficiente, e da vedação do retrocesso.* 4. Com a finalidade de preservar a segurança jurídica, o entendimento ora firmado é aplicável apenas aos inventários judiciais em que não tenha havido trânsito em julgado da sentença de partilha, e às partilhas extrajudiciais em que ainda não haja escritura pública. 5. Provimento do recurso extraordinário. *Afirmação, em repercussão geral, da seguinte tese: "No sistema constitucional vigente, é inconstitucional a distinção de regimes sucessórios entre cônjuges e companheiros, devendo ser aplicado, em ambos os casos, o regime estabelecido no art. 1.829 do CC/2002.*
>
> (RE 878694, Relator(a): Roberto Barroso, Tribunal Pleno, julgado em 10.05.2017, Processo Eletrônico Repercussão Geral – Mérito DJe-021 Divulg 05.02.2018 PUBLIC 06.02.2018) – grifo nosso

A conclusão do referido *decisum* foi no sentido de que, face à similitude fática do casamento com as relações de união estável, no que estas se assemelham as consequências jurídicas devem ser as mesmas (como é o caso das respectivas participações sucessórias). Portanto, as regras de destinação sucessória tanto do casamento como da união estável devem se dar nos moldes do disposto no art. 1.829 do Código Civil, para ambas as formas de relacionamento, em tratamento isonômico, o que retrataria a igualdade constitucional.

Entretanto, o mesmo julgado anota que as duas formas de vida em comum possuem distinções, em especial quanto à forma de constituição e dissolução, de modo que eventuais diferenciações jurídicas seriam compreensíveis caso se referissem a tais aspectos. Ou seja, no que são iguais, os direitos devem ser iguais; no que as entidades familiares são distintas, seriam constitucionalmente admissíveis algumas desigualações. Dentre algumas distinções que persistiriam, podemos citar a desnecessidade de outorga convivencial para a alienação de imóveis adquiridos durante a constância da união estável (embora o tema já apresente alguma dissonância), a validade da fiança prestada sem a outorga do outro convivente, entre algumas outras.

Consequentemente, é possível afirmar que as distinções entre as referidas entidades familiares seriam admissíveis sempre que se relacionassem com a solenidade do ato de celebração e dissolução do matrimônio civil (cuja formalidade não se encontra nas uniões estáveis). Esse é o sentido do enunciado aprovado na VIII Jornada de Direito Civil do Conselho da Justiça Federal:

> A decisão do Supremo Tribunal Federal que declarou a inconstitucionalidade do art. 1.790 do Código Civil não importa equiparação absoluta entre o casamento e a união estável. Estendem-se à união estável apenas as regras aplicáveis ao casamento que tenham por fundamento a solidarie-

dade familiar. Por outro lado, é constitucional a distinção entre os regimes, quando baseada na solenidade do ato jurídico que funda o casamento, ausente na união estável.[2]

Apesar disso, importa registrar que há uma tendência em conceder direitos pertencentes aos cônjuges também para os companheiros. Quem bem descreve essa trajetória de aproximação entre os atributos de tais entidades familiares (que, anote-se, é peculiar do direito brasileiro) é o saudoso mestre Zeno Veloso, para quem:

> No Brasil, não se pode deixar de consignar que a união estável e o casamento apresentam diferenças, considerando-se suas formas de constituição. Entretanto, quanto aos efeitos e os modos de dissolução de cada uma dessas entidades familiares, o direito tem evoluído – na lei, na doutrina, na jurisprudência – para uma realidade que se apresenta aos olhos com toda a evidência, a força de clareza solar: casamento e união estável são entidades familiares tendencialmente equiparadas. Aliás do ponto de vista constitucional, vigora o princípio da igualdade com relação às duas figuras. Não pode mesmo haver hierarquia entre as famílias, como se uma fosse superior à outra, ou uma de primeira classe e outra de segunda, observadas as diversas formas como as mesmas se constituem. Observado o princípio da dignidade da pessoa humana, com base na afetividade, na busca da felicidade, há a liberdade para escolher a forma de constituição de família, que não mais ficou atrelada ao modelo centralizado, vertical, patriarcal e patrimonial de outrora. O ambiente familiar democratizou-se. Já se passou – e há muito tempo, felizmente – o período da história de nosso direito em que se considerava o casamento como a única forma de constituição de família, que se chamava legítima.[3]

Em decorrência disso, algumas vozes já sustentam que não seria legítima nenhuma distinção entre os direitos atribuídos aos cônjuges e os conferidos aos companheiros, em tese que estende sobremaneira a equiparação sucessória aplicada pelo STF. Exemplo dessa perspectiva é a defesa de parte substancial da doutrina de que os companheiros também devem ser considerados herdeiros necessários.[4]

Nesse sentido, emerge a defesa da extensão da isonomia paulatinamente alcançada para outras esferas além da sucessória, como a cogitação sobre uma possível incidência do regime da separação obrigatória de bens também para as uniões estáveis. A imposição de um regime patrimonial é prevista expressamente apenas para o casamento civil (art. 1641, CC[5]), mediante algumas condições fáticas, mas não há previsão legal para a sua aplicação também para os casos de união estável.

Ainda assim, a paulatina concessão de direitos que eram exclusivos dos cônjuges para os conviventes traz a reboque a seguinte questão: será que também as restrições de liberdade (como a imposição obrigatória de um regime de bens), originariamen-

---

2. Disponível em: https://www.cjf.jus.br/enunciados/enunciado/1180.
3. VELOSO, Zeno. Op. cit., p. 321.
4. Sobre o tema: NEVARES, Ana. A condição de herdeiro necessário do companheiro sobrevivente. *Revista Brasileira de Direito Civil – RBDCivil*. v. 23, p. 17-37, Belo Horizonte, jan./mar. 2020. Acesso em: https://rbdcivil.ibdcivil.org.br/rbdc/article/view/475/343.
5. Código Civil: Art. 1.641: "É obrigatório o regime da separação de bens no casamento: I – das pessoas que o contraírem com inobservância das causas suspensivas da celebração do casamento; II – da pessoa maior de 70 (setenta) anos; III – de todos os que dependerem, para casar, de suprimento judicial".

te previstas apenas para o casamento civil, da mesma forma deveriam se aplicar às uniões estáveis?

A temática não é de resposta simples, inexistindo até o momento uma posição uníssona em nosso sistema, visto que se encontram duas correntes doutrinárias com posicionamentos distintos, consoante será esmiuçado adiante. Essa dissonância reverbera também nas decisões dos nossos tribunais.

Como a matéria não está pacificada, o escopo do presente artigo é compreender qual o estado da arte de tal entendimento no Direito de Família brasileiro. O enfrentamento do tema se fará pela compreensão da legislação que rege o regime da separação obrigatória de bens, passando pela apresentação das duas correntes doutrinárias e, ainda, com a exposição da posição da jurisprudência. Ao final, serão expostos argumentos sobre os dois vetores que estão subjacentes a tal discussão: liberdade e família.

2. O REGIME DA SEPARAÇÃO OBRIGATÓRIA DE BENS E A (IN)VIABILIDADE DE SUA EXTENSÃO PARA AS UNIÕES ESTÁVEIS

O regime da separação obrigatória de bens é uma imposição legal que restringe o poder de escolha dos nubentes e estipula, de forma cogente, uma separação patrimonial para o acervo que será amealhado durante a futura relação matrimonial.

Ou seja, mediante a presença de alguns elementos fáticos previstos em lei, incidirá obrigatoriamente o regime da separação de bens, hipóteses nas quais os futuros cônjuges não poderão eleger outro regime patrimonial.[6] Incidirá, necessariamente, o regime da separação legal.

O Código Civil de 2002 traz o regramento de tal regime no seu artigo 1.641:

> Art. 1.641. É obrigatório o regime da separação de bens no casamento:
> I – das pessoas que o contraírem com inobservância das causas suspensivas da celebração do casamento;
> II – da pessoa maior de 70 (setenta) anos; (Redação dada pela Lei 12.344, de 2010)
> III – de todos os que dependerem, para casar, de suprimento judicial.

Já a previsão das causas suspensivas está no art. 1.523:

> Art. 1.523. Não devem casar:
> I – o viúvo ou a viúva que tiver filho do cônjuge falecido, enquanto não fizer inventário dos bens do casal e der partilha aos herdeiros;
> II – a viúva, ou a mulher cujo casamento se desfez por ser nulo ou ter sido anulado, até dez meses depois do começo da viuvez, ou da dissolução da sociedade conjugal;

---

6. "A separação é legal quando decorre da lei prevalecendo, ainda que não convencionado ou omisso o ato de celebração (art. 1.641)". LEITE, Eduardo de Oliveira. *Direito Civil*: Direito de Família. São Paulo: Ed. RT, 2005. v. 5, p. 364.

III – o divorciado, enquanto não houver sido homologada ou decidida a partilha dos bens do casal;

IV – o tutor ou o curador e os seus descendentes, ascendentes, irmãos, cunhados ou sobrinhos, com a pessoa tutelada ou curatelada, enquanto não cessar a tutela ou curatela, e não estiverem saldadas as respectivas contas.

Consequentemente, quem casar em condições que estejam incluídas entre as hipóteses legais acima descritas se submeterá, necessariamente, ao regime da separação obrigatória de bens. Assim, o ato de celebração do matrimônio civil (que é sempre formal e prévio ao início da relação), registrará o regime da separação impositiva.

As hipóteses mais comuns são as que decorrem da idade (maiores de 70 anos) e daquelas pessoas que contraem outro matrimônio sem ter equacionado a partilha de um casamento anterior. Em ambas as situações, resta indene de dúvidas que o casamento deverá se dar com o regime da separação legal cogente (o que certamente constará do ato prévio da celebração, com cientificação dos cônjuges).

Importa destacar que o regime da separação obrigatória de bens difere, em alguns aspectos, até mesmo, do regime da separação convencional de bens, em vista do que se mostra relevante, juridicamente, ter-se a clareza de qual dos regimes de não comunicação patrimonial se está a tratar (legal-obrigatório ou convencional). Para citar apenas duas distinções entre esses dois regimes: *i)* a possibilidade de incidência da Súmula 377/STF,[7] que se dá apenas no regime de separação obrigatória; e *ii)* a participação sucessória, que é diversa para o regime da separação obrigatória em comparação com o regime da separação convencional.[8]

Um aspecto que merece relevo é que, nos casos de matrimônio, a formalização prévia é inerente ao ato, com a sua celebração perante um cartório de registro civil, o que faz com que os nubentes sejam informados da incidência de tal regime legal antes do início da relação. Essa peculiaridade faz com que ambos estejam previamente cientes dessa separação patrimonial, o que confere certa previsibilidade e segurança jurídica para os envolvidos.

Situação bem diversa é que a pode ocorrer com a aplicação indistinta de tal regime de separação obrigatória em casos de união estável, pois a formalização prévia não é exigência dessa forma de vida em comum. É consabido que grande parte dessas uniões não contam com uma escrituração anterior ao início da vida a dois. Assim, é possível que duas pessoas convivam em união estável sem ter conhecimento prévio da eventual incidência impositiva dessa regra de separação patrimonial, o que pode surpreender os conviventes ao término da relação (em caso de ruptura volitiva ou morte).

---

7. Conforme pacificado pelo Superior Tribunal de Justiça STJ: EREsp 1171820/PR, Rel. Ministro Raul Araújo, Segunda Seção, julgado em 26.08.2015, DJe 21.09.2015.
8. A partir do previsto no art. 1.829-CC; conforme também pacificado pelo STJ, ao julgar o REsp 1.382.170/SP, Rel. Min. Moura Ribeiro, Rel. p/ Acórdão Min. João Otávio De Noronha, Segunda Seção, j. 22.04.2015, DJe 26.05.2015.

Atualmente, há uma percepção social disseminada no sentido de que a eventual ausência de regramento formal faz viger o regime supletivo da comunhão parcial, mesmo para os casos de união estável. Entretanto, a aplicação do regime de separação obrigatória após o final de uma relação de união estável pode surpreender sobremaneira os envolvidos, vindo a frustrar a sua legítima expectativa (pois não teriam sido informados disso nem antes e nem mesmo durante a relação, o que é – no mínimo – inusitado).

Outra hipótese ainda mais grave são os casos nos quais os conviventes tenham celebrado uma escritura prévia com a eleição do regime de separação convencional ou mesmo da comunhão parcial, por exemplo, mas venham a ter a imposição do regime de separação obrigatória por decisão judicial ao término dessa relação (em caso de ruptura volitiva ou morte). Nessas situações as partes terão a sua vontade expressamente formalizada alterada *a posteriori*, o que pode impactar de modo a alterar todo um planejamento patrimonial e sucessório que tenham elaborado. Destaque-se que, nesses casos, mesmo com os companheiros tendo agido diligentemente, com a celebração de uma escritura pública prévia, serão surpreendidos futuramente por uma decisão judicial-estatal impositiva que fulminará o que acordaram no exercício da sua autonomia privada.

O que tem ocorrido em alguns casos concretos é ainda mais instigante: após a morte de um dos conviventes de uma relação de união estável, na qual ambos acreditavam ter convivido sob o manto de um regime de comunhão ou de separação convencional (os quais conferem ao outro sobrevivo direitos sucessórios), no momento da abertura da sucessão há uma surpresa: eventuais herdeiros exclusivos do companheiro falecido estão vindo a juízo para demandar a alteração *post mortem* do regime de bens da referida união estável, para que seja imposto o regime da separação obrigatória (com a alegação, entre outras, de que o falecido não havia celebrado a partilha de um casamento anterior). Com tal manobra, esses sucessores exclusivos desejam apenas excluir o companheiro sobrevivo da herança em disputa, o que surpreende e pode afrontar o próprio planejamento do autor da herança, deixando o companheiro sobrevivo em uma situação patrimonial desfavorável e impensada.

A imposição judicial do regime da separação obrigatória de bens em uma relação extinta de união estável, *a posteriori*, ainda mais com efeitos retroativos, acaba por se tornar uma surpresa que pode prejudicar fortemente os envolvidos. A ausência de previsão legal e de percepção social desta possibilidade torna ainda mais perturbadora essa medida, pois ela pode vir a frustrar todo um planejamento patrimonial e sucessório que ambos os conviventes tenham realizado durante a sua relação.

Como dados censitários recentes demonstram que as relações de uniões estáveis estão a crescer sobremaneira,[9] importa refletir com vagar sobre o espectro jurídico e sobre as consequências envoltas na pretensão de aplicação do regime de separação obrigatória também para as relações entre conviventes.

---

9. Disponível em: https://cnbsp.org.br/2017/02/17/numero-de-unioes-estaveis-cresce-cinco-vezes-mais-rapido-do-que-o-de-casamentos/.

3. A POSIÇÃO DA DOUTRINA

Como visto no capítulo anterior, a nossa legislação civil prevê a incidência desse regime patrimonial obrigatório apenas para o matrimônio civil. Entretanto, face a recente aproximação dos atributos legais do casamento para a união estável, algumas vozes estão a sustentar que também essa restrição de direitos seja estendida para as uniões estáveis. Ao mesmo tempo, outros sustentam que não seria o caso de se aplicar tal extensão do regime obrigatório para as uniões estáveis, abrindo divergência.

Atualmente, podemos dividir os entendimentos da doutrina em duas grandes correntes:[10] *a primeira,* daqueles que defendem a aplicação analógica do regime de separação obrigatória de bens também para os casos de união estável, entendendo que essas relações igualmente devem se sujeitar a tal regramento, sempre que presentes os seus requisitos legais. O principal argumento dessa corrente doutrinária seria o de concretizar mais plenamente a ideia de isonomia entre as referidas entidades familiares, a qual vem sendo agasalhada pela jurisprudência. Para tais adeptos, essa igualação deve se dar da mesma forma para as regras restritivas de direitos (como o regime obrigatório), sob pena de tornar a união estável "mais benéfica" do que o casamento. Assim, sustentam que ambas as entidades familiares devem se sujeitar às mesmas restrições referentes ao regime de bens.

Este é, por exemplo, o pensamento de Caio Mário da Silva Pereira (nas linhas da sua atualizadora Tânia da Silva Pereira), que destaca a obrigatoriedade em razão da idade:

> (...) Indaga-se também sobre a validade do 'contrato escrito' dos 'companheiros idosos', visando à opção pelo regime previsto no art. 1.725 do CC, ou seja, da "comunhão parcial de bens". Para Caio Mário, a vigorar esta última alternativa, estaríamos prestigiando a união estável em detrimento do casamento, o que não parece ser o objetivo do legislador constitucional, ao incentivar a conversão da união estável em casamento. Para o autor, devem ser aplicadas aos companheiros idosos as mesmas limitações previstas para o casamento; para ele deverá prevalecer o regime da separação legal de bens. A omissão do legislador na hipótese dos companheiros idosos criou flagrante conflito de interpretação. Por via de consequência, o autor afasta o 'contrato escrito' entre os 'companheiros idosos', visando à opção pelo regime previsto no art. 1.725 do CC, ou seja, da 'comunhão parcial de bens.'[11]

No mesmo sentido, João Batista de Oliveira Cândido, autor para o qual a incidência do regime obrigatório nas uniões estáveis conferiria uma harmonia ao sistema, evitando até mesmo uma burla a tal restrição:

> É interessante lembrar que as causas suspensivas não impedem a formação da união estável, como previsto no art. 1.723, § 2º, do Código Civil. Porém, entendemos que, neste caso, àqueles não é permitida a livre escolha do regime de bens, porque haveria burla ao sistema, o que o julgador

---

10. Essa divisão é realizada a partir de uma aproximação de conclusões, realizada exclusivamente para fins didático-metodológicos do presente artigo. Não se ignoram eventuais diferenças pontuais nos posicionamentos e nem mesmo se desconhece a variação de fundamentos que permeia o debate.
11. PEREIRA, Caio Mário da Silva. *Instituições de direito civil.* 22 ed. Rio de Janeiro: Forense, 2014, p. 667.

e operador da norma devem evitar. A interpretação é de natureza sistêmica, e considera que o art. 1.725, do Código Civil, prevê a liberdade contratual na formação do patrimônio, afirmando mesmo que na ausência de pacto, serão aplicados no que couber, os princípios do regime da comunhão parcial entre os companheiros. Neste caso há que se entender que não cabe a escolha e muito menos a aplicação do princípio da liberdade contratual, já que se impede o casamento com infração da causa suspensiva e quando este ocorre em infração da norma a consequência é exatamente a sanção prevista no art. 1.641, inc. I, do texto civil, que impõe o regime da separação obrigatória de bens. Ora, permitir que formem união estável sem qualquer restrição, é permitir a violação de tudo aquilo que se busca impedir com a aposição das causas suspensivas, verdadeira fraude ao sistema.[12]

Nicolau Crispino também cita a necessidade de se evitar a utilização da união estável como burla a restrição patrimonial afeita ao matrimônio:

> Nesses casos, os companheiros que estiverem na mesma situação dos cônjuges não poderão estabelecer regime patrimonial diverso do estabelecido no dispositivo mencionado. Isso deve ocorrer para que a união estável não seja uma união constituída exatamente para burlar o que a lei não permite por meio do matrimônio. Se a Constituição brasileira protege a família brasileira, seja de que origem for, inclusive chegando a admitir que ela pode ser formada pela união estável, não pode essa união contrariar dispositivo que estabelece restrição à liberdade de escolha do regime. (...)
>
> Mesmo que se entenda que tal dispositivo possa ser contrário ao princípio de igualdade entre os brasileiros maiores e capazes, quando determina ao maior de sessenta anos, em pleno gozo de seus direitos e obrigações, restrições à sua liberdade de contrair núpcias no regime de bens que desejar, não podem companheiros que vivam em união estável, nas mesmas hipóteses ali contidas, estabelecer, em contrato escrito, regime diverso do imposto pela norma civil. Essa regra foi estabelecida no art. 1.641 do novo Código Civil de forma idêntica ao regime anterior, com uma diferença, a unificação da idade para ambos os sexos.[13]

Por fim, vale mencionar que esta primeira corrente conta com a adesão de Carlos Roberto Gonçalves, para quem "malgrado opiniões em contrário, constitui esse o melhor entendimento a ser adotado, ante o comando constitucional emergente do art. 226, § 3º da Carta Magna",[14] ao lado de diversos outros expoentes autores.

Paralelamente, há uma *segunda corrente*, que sustenta exatamente o inverso: para os defensores de tal linha de pensamento, a imposição de um regime de bens é uma restrição de direitos, o que não permite interpretação extensiva, em vista do que deve ser preservada a liberdade de escolha (autonomia) dos conviventes ante a ausência de vedação legal. Os adeptos dessa corrente afirmam que casamento e união estável não devem ser idênticos em todos os aspectos, em especial nesse, que se vincula a uma ablação de autonomia, o que – portanto – exige lei prévia que a preveja. Em outras palavras, afirmam que a extensão de direitos admite interpretação extensiva, mas a

---

12. CÂNDIDO, João Batista de Oliveira. *Do casamento*. In: TEIXEIRA, Ana Carolina Brochado (Coord.); RIBEIRO, Gustavo Pereira Leite (Coord.). *Manual de Direito das famílias e sucessões*. 2. ed. Belo Horizonte: Del Rey, 2010, p. 19-51.
13. CRISPINO, Nicolau Eládio Bassalo. *A união estável e os negócios entre companheiros e terceiros*. Belo Horizonte: Del Rey, 2009, p. 256-258.
14. GONÇALVES, Carlos Roberto. *Direito civil brasileiro*: direito de família. 18. ed. São Paulo: Saraiva Educação, 2021, v. 6, p. 651.

restrição de direitos não seria passível de uma compreensão hermenêutica elastecida. Com base em tais argumentos, concluem que o regime da separação obrigatória de bens é restrito ao matrimônio civil e não deve ser estendido para as uniões estáveis.

Um dos autores adeptos dessa corrente, que explicita esses argumentos, é o doutrinador Flávio Tartuce:

> (...) Não há imposição da separação obrigatória à união estável em nenhum dos casos previstos no art. 1.641 do mesmo Código Civil. Isso porque o art. 1.641 do CC é norma restritiva da autonomia privada, que não admite interpretação extensiva ou por analogia. Ainda, se a regra gera restrição para o casamento, não existindo hierarquia entre as categorias familiares, não há razão para sua aplicação à união estável, pois são institutos diferentes tratados de maneiras distintas quanto aos direitos e deveres. (...)
>
> A liberdade da pessoa humana, como valor constitucional, deve ser preservada, prevalecendo sobre a proteção patrimonial, presente na discussão exposta. (...)[15]

Quem destaca os mesmos argumentos é o saudoso mestre Zeno Veloso, que assim discorreu sobre o tema:

> (...) Do ponto de vista doutrinário, manifestei-me contrário a esta extensão e da utilização de analogia para que o art. 1.641 do Código Civil, que é norma de direitos e de diminuição da autonomia privada, seja aplicável à união estável. Conforme o antiquíssimo brocardo romano, Exceptiones sunt strictissimae interpretationis = Interpretam-se as exceções estritissimamente.[16]

Sob os mesmos argumentos, defendem esta tese Maria Berenice Dias;[17] Pablo Stolze Gagliano e Rodolfo Pamplona;[18] Cristiano Chaves e Nelson Rosenvald[19] e Fabiana Domingues Cardoso.[20]

Mairan Gonçalves Maia Júnior, por sua vez, acrescenta interessantes argumentos a essa segunda corrente doutrinária:

> Na verdade, os adeptos da aplicabilidade do regime de separação obrigatória de bens aos conviventes, por força do art. 1.641 do CC/2002, pretendem, por analogia, restringir direitos. Não obstante a idêntica proteção constitucional conferida às famílias fundadas no matrimônio e na união estável, o regime jurídico nesses casos não é o mesmo, guardando, tanto o casamento como a união estável, particularidades próprias e diferenciadas, como, por exemplo, os meios pelos quais são provadas, as distintas consequências sucessórias, entre outras. Ademais, o ato de celebração do matrimônio é ato jurídico, enquanto a união estável configura eminentemente situação fática.

---

15. TARTUCE, Flávio. Op. cit., p. 434 e p. 437.
16. VELOSO, Zeno. Op. cit., p. 303.
17. DIAS, Maria Berenice. *Manual de Direito das famílias.* 11. ed., rev., atual. e ampl. São Paulo: Ed. RT, 2016, p. 254-255.
18. GAGLIANO, Pablo Stolze; FILHO, Rodolfo Pamplona. *Novo curso de Direito de Família.* Direito de família: as famílias na perspectiva constitucional. 3 ed. rev., atual. e ampl. São Paulo: Saraiva, 2013, v. 6, p. 455.
19. FARIAS, Cristiano Chaves de; ROSENVALD, Nelson. *Direito Civil. Direito das famílias.* 2 ed., rev., ampl. e atual. Rio de Janeiro: Editora Lumen Juris, 2010.
20. CARDOSO, Fabiana Domingues. *Regime de bens e pacto antenupcial.* Rio de Janeiro: Forense; São Paulo, Método, 2010, p. 90.

Assim, pretender-se aplicar restrição própria do casamento à união estável, por analogia, sob pretexto de não poderem os conviventes usufruir faculdades não conferidas aos cônjuges, pena de propiciar situação de favorecimento da união estável em detrimento ao casamento, constitui, na verdade, resquício de pensamento preconceituoso que vê na união estável situação de inferioridade em relação ao casamento, sem embargo de violar o preceito do direito romano, segundo o qual não é dado ao intérprete restringir onde o legislador não restringiu. Destarte admitir-se a situação de inferioridade da união estável equivaleria a aceitar estarem os conviventes também em situação de inferioridade em relação aos cônjuges, não sendo esse o escopo da Constituição.

Vale também ressaltar que os conviventes ou cônjuges voluntariamente optam por uma ou outra forma de constituição de suas respectivas famílias, e ao fazê-lo devem ter ciência e consciência de que o fazem de modo completo, ou seja, com todas as vantagens e desvantagens do regime jurídico que espontaneamente adotaram, seja ele o da união estável ou do casamento, não lhes sendo lícito optar por tais e quais vantagens de um e de outro regime jurídico.

Por outro lado, ao estabelecer o art. 226, § 3º da CF/1988, dever a lei facultar (sic) a conversão do casamento em união estável, pretendeu, na verdade, viabilizar, com mais facilidade, aos conviventes a segurança jurídica propiciada pelo casamento, e de certa forma não alcançada pela união estável.[21]

Quem também adere a essa segunda corrente doutrinária é Rolf Madaleno:

Toda essa restrição imposta pelo artigo 1.641 do Código Civil à autonomia privada no ato de casar não tem nenhuma ingerência com relação à união estável, cujo instituto não foi afetado por este capricho da lei, bastando qualquer um dos nubentes potencialmente atingidos pela disposição legal punitiva do artigo 1.523 do Código Civil imigrar para a relação de companheirismo e assim ficam blindados da interdição legal.[22]

É possível acrescer a tais argumentos o fato de que a imposição do regime obrigatório da separação de bens no matrimônio guarda relação com a forma de constituição desta entidade familiar, a qual é totalmente distinta da união estável (a qual, em regra, não conta com uma formalidade prévia) sendo cabível, desse modo, uma diferenciação. Essa conclusão resta em harmonia com os próprios fundamentos da recente decisão do STF quando da equiparação sucessória, visto que o acórdão é firme em aceitar diferenças jurídicas que estejam afeitas à forma distinta de constituição das referidas entidades familiares.

A ausência de consenso sobre a temática na doutrina familiarista brasileira retrata a complexidade do tema e a dificuldade de edificação de uma resposta satisfatória. Tal cenário incentiva à compreensão de como os nossos tribunais vêm enfrentando tais casos.

4. O ATUAL ENTENDIMENTO DA JURISPRUDÊNCIA

A matéria ora em pauta ainda não está sumulada e nem mesmo foi objeto de repercussão geral, recursos repetitivos ou outros expedientes que cristalizem efeitos vinculantes para os órgãos jurisdicionais.

---

21. MAIA JÚNIOR, Mairan Gonçalves. *A família e a questão patrimonial*. 2. ed. São Paulo: Thomson Reuters, 2015, p. 256.
22. MADALENO, Rolf. *Direito de família*. 8. ed., rev., atual. e ampl. Rio de Janeiro: Forense, 2018, p. 767.

É possível encontrar decisões isoladas, não vinculantes, que passam a enfrentar a matéria. As mais comuns estão a envolver justamente os dois aspectos mais recorrentes que geram a separação obrigatória: em razão da idade e pelo fato de um dos envolvidos não ter celebrado a partilha de um casamento anterior.

Encontram-se no âmbito do Superior Tribunal de Justiça decisões que estão a aplicar o regime da separação obrigatória nas uniões estáveis, com o intuito de se evitar um suposto 'sobrelevo da união estável em relação ao casamento'. Exemplo disso são decisões que fazem incidir tal regime em uniões iniciadas com conviventes acima de 70 anos:[23]

> Recurso especial – União estável – Aplicação do regime da separação obrigatória de bens, em razão da senilidade de um dos consortes, constante do artigo 1641, II, do Código Civil, à união estável – Necessidade – Companheiro supérstite – Participação na sucessão do companheiro falecido quanto aos bens adquiridos na constância da união estável – observância – Inteligência do artigo 1790, CC – Recurso parcialmente provido.
>
> I – O artigo 1725 do Código Civil preconiza que, na união estável, o regime de bens vigente é o da comunhão parcial. Contudo, referido preceito legal não encerra um comando absoluto, já que, além de conter inequívoca cláusula restritiva ("no que couber"), permite aos companheiros contratarem, por escrito, de forma diversa;
>
> II – A não extensão do regime da separação obrigatória de bens, em razão da senilidade do de cujus, constante do artigo 1641, II, do Código Civil, à união estável equivaleria, em tais situações, ao desestímulo ao casamento, o que, certamente, discrepa da finalidade arraigada no ordenamento jurídico nacional, o qual se propõe a facilitar a convolação da união estável em casamento, e não o contrário;
>
> IV – Ressalte-se, contudo, que a aplicação de tal regime deve inequivocamente sofrer a contemporização do Enunciado 377/STF, pois os bens adquiridos na constância, no caso, da união estável, devem comunicar-se, independente da prova de que tais bens são provenientes do esforço comum, já que a solidariedade, inerente à vida comum do casal, por si só, é fator contributivo para a aquisição dos frutos na constância de tal convivência;
>
> V – Excluída a meação, nos termos postos na presente decisão, a companheira supérstite participará da sucessão do companheiro falecido em relação aos bens adquiridos onerosamente na

---

23. Neste sentido: REsp 1.922.347/PR, relator Ministro Luis Felipe Salomão, Quarta Turma, julgado em 07.12.2021, DJe de 1º.02.2022; AgInt no AREsp 1.772.769/SP, relator Ministro Raul Araújo, Quarta Turma, julgado em 29.03.2021, DJe de 29.04.2021; AgInt nos EDcl no REsp 1.873.590/RS, relator Ministro Luis Felipe Salomão, Quarta Turma, julgado em 19.10.2020, DJe de 26.10.2020; AgInt no REsp 1.840.774/RS, relator Ministro Ricardo Villas Bôas Cueva, Terceira Turma, julgado em 29.06.2020, DJe de 03.08.2020; AgInt no REsp 1.637.695/MG, relator Ministro Raul Araújo, Quarta Turma, julgado em 10.10.2019, DJe de 24.10.2019; AgInt no AREsp 1.069.255/DF, relator Ministro Ricardo Villas Bôas Cueva, Terceira Turma, julgado em 17.06.2019, DJe de 26.06.2019; AgInt no REsp 1.628.268/DF, relator Ministro Lázaro Guimarães (Desembargador Convocado do TRF 5ª Região), Quarta Turma, julgado em 18.09.2018, DJe de 27.09.2018; EREsp 1.623.858/MG, relator Ministro Lázaro Guimarães (Desembargador Convocado do TRF 5ª Região), Segunda Seção, julgado em 23.05.2018, DJe de 30.05.2018; REsp 1.689.152/SC, relator Ministro Luis Felipe Salomão, Quarta Turma, julgado em 24.10.2017, DJe de 22.11.2017; EREsp 1.171.820/PR, relator Ministro Raul Araújo, Segunda Seção, julgado em 26.08.2015, DJe de 21.09.2015; REsp 1.403.419/MG, relator Ministro Ricardo Villas Bôas Cueva, Terceira Turma, julgado em 11.11.2014, DJe de 14.11.2014; REsp 1.369.860/PR, relator Ministro Sidnei Beneti, relator para acórdão Ministro João Otávio de Noronha, Terceira Turma, julgado em 19.08.2014, DJe de 04.09.2014; REsp 646.259/RS, relator Ministro Luis Felipe Salomão, Quarta Turma, julgado em 22.06.2010, DJe de 24.08.2010.

constância da convivência (período que não se inicia com a declaração judicial que reconhece a união estável, mas, sim, com a efetiva convivência), em concorrência com os outros parentes sucessíveis (inciso III, do artigo 1790, CC).

VI – Recurso parcialmente provido.

(REsp 1.090.722/SP, relator Ministro Massami Uyeda, Terceira Turma, julgado em 02.03.2010, DJe de 30.08.2010).

Como visto, há diversas decisões do Superior Tribunal Justiça no sentido de impor o regime legal para uniões estáveis iniciadas quando um dos conviventes já tenha atingido a idade prevista na legislação.

Um caso interessante foi equacionado pelo mesmo Superior Tribunal de Justiça: envolvia um casamento de pessoa já acima da idade limite legal, mas que possuía uma união estável anterior, a qual havia iniciado antes do envolvido atingir a idade "teto". Ou seja, como os nubentes viveram em união estável previamente ao casamento, sem que, à época, nenhum deles superasse o limite etário legal, o matrimônio pôde ser celebrado sem observar o regime impositivo:

> Recurso especial. Direito civil. Família. Matrimônio contraído por pessoa com mais de 60 anos. Regime de separação obrigatória de bens. Casamento precedido de longa união estável iniciada antes de tal idade. Recurso especial não provido.
>
> 1. O artigo 258, parágrafo único, II, do Código Civil de 1916, vigente à época dos fatos, previa como sendo obrigatório o regime de separação total de bens entre os cônjuges quando o casamento envolver noivo maior de 60 anos ou noiva com mais de 50 anos.
>
> 2. Afasta-se a obrigatoriedade do regime de separação de bens quando o matrimônio é precedido de longo relacionamento em união estável, iniciado quando os cônjuges não tinham restrição legal à escolha do regime de bens, visto que não há que se falar na necessidade de proteção do idoso em relação a relacionamentos fugazes por interesse exclusivamente econômico.
>
> 3. Interpretação da legislação ordinária que melhor a compatibiliza com o sentido do art. 226, § 3º, da CF, segundo o qual a lei deve facilitar a conversão da união estável em casamento.
>
> 4. Recurso especial a que se nega provimento.
>
> (REsp 1.318.281/PE, relatora Ministra Maria Isabel Gallotti, Quarta Turma, julgado em 1º.12.2016, DJe de 07.12.2016.)[24]

Já quanto a uma eventual união estável com a existência de causa suspensiva em decorrência de um dos conviventes não ter realizado a partilha de um casamento anterior (artigo 1.523, III, do Código Civil), há uma decisão do Superior Tribunal de Justiça no sentido de impor o regime de separação obrigatória, em analogia à restrição que imposta ao casamento:

> Civil. Recurso especial. Recurso interposto sob a égide do CPC/73. Família. Ação de reconhecimento e dissolução de união estável. Partilha de bens. Causa suspensiva do casamento prevista no inciso III do art. 1.523 do CC/02. Aplicação à união estável. Possibilidade. Regime da separação

---

24. Na mesma linha, conferir: REsp 1.254.252/SC, relatora Ministra Nancy Andrighi, Terceira Turma, julgado em 22.04.2014, DJe de 29.04.2014 e REsp 918.643/RS, relator Ministro Massami Uyeda, relatora para acórdão Ministra Nancy Andrighi, Terceira Turma, julgado em 26.04.2011, DJe de 13.05.2011.

legal de bens. Necessidade de prova do esforço comum. Pressuposto para a partilha. Precedente da segunda seção. Recurso especial parcialmente provido.

1. Inaplicabilidade do NCPC neste julgamento ante os termos do Enunciado Administrativo n. 2, aprovado pelo Plenário do STJ na sessão de 09.03.2016: Aos recursos interpostos com fundamento no CPC/1973 (relativos a decisões publicadas até 17 de março de 2016), devem ser exigidos os requisitos de admissibilidade na forma nele prevista, com as interpretações dadas até então pela jurisprudência do Superior Tribunal de Justiça.

2. Na hipótese em que ainda não se decidiu sobre a partilha de bens do casamento anterior de convivente, é obrigatória a adoção do regime da separação de bens na união estável, como é feito no matrimônio, com aplicação do disposto no inciso III do art. 1.523 c/c 1.641, I, do CC/02.

3. Determinando a Constituição Federal (art. 226, § 3º) que a lei deve facilitar a conversão da união estável em casamento, não se pode admitir uma situação em que o legislador, para o matrimônio, entendeu por bem estabelecer uma restrição e não aplicá-la também para a união estável.

4. A Segunda Seção, no julgamento do REsp 1.623.858/MG, pacificou o entendimento de que no regime da separação legal de bens, comunicam-se os adquiridos na constância do casamento/união estável, desde que comprovado o esforço comum para a sua aquisição.

5. Recurso especial parcialmente provido.

(REsp 1.616.207/RJ, relator Ministro Moura Ribeiro, Terceira Turma, julgado em 17.11.2020, DJe de 20.11.2020).

Esta decisão acaba por impor para as uniões estáveis o regime obrigatório da separação de bens para relações que tenham iniciado durante a existência de uma causa suspensiva para o matrimônio, realizando uma equiparação nessa restrição de direitos.

Entretanto, também a jurisprudência não se mostra uníssona no enfrentamento do tema, pois há outros tribunais que estão a decidir em sentido diametralmente oposto, refletindo a mesma divergência doutrinária também nos arestos judiciais.

Exemplo disso o Tribunal de Justiça do Paraná, que vem proferindo decisões no sentido de negar a incidência do regime obrigatório de separação de bens para relacionamentos de união estável, mantendo a distinção entre os institutos.

> Direito civil e processual civil. Agravo de instrumento. Inventário judicial. Decisão pela qual o juízo de origem analisou as primeiras declarações apresentadas pela inventariante (companheira do *de cujus*) e a impugnação apresentada pelo filho do falecido. Insurgência recursal do filho. *Alegação de incidência da causa suspensiva prevista no art. 1.523, inciso III, do Código Civil, porque não efetivada a partilha do casamento anterior no momento em que iniciada a união estável. Não provimento. Impossibilidade de interpretação extensiva de norma restritiva. Incidência do regime legal da comunhão parcial de bens (art. 1.725, CC).* Precedentes. Decisão mantida. Recurso conhecido e não provido.
>
> (TJPR – 12ª C.Cível – 0056700-77.2020.8.16.0000 – Curitiba – Rel.: Desembargadora Ivanise Maria Tratz Martins – J. 02.12.2020 – grifo nosso).

Dentre os fundamentos utilizados, emerge a impossibilidade de interpretação extensiva de regra restritiva de direitos, conforme trecho do voto abaixo transcrito:

Da leitura das regras legais invocadas pelo Recorrente, percebe-se que se tratam de normas restritivas, que diminuem o alcance dos direitos das partes envolvidas, na medida em que retira a possibilidade de definirem o regime patrimonial aplicável à relação. Desta forma, de acordo com o postulado hermenêutico pelo qual regras restritivas não se interpretam extensivamente, prevalece nessa Corte entendimento de que as regras invocadas pelo Agravante não se aplicam à união estável.

Em outra ocasião, o mesmo tribunal fundamentou a decisão inclusive no fato de que o próprio Código Civil determina que a presença das causas suspensivas não impede a constituição da união estável (art. 1.723, § 2º), o que – consequentemente – não indicaria na aplicação do regime legal a tais relacionamentos:

> Agravo de instrumento. Ação de inventário. Decisão que determina a inclusão da companheira do não apenas como herdeira, mas também como meeira dos bens particulares do extinto. *Herdeiros que questionam o regime aplicável à união estável já reconhecida, porque à época da constituição da união estável o de cujus não era divorciado, nem tampouco promovera a posterior partilha dos bens deixados pela esposa, quando do falecimento dela. Inexistência de causa de impedimento. Inteligência da regra do art. 1.723, §§ 1º e 2º, CC. União estável que é regida pelo regime de comunhão parcial de bens.* Aplicação da tese 809 do STF. Inexistência de distinção de regimes sucessórios entre cônjuges e companheiros. Companheira sobrevivente que faz jus à meação e à partilha dos bens particulares na qualidade de herdeira necessária do de cujus. Decisão mantida. Recurso conhecido e desprovido.
>
> (TJPR – 12ª C.Cível – 0022277-62.2018.8.16.0000 – Almirante Tamandaré – Rel.: Juiz de Direito Substituto em Segundo Grau Antonio Domingos Ramina Junior – J. 13.02.2019) grifo nosso.

O voto condutor desse caso é expresso em afirmar que as causas suspensivas não se prestam a obstar ou alterar o regime de bens de relacionamentos de união estável:

> Todavia, as causas suspensivas previstas no rol do artigo 1.523 do Código Civil não afastam os elementos caracterizadores da união estável nem tampouco possuem o condão de modificar o regime de bens, como pretendem os Agravantes, sem qualquer prejuízo para a sua configuração.

Outra interessante decisão do mesmo Colegiado Paranaense também destaca o fato de que as causas suspensivas não impedem a união estável, especialmente aquela decorrente da ausência de partilha de um casamento anterior, visto que, atualmente, a própria separação de fato já põe fim ao regime de bens:

> Apelação Cível. Procedimento de Reconhecimento e Dissolução de União Estável c/c Partilha e Alimentos. 1. Pedido de Justiça Gratuita. Benesse já deferida em primeiro grau. Ausência de interesse recursal. 2. União estável iniciada antes da homologação do divórcio/partilha do apelado, já separado de fato. *Impossibilidade de aplicação analógica do regime de separação obrigatória de bens (art. 1523, III, do CC e do 1.641, I do CC). Causas suspensivas que não descaracterizam a união estável (art. 1.723, § 2º, do CC). Reconhecimento do regime de comunhão parcial durante toda a vigência da união estável (art. 1.640 do CC).* 3. Não incidência da partilha em relação ao bem imóvel, visto que adquirido com recursos particulares do apelado, na forma do art. 1.658, II do CC. 4. Inexistência de dever de prestar alimentos. Apelante que não comprovou o estado de necessidade. 5. Sucumbência recíproca. Distribuição proporcional (art. 86, caput, do CPC). Recurso conhecido em parte e, na parte conhecida, parcialmente provido. 1. "Carece de interesse recursal o pedido de deferimento dos benefícios da justiça gratuita, eis que esse se estende a

todas as fases do processo, até eventualmente ser revogado. [...]" (TJPR – 16ª C. Cível – 0004817-32.2019.8.16.0031 – Guarapuava – Rel.: Desembargador Luiz Fernando Tomasi Keppen – J. 16.12.2019). 2. O regime de separação obrigatória de bens com base nos artigos 1.523, III, e 1.641, I, do CC, é inaplicável à união estável, cuja caracterização não é obstada pelas causas suspensivas do casamento (art. 1.723, § 2º, do CC). 3. Diante das provas orais e documentais, verifica-se que o imóvel em discussão é incomunicável, pois adquirido com recursos exclusivos do apelado, em sub-rogação de bem precedente à união estável, conforme o art. 1.659, II do CC. 4. A apelante, pessoa capaz, com 57 anos de idade, inserida no mercado de trabalho (desde antes do relacionamento) não se desincumbiu do ônus de demonstrar a necessidade dos alimentos. 5. Uma vez que a sucumbência é recíproca, as despesas devem ser distribuídas de modo proporcional (art. 86, *caput*, do CPC)." TJPR – 12ª C.Cível – 0005012-27.2016.8.16.0191 – Curitiba – Rel.: Desembargador Rogério Etzel – J. 09.04.2020 (grifo nosso).

Um trecho desse acórdão ressalta que essa restrição de autonomia vem sendo questionada até mesmo para os casamentos, sendo incabível – no momento atual – pretender a sua extensão para as uniões estáveis:

Se a intenção do legislador, com os dispositivos em comento, era proteger o patrimônio de terceiros, pode causar espanto a distinção no tratamento dado às diferentes entidades familiares. Entretanto, cabe lembrar que a própria existência de tais normas é criticada pela doutrina, eis que consideradas ultrapassadas e de excessivo zelo, partindo do pressuposto de que é a separação de fato que põe fim ao regime de bens(...).

Esse aspecto é deveras relevante e atual: a imposição obrigatória de um regime de bens vem sendo questionada até mesmo para os casamentos, com vozes crescentes que sustentam que tal restrição de liberdade não seria mais cabível em nosso atual estágio jurídico. Em tal contexto, seria mesmo o caso de se passar a sustentar a sua extensão também para as uniões estáveis? O questionamento merece reflexão.

Frise-se que o exemplo mais firme dessa contraposição é a alegação de inconstitucionalidade da regra que impõe o regime obrigatório em razão da idade até mesmo para o casamento. Esse tema acaba de chegar ao STF, pois recente decisão do Ministro Luís Roberto Barroso reconheceu repercussão geral em um caso que questiona a constitucionalidade do art. 1.641, II, do Código Civil (que impõe o regime obrigatório em razão da idade). O seu voto recomenda a análise do tema pelo colegiado:

Ementa: Direito Constitucional. Recurso extraordinário com agravo. Regime de bens aplicável no casamento e na união estável de maiores de setenta anos. 1.Possui caráter constitucional a controvérsia acerca da validade do art. 1.641, II, do CC/02, que estabelece ser obrigatório o regime da separação de bens no casamento da pessoa maior de setenta anos, e da aplicação dessa regra às uniões estáveis. 2. Questão de relevância social, jurídica e econômica que ultrapassa os interesses subjetivos da causa. 3. Repercussão geral reconhecida (Decisão de 09.09.2022).

Tema 1236/STF – Regime de bens aplicável no casamento e na união estável de maiores de setenta – ARE 1309642.[25]

---

25. No dia 19.09.2022, o plenário virtual do STF apontava três votos indicando pelo reconhecimento da repercussão geral: Min. Roberto Barroso (relator); Min. Alexandre de Moraes e Min. Dias Toffoli. https://portal.stf.jus.br/jurisprudenciaRepercussao/detalharProcesso.asp?numeroTema=1236.

Aspecto relevante é que o Ministro Barroso cita expressamente, em trecho do seu voto, a questão paralela atinente a incidência ou não dessa restrição também para as uniões estáveis:

> Discute-se no presente caso a validade do art. 1.641, II, do CC/2002, de acordo com o qual 'é obrigatório o regime da separação de bens no casamento da pessoa maior de 70 (setenta) anos'. Debate-se, ainda, se tal restrição normativa alcançaria também as uniões estáveis. Sem dúvida, a matéria envolve a contraposição de direitos com estatura constitucional.

O reconhecimento da repercussão geral e do cabimento ou não da sua aplicação para as uniões estáveis, constantes do referido caso, indicam a atualidade e relevância do tema, que está a indicar índole constitucional e poderá receber deliberação definitiva do Supremo Tribunal Federal.

Como visto, as decisões do TJ/PR priorizam a liberdade e autonomia dos conviventes, prestigiando um vetor que parece estar em consonância com as atuais diretrizes de respeito às escolhas dos particulares em questões patrimoniais. Ademais, parece que tal entendimento não desprotege o terceiro que a norma restritiva quer proteger, pois é possível que um ex-cônjuge do relacionamento anterior venha a ter o seu direito de meação garantido, mesmo sem a necessidade de impor um regime de separação no relacionamento subsequente do outro ex-cônjuge.

É possível notar que a jurisprudência também tem vacilado ao tratar do tema, o que demonstra a riqueza que emerge de tais situações. Uma análise dos vetores que perpassam tais deliberações, no seu entendimento contemporâneo, pode auxiliar no debate.

5. LIBERDADE E FAMÍLIA

Um contributo para as reflexões sobre o tema objeto deste artigo pode ser extraído das ideias de Stefano Rodotà, em especial nas suas proposições quanto à necessidade de preservação de espaços de não intervenção[26] e da constitucionalização dos institutos de direito privado a partir da perspectiva da pessoa.[27] A intervenção impositiva de um regime de bens para as uniões estáveis dialoga com todas essas questões.

O festejado autor italiano questiona se o Direito pode ter a pretensão de invadir toda a vida da pessoa, com a consequência de que quase nada escape da dimensão jurídica.[28] A provocação remete a uma possível hipertrofia do direito em alguns espectros ao lado de – ao mesmo tempo – uma ausência de escolhas impositivas em esferas estrategicamente selecionadas.[29] No saldo, a constatação geral seria a de uma quase onipresença do campo jurídico, com excessivas intervenções supressoras de escolhas.

---

26. As referências a espaços de "não direito" não remetem a uma ausência do direito em si, mas, sim, visam instigar outra forma de regulação jurídica, como propõe Stefano Rodotà.
27. Ideias desenvolvidas em vários trabalhos do autor, em especial: RODOTÀ, Stefano. *La Vita e Le Regole*: tra diritto e non diritto. Milano: Feltrinelli, 2009; RODOTÀ, Sfeano. *Dal Soggetto alla persona*. Napoli: Editoriale Scientifica, 2007; RODOTÀ, Stefano. *Il diritto di avere diritti*. Bari: Laterza, 2015.
28. RODOTÀ, Stefano. *La Vita e Le Regole*: tra diritto e non diritto. Milano: Feltrinelli, 2009.
29. RODOTÀ, Stefano. *La Vita e Le Regole*: tra diritto e non diritto. Milano: Feltrinelli, 2009. p. 5-13.

Rodotà destaca que, na atualidade, esta ubiquidade do Direito é permeada pela atuação estatal, o que agrava o cenário. Perto da passagem para o terceiro milênio, emergem com mais vigor questionamentos sobre quais limites deveriam ser impostos a essa onipresença do Estado na dimensão jurídica. Uma precursora crítica a essa pretensão holística do espectro jurídico pode ser encontrada já na obra de Jean Carbonnier, que advogava a ideia de se deixar espaços para além (ou fora) do Direito – no sentido de deixar alguma esfera de decisão para os particulares.[30] Gustavo Zagrebelsky também argumenta nesse sentido, tecendo uma crítica a um Direito que gire sempre em torno do Estado e, ainda, sustenta a criação de um Direito mais dúctil, mais permeável à participação efetiva das pessoas concretas.[31]

Rodotà entende que vivenciamos uma realidade de múltiplos valores, de forma a emergirem muitas opções como passíveis de escolha para os particulares. A partir disso, questiona quais seriam as áreas nas quais essa "República da escolha" deve necessariamente ser deixada para que as pessoas elejam a sua opção e, ao mesmo tempo, em quais casos ela poderia, desde logo, ser tomada pela norma jurídica. A escolha de um regime de bens nos relacionamentos afetivos parece ser uma das tarefas que deve ser deixada para os partícipes dessa relação.

Em outras palavras, quais seriam, em definitivo, os limites ao espaço das escolhas pelo Direito? Em quadro de múltiplas opções, uma intervenção jurídica que imponha previamente uma dada escolha pode se mostrar autoritária.[32]

Hodiernamente, descabe tornar grande parte das escolhas familiares das pessoas indisponíveis para elas mesmas, com o ente estatal se arvorando de tutor até mesmo das decisões patrimoniais mais comezinhas. A ótica da *República da escolha* exige que se deixem aos interessados as deliberações quanto ao destino da vida em família e dos seus bens. Excepcionalmente, e desde que constitucional e funcionalmente justificada, é que são admitidas restrições de liberdade e de escolhas.

Rodotà alega que teríamos remanescentes de um Direito forte, inteiro, pleno, quando, para o momento atual, deveríamos encontrar um Direito leve, parcial, dúctil.[33] Para ilustrar o que preconiza, cita as relações familiares e o exemplo de uma ilha e o seu contato com o mar. Em suas palavras:

> Na reflexão jurídica, a imagem da ilha é recorrente, para indicar o que 'o mar de direito só pode tocar': foi assim que Arturo Carlo Jemolo falou da forma como a norma aparece, ou deveria aparecer, na maioria das relações familiares. Mas é o próprio direito que, nas áreas mais sensíveis e secretas, prefigura a autodeterminação como um atributo da personalidade e não como um

---

30. Embora algumas propostas já tivessem sido apontadas no século passado, como as provocações de CARBONNIER, Jean. *Flessibile Diritto*: per uma sociologia del diritto senza rigore. Milano: Giufrè, 1997.
31. ZAGREBELSKY, Gustavo. *El derecho dúctil. Ley, derechos, justicia*. Madrid: Trotta, 2009. p. 9-10.
32. RODOTÀ, Stefano. *La Vita e Le Regole: tra diritto e non diritto*. Milano: Feltrinelli, 2009. p. 16-17.
33. Em proposta harmônica com o que sugere Gustavo Zagrebelsky, para quem: "Se, por meio da palavra mais aproximada possível, quiséssemos indicar o sentido desse caráter essencial do direito dos atuais Estados constitucionais, talvez pudéssemos usar a imagem da ductibilidade" (ZAGREBELSKY, Gustavo. Op. cit., p. 14 – tradução livre).

instrumento externo. E assim contribui, muitas vezes de forma decisiva, para definir com precisão o que deve ser construído.[34]

Sendo assim, garantir espaços para a autodeterminação das pessoas deve ser o mote, o que toca de perto com liberdade positiva.[35] Sempre que possível as intervenções não deverão solapar as oportunidades de escolhas.

Ou seja, deve ser encontrada uma regulação que espelhe a vida concreta das pessoas, mas sem limitar a sua autonomia; ao contrário, a regra deve garantir a sua autodeterminação.[36] Como afirma Daniel Sarmento, "a autonomia consiste no direito dos indivíduos fazerem as suas escolhas de vida e de agirem de acordo com elas (autonomia privada)".[37] As leis devem servir como um dique de preservação do espaço interno de deliberação individual, evitando criar regras imperativas e imutáveis que inviabilizem escolhas.

Esses aportes teóricos indicam que a união estável ser concebida como um espaço jurídico dentro do qual os conviventes possam exercer com a maior plenitude possível a sua autodeterminação, em vista do que as regras relativas ao regime de separação obrigatória devem permanecer afastadas de tais relações. Uma compreensão ampla das ideias ora lançadas indica no repensar de tais restrições até mesmo para o casamento civil, o que pode ser objeto de futura alteração legislativa.

Um recente julgado do Superior Tribunal de Justiça sobre um tema distinto, mas que guarda correlação com as questões ora em apreço, indica no sentido de uma flexibilização da aludida obrigatoriedade do regime de separação obrigatória nas uniões estáveis, visto que admitiu uma pactuação que afastava a incidência da Súmula 377/STF (tema levantado por Zeno Veloso):

> Recurso especial. União estável sob o regime da separação obrigatória de bens. Companheiro maior de 70 anos na ocasião em que firmou escritura pública. Pacto antenupcial afastando a incidência da súmula 377 do STF, impedindo a comunhão dos aquestos adquiridos onerosamente na constância da convivência. Possibilidade. Meação de bens da companheira. Inocorrência. Sucessão de bens. Companheira na condição de herdeira. Impossibilidade. Necessidade de remoção dela da inventariança.
>
> (...)
>
> 6. *No casamento ou na união estável regidos pelo regime da separação obrigatória de bens, é possível que os nubentes/companheiros, em exercício da autonomia privada, estipulando o que melhor lhes aprouver em relação aos bens futuros, pactuem cláusula mais protetiva ao regime legal, com o afastamento da Súmula 377 do STF, impedindo a comunhão dos aquestos.*

---

34. RODOTÀ, Stefano. *La Vita e Le Regole*: tra diritto e non diritto. Milano: Feltrinelli, 2009, p. 23 (tradução livre).
35. RUZYK, Carlos Eduardo Pianovski. *Institutos Fundamentais de Direito Civil e Liberdade(s)*: Repensando a dimensão funcional do contrato, da propriedade e da família. Rio de Janeiro: GZ, 2011.
36. "A dignidade da pessoa humana envolve o reconhecimento do direito à autonomia das pessoas. (...) A premissa básica, em ambos os casos, é a de que as pessoas devem ser tratadas como agentes, capazes de tomar decisões e com o direito de fazê-lo" (SARMENTO, Daniel. *Dignidade da pessoa humana*: conteúdo, trajetórias e metodologia. 2. ed. Belo Horizonte: Fórum, 2016, p. 328).
37. SARMENTO, Daniel. Op. cit., p. 328.

7. A mens legis do art. 1.641, II, do Código Civil é justamente conferir proteção ao patrimônio do idoso que está casando-se e aos interesses de sua prole, impedindo a comunicação dos aquestos. Por uma interpretação teleológica da norma, é possível que o pacto antenupcial venha a estabelecer cláusula ainda mais protetiva aos bens do nubente septuagenário, preservando o espírito do Código Civil de impedir a comunhão dos bens do ancião. O que não se mostra possível é a vulneração dos ditames do regime restritivo e protetivo, seja afastando a incidência do regime da separação obrigatória, seja adotando pacto que o torne regime mais ampliativo e comunitário em relação aos bens.

8. Na hipótese, o de cujus e a sua companheira celebraram escritura pública de união estável quando o primeiro contava com 77 anos de idade – com observância, portanto, do regime da separação obrigatória de bens –, oportunidade em que as partes, de livre e espontânea vontade, realizaram pacto antenupcial estipulando termos ainda mais protetivos ao enlace, demonstrando o claro intento de não terem os seus bens comunicados, com o afastamento da incidência da Súmula 377 do STF. Portanto, não há falar em meação de bens nem em sucessão da companheira (CC, art. 1.829, I).

9. Recurso especial da filha do de cujus a que se dá provimento.

Recurso da ex-companheira desprovido.

(REsp 1.922.347/PR, relator Ministro Luis Felipe Salomão, Quarta Turma, julgado em 07.12.2021, DJe de 1º.02.2022) – grifo nosso.

O momento presente indica cada vez mais a existência de possíveis "relações líquidas", como ensina Zygmunt Bauman, de modo que a tendência da existência de relacionamentos afetivos subsequentes com prazos mais curtos[38] é outro fator a não recomendar a extensão da restrição do regime da separação obrigatória para as uniões estáveis.

A ótica de respeito às escolhas das pessoas e de redução da intervenção estatal em questões familiares de índole patrimonial sugere que seja compreendida a distinção da união estável com o casamento, em especial as que se relacionam com o ato da sua formalização, de modo que a aplicação do regime da separação obrigatória para àquelas uniões eminentemente fáticas não se mostra apropriada.

6. CONSIDERAÇÕES FINAIS

A paulatina extensão de diversos direitos previstos para o matrimônio civil também para os relacionamentos de união estável possui respaldo constitucional e, ao mesmo tempo, a sua eficácia social tem indicado a realização concreta da sua função. A equalização de direitos que paulatinamente foi realizada pelo direito brasileiro certamente merece aplausos.

Entretanto, a equiparação plena do casamento com a união estável é desassossegadora, pois tal identificação absoluta pode vir a sepultar esta forma diferenciada de vida em família que foi objeto de briosa conquista. Caso se tratem de modo idêntico

---

38. CALDERÓN, Ricardo. *Princípio da afetividade no direito de família*. Rio de Janeiro: Forense, 2017.

ambas as entidades familiares, na prática voltaremos a ter apenas uma forma de vida em família, o que pode indicar um retrocesso que merece reflexão.

Nessa ambiência, a cogitação de interpretação analógica de regras restritivas de direitos devem ser analisadas com parcimônia, *cum grano salis*, visto que, por se tratar de restrição de liberdade, inexoravelmente exigem lei prévia que a fundamente. O respeito à autonomia privada dos conviventes indica a admissão de que há uma liberdade diferenciada nessas relações, a qual é inexoravelmente distinta daquela afeita ao matrimônio. A ausência de lei sobre o tema deve ser levada em conta.

Ao lado disso, não se pode ignorar a realidade subjacente aos casos de uniões estáveis, pois, não raro, tais relacionamentos persistem sem formalização prévia, o que pode tornar a incidência *a posteriori* e retroativa de uma separação obrigatória surpreendente e injusta. Até mesmo para guardar coerência com o atual posicionamento dos nossos tribunais (quanto a inviabilidade de pactuação retroativa do regime de bens[39]) devem ser evitadas decisões nesse sentido.

Outras demandas que merecem ressalvas são aquelas chamadas *post mortem*, ou seja, casos nos quais os filhos exclusivos de um dos conviventes visam impor um regime de separação obrigatória no bojo da discussão sucessória, com o fito apenas de afastar o companheiro sobrevivo da herança. Como visto, tal deliberação – caso acolhida – pode surpreender ambos os conviventes, inclusive o autor da herança, frustrando eventual planejamento patrimonial e sucessório que por ventura tenham elaborado.

A nossa atual tessitura jurídica e os vetores que imperam no direito de família brasileiro contemporâneo orientam na necessidade de observância de uma maior liberdade e autonomia para os partícipes de relacionamentos afetivos,[40] o que deve ser ainda mais intenso quando cuidamos das uniões estáveis.

Forte nessas premissas, não parece recomendável uma extensão hermenêutica do regime da separação obrigatória de bens para as uniões estáveis, visto que tal conclusão pode, ao fim e ao cabo, se afastar da função normativa pretendida, vindo ao arrepio dos princípios constitucionais da liberdade, igualdade e solidariedade.

7. REFERÊNCIAS BIBLIOGRÁFICAS

CALDERÓN, Ricardo. *Princípio da afetividade no direito de família*. Rio de Janeiro: Forense, 2017.

CÂNDIDO, João Batista de Oliveira. Do casamento. In: TEIXEIRA, Ana Carolina Brochado; RIBEIRO, Gustavo Pereira Leite (Coord.). *Manual de Direito das Famílias e Sucessões*. 2. ed. Belo Horizonte: Del Rey, 2010.

---

39. AgInt nos EDcl nos EDcl nos EDcl no REsp 1.318.249/GO, relator Ministro Luis Felipe Salomão, Quarta Turma, julgado em 24.09.2019, DJe de 30.09.2019.
40. MULTEDO, Renata Vilela. *Liberdade e Família*: limites para a intervenção do Estado nas relações conjugais e parentais. Rio de Janeiro: Processo, 2017.

CARDOSO, Fabiana Domingues. *Regime de bens e pacto antenupcial*. Rio de Janeiro: Forense; São Paulo, Método, 2010.

CRISPINO, Nicolau Eládio Bassalo. *A união estável e os negócios entre companheiros e terceiros*. Belo Horizonte: Del Rey, 2009.

DIAS, Maria Berenice. *Manual de Direito das famílias*. 11. ed., rev., atual. e ampl. São Paulo: Ed. RT, 2016.

FARIAS, Cristiano Chaves de; ROSENVALD, Nelson. *Direito Civil. Direito das famílias*. 2 ed., rev., ampl. e atual. Rio de Janeiro: Editora Lumen Juris, 2010.

GAGLIANO, Pablo Stolze; FILHO, Rodolfo Pamplona. *Novo curso de Direito de Família*. 3 ed. rev., atual. e ampl. São Paulo: Saraiva, 2013. v. 6: Direito de família: as famílias na perspectiva constitucional.

GONÇALVES, Carlos Roberto. *Direito civil brasileiro*: direito de família. 18. ed. São Paulo: Saraiva Educação, 2021. v. 6.

LEITE, Eduardo de Oliveira. *Direito Civil: Direito de Família*. São Paulo: Ed. RT, 2005. v. 5.

MADALENO, Rolf. *Direito de família*. 8. ed., rev., atual. e ampl. Rio de Janeiro: Forense, 2018.

MAIA JÚNIOR, Mairan Gonçalves. *A família e a questão patrimonial*. 2. ed. São Paulo: Thomson Reuters, 2015.

MULTEDO, Renata Vilela. *Liberdade e Família*: limites para a intervenção do Estado nas relações conjugais e parentais. Rio de Janeiro: Processo, 2017.

NEVARES, Ana. A condição de herdeiro necessário do companheiro sobrevivente. *Revista Brasileira de Direito Civil – RBDCivil*. v. 23, p. 17-37, Belo Horizonte, jan./mar. 2020. Disponível em: https://rbdcivil.ibdcivil.org.br/rbdc/article/view/475/343.

PEREIRA, Caio Mário da Silva. *Instituições de direito civil*. 22 ed. Rio de Janeiro: Forense, 2014.

RODOTÀ, Sfefano. *Dal Soggetto alla persona*. Napoli: Editoriale Scientifica, 2007.

RODOTÀ, Sfefano. *Il diritto di avere diritti*. Bari: Laterza, 2015.

RODOTÀ, Sfefano. *La Vita e Le Regole: tra diritto e non diritto*. Milano: Feltrinelli, 2009.

RUZYK, Carlos Eduardo Pianovski. *Institutos Fundamentais de Direito Civil e Liberdade(s)*: Repensando a Dimensão Funcional do Contrato, da Propriedade e da Família. Rio de Janeiro: GZ, 2011.

SARMENTO, Daniel. *Dignidade da pessoa humana*: conteúdo, trajetórias e metodologia. 2. ed. Belo Horizonte: Fórum, 2016.

TARTUCE, Flávio. *Direito Civil: direito de família*. 16. ed. Rio de Janeiro: Forense, 2021.

VELOSO, Zeno. *Direito Civil: temas*. Belém, Associação dos Notários e Registradores do Pará, 2018.

ZAGREBELSKY, Gustavo. *El derecho dúctil: Ley, derechos, justicia*. Madrid: Trotta, 2009.

REGIME DA SEPARAÇÃO DE BENS: CONSENTIMENTO, ASSENTIMENTO E AUTORIZAÇÃO INTEGRATIVA

Augusto Cézar Lukascheck Prado

Mestre em Direito Civil pela Faculdade de Direito do Largo de São Francisco (USP). Graduado pela Faculdade de Direito do Largo de São Francisco (USP). Professor de Direito Civil. Assessor de Ministro do Superior Tribunal de Justiça (STJ)

E-mail: augusto_lukascheck@hotmail.com

Sumário: 1. Introdução – 2. O REsp 1.797.027/PB: elementos descritivos e fundamentos do acórdão – 3. Casamento: conceito e natureza jurídica – 4. Regime matrimonial da separação de bens: conceito, espécies e função – 5. Regime matrimonial da separação de bens: consentimento, assentimento e autorização integrativa – 6. Conclusão – 7. Referências.

1. INTRODUÇÃO

O Mundo do Direito, na forma como delineado por Pontes de Miranda, é formado por fatos jurídicos, dividindo-se em três planos, por meio dos quais se desenvolve o fenômeno jurídico: o da existência, o da validade e o da eficácia.

O fato jurídico, com efeito, ao lado da relação jurídica, é a noção fundamental do Direito,[1] notadamente por representar a única fonte de eficácia jurídica.

No plano da existência, encontram-se todos os fatos jurídicos lícitos e ilícitos, que, como consequência da infalível incidência normativa sobre o suporte fático,[2] deixaram de ser meros fatos da vida e ingressaram, por meio do processo de juridicização, no Mundo do Direito, sem que se cogite, ainda, de sua validade ou de sua eficácia.

O plano da validade, por sua vez, é o responsável por realizar uma espécie "triagem" entre o que é perfeito e imperfeito, apartando aqueles fatos jurídicos que, muito embora tenham ingressado no Mundo do Direito, o fizeram de maneira de-

---

1. PONTES DE MIRANDA, Francisco Cavalcanti. *Tratado de Direito Privado*: pessoas físicas e jurídicas. t. 1. Atual. por Judith Martins-Costa, Gustavo Haical e Jorge Cesar Ferreira da Silva. São Paulo: Ed. RT, 2012, p. 19.
2. "Os elementos do suporte fáctico são pressupostos do fato jurídico; o fato jurídico é o que entra, do suporte fáctico, no mundo jurídico, mediante a incidência da regra jurídica sôbre o suporte. Só de fatos jurídicos provém eficácia jurídica" (PONTES DE MIRANDA, Francisco Cavalcanti. *Tratado de Direito Privado*: pessoas físicas e jurídicas. Atual. por Judith Martins-Costa, Gustavo Haical e Jorge Cesar Ferreira da Silva. São Paulo: Ed. RT, 2012. t. 1. p. 148). No mesmo sentido: "A norma jurídica constitui uma proposição através da qual se estabelece que, ocorrendo determinado fato ou conjunto de fatos (=suporte fático) a ele devem ser atribuídos certas consequências no plano do relacionamento intersubjetivo (=efeitos jurídicos)" (MELLO, Marcos Bernardes de. *Teoria do fato jurídico*: plano da existência. 18. ed. São Paulo: Saraiva, 2012. p. 50).

feituosa, inválida. Por esse plano, somente passam aqueles fatos jurídicos em que o elemento nuclear do suporte fático é constituído pela vontade humana: é o caso dos atos jurídicos *stricto sensu* e dos negócios jurídicos.

Por fim, pelo plano da eficácia todos os fatos jurídicos possuem, ao menos, a potencialidade de passar. Neste plano, encontram-se os efeitos produzidos pelos fatos jurídicos, tais como, direitos, deveres, pretensões, obrigações, faculdades, poderes formativos, sujeições, imunidades etc.

Em outras palavras, todos "os direitos, as pretensões, as ações, as exceções, como os deveres, as obrigações, as posições passivas nas ações e nas exceções, são eficácia dos fatos jurídicos".[3]

A distinção entre existência, validade e eficácia, com efeito, possui notória utilidade teórica e prática, de modo que, "quando os juristas raciocinam como se houvesse o mundo fáctico e o mundo dos efeitos jurídicos, saltam por sôbre dois planos, que vêm antes: o da existência e o da validade".[4]

Conforme já ressaltado em outra oportunidade, "o estudo do plano da eficácia, isto é, da eficácia jurídica, é de fundamental importância, uma vez que diz respeito à própria realização do Direito, ao fenômeno jurídico no aspecto dinâmico, o mais rente possível ao mundo dos fatos, de modo que conhecer as diversas categorias eficaciais revela-se não só uma necessidade pragmática, mas também uma janela através da qual se pode observar o atuar concreto dos fatos jurídicos nas situações da vida".[5]

Estudar um instituto jurídico como o regime de bens, portanto, exige, de início, por um dever de coerência com os marcos teóricos estabelecidos, o seu enquadramento nesta estrutura dogmática a que se pode dar o nome de Dogmática Geral do Direito Privado.

O texto, desse modo, divide-se em cinco seções, além da introdução, a saber: 1) O REsp 1.797.027/PB: elementos descritivos e fundamentos do acórdão; 2) Casamento: conceito e natureza jurídica; 3) Regime matrimonial da separação de bens: conceito, espécies e função; 4) Regime matrimonial da separação de bens: consentimento, assentimento e autorização integrativa; e 5) Conclusão.

Nesse contexto, o presente artigo tem por escopo lançar luzes sobre o regime da separação de bens com enfoque no julgamento do REsp 1.797.027/PB em que se buscou definir se a hipoteca firmada na vigência do CC/2002, exclusivamente por cônjuge casado sob o regime da separação convencional de bens na vigência do CC/1916, seria inválida pela ausência de autorização conjugal.

---

3. PONTES DE MIRANDA, Francisco Cavalcanti. *Tratado de Direito Privado*: eficácia jurídica, direitos e ações. t. 5. Atual. por Marcos Bernardes de Mello e Marcos Ehrhardt Jr. São Paulo: Ed. RT, 2013, p. 69.
4. PONTES DE MIRANDA, Francisco Cavalcanti. *Tratado de Direito Privado*: eficácia jurídica, direitos e ações. t. 5. Atual. por Marcos Bernardes de Mello e Marcos Ehrhardt Jr. São Paulo: Ed. RT, 2013, p. 69.
5. LUKASCHECK PRADO, Augusto Cézar. *Exceções no direito civil*: contribuições para uma sistematização. 2019. Dissertação (Mestrado em Direito Civil) – Faculdade de Direito, Universidade de São Paulo, São Paulo, 2019, p. 19-20.

2. O RESP 1.797.027/PB: ELEMENTOS DESCRITIVOS E FUNDAMENTOS DO ACÓRDÃO

Trata-se de recurso especial interposto contra acórdão do Tribunal de Justiça do Estado da Paraíba, que, no bojo de ação de nulidade de garantia hipotecária, deu provimento a recurso de apelação para declarar a validade da hipoteca realizada sem o consentimento do cônjuge.

A questão central a ser dirimida consistia em dizer "se a hipoteca firmada na vigência do CC/2002, exclusivamente por cônjuge casado sob o regime da separação total de bens na vigência do CC/1916, é nula pela ausência da respectiva obtenção da autorização conjugal".[6]

Em apertada síntese, Olavo e Renato, casados com as recorridas, na vigência do CC/1916, sob o regime da separação convencional de bens, constituíram, em 26.11.2009, sem autorização conjugal, hipoteca sobre imóvel de propriedade de ambos para garantia de contrato de crédito industrial celebrado entre sociedade da qual são acionistas e o recorrente, Banco do Nordeste do Brasil S/A.

Nesse cenário, as recorridas ajuizaram ação de nulidade de garantia hipotecária, ao argumento de que o CC/1916 exigia a autorização conjugal para a hipoteca qualquer que fosse regime de bens do casal, motivo pelo qual a garantia dada pelos cônjuges varões seria absolutamente nula.

O magistrado de piso "julgou procedente o pedido, ao fundamento de que, em se tratando de casamento celebrado na vigência do CC/1916, a autorização conjugal era mesmo indispensável, ainda que o negócio jurídico – constituição de hipoteca sobre imóvel – tenha sido celebrado na vigência do CC/2002, que dispensa a autorização conjugal na hipótese de casamento sob o regime da separação absoluta (art. 1.647, *caput* e I, do CC/2002)".

A Corte de origem, ao rejulgar, por determinação do STJ, os Embargos de Declaração opostos pelas recorridas, restabeleceu a sentença.

Interposto Recurso Especial, a Terceira Turma do STJ, por unanimidade, na esteira do voto da Ministra Relatora Nancy Andrighi, consignou que não seria possível inferir que "o art. 2.039 do CC/2002 deva influenciar, na perspectiva do direito intertemporal e da definição da legislação aplicável (se CC/1916 ou se CC/2002), as hipóteses em que deveria ser dada a autorização conjugal, pois esse instituto, a despeito de se relacionar com o regime de bens (pois, em última análise, visa proteger o patrimônio do casal), é, na realidade, uma condição de eficácia do negócio jurídico cuja validade se examina".

Desse modo, "em se tratando de casamento celebrado na vigência do CC/1916 sob o regime da separação convencional de bens, somente aos negócios jurídicos celebrados na vigência da legislação revogada é que se poderá aplicar a regra do art.

---

6. STJ. REsp 1.797.027/PB, relatora Ministra Nancy Andrighi, Terceira Turma, DJe de 18.09.2020.

235, I, do CC/1916 (que previa a necessidade de autorização conjugal como condição de eficácia da hipoteca, independentemente do regime de bens)".

Por outro lado, "aos negócios jurídicos celebrados após a entrada em vigor do CC/2002, deverá ser aplicada a regra do art. 1.647, I, do CC/2002 (que prevê a dispensa de autorização conjugal como condição de eficácia da hipoteca quando o regime de bens for o da separação absoluta), ainda que se trate de casamento celebrado na vigência da legislação civil revogada".

Em suma, a Terceira Turma do STJ concluiu que, na hipótese dos autos, tendo em vista que o negócio jurídico que se pretendia invalidar foi celebrado na vigência do CC/2002 a ele se aplicaria a regra do art. 1.647, I, do referido Diploma, "que dispensa a autorização conjugal quando o casamento houver sido celebrado sob o regime da separação convencional de bens, ainda que o matrimônio tenha ocorrido na vigência do CC/1916", razão pela qual se conclui que a hipoteca seria válida.

3. CASAMENTO: CONCEITO E NATUREZA JURÍDICA

O casamento é o negócio jurídico solene, público e complexo, por meio do qual duas pessoas, através da conjugação de duas declarações jurídico-negociais congruentes quanto aos meios e convergentes quanto aos fins, constituem família com o reconhecimento do Estado.

O que torna o casamento peculiar entre as demais entidades familiares, "é o fato de depender sua constituição de ato jurídico complexo, ou seja, de manifestações e declarações de vontade sucessivas (*consensus facit matrimonium*), além da oficialidade de que é revestido, pois sua eficácia depende de atos estatais (habilitação, celebração, registro público)".[7]

Sua validade depende da conjugação de dois requisitos, a saber: a) conjugação de duas declarações jurídico-negociais válidas e concordes em estabelecer o vínculo conjugal; e b) declaração do juiz de direito, do juiz de paz ou do ministro de confissão religiosa de que estão casados.

No que diz respeito à natureza jurídica, importa consignar que, a despeito de certo debate doutrinário, o casamento, a rigor, não possui natureza contratual.

Com efeito, conforme esclarece Alcides Tomasetti Jr., o contrato pode ser conceituado, enquanto modelo dogmático, como "um negócio jurídico – formado pela congruência entre duas ou mais declarações negociais, contrapostas e convergentes, emitidas por duas ou mais partes *em função de uma operação econômica* que tem como eficácia categorial correspondente a autovinculação daquelas partes no sentido de constituir, modificar ou extinguir relação ou relações jurídicas *patrimoniais*".[8]

---

7. LÔBO, Paulo. *Direito Civil*: famílias. 4. ed. 2. tir. São Paulo: Saraiva, 2012, p. 100.
8. TOMASETTI JR., Alcides In: OLIVEIRA, Juarez de (Coord.). *Comentários à Lei de Locação de Imóveis Urbanos*. São Paulo: Saraiva, 1992, p. 6.

Note-se que a afirmação de que os contratos são celebrados em função de uma operação econômica subjacente "implica a adoção de um ponto de vista que circunscreve a formalização jurídica da categoria contratual por referência exclusiva à dinâmica das relações econômicas, correspondentes, na tecnologia do jurista, às relações patrimoniais".[9]

Não por outro motivo, Enzo Roppo considera o contrato como a tradução jurídico-científica de uma operação econômica subjacente.[10]

Daí porque se pode afirmar que o casamento, por não possuir como substrato uma operação econômica, não se subsome ao conceito de contrato, enquadrando-se, a rigor, na categoria dos negócios jurídicos geneticamente bilaterais que visam constituir, modificar ou extinguir relações não econômicas de direito de família.[11]

4. REGIME MATRIMONIAL DA SEPARAÇÃO DE BENS: CONCEITO, ESPÉCIES E FUNÇÃO

O matrimônio, segundo adverte Pontes de Miranda, não é apenas relação jurídica, mas, antes de tudo, relação moral, motivo pelo qual o sistema jurídico apenas "dá normas à expressão exterior do casamento. Daí os seus múltiplos efeitos".[12]

Destaca-se, da plêiade de efeitos produzida pelo fato jurídico do casamento, o regime matrimonial de bens adotado pelos cônjuges. Observa-se, portanto, que o regime de bens, como cediço, é figura que se circunscreve ao plano da eficácia do Mundo do Direito: trata-se, pois, de eficácia de fato jurídico.

Ademais, deve-se ressaltar, que o regime matrimonial de bens, podendo ser escolhido – dentro de certos limites – pelos cônjuges, é o que garante ao casamento a natureza de negócio jurídico.

Com efeito, conforme leciona Marcos Bernardes de Mello, o negócio jurídico "é o fato jurídico cujo elemento nuclear do suporte fático consiste em manifestação ou declaração consciente de vontade, em relação à qual o sistema jurídico faculta às pessoas, dentro de limites predeterminados e de amplitude vária, o poder de escolha da categoria jurídica e de estruturação do conteúdo eficacial das relações jurídica respectivas, quanto ao seu surgimento, permanência e intensidade no mundo jurídico".[13]

---

9. TOMASETTI JR., Alcides In: OLIVEIRA, Juarez de (Coord.). *Comentários à Lei de Locação de Imóveis Urbanos*. São Paulo: Saraiva, 1992, p. 7.
10. ROPPO, Enzo. *O Contrato*. Coimbra: Almedina, 2009, p. 7-13.
11. TOMASETTI JR., Alcides In: OLIVEIRA, Juarez de (Coord.). *Comentários à Lei de Locação de Imóveis Urbanos*. São Paulo: Saraiva, 1992, p. 12.
12. PONTES DE MIRANDA, Francisco Cavalcanti. *Tratado de Direito Privado*: dissolução da sociedade conjugal e casamento. t. 8. Atual. por Rosa Maria de Andrade Nery. São Paulo: Ed. RT, 2012, p. 169.
13. MELLO, Marcos Bernardes de. *Teoria do fato jurídico*: plano da existência. 18. ed. São Paulo: Saraiva, 2012, p. 225. Sobre o conceito de negócio jurídico, consultar, ainda: AZEVEDO, Antonio Junqueira de. *Negócio jurídico*: existência, validade e eficácia. 4. ed. atual. 7. tir. São Paulo: Saraiva, 2010.

Desse modo, o que distingue o negócio jurídico dos demais fatos jurídicos "é, fundamentalmente, a atribuição que o sistema jurídico faz às pessoas do poder de escolha da categoria jurídica e, nos limites que estabelece, de estruturar o conteúdo das relações jurídicas dela resultantes (= poder de autorregramento da vontade, também dito de autonomia da vontade, autonomia privada) (...) não é a amplitude do poder de autorregramento que caracteriza o negócio jurídico. Se há faculdade de escolha, por mínima que seja, há poder de autorregramento da vontade e, portanto, negócio jurídico".[14]

No que diz respeito ao casamento, o poder de autorregramento da vontade é representado pela escolha em casar e, também, pela possibilidade de eleger o regime matrimonial de bens ou o regramento matrimonial dos bens,[15] o que justifica a sua recondução à categoria dos negócios jurídicos.

Além disso, deve-se ressaltar que, quando se fala em regime matrimonial de bens, impõe-se considerar que *regime de bens* "é o conjunto de regras, mais ou menos orgânico, que estabelece para certos bens, ou para os bens subjetivamente caracterizados, *sistema de destinação e de efeitos*".[16]

Cuida-se, em outras palavras, do estabelecimento de regras para regular o destino e a gestão de posições jurídicas subjetivas patrimoniais.

O adjetivo "matrimonial", por sua vez, denota que o regime em questão irá determinar, além da administração e do modo de percepção dos frutos, se os bens "que cada um traz, ou que cada um adquire, continuam a ser particulares, ou se são comunicados, de modo a pertencerem a ambos os cônjuges, em comunhão".[17]

Em síntese, por regime matrimonial de bens deve-se entender, portanto, o conjunto de normas jurídicas que têm por escopo "regulamentar as relações patrimoniais entre os cônjuges, nomeadamente quanto ao domínio e a administração de ambos ou de cada um sobre os bens trazidos ao casamento e os adquiridos durante a união conjugal".[18]

---

14. MELLO, Marcos Bernardes de. Breves notas sobre o perfil jurídico da união estável. Breves notas sobre o perfil jurídico da união estável. *Revista Fórum de Direito Civil*, ano 9, n. 24, p. 258, Belo Horizonte, maio/ago. 2020.
15. A rigor, deve-se ressaltar que, no sistema jurídico nacional, faculta-se aos cônjuges não apenas a escolha do regime de bens, mas também a do *regramento matrimonial dos bens*, conceitos que não merecem ser encambulhados. De fato, não se faculta tão somente a escolha entre os regimes já legalmente previstos, mas também a criação de regime não previsto, desde que respeitados certos limites (Cf. PONTES DE MIRANDA, Francisco Cavalcanti. *Tratado de Direito Privado*: dissolução da sociedade conjugal e casamento. Atual. por Rosa Maria de Andrade Nery. São Paulo: Ed. RT, 2012, t. 8, p. 302).
16. PONTES DE MIRANDA, Francisco Cavalcanti. *Tratado de Direito Privado*: dissolução da sociedade conjugal e casamento. Atual. por Rosa Maria de Andrade Nery. São Paulo: Ed. RT, 2012, t. 8, p. 285.
17. PONTES DE MIRANDA, Francisco Cavalcanti. *Tratado de Direito Privado*: dissolução da sociedade conjugal e casamento. Atual. por Rosa Maria de Andrade Nery. São Paulo: Ed. RT, 2012, t. 8, p. 286.
18. LÔBO, Paulo. *Direito Civil*: famílias. 4. ed. 2. tir. São Paulo: Saraiva, 2012, p. 319.

Entre os regimes, interessa, por ora, o regime da separação de bens, por meio do qual "os patrimônios dos cônjuges permanecem incomunicáveis, de ordinário sob a administração exclusiva de cada cônjuge".[19]

Há quem aponte a maior adstringência do referido regime às características da sociedade contemporânea, caracterizada pela igualdade de gêneros e a crescente inserção da mulher no mercado de trabalho.[20]

No regime anterior ao Código Civil de 1916, dois eram os tipos principais de separação de bens, a saber: "a) a separação pura, que resultava de acôrdo dos cônjuges, e consistia na segregação completa dos bens, de cada cônjuge, quer anteriores, quer posteriores ao casamento; (...) b) a separação restrita, ou simples, que consistia na incomunicabilidade de todos os direitos e obrigações que a cada um dos cônjuges pertencia ao tempo do casamento, comunicando-se os frutos e rendimentos dêles provenientes, e os bens adquiridos na constância da sociedade conjugal".[21]

Atualmente, o CC/2002 admite, basicamente, duas espécies de regime de separação de bens, a separação convencional e a separação obrigatória.

O regime da separação convencional de bens, também denominado de separação voluntária ou total, é aquele escolhido livremente pelos consortes, caracterizando-se pela absoluta ausência de comunicação dos bens, mesmo aqueles adquiridos na constância do casamento.

Por outro lado, o regime da separação obrigatória de bens, também chamado de separação legal, preconiza a separação dos patrimônios com o objetivo de proteger determinado sujeito em situação de vulnerabilidade patrimonial.

No Brasil, o referido regime, a teor do disposto no art. 1641, do CC/2002 é imposto nos casamentos: a) das pessoas que o contraírem com inobservância das causas suspensivas da celebração do casamento; b) da pessoa maior de 70 (setenta) anos; e c) de todos os que dependerem, para casar, de suprimento judicial.

O regime da separação obrigatória, no entanto, foi relativizado pela Súmula 377, do STF, segundo a qual "no regime de separação legal de bens, comunicam-se os adquiridos na constância do casamento".

O Superior Tribunal de Justiça, não obstante, mitigou os rigores do enunciado sumular, cuja origem é anterior à Constituição Federal de 1988, fixando o entendimento de que no regime de separação legal de bens, comunicam-se os adquiridos na constância do casamento, desde que comprovado o esforço comum para sua aquisição.[22]

---

19. PONTES DE MIRANDA, Francisco Cavalcanti. *Tratado de Direito Privado*: dissolução da sociedade conjugal e casamento. Atual. por Rosa Maria de Andrade Nery. São Paulo: Ed. RT, 2012, t. 8, p. 441.
20. LÔBO, Paulo. *Direito Civil*: famílias. 4. ed. 2. tir. São Paulo: Saraiva, 2012, p. 355.
21. PONTES DE MIRANDA, Francisco Cavalcanti. *Tratado de Direito Privado*: dissolução da sociedade conjugal e casamento. Atual. por Rosa Maria de Andrade Nery. São Paulo: Ed. RT, 2012, t. 8, p. 444.
22. STJ. EREsp 1623858/MG, Rel. Ministro Lázaro Guimarães (Desembargador Convocado do TRF 5ª Região), Segunda Seção, julgado em 23.05.2018, DJe 30.05.2018.

5. REGIME MATRIMONIAL DA SEPARAÇÃO DE BENS: CONSENTIMENTO, ASSENTIMENTO E AUTORIZAÇÃO INTEGRATIVA

Aspecto relevante relativo à eficácia do regime da separação de bens diz respeito à necessidade de "autorização conjugal" para alienar ou gravar bens imóveis.

Nesse contexto, Pontes de Miranda destaca que "as regras jurídicas concernentes a atos do cônjuge, que possam atingir o patrimônio conjugal, isto é, o que é bem comum, ou a) são regras jurídicas pré-excludentes de passivo, ou de ativo que, sem elas, seria comum, ou b) são com sanção de nulidade, ou c) com sanção de anulabilidade, ou d) com sanção de ineficácia. À técnica legislativa fica a escolha, que se há de fazer conforme os elementos da espécie".[23]

A chamada "autorização conjugal", que é exigida pela lei em algumas hipóteses de alienação, tem por objetivo proteger a família, célula fundamental da sociedade. A *ratio legis* repousa, justamente, na necessidade de tutelar um dos cônjuges, resguardando-o de atos abusivos que possam ser praticados pelo outro em detrimento de seus direitos.[24]

Ao tratar da matéria relativa à "autorização conjugal" deve-se atentar que se trata de termo plurívoco.

Com efeito, a referida expressão é utilizada ora para se referir ao *consentimento* prestado por um dos cônjuges, ora para se referir à *autorização integrativa* – espécie de assentimento. Não é ordinário, no entanto, encontrar na literatura jurídica nacional mais difundida qualquer referência a essa distinção.[25]

O *consentimento* é a "declaração ou manifestação de vontade de um sujeito de direito para que se torne figurante inserto na parte de um negócio jurídico".[26]

Pontes de Miranda, nesse sentido, afirma que, ao se prestar consentimento em negócio jurídico de outrem, há configuração: ambos tornam-se figurantes.[27]

Parte ou lado, nas lições de Alcides Tomasetti Jr., são conceitos que correspondem aos "centros de interesses" de uma relação jurídica. Em uma mesma parte, por sua vez, "podem encontrar-se um só ou mais de um figurante, donde a distinção entre parte simples ou unifigurativa e parte complexa ou plurifigurativa".[28]

---

23. PONTES DE MIRANDA, Francisco Cavalcanti. *Dez anos de pareceres*. Rio de Janeiro: Francisco Alves, 1976, v. 6, p. 312.
24. MONTEIRO. Washington de Barros. A outorga uxória. *Revista do advogado*, v. 1, n. 1, p. 8, abr./jun. 1980.
25. Não fazem a distinção, exemplificativamente: SIRENA, Hugo Cremonez; SIRENA, Tatiana Wagner Lauand de Paula. O que é isso, companheiro? A inexigibilidade de outorga conjugal nas relações de união estável. *Revista nacional de direito de família e sucessões*, v. 8, n. 47, p. 25-40, mar./abr. 2022; GUIMARÃES, Marilene Silveira. A necessidade de outorga para alienação de bens imóveis no casamento e na união estável, segundo o Código Civil de 2002. In: DELGADO, Mário Luiz; ALVES, Jones Figueirêdo (Coord.). *Questões Controvertidas no novo Código Civil*. São Paulo: Método, 2004.
26. HAICAL, Gustavo. *A autorização no Direito Privado*. São Paulo: Ed. RT, 2020, p. 68.
27. PONTES DE MIRANDA, Francisco Cavalcanti. *Tratado de Direito Privado*: direito das obrigações, negócios jurídicos unilaterais. Atual. por Gustavo Tepedino. São Paulo: Ed. RT, 2012, t. 31, p. 63.
28. TOMASETTI JR., Alcides. A parte contratual. In: ADAMEK, Marcelo Vieira von (Coord.). *Temas de direito societário e empresarial contemporâneos*. São Paulo: Malheiros, 2011, p. 761.

Em se tratando de alienação de direito real sobre imóveis, a ausência de consentimento, quando exigido, conduz à ineficácia, ainda que parcial, do negócio jurídico em face daquele que deveria ter consentido, caracterizando verdadeira alienação *a non domino*.

Isso porque, quem aliena nessas circunstâncias, está alienando sem o poder de dispor, que é fator de eficácia do negócio jurídico de disposição. Em outras palavras, estaria a parte alienante dispondo de direito alheio, sem poder. As consequências, portanto, se verificarão no plano da eficácia.

Digno de nota é observar que, nessa situação, aquele que não manifestou consentimento é titular de uma imunidade:[29] "a imunidade é aquela posição jurídica ativa oposta à sujeição, que confere ao seu titular uma proteção intransponível em sua esfera jurídica, motivo pelo qual a posição passiva correspectiva é a ausência de poder formativo: uma posição que impõe ao seu detentor a impossibilidade de interferir na esfera jurídica do imune".[30]

Assim, o cônjuge que não dá o seu consentimento para a alienação de direito real sobre bem imóvel comum do casal está imune aos efeitos do negócio jurídico celebrado pelo outro.

Já o *assentimento* de ato de terceiro é "a manifestação de vontade de alguém, sem a qual é deficiente o suporte fático do ato jurídico *stricto sensu* ou do negócio jurídico de que outrem é figurante".[31]

É o caso, por exemplo: a) do assentimento dos pais, do tutor ou do curador para a validade de certos atos jurídicos praticados pelos relativamente incapazes (art. 1.634, V e art. 1.690, do CC/2002); b) do assentimento de um cônjuge ao outro para a prática de determinados negócios jurídicos (art. 1.647, do CC/2002); e c) do assentimento dos demais descendentes e do cônjuge para que o ascendente venda determinado bem a um dos descendentes (art. 496, do CC/2002).

O assentinte – aquele que dá o assentimento –, ao contrário daquele que consente, não é e não será parte do negócio.

A propósito, merece destaque a lição de Débora Gozzo, que bem distingue as duas figuras:

---

29. A imunidade é uma posição jurídica subjetiva ativa elementar. Para um estudo das posições jurídicas elementares, cujo conceito auxiliou a superar a utilização ambígua da expressão "direito", que é utilizada para exprimir qualquer posição ativa, e da expressão "dever", que é utilizada para se referir a qualquer posição jurídica passiva, consultar: HOHFELD, W. N. *Fundamental legal conceptions as applied in judicial reasoning and other legal essays*. New haven: Yale University, 1923; LUMIA, Giuseppe. *Lineamenti di teoria e ideologia del diritto*. 3. ed. Milano: Giuffrè, 1981; ROSS, Alf. *Direito e Justiça*. 2. ed. São Paulo: Ed. Edipro, 2007; ROSS, Alf. "Tû-Tû". *Revista da Consultoria-Geral do Estado*. v. 5. n. 13. p 11-26. Porto Alegre: Instituto de Informática Jurídica, dez. 1975; TOMASETTI JÚNIOR, Alcides. Comentário ao Recurso de Apelação 212.726-1/8. *Revista dos Tribunais*, v. 723, n. 85, p. 11, São Paulo, jan. 1996.
30. LUKASCHECK PRADO, Augusto Cézar. *Exceções no direito civil*: contribuições para uma sistematização. 2019. Dissertação (Mestrado em Direito Civil) – Faculdade de Direito, Universidade de São Paulo, São Paulo, 2019, p. 54-55.
31. PONTES DE MIRANDA, Francisco Cavalcanti. *Tratado de Direito Privado*: direito das obrigações, negócios jurídicos unilaterais. Atual. por Gustavo Tepedino. São Paulo: Ed. RT, 2012, t. 31, p. 63.

O assentimento, (...) por sua vez, diferenciam-se claramente do consentimento, embora na linguagem usual muito confusão seja feita entre esses dois vocábulos. Assentimento é uma declaração de vontade prestada por Terceiro, com o fito de autorizar outrem à prática de negócio jurídico que, necessariamente, afetará sua esfera jurídica. Este o motivo pelo qual a Parte contratante depende de sua autorização. O Terceiro não é parte no negócio, como acontece com aquele que consente.[32]

O legislador, ao exigir o assentimento para a prática de determinados atos jurídicos, a rigor, garante a possibilidade de interferir na esfera jurídica alheia: "essa permissão é dada não para que ele interfira por mero espírito emulativo na esfera jurídica de outrem, mas para que ele tome conhecimento do que aquele sujeito, que depende de sua autorização, pretende realizar. Essa parece ter sido a fórmula encontrada para protegê-lo da prática de negócios abusivos em relação à sua esfera jurídica".[33]

A *autorização integrativa*, nesse contexto, é espécie de assentimento autointeressado por meio do qual o autorizante afasta a limitação ao exercício da autonomia privada do autorizado, conferindo-lhe *legitimidade*[34] para exercer determinada posição jurídica.[35]

Para Menezes Cordeiro, a autorização integrativa, também chamada de autorização *stricto sensu*, "corresponde a um ato necessário para levantar uma limitação imposta à livre atuação (à legitimidade) do próprio titular da posição em causa".[36]

Por implicar limitação à autonomia privada dos sujeitos de relação jurídica, as hipóteses em que se exige autorização integrativa estão sempre previstas em lei, que, ademais, indicará a sanção decorrente de sua falta, isto é, se o ato jurídico será considerado inexistente, inválido ou ineficaz.[37]

No Direito Brasileiro, por exemplo, a alienação, por um dos cônjuges, sem autorização integrativa, de direito real sobre bem imóvel exclusivo conduz à anu-

---

32. GOZZO, Débora. Assentimento de terceiro e negócio jurídico: análise comparativa entre os direitos brasileiro e alemão. *Revista do Instituto dos Advogados de São Paulo*, v. 10, n. 20, p. 71, jul./dez. 2007.
33. GOZZO, Débora. Assentimento de terceiro e negócio jurídico: análise comparativa entre os direitos brasileiro e alemão. *Revista do Instituto dos Advogados de São Paulo*, v. 10, n. 20, p. 68, jul./dez. 2007.
34. "O problema da legitimação é inconfundível com o da capacidade jurídica. Esta é inerente a todo ser humano; aquela apenas aparece quanto a certas pessoas, certos bens ou certos interesses; se uma é apenas subjetiva, a outra é subjetivo-objetiva" (MONTEIRO. Washington de Barros. A outorga uxória. *Revista do advogado*, v. 1, n. 1, p. 9, abr./jun. 1980).
35. HAICAL, Gustavo. *A autorização no Direito Privado*. São Paulo: Ed. RT, 2020, p. 132.
36. CORDEIRO, António Menezes. *Tratado de Direito Civil*: parte geral, exercício jurídico. 3. ed. rev. e atual. Coimbra: Almedina, 2018, t. 5, p. 58.
37. HAICAL, Gustavo. *A autorização no Direito Privado*. São Paulo: Ed. RT, 2020, p. 131. Pontes de Miranda assim se manifesta: "Por método, sempre que se tem de examinar algum caso de assentimento exigido, é aconselhável classificar-se a sanção, depois de se saber qual a espécie de assentimento de que se trata e a qual ou quais atos jurídicos é de juntar-se. Praticamente, primeiro apresenta-se o ato jurídico, depois se descobre que o assentimento de outrem é exigido e, finalmente, qual a espécie de assentimento e qual a sanção" (PONTES DE MIRANDA, Francisco Cavalcanti. *Tratado de Direito Privado*: validade, nulidade e anulabilidade. Atual por Marcos Bernardes de Mello e Marcos Ehrhardt Jr. São Paulo: Ed. RT, 2012, t. 4, p. 375-376). No mesmo sentido: "Sem razão, portanto, é afirmar que, no sistema jurídico brasileiro, assentimento, ou autorização, ou anuência é apenas requisito de validade" (HAICAL, Gustavo. *A autorização no Direito Privado*. São Paulo: Ed. RT, 2020, p. 68).

labilidade do negócio jurídico – não à ineficácia –, por expressa disposição do art. 1.649 do CC/2002.[38] As consequências, aqui, se verificarão no plano da validade.[39]

Nesse sentido, manifesta-se a doutrina:

> O assentimento prestado por terceiro [...] apresenta-se na ordem jurídica pátria, em determinadas hipóteses legais, como sendo imprescindível para que a Parte contratante obtenha legitimidade, requisito para que o negócio por ela celebrado seja válido. Essa legitimidade é algo distinto da capacidade de fato ou de exercício plena. Esta se refere a requisito essencial do plano da validade, para que todo e qualquer sujeito de direitos atue no mundo jurídico autonomamente, isto é, dispensando eventuais representante ou assistente legais. Já a legitimidade, que no Brasil tem sido vista como requisito de validade do negócio e, na Alemanha, como integrante do plano da eficácia, será exigida para os casos em que o legislador pretender proteger determinadas pessoas de atos que possam causar-lhe algum prejuízo patrimonial, ainda que futuro.
>
> [...]
>
> Para o direito brasileiro, portanto, o assentimento de terceiro, nesses casos, é requisito de validade, ao passo que para o direito alemão ele é fator de eficácia.[40]

Marcos Bernardes de Mello, sintetizando a distinção, ressalta que "no consentimento há vontade em comum, enquanto no assentimento existe adesão, anuência, aprovação, autorização. Se a hipótese é de consentimento, a sua falta implica ineficácia do ato em relação ao cônjuge que deveria consentir, porque o bem lhe pertence em comunhão (...) Diferentemente, se o cônjuge vende bem que é seu particular sem o assentimento do outro cônjuge, há anulabilidade que somente pode ser demandada pelo prejudicado ou seus herdeiros".[41]

Do ponto de vista da natureza jurídica, tanto o consentimento quanto o assentimento – aí incluída a autorização integrativa – são verdadeiros negócios jurídicos unilaterais receptícios, o que atrai a incidência das disposições relacionadas aos vícios da vontade.

A distinção entre os institutos se impõe não apenas por imperativo de precisão dogmática, mas, sobretudo, em virtude das consequências decorrentes da falta, no caso concreto, de uma ou de outra figura, notadamente no âmbito do Direito de Família.[42]

---

38. Art. 1.649. A falta de autorização, não suprida pelo juiz, quando necessária (art. 1.647), tornará anulável o ato praticado, podendo o outro cônjuge pleitear-lhe a anulação, até dois anos depois de terminada a sociedade conjugal.
39. Washington de Barros Monteiro assim define a então chamada "outorga uxória": "outorga uxória é ato jurídico unilateral, de natureza receptícia, integrativo da capacidade do marido, e que o legitima à prática de certos atos, que não poderia praticar sem o expresso consentimento da mulher" (MONTEIRO, Washington de Barros. A outorga uxória. Revista do advogado, v. 1, n. 1, p. 8, abr./jun. 1980).
40. GOZZO, Débora. Assentimento de terceiro e negócio jurídico: análise comparativa entre os direitos brasileiro e alemão. Revista do Instituto dos Advogados de São Paulo, v. 10, n. 20, p. 67, jul./dez. 2007.
41. MELLO, Marcos Bernardes de. Teoria do fato jurídico: plano da validade. 12. ed. São Paulo: Saraiva, 2013, p. 182.
42. "A relevância da distinção apresenta-se ainda em face da maior ou menor possibilidade de se obter ou não o suprimento judicial da manifestação de vontade não manifestada. Por ser consentimento a manifestação de vontade de um sujeito de direito para figurar como parte em um negócio jurídico, ele não é suprimível pelo juiz, salvo casos absolutamente excepcionais – e.g., o não consentimento de um dos cônjuges, sem

Com efeito, examinando-se, exclusivamente, as hipóteses de alienação, por um dos cônjuges, de direito real sobre bem imóvel, ressalta a importância da matéria.

De acordo com o art. 1.647 do CC/2002, nenhum dos cônjuges pode, sem autorização do outro, exceto no regime da separação absoluta: a) alienar ou gravar de ônus real os bens imóveis; b) pleitear, como autor ou réu, acerca desses bens ou direitos; c) prestar fiança ou aval; e d) fazer doação, não sendo remuneratória, de bens comuns, ou dos que possam integrar futura meação.

Assim, se os cônjuges são casados no regime da comunhão parcial e um deles pretender alienar imóvel particular, será preciso o *assentimento* do outro, que é terceiro com relação a esse bem, sob pena de anulabilidade. Por outro lado, se o mesmo cônjuge projeta alienar imóvel integrante do acervo comum, será necessário obter não apenas o assentimento, mas também o *consentimento* do outro.[43]

De fato, Gustavo Haical bem assevera que "sem o consentimento, o ato é ineficaz à transmissão translativa do direito da meação de titularidade do cônjuge não consentinte, e é anulável quanto à metade relativa de titularidade do cônjuge alienante".[44]

No mesmo sentido Pontes de Miranda é categórico ao afirmar que, se o bem compõe o acervo comum, "alienação sem consentimento é alienação de metade pelo marido, sem ser dono, e de metade, como comuneiro, sem assentimento".[45]

A seguir, sintetiza o autor:

> Se o ato foi de alienação ou gravame de bem comum, cumpre distinguir da ação de invalidade, que é constitutiva negativa, a ação de ineficácia, que é declaratória. Por exemplo, se A, marido, sem outorga, alienou o bem imóvel, cuja metade era bem próprio dele e outra metade era comum aos cônjuges, alienou invalidamente metade mais um quarto do bem e ineficazmente o outro quarto. Quanto à metade e ao quarto invalidamente alienados, os arts. 255 e parágrafo único incidem, indiscutivelmente. Quanto ao outro quarto, ineficazmente alienado, faltou o consentimento, e não assentimento; não se devem invocar o art. 255 e o parágrafo único, mas sim os arts. 1.331, 1.332, 1.343 e 1.344. Se o cônjuge alienou, sem consentimento do outro cônjuge, bens dessoutro, dá-se o mesmo.[46]

---

justo motivo, à alienação de bem comum pode ser suprido pelo juiz (art. 1.647, I, e 1.648 do Código Civil); o não consentimento à conclusão do contrato definitivo, pelo pré-contratante inadimplente, após decurso do prazo, pode ser suprido pelo juiz (art. 464 do Código Civil). Em sentido contrário, a regra quanto ao assentimento é a suribilidade (e.g., art. 1.517 e 1.519 do Código Civil), sendo a não suribilidade a exceção – e.g., quando um dos descendentes não assente ao contrato de compra e venda concluído entre o genitor e o outro descendente para que seja válido (art. 496 do Código Civil), não há direito dos últimos à suribilidade do assentimento pelo juiz. Ao contrário do termo "consentimento", deveria estar empregado, no art. 496, o termo "assentimento", pois a declaração de vontade do descendente não o torna figurante do contrato de compra e venda" (HAICAL, Gustavo. *A autorização no Direito Privado*. São Paulo: Ed. RT, 2020, p. 70).

43. HAICAL, Gustavo. *A autorização no Direito Privado*. São Paulo: Ed. RT, 2020, p. 69.
44. HAICAL, Gustavo. *A autorização no Direito Privado*. São Paulo: Ed. RT, 2020, p. 69.
45. PONTES DE MIRANDA, Francisco Cavalcanti. *Tratado de Direito Privado*: dissolução da sociedade conjugal e casamento. Atual. por Rosa Maria de Andrade Nery. São Paulo: Ed. RT, 2012, t. 8, p. 201.
46. PONTES DE MIRANDA, Francisco Cavalcanti. *Tratado de Direito Privado*: dissolução da sociedade conjugal e casamento. Atual. por Rosa Maria de Andrade Nery. São Paulo: Ed. RT, 2012, t. 8, p. 202.

Observa-se, portanto, que o art. 1.647 do CC/2002, ao empregar a expressão "autorização do outro", diz menos do que gostaria: o referido dispositivo legal refere-se tanto ao consentimento quanto ao assentimento do cônjuge não alienante, a depender da hipótese.

De todo o exposto, conclui-se que, tratando-se de discussão acerca de alienação de direito real sobre bem imóvel[47] por cônjuge, a autorização integrativa é requisito de validade do negócio jurídico, ao passo que o consentimento consubstancia fator de eficácia.[48]

Constata-se, ademais, que, nesta matéria, as consequências jurídicas de cada hipótese concreta depende, a um só tempo, tanto do regime de bens do casamento quanto do objeto da prestação – se bem particular ou comum. O regime de bens, portanto, pode influir, ainda que indiretamente, nos requisitos de validade e nos fatores de eficácia do negócio jurídico a ser celebrado por um dos cônjuges.

Nesse diapasão, no que tange, especificamente, ao regime da separação convencional de bens, importa consignar que o CC/1916, em seu art. 276,[49] dispensava a vênia conjugal tão somente para alienação de bens *móveis*.

É possível concluir, neste cenário, que, quando o Código, a *contrario sensu*, exigia a vênia conjugal para a alienação de bens *imóveis*, estava a exigir, a rigor, *autorização integrativa*, pois tratava-se de alienação de bem particular de um dos cônjuges e não de bem comum. O cônjuge autorizante (assentinte), como já afirmado, é terceiro.

Comentando o referido dispositivo legal, Clovis Bevilaqua, limitando-se a tratar da situação da mulher casada, asseverava que "para alienar ou gravar immoveis, ou para dispor dos seus direitos reaes sobre os immoveis alheios, assim como, para a respeito delles pleitear em juizo, ella não pode dispensar a autorização do marido".[50]

Observa-se que, no sistema do código, fundado na desigualdade entre marido e mulher, as "vedações eram dirigidas ao marido, o que supunha a permissão para realizar todos os demais atos sem autorização da mulher".[51]

---

47. "Persiste o Código Civil na primazia ao bem imóvel, talvez porque diga tão de perto às condições materiais da convivência familiar. Todavia, na atualidade, o patrimônio mobiliário, inclusive familiar, pode assumir valor pecuniário muitas vezes maior que o imobiliário. A economia contemporânea não mais está assentada nos bens de raiz" (LÔBO, Paulo. *Direito Civil*: famílias. 4. ed. 2. tir. São Paulo: Saraiva, 2012, p. 332). Impõe-se observar, no entanto, que, atualmente, os bens imóveis podem não representar a parcela mais significativa do patrimônio de uma família, notadamente tendo em vista a primazia angariada, no contexto da economia de mercado, pelos bens móveis, como títulos, ações, veículos, embarcações, criptomoedas etc.
48. As expressões "requisito de validade" e "fator de eficácia" são aqui empregadas seguindo a terminologia adotada por Antonio Junqueira de Azevedo em: AZEVEDO, Antonio Junqueira de. *Negócio jurídico*: existência, validade e eficácia. 4. ed. atual. 7. tir. São Paulo: Saraiva, 2010.
49. Art. 276. Quando os contraentes casarem, estipulando separação de bens, permanecerão os de cada cônjuge sob a administração exclusiva dele, que os poderá livremente alienar, se forem móveis.
50. BEVILAQUA, Clóvis. *Código Civil dos Estados Unidos do Brasil Comentado*. Edição Histórica. Rio de Janeiro: Editora Rio, 1975, p. 676.
51. LÔBO, Paulo. *Direito Civil*: famílias. 4. ed. 2. tir. São Paulo: Saraiva, 2012, p. 331.

Além disso, o art. 235, I, do CC/1916[52] previa a necessidade de "consentimento da mulher", qualquer que fosse o regime de bens, para alienar imóveis ou direitos reais e para a criação de direitos reais sobre imóveis alheios. Por outro lado, o art. 242[53] impunha a necessidade de "autorização do marido" para que a mulher praticasse determinados atos jurídicos.

Constata-se, do exposto, que o Código utilizava os termos "consentimento" e "autorização" de forma amplíssima, sem o rigor técnico-jurídico necessário, podendo se referir tanto ao consentimento propriamente dito quanto à autorização integrativa (assentimento autointeressado).

O Código Civil de 2002, por outro lado, ampliou o alcance do regime da separação convencional de bens,[54] ao estatuir que qualquer dos cônjuges pode, livremente, alienar ou gravar de ônus real os seus bens particulares sem autorização do outro (Arts. 1.687 e 1.647).[55]

Nesse passo, o Superior Tribunal de Justiça já fixou o entendimento de que a mencionada dispensa não se aplica ao regime da separação obrigatória de bens,

---

52. Art. 235. O marido não pode, sem consentimento da mulher, qualquer que seja o regime de bens: I. Alienar, mmoveis ou direitos reaes, direitos reais sobre imóveis alheios (arts. 178, § 9º, n. I, a, 237, 276 e 293); II. Pleitear, como autor ou réu, acerca desses bens e direitos; III. Prestar fiança (arts. 178, § 9º, n. I, b, e 263, n. X); IV. Fazer doação, não sendo remuneratória ou de pequeno valor, com os bens ou rendimentos comuns (arts. 178, § 9º, n. I, b).
53. Art. 242. A mulher não pode, sem autorização do marido (art. 251): I. Praticar os atos que este não poderia sem o consentimento da mulher (art. 235); II. Alienar, ou gravar de onus real, os imóveis de seu domínio particular, qualquer que seja o regime dos bens (arts. 263, n. II, III, VIII, 269, 275 e 310); III. Alienar os seus direitos reais sobre imóveis de outra; IV. Aceitar ou repudiar herança ou legado; V. Aceitar tutela, curatela ou outro munus público; VI. Litigar em juízo civil ou comercial, anão ser nos casos indicados nos arts. 248 e 251; VII. Exercer profissão (art. 233, n. IV); VIII. Contrair obrigações, que possam importar em alheação de bens do casal. IX. Aceitar mandato (art. 1.299).
54. Dúvidas podem surgir acerca da abrangência desta regra, isto é, se ela se aplicaria tanto ao regime da separação convencional quanto ao regime da separação obrigatória de bens. Nesse contexto, filia-se, em princípio, ao entendimento de que a dispensa de autorização conjugal aplica-se tão somente ao regime da separação convencional de bens, pois o art. 1.687 utiliza o verbo "estipular", indicando que o regime da separação de bens foi livremente pactuado pelos cônjuges. Nesse sentido: "Em nosso sentir, a dita expressão caracteriza a separação convencional de bens – aquela livremente pactuada pelo casal – e não a separação obrigatória, pela simples razão de que, nessa última hipótese, existe a possibilidade de comunhão de bens, a teor da Súmula 377 do Supremo Tribunal Federal. Ora, se existe a possibilidade de meação na separação obrigatória é porque, logicamente, não poderemos reputá-la "absoluta", havendo, portanto, razão e interesse na manutenção da autorização do outro cônjuge" (GAGLIANO, Pablo Stolze; PAMPLONA FILHO, Rodolfo. *Manual de Direito Civil*: volume único. 6. ed. rev. ampl. e atual. São Paulo: Saraiva, 2022, p. 1272). No mesmo sentido: MATOS, Ana Carla Harmatiuk; PEREIRA, Jacqueline Lopes. Outorga conjugal e aval no casamento. *Revista Brasileira de Direito Civil*. Belo Horizonte, v. 18, p. 103-123, out./dez. 2018; KOLLET, Ricardo Guimarães. A outorga conjugal nos atos de alienação ou oneração de bens imóveis. *Revista Síntese: direito de família*, v. 17, n. 99, p. 123-126, dez./jan. 2016/2017; SILVA FILHO, Jorge Ferreira da. Invalidade de negócios jurídicos por falta de outorga do cônjuge. In: NOGUEIRA, Luiz Fernando Valladão (Coord.). *Regime de bens*: direito de família e sucessões. Belo Horizonte: Del Rey Editora, 2015, p. 216. Em sentido diverso, entendemos que a dispensa da "autorização conjugal" abarca tanto o regime da separação convencional quanto da separação obrigatória de bens: GUIMARÃES, Luís Paulo Cotrim. *Negócio jurídico sem outorga do cônjuge ou convivente*. São Paulo: Ed. RT, 2003, p. 20).
55. Art. 1.687. Estipulada a separação de bens, estes permanecerão sob a administração exclusiva de cada um dos cônjuges, que os poderá livremente alienar ou gravar de ônus real.

estatuindo que "nas hipóteses de casamento sob o regime da separação legal, os consortes, por força da Súmula n. 377/STF, possuem o interesse pelos bens adquiridos onerosamente ao longo do casamento, razão por que é de rigor garantir-lhes o mecanismo de controle de outorga uxória/marital para os negócios jurídicos previstos no artigo 1647 da lei civil".[56]

Desse modo, sob a égide do novo Código Civil não mais se exige autorização integrativa par alienação de bens particulares (móveis ou imóveis) no âmbito do regime da separação convencional de bens.[57]

No entanto, caso a exigência de autorização conjugal subsistisse sob a égide do Código Civil de 2002, a sua ausência conduziria, como já mencionado, à anulabilidade do negócio jurídico celebrado, não à ineficácia.

Nota-se, portanto, relevante controvérsia que pode se instalar na hipótese em que o casamento é celebrado sob o regime da separação convencional de bens quando ainda vigente o Código Civil de 1916, mas a alienação de direito real sobre imóvel por um dos cônjuges ocorre tão somente quando já em vigor o Código Civil de 2002.

Nesse cenário, a prevalecer o regramento previsto no CC/1916 – diploma em vigor no momento da celebração do casamento –, a autorização integrativa do outro cônjuge seria indispensável, sob pena de anulabilidade; por outro lado, caso prevaleça o novo sistema erigido pelo CC/2002 – diploma em vigor no momento da celebração do negócio jurídico –, a autorização integrativa estaria dispensada.

Some-se a isso o disposto no art. 2.039 do CC/2002, segundo o qual o regime de bens nos casamentos celebrados na vigência do Código Civil anterior é o por ele estabelecido.

Interpretando o referido dispositivo legal, parte da doutrina assevera que, se ao casar "sob o regime da separação de bens, na vigência do Código anterior, o cônjuge esperava que os efeitos se produzissem conforme a lei, ou, mais especificamente, se, no caso de venda ou oneração de imóveis por seu consorte, fosse indispensável sua presença no ato jurídico para expressar sua anuência, esses efeitos deveriam permanecer mesmo com a vigência de um novo ordenamento".[58]

Para o deslinde da questão, no entanto, impende destacar que a autorização integrativa, tanto no velho quanto no novo Código Civil, é requisito de validade do

---

56. STJ. REsp 1.163.074/PB, relator Ministro Massami Uyeda, Terceira Turma, julgado em 15.12.2009, DJe de 04.02.2010.
57. "Para a disposição de bens imóveis de pessoa casada, o art. 1.647 do CC/2002 tem regime próprio e especial. Exige como regra a outorga conjugal, independentemente do regime de bens e independentemente de a coisa a ser vendida pertencer ao patrimônio particular do alienante, ou comum do casal. Dispensa-se, apenas, a outorga conjugal, na hipótese de o ato de disposição se dar por cônjuge casado pelo regime de separação convencional absoluta de bens, quando, então, a disposição de bens imóveis se dá livremente pelo cônjuge titular do bem a ser alienado" (NERY, Rosa Maria de Andrade. *Manual de Direito de Família*. São Paulo: Ed. RT, 2014).
58. KOLLET, Ricardo Guimarães. A outorga conjugal nos atos de alienação ou oneração de bens imóveis. *Revista Síntese: direito de família*, v. 17, n. 99, p. 125, dez./jan. 2016/2017.

negócio jurídico de alienação de direito real sobre bem imóvel por um dos cônjuges. Não se trata, portanto, de requisitos de validade do negócio jurídico de casamento ou do próprio regime de bens.

Nesse passo, importa consignar que é no momento da entrada do fato jurídico no mundo do direito que se deve analisar os seus requisitos de validade e a presença de eventual deficiência de elementos do suporte fático que o torne inválido.

Infere-se, desse modo, que toda invalidade – nulidade ou anulabilidade – é sempre originária. O fato jurídico nasce inválido, não se torna inválido.

Pontes de Miranda, nesse sentido, assevera que "tôda validade se liga ao momento em que se faz jurídico o suporte fático".[59]

Daí porque se pode afirmar que a validade dos fatos jurídicos em geral – e do negócio jurídico em particular – deve ser examinada de acordo com as normas jurídicas vigentes no momento em que são praticados.

Assim, a despeito da existência de opiniões em contrário,[60] em se tratando de alienação de direito real sobre bem imóvel por um dos cônjuges, a validade do negócio jurídico celebrado deve ser aferida à luz do código vigente no momento da sua celebração, como decidido pelo STJ no precedente que se analisa.

Se o negócio jurídico foi celebrado sob a égide do CC/2002, independentemente da data da celebração do casamento ou da escolha do regime de bens, os seus requisitos de validade serão aqueles exigidos por esse diploma.[61]

O mesmo raciocínio se aplica ao ato de gravar de ônus real os bens imóveis. A validade de eventual hipoteca deve ser examinada à luz das normas vigentes no momento da celebração do negócio jurídico e não daquelas em vigor na data da celebração do casamento.

Destarte, na hipótese examinada, se o negócio jurídico por meio do qual se instituiu a hipoteca foi celebrado quando já em vigor o Código Civil de 2002, não há que se falar em invalidade, pois o referido diploma, como cediço, dispensa a autorização integrativa do outro cônjuge no regime da separação convencional de bens, a teor do disposto no art. 1.687.

---

59. PONTES DE MIRANDA, Francisco Cavalcanti. *Tratado de Direito Privado*: validade, nulidade e anulabilidade. Atual. por Marcos Bernardes de Mello e Marcos Ehrhardt Jr. São Paulo: Ed. RT, 2012, t. 4, p. 78.
60. Cita-se, exemplificativamente: SILVA FILHO, Jorge Ferreira da. Invalidade de negócios jurídicos por falta de outorga do cônjuge. In: NOGUEIRA, Luiz Fernando Valladão (Coord.). *Regime de bens*: direito de família e sucessões. Belo Horizonte: Del Rey Editora, 2015, p. 222; KOLLET, Ricardo Guimarães. A outorga conjugal nos atos de alienação ou oneração de bens imóveis. *Revista Síntese: direito de família*, v. 17, n. 99, p. 123-126, dez./jan. 2016/2017.
61. "Os negócios jurídicos realizados na vigência do Código de 1916 obedecem às regras por ele estabelecidas. Porém, para os negócios jurídicos realizados após a vigência do Código de 2002 por pessoas casadas anteriormente por pacto de incomunicabilidade patrimonial, está dispensada a outorga, em atenção ao princípio da autonomia" (GUIMARÃES, Marilene Silveira. A necessidade de outorga para alienação de bens imóveis no casamento e na união estável, segundo o Código Civil de 2002. In: DELGADO, Mário Luiz; ALVES, Jones Figueirêdo (Coord.). *Questões Controvertidas no novo Código Civil*. São Paulo: Método, 2004, p. 284).

6. CONCLUSÃO

Como destaca Pontes de Miranda, o sistema jurídico é sistema lógico composto de proposições que se referem à vida das pessoas, sendo de fundamental importância a exatidão e a precisão dos conceitos, bem como a boa escolha e a nitidez deles, sem que esse imperativo de coerência sistêmica possa se confundir com a adoção de um formalismo jurídico exacerbado.[62]

Nesse cenário, o exame do julgamento do REsp 1.797.027/PB, realizado pela Terceira Turma do STJ, demonstra a necessidade não apenas de se distinguir o que é requisito de validade e o que é fator de eficácia dos negócios jurídicos, mas, sobretudo, de se estabelecer os contornos dogmáticos da denominada "autorização conjugal".

Com efeito, diante da ausência de univocidade da expressão, é de todo recomendável, em princípio, reservá-la para se referir, especificamente, à autorização integrativa, espécie de assentimento autointeressado do cônjuge.

O presente estudo, dentro dos limites que lhe são inerentes, pretendeu lançar luzes sobre relevante aspecto eficacial do regime da separação de bens, partindo do julgamento do REsp 1.797.027/PB e elucidando os contornos dogmáticos das figuras do consentimento, do assentimento e da autorização integrativa.

Esclareceu-se, nesse diapasão, que, tratando-se de discussão acerca de alienação de direito real sobre bem imóvel por um dos cônjuges, enquanto o consentimento representa fator de eficácia do negócio jurídico, a autorização integrativa consubstancia verdadeiro requisito de validade, por expressa disposição legal.

Desse modo, o precedente firmado pela Terceira Turma no julgamento do REsp 1.797.027/PB, de relatoria da Ministra Nancy Andrighi, é paradigmático ao demonstrar que a jurisprudência deve buscar um resultado pragmaticamente apto a resolver a hipótese concreta, sem descurar da necessidade de fornecer fundamentação jurídica sistematicamente consistente e adequada ao deslinde da controvérsia.

7. REFERÊNCIAS

AZEVEDO, Antonio Junqueira de. *Negócio jurídico*: existência, validade e eficácia. 4. ed. atual. 7. tir. São Paulo: Saraiva, 2010.

BEVILAQUA, Clóvis. *Código Civil dos Estados Unidos do Brasil Comentado*. Edição Histórica. Rio de Janeiro: Editora Rio, 1975.

CORDEIRO, António Menezes. *Tratado de Direito Civil*: parte geral, exercício jurídico. t. 5. 3. ed. rev. e atual. Coimbra: Almedina, 2018.

GAGLIANO, Pablo Stolze; PAMPLONA FILHO, Rodolfo. *Manual de Direito Civil*: volume único. 6. ed. rev. ampl. e atual. São Paulo: Saraiva, 2022.

---

62. PONTES DE MIRANDA, Francisco Cavalcanti. *Tratado de Direito Privado*: pessoas físicas e jurídicas. t. 1. Atualizado por Judith Martins-Costa, Gustavo Haical e Jorge Cesar Ferreira da Silva. São Paulo: Ed. RT, 2012, p. 13-15.

GOZZO, Débora. Assentimento de terceiro e negócio jurídico: análise comparativa entre os direitos brasileiro e alemão. *Revista do Instituto dos Advogados de São Paulo*, v. 10, n. 20, p. 71, jul./dez. 2007.

GUIMARÃES, Luís Paulo Cotrim. *Negócio jurídico sem outorga do cônjuge ou convivente*. São Paulo: Ed. RT, 2003.

GUIMARÃES, Marilene Silveira. A necessidade de outorga para alienação de bens imóveis no casamento e na união estável, segundo o Código Civil de 2002. In: DELGADO, Mário Luiz; ALVES, Jones Figueirêdo (Coord.). *Questões controvertidas no novo Código Civil*. São Paulo: Método, 2004.

HAICAL, Gustavo. *A autorização no Direito Privado*. São Paulo: Ed. RT, 2020.

HOHFELD, W. N. *Fundamental legal conceptions as applied in judicial reasoning and other legal essays*. New haven: Yale University, 1923.

KOLLET, Ricardo Guimarães. A outorga conjugal nos atos de alienação ou oneração de bens imóveis. *Revista Síntese: direito de família*, v. 17, n. 99, p. 123-126, dez./jan. 2016/2017.

LÔBO, Paulo. *Direito Civil*: famílias. 4. ed. 2. tir. São Paulo: Saraiva, 2012.

LUMIA, Giuseppe. *Lineamenti di teoria e ideologia del diritto*. 3. ed. Milano: Giuffrè, 1981.

LUKASCHECK PRADO, Augusto Cézar. *Exceções no direito civil*: contribuições para uma sistematização. 2019. Dissertação (Mestrado em Direito Civil) – Faculdade de Direito, Universidade de São Paulo, São Paulo, 2019.

MATOS, Ana Carla Harmatiuk; PEREIRA, Jacqueline Lopes. Outorga conjugal e aval no casamento. *Revista Brasileira de Direito Civil*. v. 18, p. 103-123, Belo Horizonte, out./dez. 2018.

MELLO, Marcos Bernardes de. Breves notas sobre o perfil jurídico da união estável. Breves notas sobre o perfil jurídico da união estável. *Revista Fórum de Direito Civil*, Belo Horizonte, ano 9, n. 24, p. 258, maio/ago. 2020.

MELLO, Marcos Bernardes de. *Teoria do fato jurídico*: plano da existência. 18. ed. São Paulo: Saraiva, 2012.

MELLO, Marcos Bernardes de. *Teoria do fato jurídico*: plano da validade. 12. ed. São Paulo: Saraiva, 2013.

NERY, Rosa Maria de Andrade. *Manual de Direito de Família*. São Paulo: Ed. RT, 2014.

MONTEIRO. Washington de Barros. A outorga uxória. *Revista do advogado*, v. 1, n. 1, p. 8-11, abr./jun. 1980.

PONTES DE MIRANDA, Francisco Cavalcanti. *Dez anos de pareceres*. Rio de Janeiro: Francisco Alves, 1976. v. 6.

PONTES DE MIRANDA, Francisco Cavalcanti. *Tratado de Direito Privado*: direito das obrigações, negócios jurídicos unilaterais. Atual. por Gustavo Tepedino. São Paulo: Ed. RT, 2012. t. 31.

PONTES DE MIRANDA, Francisco Cavalcanti. *Tratado de Direito Privado*: dissolução da sociedade conjugal e casamento. Atual. por Rosa Maria de Andrade Nery. São Paulo: Ed. RT, 2012. t. 8.

PONTES DE MIRANDA, Francisco Cavalcanti. *Tratado de Direito Privado*: eficácia jurídica, direitos e ações. Atual. por Marcos Bernardes de Mello e Marcos Ehrhardt Jr. São Paulo: Ed. RT, 2013. t. 5.

PONTES DE MIRANDA, Francisco Cavalcanti. *Tratado de Direito Privado*: pessoas físicas e jurídicas. Atual. por Judith Martins-Costa, Gustavo Haical e Jorge Cesar Ferreira da Silva. São Paulo: Ed. RT, 2012. t. 1.

PONTES DE MIRANDA, Francisco Cavalcanti. *Tratado de Direito Privado*: validade, nulidade e anulabilidade. Atual por Marcos Bernardes de Mello e Marcos Ehrhardt Jr. São Paulo: Ed. RT, 2012. t. 4.

ROSS, Alf. *Direito e Justiça*. 2. ed. São Paulo: Ed. Edipro, 2007.

ROSS, Alf. "Tû-Tû". *Revista da Consultoria-Geral do Estado*. v. 5. n. 13. p 11-26. Porto Alegre: Instituto de Informática Jurídica, dez. 1975.

SILVA FILHO, Jorge Ferreira da. Invalidade de negócios jurídicos por falta de outorga do cônjuge. In: NOGUEIRA, Luiz Fernando Valladão (Coord.). *Regime de bens*: direito de família e sucessões. Belo Horizonte: Del Rey Editora, 2015.

SIRENA, Hugo Cremonez; SIRENA, Tatiana Wagner Lauand de Paula. O que é isso, companheiro? A inexigibilidade de outorga conjugal nas relações de união estável. *Revista nacional de direito de família e sucessões*, v. 8, n. 47, p. 25-40, mar./abr. 2022.

TOMASETTI JR., Alcides. A parte contratual. In: ADAMEK, Marcelo Vieira von (Coord.). *Temas de direito societário e empresarial contemporâneos*. São Paulo: Malheiros, 2011.

TOMASETTI JR., Alcides. In: OLIVEIRA, Juarez de (Coord.). *Comentários à Lei de Locação de Imóveis Urbanos*. São Paulo: Saraiva, 1992.

TOMASETTI JÚNIOR, Alcides. Comentário ao Recurso de Apelação 212.726-1/8. *Revista dos Tribunais*, v. 723, n. 85, p. 11, São Paulo, jan. 1996.

ALTERAÇÃO DE CLÁUSULAS PATRIMONIAIS E EXISTENCIAIS EM REGIMES DE SEPARAÇÃO POR PACTOS PÓS NUPCIAIS

Marília Pedroso Xavier

Doutora em Direito Civil pela USP. Mestre e graduada em Direito pela UFPR. Coordenadora da Escola Superior de Advocacia da OAB/PR. Diretora do Instituto Brasileiro de Direito Contratual – IBDCONT. Advogada do PX Advogados, com especialidade em famílias, sucessões e empresas familiares. Mediadora. Parecerista.

Silvia Felipe Marzagão

Mestranda em Direito Civil pela PUC-SP. Presidente da Comissão Especial da Advocacia de Família e Sucessões da OAB/SP. Presidente do Grupo de Trabalho de Família e Sucessões da Federação de Advogados de Língua Portuguesa – FALP. Diretora do Instituto Brasileiro de Direito de Família – IBDFAM/SP. Advogada especializada em Direito de Família e das Sucessões.

Sumário: 1. Introdução – 2. Regras de alteração do regime de bens e pacto pós-nupcial – 3. Realização de pacto pós-nupcial no regime de separação de bens – 4. Potencialidades do pacto pós-nupcial: cláusulas patrimoniais e existenciais – 5. Considerações finais – 6. Referências.

1. INTRODUÇÃO

No ordenamento jurídico brasileiro, os pactos pós-nupciais ainda são vistos com certo receio. A razão é clara: não há previsão legal expressa acerca de sua possibilidade, tampouco clareza quanto a necessidade de autorização judicial para a sua elaboração. O Código Civil menciona nominalmente apenas pacto antenupcial, o qual é celebrado pelos nubentes e passa a ter eficácia após a celebração do casamento.

A questão que se coloca é que o pacto antenupcial foi disciplinado pelo legislador em uma época em que o casamento era indissolúvel e que o regime de bens escolhido era imutável. Porém, essa não é mais a realidade contemporânea. Soma-se a isso o fato de que a sociedade está cada vez mais dinâmica, apontando para a necessidade de um instrumento jurídico que permita que os casais, em pleno exercício de autonomia privada, possam periodicamente alterar o conteúdo daquilo que prometeram reciprocamente quando disseram o "sim".

É certo que, muitas vezes, o desejo de encerrar a união se dá pela incapacidade do casal se adaptar às novas circunstâncias da vida em comum. A vinda de filhos, transições de carreira, recebimentos de herança, entre outros fatores, por vezes ensejam uma mudança da lógica que baseou a redação das cláusulas que ficaram cristalizadas no pacto antenupcial. É nesse cenário que os pactos pós-nupciais se apresentam como instrumento idôneo para que o casal repense e altere pilares patrimoniais e pessoais da relação. Também, o pacto pós-nupcial pode surgir como uma novidade: o casal que não celebrou pacto antenupcial pode, ao longo do relacionamento, sentir a necessidade de fazê-lo e aí ele será pós-nupcial já que pactuado no curso do casamento.

A experiência estrangeira norte-americana tem sido responsável por difundir a ideia no Brasil. Não raro aparecem reportagens sobre *postnuptial agreement*, ou apenas *postnup*, o qual começou a se popularizar na década de 1990 com casais que estavam enfrentando novidades em sua vida pessoal e financeira e precisavam lidar com esta nova realidade. O instrumento tinha o condão de reorganizar determinados aspectos da vida em comum para que o relacionamento pudesse continuar em bons termos.

É durante o curso do casamento que o casal consegue ter uma noção mais acurada da realidade conjugal. No período de namoro e de noivado, geralmente prevalece uma visão mais otimista e apaixonada do relacionamento. A convivência do casal é mais superficial, geralmente em momentos recreativos e de descontração. Assim, são bastante diferentes as circunstâncias de negociação de um pacto antenupcial e de um pós-nupcial. Nas palavras de Williams,[1] a contratação de um *postnup* permite que o casal crie contratos que confrontam os problemas atuais enfrentados por eles.

Casos famosos, como o do *postnup* de Catherine Zeta-Jones e Michael Douglas,[2] o qual foi realizado em razão de ela ter recebido imóveis em herança e ter o desejo que tais bens sejam transferidos herdados apenas pelos aos filhos, demonstram que este instrumento pode ter muitas funcionalidades: desde restaurar a harmonia do casal (que muitas vezes é abalada por questões patrimoniais), evitar divórcios, bem como regrar fatos novos surgidos no decorrer do casamento.

Atualmente, no Brasil, há uma espécie de pacto pós-nupcial que ganha destaque: aquela oriunda do provimento de ação de mudança de regime de bens entre o casal. O Código Civil de 2002 rompeu com o princípio da imutabilidade e permite a mudança. Como será analisado, tal procedimento judicial tem sido considerado excessivamente burocrático. Não são poucas as polêmicas que o tema tem despertado no âmbito extrajudicial. A advocacia familiarista não encontra uniformidade de entendimento nos Tabelionatos. Quando se deseja alterar uma cláusula existencial apenas, que em nada altera regime de bens, alguns Tabeliões aceitam assim proceder, porém a maioria, diante de uma ausência de previsão legal expressa, entende que mesmo não havendo alteração de regime de bens isso deve ser apreciado pela Vara de Família (com a concessão da autorização para a mudança e feitura de um pacto posterior ao casamento.).

---

1. WILLIAMS, Sean H., Postnuptial Agreements. *Wisconsin Law Review*, Forthcoming. 1st May 2007. p. 1. Disponível em: https://ssrn.com/abstract=983531. Acesso em: 09 jun. 2022.
2. FREITAS JR., Osmar. Os "postnups", que alteram as regras acertadas antes do casamento, crescem nos EUA como forma de reduzir o número de divórcios. *Revista Época*. 20 de fevereiro de 2009. Disponível em: http://revistaepoca.globo.com/Revista/Epoca/0,,ERT57855-15228,00.html. Acesso em: 19 jul. 2022.

Como o pacto pós-nupcial ainda está muito atrelado à alteração do regime de bens – e tem algumas restrições importantes quanto a outras questões, por exemplo, mais íntimas do casal –, o presente artigo inicia com uma exposição sobre esta faculdade dada ao casal pelo Código Civil de 2002. Em seguida, será analisado o pacto pós-nupcial na hipótese envolvendo o regime de separação de bens, especialmente o da separação obrigatória e a aplicação da súmula 377 do Supremo Tribunal Federal, e a possibilidade de sua utilização para alteração de cláusulas específicas, ainda que se mantenha o regime de bens originário. Em um terceiro momento, serão trazidas as potencialidades de utilização do pacto pós-nupcial, contemplando aspectos patrimoniais e existenciais.

Objetiva-se, com as reflexões aqui trazidas, ampliar o debate sobre o pacto pós-nupcial e expandir a utilização deste instrumento, o qual se apresenta como mecanismo capaz de proporcionar às partes um maior controle sobre os aspectos de sua vida conjugal. A importância do tema se revela em razão do contexto de promoção da autonomia privada no âmbito do direito das famílias.

2. REGRAS DE ALTERAÇÃO DO REGIME DE BENS E PACTO PÓS-NUPCIAL

O Código Civil de 2002 trouxe relevante mudança para o regramento da questão patrimonial do casamento quando previu a possibilidade de alteração do regime de bens no art. 1.639, § 2º.[3] Como ensina Paulo Lôbo, a tradição do direito brasileiro era de irrevogabilidade e inalterabilidade do regime de bens. Porém, como defende o autor, foi correta a opção do legislador de ampliar o espaço de escolha dos cônjuges, eis que "é melhor que a lei confie na autonomia e liberdade das pessoas, as quais, nas relações pessoais entre si e na privacidade da família, sabem o que é melhor para o regime de bens".[4]

O referido dispositivo do diploma civil estabelece a necessidade de autorização judicial e a indicação de motivo para a realização da alteração.[5] Cabe destacar que a possibilidade de alteração do regime de bens se estende também aos casamentos realizados na vigência do Código Civil de 1916.[6]

---

3. Código Civil. Art. 1.639. É lícito aos nubentes, antes de celebrado o casamento, estipular, quanto aos seus bens, o que lhes aprouver. § 1º O regime de bens entre os cônjuges começa a vigorar desde a data do casamento. § 2º É admissível alteração do regime de bens, mediante autorização judicial em pedido motivado de ambos os cônjuges, apurada a procedência das razões invocadas e ressalvados os direitos de terceiros.
4. LÔBO, Paulo. *Direito civil*. 8 ed. São Paulo: Saraiva Educação, 2018. v. 5: famílias, p. 132 na versão digital.
5. Tais exigências não se replicam diante de alteração do regime de bens na união estável, eis que este último é menos revestido de formalidades do que o casamento. Nas palavras de Conrado Paulino da Rosa, seria descabida a imposição de que a alteração do regime de bens entre companheiros se desse apenas pela esfera judicial. ROSA, Conrado Paulino da. *Direito de Família contemporâneo*. 8. ed. Salvador: JusPodivm, 2021, p. 309.
6. Nesse sentido, destacam-se o Enunciado 260 da III Jornada de Direito Civil (CJF), que dispõe que "a alteração do regime de bens prevista no § 2º do art. 1.639 do Código Civil também é permitida nos casamentos realizados na vigência da legislação anterior", e REsp 1.947.749/SP, de relatoria da Min. Nancy Andrighi, julgado pela Terceira Turma do STJ em 14.09.2021, cujo trecho da ementa assim dispõe: "Recurso especial. Civil. Fundamentação deficiente. Ausência. Casamento celebrado sob a vigência do CC/1916. Advento do

Um dos primeiros pontos de debate a ser levantado é a exigência de que o casal indique os motivos pelos quais está sendo pleiteada a alteração. A doutrina tem criticado essa exigência de exposição de motivos, em razão de isso representar uma indevida intromissão do Estado na intimidade e privacidade da vida conjugal.[7] Em razão disso, acórdãos flexibilizam a apresentação de tal motivação são muito festejados. Um destes exemplos é o REsp 1.119.462/MG,[8] relatado pelo ministro Luis Felipe Salomão, de cuja ementa se extrai o seguinte trecho:

> 2. Assim, a melhor interpretação que se deve conferir ao art. 1.639, § 2º, do CC/02 é a que não exige dos cônjuges justificativas exageradas ou provas concretas do prejuízo na manutenção do regime de bens originário, sob pena de se esquadrinhar indevidamente a própria intimidade e a vida privada dos consortes.

O que pouco se tem repercutido é a possibilidade que igualmente passou a ser admitida no sistema brasileiro na esteira da autorização para alteração do regime de bens: a de alteração de cláusulas previstas no pacto antenupcial. Nessa hipótese, não se alterará exatamente o regime – o qual seguirá sendo o da separação de bens inicialmente pactuado pelo casal –, mas sim dispositivos patrimoniais ali insertos, tal como a responsabilidade de cada um no pagamento das despesas familiares, a obri-

---

CC/2002. Possibilidade de modificação do regime de bens. Cessação da incapacidade de um dos cônjuges. Motivação suficiente".

7. Por todos, ver: TEIXEIRA, Ana Carolina Brochado; OLIVEIRA, Alexandre Miranda. Planejamento patrimonial e a autonomia para contratação de pactos intrafamiliares. In: TEIXEIRA, Daniele Chaves (Coord.). *Arquitetura do planejamento sucessório*. Belo Horizonte: Editora Fórum, 2022. t. III, p. 321-332; BARCELOS, Carolina Ducci Maia. A possibilidade de alteração dos regimes de bens do casamento por meio de pacto pós-nupcial: alternativas à atual forma de alteração de regime de bens do casamento. In: TEIXEIRA, Daniele Chaves (Coord.) *Arquitetura do planejamento sucessório*. Belo Horizonte: Editora Fórum, 2022. t. III, p. 361-382.

8. Direito de família. Casamento celebrado na vigência do código civil de 1916. Regime de bens. Alteração. Possibilidade. Exigências previstas no art. 1.639, § 3º, do Código Civil. Justificativa do pedido. Divergência quanto à constituição de sociedade empresária por um dos cônjuges. Receio de comprometimento do patrimônio da esposa. Motivo, em princípio, hábil a autorizar a modificação do regime. Ressalva de direitos de terceiros. 1. O casamento há de ser visto como uma manifestação vicejante da liberdade dos consortes na escolha do modo pelo qual será conduzida a vida em comum, liberdade essa que se harmoniza com o fato de que a intimidade e a vida privada são invioláveis e exercidas, na generalidade das vezes, em um recôndito espaço privado também erguido pelo ordenamento jurídico à condição de "asilo inviolável". 2. Assim, a melhor interpretação que se deve conferir ao art. 1.639, § 2º, do CC/02 é a que não exige dos cônjuges justificativas exageradas ou provas concretas do prejuízo na manutenção do regime de bens originário, sob pena de se esquadrinhar indevidamente a própria intimidade e a vida privada dos consortes. 3. No caso em exame, foi pleiteada a alteração do regime de bens do casamento dos ora recorrentes, manifestando eles como justificativa a constituição de sociedade de responsabilidade limitada entre o cônjuge varão e terceiro, providência que é acauteladora de eventual comprometimento do patrimônio da esposa com a empreitada do marido. A divergência conjugal quanto à condução da vida financeira da família é justificativa, em tese, plausível à alteração do regime de bens, divergência essa que, em não raras vezes, se manifesta ou se intensifica quando um dos cônjuges ambiciona everedar-se por uma nova carreira empresarial, fundando, como no caso em apreço, sociedade com terceiros na qual algum aporte patrimonial haverá de ser feito, e do qual pode resultar impacto ao patrimônio comum do casal. 4. Portanto, necessária se faz a aferição da situação financeira atual dos cônjuges, com a investigação acerca de eventuais dívidas e interesses de terceiros potencialmente atingidos, de tudo se dando publicidade (Enunciado n. 113 da I Jornada de Direito Civil CJF/STJ). 5. Recurso especial parcialmente provido (REsp 1.119.462/MG, Rel. Ministro Luis Felipe Salomão, Quarta Turma, julgado em 26.02.2013, DJe 12.03.2013).

gatoriedade de aquisição de um imóvel residencial por um deles após o nascimento de filhos e o pagamento de uma indenização em caso de mudança de cidade ou de país àquele que necessitará deixar sua ocupação profissional.

A fundamentação e o procedimento para tal são os mesmos eleitos para a alteração de regime de bens, até mesmo porque temos que considerar que se há possibilidade legal de modificação de todo o regime de bens, não poderia haver óbice para a revisão e adequação de cláusulas que estipularam o regime já vigente

De fato, esta possibilidade já foi avalizada pelo Juízo da 12ª Vara da Família e das Sucessões do Foro Central de São Paulo que, em processo que tramitou em segredo de justiça, deliberou: "havendo permissão legal para que o casal escolha livremente o regime de bens a ser adotado no casamento, prevendo a lei também a possibilidade de alteração do regime de bens após a celebração do matrimonio, mediante decisão judicial", desde que, a "pedido motivado de ambos os cônjuges, apurada a procedência das razões invocadas e ressalvados os direitos de terceiros", não há razão para impedimento à alteração das cláusulas estabelecidas em pacto antenupcial, em respeito à autonomia das pessoas no que concerne à administração patrimonial, devendo, tão somente, haver o resguardo do direito de terceiros e serem respeitados os princípios de ordem pública, os fins e a natureza do matrimônio, com efeitos *ex nunc*, consoante lição de Maria Helena Diniz (*Curso de Direito Civil Brasileiro*, 2017, v. 5, p. 174)".[9]

Uma preocupação relevante é que a mudança de regime de bens não se preste a prática de fraudes. Nesse sentido, já se pronunciou o Superior Tribunal de Justiça sobre a impossibilidade de alteração do regime de bens quando se identifica motivo fraudulento.[10]

Em razão da necessidade de autorização judicial, também é importante compreender qual o procedimento a ser seguido. O art. 734 do Código de Processo Civil[11]

---

9. Processo 1007276-42.2017.8.26.0011, TJSP.
10. Agravo interno no agravo em recurso especial. Direito de família. Alteração de regime de bens do casamento, de comunhão parcial para separação total. Omissão e contradição no acórdão recorrido. Inexistência. Intenção de fraudar credores reconhecida pelas instâncias ordinárias. Reexame de fatos e provas. Óbice da súmula 7/STJ. Agravo não provido. 1. Não se verifica a alegada violação aos arts. 489, § 1º, IV, e 1.022, II, do CPC/2015, na medida em que␣e.g. Corte Estadual dirimiu, fundamentadamente, as questões que lhe foram submetidas. 2. Nos termos do art. 1.639, § 2º, do Código Civil, é admissível alteração do regime de bens, mediante autorização judicial em pedido motivado de ambos os cônjuges, apurada a procedência das razões invocadas e ressalvados os direitos de terceiros. 3. No caso dos autos, a Corte de origem concluiu expressamente que, diante das circunstâncias do caso concreto, ficou clara, desde logo, a intenção dos recorrentes de fraudar futuros credores através da alteração do regime de bens pleiteada, não sendo verossímeis as razões apontadas como fundamento do pedido. A modificação do entendimento da Corte de origem demandaria a análise do acervo fático-probatório dos autos, o que é vedado pela Súmula 7 do STJ. 4. Agravo interno não provido. (AgInt no AREsp 1778478/SC, Rel. Ministro Raul Araújo, Quarta Turma, julgado em 16.08.2021, DJe 16.09.2021).
11. Art. 734. A alteração do regime de bens do casamento, observados os requisitos legais, poderá ser requerida, motivadamente, em petição assinada por ambos os cônjuges, na qual serão expostas as razões que justificam a alteração, ressalvados os direitos de terceiros. § 1º Ao receber a petição inicial, o juiz determinará a intimação do Ministério Público e a publicação de edital que divulgue a pretendida alteração de bens, somente podendo decidir depois de decorrido o prazo de 30 (trinta) dias da publicação do edital. § 2º Os cônjuges, na petição inicial ou em petição avulsa, podem propor ao juiz meio alternativo de divulgação da alteração do regime de bens, a fim de resguardar direitos de terceiros. § 3º Após o trânsito em julgado da sentença,

disciplina o tema, sendo que a divulgação da alteração (através de edital por 30 dias ou outro meio alternativo solicitado pelo casal) e a intimação do Ministério Público visam justamente proteger o interesse de terceiros. Ressalta-se que este procedimento é de jurisdição voluntária e é caso de litisconsórcio necessário entre o casal.

A proteção dos terceiros também é assegurada pela necessidade de apresentar certidões negativas, no intuito de verificar a inexistência de dívidas. Nesse sentido, destaca-se o Enunciado 113 da I Jornada de Direito Civil,[12] o qual menciona a perquirição de inexistência de dívida de qualquer natureza e é invocado pelos tribunais[13] para que seja feita tal investigação.

Eleonora Mattos e Silvia Marzagão veem como despiciendas as exigências de publicação de editais e apresentação de certidões negativas de distribuidores e cartórios de protestos, já que "a modificação do regime de bens deve ser entendida como ineficaz perante os prejudicados, os quais de qualquer forma dificilmente teriam ciência da modificação do regime pelo casal se publicação de edital houvesse".[14]

Ademais, a doutrina especializada aponta uma tendência para a desjudicialização do procedimento de alteração, pois desde 2007 procedimentos como a realização de partilhas, separações e divórcios consensuais podem ser realizados pela via extrajudicial (Lei 11.441/2007). Nas palavras de Carolina Barcelos,

> Como não há qualquer conflito entre as partes, por se tratar a alteração de ato necessariamente consensual e conjunto dos cônjuges, a atuação do magistrado pode ser facilmente substituída pela do tabelião, que irá verificar o cumprimento dos requisitos expressos no § 2º do art. 1.639 do Código Civil. Além disso, para que sejam resguardadas as mesmas garantias do processo judicial, as partes necessariamente deverão estar assistidas por advogados, que irão as aconselhar e as assistir no sentido de definirem novas regras do regime de bens de forma consciente e não temerária.[15]

---

serão expedidos mandados de averbação aos cartórios de registro civil e de imóveis e, caso qualquer dos cônjuges seja empresário, ao Registro Público de Empresas Mercantis e Atividades Afins.

12. Enunciado 113 – I Jornada de Direito Civil – É admissível a alteração do regime de bens entre os cônjuges, quando então o pedido, devidamente motivado e assinado por ambos os cônjuges, será objeto de autorização judicial, com ressalva dos direitos de terceiros, inclusive dos entes públicos, após perquirição de inexistência de dívida de qualquer natureza, exigida ampla publicidade.
13. Nesse sentido, o REsp 1119462/MG, mencionado anteriormente neste texto e cuja ementa se encontra na nota de rodapé 10, invoca o Enunciado 113 ao justificar a necessidade de investigar se o casal possui dívidas. Segue trecho do voto do relator: "[...] a alteração do regime de bens deve acautelar também os interesses de terceiros, mostrando-se insuficiente a tanto a exposição da situação financeira dos cônjuges na época da propositura da presente ação, como ocorreu no caso, em que foram apresentadas as certidões de distribuição de ações cível e criminal na Justiça estadual, na Justiça Federal e Cartório de Protestos, mas que, a essa altura, encontram-se desatualizadas. Necessária se faz a aferição da situação financeira atual dos cônjuges, com a investigação acerca de eventuais dívidas e de interesses de terceiros potencialmente atingidos, de tudo se dando publicidade".
14. MATTOS, Eleonora G. Saltão de Q.; MARZAGÃO, Silvia Felipe. A imprescindível análise jurídica das relações familiares e as providências correlatas ao direito de família como pressupostos de um planejamento sucessório eficiente. In: TEIXEIRA, Daniele Chaves (Coord.) *Arquitetura do planejamento sucessório*. Belo Horizonte: Editora Fórum, 2021, t. II, p. 136.
15. BARCELOS, Carolina Ducci Maia. A possibilidade de alteração dos regimes de bens do casamento por meio de pacto pós-nupcial: alternativas à atual forma de alteração de regime de bens do casamento. In: TEIXEIRA,

A opinião da autora parece acertada. De fato, o procedimento poderia ser extrajudicial sem que houvesse qualquer tipo de risco ou insegurança. Porém, sem uma mudança legislativa não é possível contornar a intervenção judicial. Nesse sentido, destacam-se duas importantes iniciativas legislativas. A primeira foi o Projeto de Lei do Senado 69/2016,[16] de autoria do Senador Antonio Carlos Valadares (PSB/SE), que previa a inserção do art. 1.639-A no Código Civil. Tal artigo trazia a possibilidade de alteração de regime de bens mediante escritura pública, ressalvados os interesses de terceiros, bem como a desnecessidade de indicar a motivação para a mudança. Ademais, o projeto previa a revogação do § 2º do Art. 1.639 do Código Civil. As justificativas do PL eram a de simplificar procedimentos e zelar pela intervenção mínima do Estado na família. Infelizmente, não houve discussão efetiva da proposta, tendo ela sido arquivada ao final da legislatura. A segunda diz respeito ao Projeto de Lei 9.498/2018, da Câmara dos Deputados, proposto pela Comissão Mista de Temporária de Desburocratização,[17] o qual visa modificar o Código Civil para que a alteração do regime de bens se dê apenas pela via extrajudicial, sendo que a produção de efeitos se daria de forma não retroativa e seria ineficaz perante terceiros de boa-fé. A irretroatividade e proteção de terceiros de boa-fé também se aplicaria às alterações de regime de bens na união estável. As modificações sugeridas pela pelo Projeto de Lei suprimiram a menção à apresentação de motivação da alteração. Atualmente tal projeto aguarda apreciação do plenário.

Enquanto a mudança legislativa não ocorre, tem-se que a Vara de Família decidirá as novas regras do regime, partilha dos bens,[18] se será necessária a la-

---

Daniele Chaves (Coord.) *Arquitetura do planejamento sucessório*. Belo Horizonte: Editora Fórum, 2022. t. III, p. 372.

16. BRASIL. Senado Federal. Projeto de Lei 69/2016. Autor: Antonio Carlos Valadares. Disponível em: https://legis.senado.leg.br/sdleg-getter/documento?dm=4301677&ts=1630445840218&disposition=inline. Acesso em: 19 jul. 2022.

17. BRASIL. Câmara dos Deputados. Projeto de Lei 9.498/2018. Autor: Comissão Mista Temporária de Desburocratização. Disponível em: https://www.camara.leg.br/propostas-legislativas/2167744. Acesso em: 20 jul. 2022.

18. A necessidade de partilha depende de quais os regimes de bens envolvidos. Se se tratar de mudança de um regime mais abrangente para um regime mais restritivo, haverá a necessidade de organizar o acervo patrimonial, partilhando-o, antes do início do próximo regime. Nesse sentido, tem-se o REsp 1533179/RS, de relatoria do Ministro Marco Aurélio Bellizze e julgamento pela Terceira Turma do STJ em 08.09.2015, cuja ementa assim dispõe: Direito de família. Recurso especial. Alteração de regime de bens do casamento de comunhão parcial para separação total. Omissão do acórdão recorrido. Inexistência. Partilha dos bens adquiridos no regime anterior. Possibilidade. Recurso provido. 1. Consoante dispõe o art. 535 do Código de Processo Civil, destinam-se os embargos de declaração a expungir do julgado eventuais omissão, obscuridade ou contradição, não se caracterizando via própria ao rejulgamento da causa. 2. É possível a alteração de regime de bens de casamento celebrado sob a égide do CC de 1916, em consonância com a interpretação conjugada dos arts. 1.639, § 2º, 2.035 e 2.039 do Código atual, desde que respeitados os efeitos do ato jurídico perfeito do regime originário. 3. No caso, diante de manifestação expressa dos cônjuges, não há óbice legal que os impeça de partilhar os bens adquiridos no regime anterior, de comunhão parcial, na hipótese de mudança para separação total, desde que não acarrete prejuízo para eles próprios e resguardado o direito de terceiros. Reconhecimento da eficácia *ex nunc* da alteração do regime de bens que não se mostra incompatível com essa solução. 4. Recurso especial provido. (REsp 1.533.179/RS, relator Ministro Marco Aurélio Bellizze, Terceira Turma, julgado em 08.09.2015, DJe de 23.09.2015).

vratura de um pacto pós-nupcial e definirá a partir de quando as regras vão viger, entre outros aspectos.[19] Nesse sentido, Letícia Assumpção e Bernardo Graciano entendem que:

> Há acórdãos que dispensam a necessidade de lavratura de pacto, posto que a própria decisão judicial pode fixar os parâmetros do novo regime de bens. [...] Entretanto, o que tem ocorrido na maioria dos casos é a mera autorização judicial para alteração, deixando para que as próprias partes definam o novo regime que entendem melhor, por meio de escritura pública.[20]

Diante do exposto, depreende-se que, nesta hipótese de alteração de regime de bens, o pacto pós-nupcial se apresenta como instrumento público que detalha tais alterações. Estes mesmos autores apresentam a seguinte definição de pacto pós-nupcial: "é um acordo que rege o novo regime de bens vigente no casamento já celebrado, que no Brasil poderá ser feito após autorização judicial específica para alteração do regime".[21] Todavia, como se verá mais adiante, o uso do pacto pós-nupcial não precisa ter sua utilização restrita à hipótese da alteração do regime de bens.

Por fim, quanto à eficácia da alteração do regime de bens, cabe o apontamento de que perante as partes ela é, via de regra, *ex nunc* e se dá desde o trânsito em julgado.[22] Há autores que defendem que, entre o próprio casal, é possível admitir a eficácia *ex tunc* da sentença, eis que se trata de direito disponível.[23] Para terceiros a eficácia só ocorre após a averbação da alteração nos registros competentes,[24] conforme o § 3º do art. 734 do Código Civil.

---

19. BARCELOS, Carolina Ducci Maia. A possibilidade de alteração dos regimes de bens do casamento por meio de pacto pós-nupcial: alternativas à atual forma de alteração de regime de bens do casamento. In: TEIXEIRA, Daniele Chaves (Coord.) *Arquitetura do planejamento sucessório*. Belo Horizonte: Editora Fórum, 2022. t. III, p. 370.
20. ASSUMPÇÃO, Letícia Franco Maculan Assumpção; GRACIANO, Bernardo Freitas. O pacto pós-nupcial: na alteração de regime de bens após a autorização judicial e na retificação de registro civil. *Revista IBDFam Família e Sucessões*. v. 18. p. 155-156. nov./dez. 2016.
21. ASSUMPÇÃO, Letícia Franco Maculan Assumpção; GRACIANO, Bernardo Freitas. O pacto pós-nupcial: na alteração de regime de bens após a autorização judicial e na retificação de registro civil. *Revista IBDFam Família e Sucessões*. v. 18. p. 154. nov./dez. 2016.
22. Nesse sentido: Recurso especial. Civil e processual civil. Direito de família. Dissolução do casamento. Alteração do regime de bens. Termo inicial dos seus efeitos. *Ex nunc*. Alimentos. Razoabilidade. Binômio necessidade e possibilidade. Conclusões alcançadas pela corte de origem. Impossibilidade de revisão na via eleita. Súmula 7/STJ. 1 – Separação judicial de casal que, após período de união estável, casou-se, em 1997, pelo regime da separação de bens, procedendo a sua alteração para o regime da comunhão parcial em 2007 e separando-se definitivamente em 2008. 2 – Controvérsia em torno do termo inicial dos efeitos da alteração do regime de bens do casamento ("ex nunc" ou "ex tunc") e do valor dos alimentos. 3 – Reconhecimento da eficácia "ex nunc" da alteração do regime de bens, tendo por termo inicial a data do trânsito em julgado da decisão judicial que o modificou. Interpretação do art. 1.639, § 2º, do CC/2002. 4 – Razoabilidade do valor fixado a título de alimentos, atendendo aos critérios legais (necessidade da alimentanda e possibilidade do alimentante). Impossibilidade de revisão em sede de recurso especial. Vedação da Súmula 07/STJ. 5 – Precedentes jurisprudenciais do STJ. 6 – Recurso especial parcialmente provido (STJ, REsp 1.300.036-MT (2011/0295933-5). Rel. Min. Paulo de Tarso Sanseverino. Terceira Turma. Julgado em 13.05.2014).
23. TEPEDINO, Gustavo; TEIXEIRA, Ana Carolina Brochado. *Fundamentos do Direito Civil*. Rio de Janeiro: Forense. 2020. v. 6: Direito de Família, p. 107.
24. DIAS, Maria Berenice. *Manual de Direito das Famílias*. Salvador: JusPodivm, 2021. p. 727.

3. REALIZAÇÃO DE PACTO PÓS-NUPCIAL NO REGIME DE SEPARAÇÃO DE BENS

O regime de separação de bens é merecedor de atenção especial quando se trata de pacto pós-nupcial, não só pelo fato de que quando um casal decide alterar seu regime de bens para um mais restritivo do que o atual, é importante que tenha clareza dos contornos patrimoniais que serão adotados, com também pela circunstância de que é geralmente nos regimes de separação que as previsões de cláusulas patrimoniais mais específicas (como indenizações, doações ou ajustes compensatórios) são utilizadas com maior frequência.

Considere-se, ademais, que quando se fala de separação obrigatória de bens, a incidência da Súmula 377 do Supremo Tribunal Federal traz diversas complexidades. São estes dois aspectos que serão abordados neste item, no sentido de identificar as contribuições a serem aportadas pela elaboração de um pacto pós-nupcial.

Iniciando com o tema da separação obrigatória e a incidência da súmula 377/STF, é preciso rememorar brevemente as hipóteses em que o Código Civil determina a incidência de tal regime, as quais estão previstas no art. 1.641. São elas o casamento contraído na inobservância de causas suspensivas, o casamento de pessoa maior de 70 anos e o casamento daqueles que dependem de suprimento judicial.

O regime da separação obrigatória, como o próprio nome indica, prevê incomunicabilidade do patrimônio dos cônjuges. Ocorre que a incidência da súmula 377/STF traz novos contornos, eis que mitiga tal separação ao possibilitar a partilha de bens comuns adquiridos onerosamente, desde que provado esforço comum, conforme sedimentado pelo REsp 1.623.858/MG.[25] Ana Carla Harmatiuk Matos e Ana Carolina Brochado Teixeira apontam que a eficácia do pacto antenupcial que afasta os efeitos da súmula 377/STF "não transforma o regime da separação obrigatória em separação total/convencional de bens, mas afasta o risco da comunicação patrimonial".[26]

---

25. Embargos de divergência no recurso especial. Direito de família. União estável. Casamento contraído sob causa suspensiva. Separação obrigatória de bens (CC/1916, art. 258, II; CC/2002, art. 1.641, II). Partilha. Bens adquiridos onerosamente. Necessidade de prova do esforço comum. Pressuposto da pretensão. Moderna compreensão da súmula 377/STF. Embargos de divergência providos. 1. Nos moldes do art. 1.641, II, do Código Civil de 2002, ao casamento contraído sob causa suspensiva, impõe-se o regime da separação obrigatória de bens. 2. No regime de separação legal de bens, comunicam-se os adquiridos na constância do casamento, desde que comprovado o esforço comum para sua aquisição. 3. Releitura da antiga Súmula 377/STF (No regime de separação legal de bens, comunicam-se os adquiridos na constância do casamento), editada com o intuito de interpretar o art. 259 do CC/1916, ainda na época em que cabia à Suprema Corte decidir em última instância acerca da interpretação da legislação federal, mister que hoje cabe ao Superior Tribunal de Justiça. 4. Embargos de divergência conhecidos e providos, para dar provimento ao recurso especial. (EREsp 1.623.858/MG, relator Ministro Lázaro Guimarães (Desembargador Convocado do TRF 5ª Região), Segunda Seção, julgado em 23.05.2018, DJe de 30.05.2018).
26. MATOS, Ana Carla Harmatiuk; TEIXEIRA, Ana Carolina Brochado. Pacto antenupcial na hermenêutica civil constitucional. In: MENEZES, Joyceane Bezerra de; CICCO, Maria Cristina de; RODRIGUES, Francisco Luciano Lima. *Direito civil na legalidade constitucional*: algumas aplicações. Indaiatuba, SP: Foco, 2021, p. 28.

O que acontece na prática é a falta de clareza do casal sobre o regime de bens adotado. Infelizmente, muitos não buscam um(a) advogado(a) familiarista para bem elucidar os contornos do regime da separação obrigatória. A maior parte das pessoas sequer conhece a súmula 377/STF e, na condição de leigo, entendem que pelo regime da separação obrigatória não haverá qualquer comunicação patrimonial. Ressalta-se que o art. 1.528 do Código Civil prevê o dever do oficial do Registro Civil esclarecer aos nubentes o que é cada regime de bens, dever que foi reforçado pela Resolução 402/2021 CNJ.[27] No fundo, o que acontece na prática é que muitos casais, quando acabam por descobrir as repercussões patrimoniais de tal arranjo, buscam se resguardar através dos mecanismos possíveis e o pacto pós-nupcial se apresenta como importante ferramenta.

No cenário indicado acima, o casamento já ocorreu e não há possibilidade de modificação do regime de bens (eis que é imposto legalmente). A questão que se levanta é se, para regular este aspecto patrimonial, também seria necessária a apresentação de motivos por parte do casal e a autorização judicial. Considerando que o objetivo do casal é afastar a súmula 377/STF, a posição aqui defendida é que seria possível fazê-lo sem autorização judicial, eis que não se trata de alteração de regime de bens em si, mas sim de aspecto lateral e que reforça a lógica do regime de bens imposto legalmente. Portanto, tal pactuação deveria poder ser feita extrajudicialmente através de pacto pós-nupcial, o que ainda não é pacificado diante da ausência de previsão legislativa.

Um outro aspecto a ser considerado é a hipótese de, depois de cessado o motivo que deu causa à incidência do regime de separação obrigatória, o casal optar por outro regime de bens, nos termos do Enunciado 262 da III Jornada de Direito Civil.[28] Nesta hipótese o pacto pós-nupcial pode ser utilizado para indicar previamente a vontade das partes de qual o regime de bens desejado, auxiliando na fundamentação da motivação da alteração, já que, nesse caso, por envolver a alteração do regime de bens, entende-se que o casal deverá necessariamente buscar a autorização judicial.

Passando ao tema da alteração de regime de bens mais abrangente para o da separação obrigatória, cabe rememorar a necessidade de partilha indicada anteriormente, de modo a organizar o acervo patrimonial do casal em conformidade com o novo regime escolhido. Nesse sentido, o pacto pós-nupcial poderá contribuir para uma melhor organização da gestão patrimonial do casal, podendo ser pactuadas diversas cláusulas.

---

27. Tal resolução trata da obrigatoriedade do registro civil disponibilizar aos nubentes, no momento da habilitação para o matrimônio, material informativo para melhor preparação para o casamento civil. Já o art. 1.528 assim dispõe: "É dever do oficial do registro esclarecer os nubentes a respeito dos fatos que podem ocasionar a invalidade do casamento, bem como sobre os diversos regimes de bens."
28. Enunciado 262 – III Jornada de Direito Civil: "A obrigatoriedade da separação de bens nas hipóteses previstas nos incs. I e III do art. 1.641 do Código Civil não impede a alteração do regime, desde que superada a causa que o impôs"

Feitas essas considerações, restam evidentes algumas potencialidades do uso do pacto pós-nupcial no regime da separação de bens. Porém, para além dos arranjos patrimoniais indicados no presente item, outros aspectos patrimoniais e existenciais podem ser contemplados. É o que se verá a seguir.

4. POTENCIALIDADES DO PACTO PÓS-NUPCIAL: CLÁUSULAS PATRIMONIAIS E EXISTENCIAIS

O item anterior analisou com especial ênfase o regime de separação de bens. Porém, as potencialidades do uso do pacto pós-nupcial não se restringem a este regime. Independentemente de ter sido lavrado pacto antenupcial previamente ou não, o pacto pós-nupcial se apresenta como mecanismo apto a regular aspectos patrimoniais e existenciais do casal. A princípio, uma vez que o intuito não seria a modificação do regime de bens, podemos compreender possível a realização de tal instrumento sem necessidade de intervenção judicial, imaginando ser esta a regra.

Todavia, ainda que não haja alteração propriamente dita do regime de bens, como já aventado acima, a grande maioria dos tabelionatos exigem a autorização judicial (ainda que por alvará) para a lavratura de um pacto pós-nupcial, especialmente se este for substitutivo ou complementar a um pacto antenupcial pré-existente.

Tal circunstância, como não poderia deixar de ser, acaba por limitar o acesso dos casais ao instrumento, mormente porquanto, como as alterações das questões conjugais podem acontecer com certa frequência, não parece razoável a movimentação judicial sempre que um ou outro ajuste for necessário. De todo modo, até que surja alternativa jurídica mais inovadora, flexível e hábil para a modulação conjugal, o pacto pós-nupcial parece-nos atualmente o instrumento existente para tanto.

Desse modo, evidente que muitos dos debates sobre a extensão das possibilidades e limites da pactuação de cláusulas em pactos antenupciais também se aplicam ao pacto pós-nupcial. Não apenas pelo fato de o casal poder, através do pacto pós--nupcial, modificar ou revogar cláusulas pactuadas anteriormente, mas sim pactuar novas cláusulas, seja porque não foi feito um pacto antenupcial, seja, de modo a complementar às já existentes no pacto antenupcial firmado.

Iniciando com alguns exemplos de cláusulas de caráter patrimonial, mas que não necessariamente estão atrelados a um determinado regime de bens, temos o estabelecimento de doações entre os cônjuges, a indenização pelo rompimento da relação, reconhecimento (ou afastamento) de período de união estável anterior ao casamento[29] ou a constituição de um crédito em razão do tempo casamento, nasci-

---

29. NAHAS, Luciana Faísca. Pacto antenupcial: o que pode e o que não pode constar? Reflexões sobre cláusulas patrimoniais e não patrimoniais. *Famílias e sucessões:* polêmicas, tendências e inovações. Belo Horizonte: IBDFAM, 2018, p. 231.

mento de um filho ou em razão de retirada temporária do mercado de trabalho para se dedicar à prole.[30]

Também podem ser redigidas cláusulas que regram determinados bens, determinando a proporção de sua titularidade se adquiridos na constância do casamento, a identificação de bens como particulares, criação de fundos financeiros de emergência e respectivas regras de utilização, previsão sobre a comunicabilidade ou não de previdências complementares.[31]

Com relação às cláusulas de caráter existencial, de pronto faz-se referência ao Enunciado 635 da VIII Jornada de Direito Civil,[32] que estabelece um parâmetro para a concepção das cláusulas eis que dispõe acerca da impossibilidade de tais cláusulas violarem os princípios da dignidade da pessoa humana, igualdade entre os cônjuges e solidariedade familiar. Paulo Nalin e Mariana Barsaglia[33] se posicionam no sentido de que os limites do conteúdo das cláusulas existenciais no pacto antenupcial devem ser extraídos da Constituição Federal e da metodologia que abre azo à constitucionalização do direito privado. Ainda assim, identificam que as balizas do que pode ou não ser pactuado ainda não foram efetivamente definidas no direito brasileiro, devendo a análise ser realizada no caso concreto.

Alguns exemplos[34] de cláusulas com conteúdo existencial são aquelas referentes ao descumprimento de deveres conjugais, continuidade ou não da utilização do sobrenome de casado, à proteção da privacidade dos cônjuges, distribuição de tarefas domésticas e de responsabilidades de criação dos filhos, e questões relacionadas às escolhas profissionais do casal.

Ana Carla Harmatiuk Matos e Ana Carolina Brochado Teixeira[35] indicam que não é possível pactuar cláusulas no pacto antenupcial que transacionem sobre direi-

---

30. MATOS, Ana Carla Harmatiuk; TEIXEIRA, Ana Carolina Brochado. Pacto antenupcial na hermenêutica civil constitucional. In: MENEZES, Joyceane Bezerra de; CICCO, Maria Cristina de; RODRIGUES, Francisco Luciano Lima. *Direito civil na legalidade constitucional*: algumas aplicações. Indaiatuba, SP: Foco, 2021, p. 36
31. CARDOSO, Fabiana Domingues; GIRARDI, Viviane. O instituto do regime de bens e a sua influência no planejamento sucessório. In: TEIXEIRA, Daniele Chaves (Coord.) *Arquitetura do planejamento sucessório*. Belo Horizonte: Fórum, 2021, t. II, p. 188.
32. Enunciado 635 – VIII Jornada de Direito Civil: O pacto antenupcial e o contrato de convivência podem conter cláusulas existenciais, desde que estas não violem os princípios da dignidade da pessoa humana, da igualdade entre os cônjuges e da solidariedade familiar.
33. NALIN, Paulo; PIMENTEL, Mariana Barsaglia. As disposições existenciais no pacto antenupcial: há limites para o exercício da autonomia privada? In: BRAGA NETTO, Felipe Peixoto; SILVA, Michael César (Org.). *Direito Privado e contemporaneidade*: desafios e perspectivas do direito privado no século XXI. Indaiatuba: Foco, 2020. v. 3, p. 291-292.
34. NAHAS, Luciana Faísca. Pacto antenupcial: o que pode e o que não pode constar? Reflexões sobre cláusulas patrimoniais e não patrimoniais. *Famílias e sucessões*: polêmicas, tendências e inovações. Belo Horizonte: IBDFAM, 2018, p. 231; NALIN, Paulo; PIMENTEL, Mariana Barsaglia. As disposições existenciais no pacto antenupcial: há limites para o exercício da autonomia privada? In: BRAGA NETTO, Felipe Peixoto; SILVA, Michael César (Org.) *Direito Privado e contemporaneidade*: desafios e perspectivas do direito privado no século XXI. Indaiatuba: Foco, 2020. v. 3, p. 291.
35. MATOS, Ana Carla Harmatiuk; TEIXEIRA, Ana Carolina Brochado. Pacto antenupcial na hermenêutica civil constitucional. In: MENEZES, Joyceane Bezerra de; CICCO, Maria Cristina de; RODRIGUES, Francisco Luciano Lima. *Direito civil na legalidade constitucional*: algumas aplicações. Indaiatuba, SP: Foco, 2021, p. 29.

tos personalíssimos do outro cônjuge ou sobre situações jurídicas fundamentadas na solidariedade social, antes ou depois de findo o casamento. Alguns exemplos seriam a impossibilidade de renúncia a alimentos após o divórcio, ao direito real de habitação antes do falecimento do cônjuge, impor a vedação de novos relacionamentos ou impor a realização de procedimentos cirúrgicos de esterilização após o fim do casamento. Tais autoras também apontam para a possibilidade de cláusulas com conteúdo dúplice, tanto existencial quanto patrimonial, fazendo a as seguintes considerações:

> Não há razões apriorísticas, portanto, para proibir cláusulas que estabeleçam normas de conduta e convivência durante o casamento, para o alcance da comunhão plena de vida. Terá, nessa hipótese, conteúdo dúplice, atrelando um regramento patrimonial e extrapatrimonial. A possibilidade de tratamento de ambos os temas, porém, não pode fazer com que questões de ordem econômica sejam diretamente atreladas ao exercício das liberdades existenciais dos futuros cônjuges, que não podem sofrer este tipo de limitação em seu exercício. O espaço de autonomia existencial não autoriza a convenção de cláusulas que possam representar a sujeição de um cônjuge em relação ao outro, sob qualquer prisma.[36]

Ainda, quanto a aspectos possibilidade de regulação de questões sucessórias em pactos antenupciais, a doutrina diverge sobre o tema, alguns entendendo pela possibilidade, outros[37] pela sua vedação. De modo mais abrangente, nas palavras de Fabiana Cardoso e Viviane Girardi:

> [...] ainda que a convenção antenupcial represente o exercício de liberdade dos cônjuges em relação ao patrimônio, as convenções não poderão ferir os preceitos legais, os bons costumes, a ordem pública, e a boa-fé deverá estar presente, sob pena de invalidade do ato, ou, a depender da situação, da invalidade de uma das cláusulas do pacto, se submetida ao crivo do Poder Judiciário.[38]

Defende-se que estas mesmas preocupações devem ser tidas quando da elaboração do pacto pós-nupcial. Nos cenários em que o casal não tenha realizado pacto antenupcial e deseje pactuar cláusulas de caráter existencial, ou, mesmo que o tenha feito, deseje acrescentar ou modificar cláusulas de caráter existencial, o pacto pós-nupcial se revela como mecanismo hoje disponível para tanto. Nesse sentido, interessante a reflexão de Letícia Teixeira e Bernardo Graciano:

---

36. MATOS, Ana Carla Harmatiuk; TEIXEIRA, Ana Carolina Brochado. Pacto antenupcial na hermenêutica civil constitucional. In: MENEZES, Joyceane Bezerra de; CICCO, Maria Cristina de; RODRIGUES, Francisco Luciano Lima. *Direito civil na legalidade constitucional*: algumas aplicações. Indaiatuba, SP: Foco, 2021, p. 33-34.
37. "Entende-se que o pacto antenupcial tem por escopo albergar disposições que gerem efeitos inter vivos, não sendo instrumento de direito sucessório, que tem institutos próprios para cumprir seu fim, haja vista que deve gerar efeitos para depois da morte, o que justifica a estrita formalidade deste ramo do direito." MATOS, Ana Carla Harmatiuk; TEIXEIRA, Ana Carolina Brochado. Pacto antenupcial na hermenêutica civil constitucional. In: MENEZES, Joyceane Bezerra de; CICCO, Maria Cristina de; RODRIGUES, Francisco Luciano Lima. *Direito civil na legalidade constitucional*: algumas aplicações. Indaiatuba, SP: Editora Foco, 2021, p. 31-32.
38. CARDOSO, Fabiana Domingues; GIRARDI, Viviane. O instituto do regime de bens e a sua influência no planejamento sucessório. In: TEIXEIRA, Daniele Chaves (Coord.) *Arquitetura do planejamento sucessório*. Belo Horizonte: Fórum, 2021, t. II, p. 187.

Considerando que são naturais mudanças pessoais, no relacionamento e patrimoniais no curso da relação conjugal – podendo todas elas estar ligadas à realização da comunhão plena de vida –, é necessário que o direito acolha esse movimento de autonomia responsável dos cônjuges ou companheiros, para que o engessamento jurídico acabe por não prejudicar o núcleo essencial do vínculo afetivo.[39]

Cabe destacar uma outra possibilidade de utilização do pacto pós-nupcial, apontada pelos autores acima citados, qual seja a correção de erros materiais. Como exemplo, tem-se o casal de Minas Gerais que não lavrou pacto antenupcial e casou-se pelo regime da separação convencional, em razão de ter apresentado pacto de convivência no qual já haviam elegido tal regime. Para suprir tal omissão no processo de habilitação do casamento, foi determinada a lavratura de pacto pós-nupcial prevalecendo a vontade do casal pelo regime da separação convencional de bens.[40]

Ainda, tem-se que a elaboração e o aconselhamento jurídico necessários a um pacto pós-nupcial que realmente atenda às necessidades do casal abre um amplo leque de atuação para a advocacia familiarista. No Brasil, quando comparado ao número de casamentos realizados, o número de pactos antenupciais realizados é tímido.

Conforme se extrai do gráfico do relatório "Cartório em números 2021",[41] elaborado pela Associação dos Notários e Registradores – ANOREG, de janeiro a novembro de 2021 foram pactuados 44.935 pactos antenupciais, ao passo que no mesmo período foram celebrados 788.506 casamentos, conforme dados extraídos do Portal da Transparência do Registro Civil.[42] Isso demonstra que aproximadamente 5% dos casais que se casaram optaram por lavrar um pacto antenupcial. Se o campo para ampliação da atuação do advogado familiarista é grande quanto aos pactos antenupciais, também o é para os pactos pós-nupciais.

Ressalta-se que não há vedação à realização de mais de um pacto pós-nupcial, o qual pode ser celebrado e/ou modificado sempre que o casal se deparar com a necessidade de repensar os termos patrimoniais e existenciais de seu relacionamento. Nesse sentido, destaca Nahas que

> A liberdade de permanecer casado traz às partes maior responsabilidade em regular os efeitos de seus relacionamentos, e o alto índice de divórcios nos convoca a repensar o exercício da liberdade de pactuar os efeitos patrimoniais do relacionamento que estão formando, ampliando a segurança entre os envolvidos, a auxiliando no desenvolver de sua relação afetiva.[43]

---

39. TEIXEIRA, Ana Carolina Brochado; OLIVEIRA, Alexandre Miranda. Planejamento patrimonial e a autonomia para contratação de pactos intrafamiliares. In: TEIXEIRA, Daniele Chaves (Coord.) *Arquitetura do planejamento sucessório*. Belo Horizonte: Fórum, 2022. t. III, p. 323.
40. ASSUMPÇÃO, Letícia Franco Maculan Assumpção; GRACIANO, Bernardo Freitas. O pacto pós-nupcial: na alteração de regime de bens após a autorização judicial e na retificação de registro civil. *Revista IBDFam Família e Sucessões*. v. 18. p. 162. nov./dez. 2016.
41. ANOREG. *Cartório em números*. 3 ed. 2021. Disponível em: https://www.anoreg.org.br/site/wp-content/uploads/2021/12/Anoreg_BR-Cart%C3%B3rios-em-N%C3%BAmeros-2021-3%C2%AA-Edi%C3%A7%C3%A3o.pdf. Acesso em: 19 jul. 2022.
42. Estatísticas disponíveis em: https://transparencia.registrocivil.org.br/registros. Acesso em: 19 jul. 2022.
43. NAHAS, Luciana Faísca. Pacto antenupcial: o que pode e o que não pode constar? Reflexões sobre cláusulas patrimoniais e não patrimoniais. *Famílias e sucessões*: polêmicas, tendências e inovações. Belo Horizonte: IBDFAM, 2018, p. 229.

Diante de tal responsabilidade, cabe ao casal se valer dos instrumentos atualmente disponíveis para tanto, com especial atenção ao pacto pós-nupcial, restando necessária a consolidação doutrinária e jurisprudencial quanto a necessidade ou não de autorização judicial para tanto. Parece-nos claro que, diante até mesmo da volitividade das questões conjugais, mostra-se muito mais adequado o entendimento no sentido de desjudicialização da temática, prestigiada a liberdade contratual e o direito de família mínimo como elementos mais condizentes com o instrumento.

5. CONSIDERAÇÕES FINAIS

O casamento e os ajustes da conjugalidade – assim como todo o direito de família contemporâneo – passou e passa por mudanças consideráveis nos últimos anos, de modo que se faz premente pensarmos em possibilidades novas e eficazes aptas a atender aos anseios sociais atuais.

De fato, a importante mudança legislativa que permitiu a alteração de regime de bens representou ganho inconteste à autonomia privada dos casais e à possibilidade de ajustes conjugais. Há, todavia, que interpretarmos a inovação legislativa dentro do espírito flexível e tendente a prestigiar a vontade plena dos casais.

Deste modo, parece-nos claro que havendo possibilidade de mudança total do regime (alteração mais ampla), deve-se contemplar a possibilidade de alteração de circunstâncias mais pontuais, com ajustes em cláusulas patrimoniais ou inserção de cláusulas existenciais por meio da realização de pactos pós-conjugais.

Resta-nos o questionamento quanto a necessidade ou não de se seguir o procedimento judicial para alterações que contemplem apenas ajustes pontuais (sem mudança de regime), com a substituição ou mesmo a feitura primária de um pacto pós-nupcial com o ajuste conjugal que atenda ao casal.

Importante que se diga que o Código Civil determina a autorização judicial explicitamente quanto à mudança do regime de bens. Assim, parece-nos plausível que se o conteúdo do pacto pós-nupcial não interfere no regime de bens – e tão somente em cláusulas detalhadoras dele – não haver vedação para que o procedimento dê-se extrajudicialmente, sem razão para submeter sua lavratura a autorização do Poder Judiciário.

Esse posicionamento, ainda que não majoritário, privilegia a autonomia das partes no espaço deixado pelo legislador e se estimula a desjudicialização de questões atinentes ao cotidiano familiar. De toda forma, compreendemos ser esta posição inovadora, marcada para adaptação de instrumento que ainda não se mostra o ideal para a modulação da conjugalidade.

Importante que se diga que, ainda que permitamos a desjudicialização, terceiros continuam a ter seus direitos resguardados, eis que, caso prejudicados injustamente, o conteúdo do pacto pós-nupcial não lhe seria oponível. Ademais, como o que se busca modificar ou contratar através do pacto não se enquadraria como modificação do regime de bens, tal instrumento não teria como intuito fraudar terceiros.

De fato, parece-nos claro que o pacto pós-nupcial, neste momento, mostra-se o instrumento eficaz para que esses novos ajustes ocorram, muito embora ainda não seja o meio ideal diante da burocracia inerente à sua feitura[44] e a inconveniência de ser ele um instrumento público (Art. 1.657 CC[45]), o que vedaria a sua utilização para questões de intimidade conjugal mais evidente. Sigamos, assim, na busca de novas alternativas que privilegiem a autonomia privada, a customização das relações conjugais e o suprimento dos anseios sociais pelo ordenamento jurídico.

6. REFERÊNCIAS

ANOREG. *Cartório em números*. 3 ed. 2021. Disponível em: https://www.anoreg.org.br/site/wp-content/uploads/2021/12/Anoreg_BR-Cart%C3%B3rios-em-N%C3%BAmeros-2021-3%C2%AA-Edi%-C3%A7%C3%A3o.pdf. Acesso em: 19 jul. 2022.

ARAUJO, Nadia de; SPITZ, Lidia; NORONHA, Carolina. Repercussão do regime de bens no contexto sucessório: a determinação da lei aplicável aos efeitos patrimoniais do casamento. In: TEIXEIRA, Daniele Chaves (Coord.) *Arquitetura do planejamento sucessório*. Belo Horizonte: Editora Fórum, 2021, t. II.

ASSUMPÇÃO, Letícia Franco Maculan Assumpção; GRACIANO, Bernardo Freitas. O pacto pós-nupcial: na alteração de regime de bens após a autorização judicial e na retificação de registro civil. *Revista IBDFam Família e Sucessões*. v. 18. p. 153-164. nov./dez. 2016.

BARCELOS, Carolina Ducci Maia. A possibilidade de alteração dos regimes de bens do casamento por meio de pacto pós-nupcial: alternativas à atual forma de alteração de regime de bens do casamento. In: TEIXEIRA, Daniele Chaves (Coord.) *Arquitetura do planejamento sucessório*. Belo Horizonte: Editora Fórum, 2022. t. III.

BRASIL. Câmara dos Deputados. *Projeto de Lei 9.498/2018*. Autor: Comissão Mista Temporária de Desburocratização. Disponível em: https://www.camara.leg.br/propostas-legislativas/2167744. Acesso em: 20 jul. 2022.

BRASIL. Senado Federal. *Projeto de lei 69/2016*. Autor: Antonio Carlos Valadares. Disponível em: https://legis.senado.leg.br/sdleg-getter/documento?dm=4301677&ts=1630445840218&disposition=inline. Acesso em: 19 jul. 2022.

BRASIL. Superior Tribunal de Justiça. *AgInt no AREsp 1.778.478/SC*. Rel. Ministro Raul Araújo, Órgão julgador: Quarta Turma. Julgado em 16.08.2021, DJe 16.09.2021.

---

44. "Por fim, após a lavratura da escritura de pacto pós-nupcial alterando o regime de bens dos cônjuges, tal ato deverá ser levado (i) ao Cartório de Registro Civil no qual está assentado o casamento dos cônjuges, (ii) ao Registro de Imóveis do domicílio do casal e, havendo pacto antenupcial anterior, também ao respectivo Cartório de Registro de Imóveis em que está registrado o referido pacto e, ainda, (iii) caso qualquer dos cônjuges seja empresário, ao Registro Público de Empresas Mercantis e Atividades Afins, diante da exigência do artigo 979 do Código Civil" (BARCELOS, Carolina Ducci Maia. *A possibilidade de alteração dos regimes de bens do casamento por meio de pacto pós-nupcial: alternativas à atual forma de alteração de regime de bens do casamento prevista no § 2º do artigo 1.639 do Código Civil*. 2020. Dissertação (Mestrado em Direito Civil) – Faculdade de Direito, Universidade de São Paulo, São Paulo, 2020. doi:10.11606/D.2.2020.tde-02052021-223335. Acesso em: 2022 jul. 2016).
45. "Art. 1.657. As convenções antenupciais não terão efeito perante terceiros senão depois de registradas, em livro especial, pelo oficial do Registro de Imóveis do domicílio dos cônjuges."

BRASIL. Superior Tribunal de Justiça. *EREsp 1.623.858/MG*. relator Ministro Lázaro Guimarães (Desembargador Convocado do TRF 5ª Região). Órgão Julgador: Segunda Seção. Julgado em 23.05.2018, DJe de 30.05.2018).

BRASIL. Superior Tribunal de Justiça. *REsp 1.119.462/MG*, Rel. Ministro Luis Felipe Salomão. Órgão julgador: Quarta Turma. Julgado em 26.02.2013, DJe 12.03.2013.

BRASIL. Superior Tribunal de Justiça. *REsp 1.533.179/RS*, Rel. Min. Marco Aurélio Bellizze. Órgão julgador: Terceira Turma. Julgado em 08.09.2015, DJe de 23.09.2015.

BRASIL. Tribunal de Justiça do Estado de São Paulo. Apelação Cível 1010566-50.2018.8.26.0037; Rel. Des. Luiz Antonio Costa. Órgão Julgador: 7ª Câmara de Direito Privado. Data do Julgamento: 25.09.2019; Data de Registro: 27.09.2019.

CARDOSO, Fabiana Domingues; GIRARDI, Viviane. O instituto do regime de bens e a sua influência no planejamento sucessório. In: TEIXEIRA, Daniele Chaves (Coord.) *Arquitetura do planejamento sucessório*. Belo Horizonte: Editora Fórum, 2021. t. II.

DIAS, Maria Berenice. *Manual de Direito das Famílias*. Salvador: JusPodivm, 2021.

FLEISCHMANN, Simone Tassinari Cardoso; FACHINI, Laura Stefanon. Pacto antenupcial na perspectiva dos tabeliães: análise de questões controvertidas sob a ótica da doutrina e da prática notarial. *Revista da Faculdade Mineira de Direito*. v. 23 n. 45. p. 193-212. 2020.

FREITAS JR., Osmar. Os "postnups", que alteram as regras acertadas antes do casamento, crescem nos EUA como forma de reduzir o número de divórcios. *Revista Época*. 20 de fevereiro de 2009. Disponível em: http://revistaepoca.globo.com/Revista/Epoca/0,,ERT57855-15228,00.html. Acesso em: 19 jul. 2022.

LÔBO, Paulo. *Direito civil*. 8. ed. São Paulo: Saraiva Educação, 2018. v. 5: famílias.

MAIA JÚNIOR, Mairan Gonçalves. O conteúdo econômico e jurídico do pacto antenupcial e o planejamento patrimonial familiar. *Revista de Direito Privado*. v. 62. p. 197-221. abr./jun. 2015.

MARZAGÃO, Gustavo Henrique Bretas. Pacto pós-nupcial – ITBI – Incidência – Excesso de meação. *Revista de Direito Imobiliário*. v. 67/2009. p. 306-307. jul./dez. 2009.

MATOS, Ana Carla Harmatiuk; TEIXEIRA, Ana Carolina Brochado. Pacto antenupcial na hermenêutica civil constitucional. In: MENEZES, Joyceane Bezerra de; CICCO, Maria Cristina de; RODRIGUES, Francisco Luciano Lima. *Direito civil na legalidade constitucional*: algumas aplicações. Indaiatuba, SP: Foco, 2021.

MATTOS, Eleonora G. Saltão de Q.; MARZAGÃO, Silvia Felipe. A imprescindível análise jurídica das relações familiares e as providências correlatas ao direito de família como pressupostos de um planejamento sucessório eficiente. In: TEIXEIRA, Daniele Chaves (Coord.). *Arquitetura do planejamento sucessório*. Belo Horizonte: Editora Fórum, 2021. t. II.

NAHAS, Luciana Faísca. Pacto antenupcial: o que pode e o que não pode constar? Reflexões sobre cláusulas patrimoniais e não patrimoniais. *Famílias e sucessões*: polêmicas, tendências e inovações. Belo Horizonte: IBDFAM, 2018.

NALIN, Paulo; PIMENTEL, Mariana Barsaglia. As disposições existenciais no pacto antenupcial: há limites para o exercício da autonomia privada? In: BRAGA NETTO, Felipe Peixoto; SILVA, Michael César (Org.) *Direito Privado e contemporaneidade*: desafios e perspectivas do direito privado no século XXI. Indaiatuba: Foco, 2020. v. 3.

OLIVEIRA, Alexandre Miranda; CARVALHO, Bárbara Dias Duarte de. Possibilidade jurídica de disposições sucessórias no pacto antenupcial e de convivência. In: ROSA, Conrado Paulino da. *Direito de Família Contemporâneo*. 8. ed. Salvador: JusPodivm, 2021.

ROSA, Conrado Paulino da; COELHO, Fernanda Rosa. Pacta Corvina e a Impossibilidade de Renúncia da Herança em Pacto Antenupcial ou Contrato de Convivência. In: TEIXEIRA, Daniele Chaves (Coord.) *Arquitetura do planejamento sucessório*. Belo Horizonte: Editora Fórum, 2022. t. III.

TEIXEIRA, Ana Carolina Brochado; RODRIGUES, Renata de Lima. *Contratos, família e sucessões*: diálogos complementares. Indaiatuba, SP: Editora Foco, 2019.

TEIXEIRA, Ana Carolina Brochado; OLIVEIRA, Alexandre Miranda. Planejamento patrimonial e a autonomia para contratação de pactos intrafamiliares. In: TEIXEIRA, Daniele Chaves (Coord.) *Arquitetura do planejamento sucessório*. Belo Horizonte: Editora Fórum, 2022. t. III.

TEIXEIRA, Daniele. Autonomia privada e a flexibilização dos pactos sucessórios no ordenamento jurídico brasileiro. In: TEIXEIRA, Daniele Chaves (Coord.) *Arquitetura do planejamento sucessório*. 2. ed. Belo Horizonte: Editora Fórum, 2019. t. I.

TEPEDINO, Gustavo; TEIXEIRA, Ana Carolina Brochado. *Fundamentos do Direito Civil*. Rio de Janeiro: Forense. 2020. v. 6: Direito de Família.

WILLIAMS, Sean H., Postnuptial Agreements. *Wisconsin Law Review*, Forthcoming. 1st May 2007. Disponível em: https://ssrn.com/abstract=983531. Acesso em 09 jun. 2022.

XAVIER, Marília Pedroso; PUGLIESE, William Soares. Pactos *express* no direito de família e vulnerabilidade: o caso do *drive thru* da união estável. In: GHILARDI, Dóris (Org.). *Tecnologias, família e vulnerabilidades*: novos olhares no Brasil e no exterior. Florianópolis: Habitus, 2021. v. 1.

A NÃO APLICABILIDADE EXTENSIVA DO REGIME DA SEPARAÇÃO OBRIGATÓRIA DE BENS AOS MAIORES DE 70 ANOS NA UNIÃO ESTÁVEL

Fernanda Carvalho Leão Barretto

Mestra em Família na Sociedade Contemporânea pela Universidade Católica do Salvador (UCSAL). Professora. Presidenta do Instituto Brasileiro de Direito de Família – IBDFam/BA, Presidenta da Comissão de Direito e Arte do IBDFAM. Advogada.

Luciana Brasileiro

Doutora e Mestre em direito privado pela UFPE. Professora. Pesquisadora do Grupo de Pesquisa Constitucionalização das Relações Privadas da UFPE, Conselheira científica do IBDFAM/PE, Vice-Presidenta da Comissão de Direito e Arte do IBDFAM. Advogada.

"Dentro de mim, está a Outra – isto é, a pessoa que sou vista de fora – que é velha: e essa Outra sou eu"

(Simone de Beauvoir, A Velhice)

Sumário: 1. Introdução – 2. O regime da separação obrigatória de bens e os motivos para sua existência aos maiores de 70 anos – 3. Efeitos do regime da separação obrigatória de bens – 4. Precedentes do Superior Tribunal de Justiça – 5. Não aplicação de regra restritiva de direito – 6. Notas conclusivas, pela inconstitucionalidade da regra e não extensão à união estável – 7. Referências.

1. INTRODUÇÃO

O planejamento patrimonial é etapa fundamental para um relacionamento, no franco cumprimento da manifestação de vontade das partes de viverem em comunhão de vida, assumindo, reciprocamente, obrigações mútuas.

Tanto para o casamento, quanto para a união estável, famílias típicas previstas expressamente na Constituição Federal, a escolha do Regime de Bens é mandatória, uma vez que a lei prevê que no silêncio das partes aplicar-se-ão as regras do regime da comunhão parcial de bens.

Apenas em casos expressos na lei, notadamente o art. 1.641 do Código Civil, o regime legal será o da separação obrigatória de bens, ou ainda naquelas circunstâncias em que o casal, sendo casado, opta por viver em sociedade empresária, situação que conduz a escolha de regimes específicos de bens, a teor do que dispõe o art. 977 do mesmo Código.

O regime de bens é de livre pactuação, salvo os casos suso mencionados, podendo as partes, para além de elegerem regime diverso do legal, também utilizar regras de mais de um regime para personalizar aquele que melhor atende às necessidades do núcleo familiar.

A ausência de diálogo sobre patrimônio é uma realidade na cultura brasileira, que por seguir a orientação romano germânica, e ainda marcada por uma sociedade predominantemente patriarcal, fez com que a mulher assumisse papéis na estrutura conjugal diversos do homem. Era dele a atribuição de gerir o patrimônio familiar e dela, a função doméstica. Então, uma interlocução para a escolha de um regime de bens requer uma mudança cultural, que parece estar despontando em uma sociedade que vem compreendendo a importância do diálogo e do planejamento patrimonial na edificação de uma família pautada em relações mais orgânicas.

O casamento e a união estável, apesar de terem à sua disposição os mesmos modelos de regimes de bens, são famílias com contornos próprios, com características que afastam a lógica de que teriam necessariamente idênticos efeitos jurídicos.

Uma das regras que se aplica ao casamento, por exemplo, é aquela que impõe o regime da separação obrigatória de bens para as pessoas que não observarem as causas suspensivas previstas no art. 1.523 do Código Civil. Tal imposição o caminho adotado pelo legislador para autorizar o casamento, fixando, no entanto, um regime próprio para gerir o patrimônio familiar.

O art. 1.723, § 2º do CCB também autoriza o reconhecimento da união estável, ainda que diante de causas suspensivas, mas não traz qualquer ressalva relacionada a patrimônio, repetindo a regra da comunhão parcial como regime legal, no art. 1.725.

Já em relação à idade núbil, a regra não se observa para a união estável, que exige capacidade civil, não contemplando a hipótese de suprimento judicial.

Por fim, as pessoas maiores de 70 anos, que podem casar ou viver em união estável, têm contra si aplicada a presunção de incapacidade para realizar a escolha do regime de bens para o casamento, sendo-lhe imposta a separação obrigatória, o que se revela uma regra, no mínimo, duvidosa, haja vista que a lei não impõe limite máximo de idade para a capacidade civil.

Importante então analisar se esta regra restritiva de direitos se aplica também à união estável, uma vez que a liberdade de formar família sofre impacto direto, na hipótese de se concluir pela negativa da extensão da regra, já que as pessoas maiores de 70 anos, neste caso, poderão escolher se querem ver aplicada contra si a regra que impõe um regime de bens, ou se preferem escolher aquele que melhor lhes convém.

2. O REGIME DA SEPARAÇÃO OBRIGATÓRIA DE BENS E OS MOTIVOS PARA SUA EXISTÊNCIA AOS MAIORES DE 70 ANOS

Conforme leciona Paulo Lobo,[1] o regime da separação obrigatória de bens tem a natureza jurídica de um ônus legal, de um gravame ou encargo imposto a determi-

---

1. LÔBO, Paulo. *Famílias*. São Paulo: Saraiva, 2008. p. 298.

nados pretendentes ao casamento que se enquadram em situações específicas nas quais, ao viso do legislador, intercambiar patrimônios seria algo potencialmente lesivo para ao menos um dos membros do casal, ou para terceiros.

Analisando o regime em tela, aduz o autor que:

> O direito se vale de consequências jurídicas para reprimir o comportamento considerado indesejado. A consequência comum, e mais incisiva, é a sanção negativa ao descumprimento do dever jurídico, fixado em lei ou no negócio jurídico. Pode ser a inexistência ou invalidade do ato. Por exemplo, é nulo o casamento celebrado por infringência de impedimento (art. 1.548). Pode, também, utilizar consequência mais leve para a realização de determinado ato que não é proibido por lei e, consequentemente, não há dever jurídico e sanção pelo descumprimento, mas situação que procura inibir, mediante um instrumento chamado ônus(...). O regime obrigatório de bens é tipicamente um ônus: a pessoa escolhe entre casar ou não casar; se prefere casar, deverá suportar o ônus do regime obrigatório de bens.[2]

Nos termos do art. 1.641 do CCB, há três hipóteses em que a liberdade de escolha de regime resta afastada pela imposição da obrigatoriedade da separação de bens aos nubentes que: 1) não observarem as 04 causas suspensivas para o casamento, previstas no art. 1.523 do Códex (*I – o viúvo ou a viúva que tiver filho do cônjuge falecido, enquanto não fizer inventário dos bens do casal e der partilha aos herdeiros; II – a viúva, ou a mulher cujo casamento se desfez por ser nulo ou ter sido anulado, até dez meses depois do começo da viuvez, ou da dissolução da sociedade conjugal; III – o divorciado, enquanto não houver sido homologada ou decidida a partilha dos bens do casal; IV – o tutor ou o curador e os seus descendentes, ascendentes, irmãos, cunhados ou sobrinhos, com a pessoa tutelada ou curatelada, enquanto não cessar a tutela ou curatela, e não estiverem saldadas as respectivas contas*); 2) contraírem casamento quando já contam com 70 anos ou mais; 3) necessitarem de suprimento judicial para casar, a exemplo dos adolescentes púberes cujos pais divergirem quanto à autorização para o matrimônio.

No âmbito das causas suspensivas da celebração do casamento,[3] bem como no do matrimônio que dependa do suprimento do consentimento por um magistrado para acontecer, as razões pelas quais o legislador afasta a autonomia dos noivos no que toca ao estatuto patrimonial do seu enlace são, em regra, dedutíveis da própria índole do gravame que se lhes impõe a norma, quando em cotejo com as hipóteses contempladas- ainda que não sejam infensa à críticas, sobretudo no caso da sua imposição frente ao suprimento judicial, pelos inconvenientes que pode causar.[4] Ademais, quanto às causas suspensivas, 03 delas podem ser afastadas pelo juiz, quando

---

2. LÔBO, Paulo. *Famílias*. São Paulo: Saraiva, 2008. p. 298-299.
3. Essas causas eram nomeadas, no Código Beviláqua, como impedimentos dirimentes relativos. Foram felizmente rebatizadas no Código Reale, uma vez que nunca impediram o casamento, apenas o desaconselham ou inibem, mediante a paralisação do direito de escolha do regime de bens.
4. PEREIRA, Caio Mario da Silva. *Instituições de Direito Civil*. Direito de Família. Rio de Janeiro: Forense, 2007, p. 195.

os nubentes demonstrarem que não há risco de prejuízo aos terceiros que poderiam ser afetados patrimonialmente por aquele casamento.[5]

Mas qual *ratio essendi* do II do art. 1.641 do Código Civil, que afasta a autodeterminação patrimonial do casamento dos maiores de 70 anos? Ela é harmônica com o status jurídico de que os idosos gozam, no direito brasileiro contemporâneo? E a pergunta incontornável, que a doutrina já vem formulando de há muito: essa restrição de liberdade obedece às latitudes da Lei Maior de 1988?

Todos estes questionamentos afiguram-se relevantes, podendo influenciar a análise do cabimento da aplicação do regime da separação obrigatória para as uniões estáveis constituídas por pessoas que já completaram 70 anos.

Como recorda Caio Mario da Silva Pereira,[6] "João Baptista Vilella já considerava a regra do art. 258, parágrafo único, inc. II, de 1916, que "a proibição, na verdade, é bem um reflexo da postura patrimonialista do Código e constitui mais um dos ultrajes gratuitos que nossa cultura inflige na terceira idade"".

A sagaz crítica do jurista mineiro, articulada em 1980, ainda sob a égide do Código de 1916(quando o corte etário de aplicação da separação obrigatória era a completude dos 60 anos), nos aponta para uma primeira constatação: as raízes históricas dessa regra restritiva remontam a um berço legislativo que, pela sua gênese, teve como diretrizes primordiais o patrimonialismo e o individualismo.

Neste sentido, não foi de todo estranho que a nossa primeira codificação, a despeito do seu jaez liberal, tenha decidido por sacrificar a autonomia da pessoa idosa em detrimento da busca pela proteção ao seu patrimônio, intencionando pô-lo a salvo de casamentos supostamente interesseiros e gananciosos.

O próprio conceito de família como um lócus nuclear de produção e reprodução- central também para o direito sucessório- privilegiava a ideia de que proteger a entidade familiar era sinônimo de nela intervir para proteger o patrimônio por ela angariado, o que se revelou igualmente decisivo para outras limitações da autonomia dos cônjuges. Talvez a principal delas, amalgamada pela influência da igreja católica, tenha sido a longeva indissolubilidade do casamento, que perdurou em nosso sistema até o alvorecer da lei 6.515/77.

Naquele panorama, o bem-estar, a felicidade e a dimensão existencial dos membros da família eram elementos considerados, no melhor dos vieses, secundários, que só passariam a integrar efetivamente os debates e a receber a real atenção dos juristas a partir da revolução axiológica promovida pela Constituição Federal de 1988.

Impende ainda lembrar que não só o contexto jurídico no qual surgiu o regime de bens que ora se avalia era distinto, mas também a conjuntura social era deveras

---

5. LÔBO, Paulo. *Famílias*. São Paulo: Saraiva, 2008. p. 88.
6. PEREIRA, *Caio Mario da Silva*. Instituições de Direito Civil. Direito de Família. Rio de Janeiro: Forense, 2007, p. 194.

outra. Em 1900, a expectativa de vida do brasileiro era de 33,7 anos,[7] – contra 76, 3 anos em 2018,[8] – e as questões próprias do envelhecimento passavam ao largo das preocupações da maioria da população brasileira, que sequer costumava fazer planos para uma improvável velhice.

Sob os influxos da Constituição Cidadã, e das mudanças sociais e demográficas que a impulsionaram, entrou em vigor um novo Código Civil, diploma alicerçado em três vetores bastantes distintos do seu predecessor: a eticidade, a socialidade e a operabilidade.

Exatos 01 ano depois, em 01 de janeiro de 2004, começa a viger o Estatuto da Pessoa Idosa, lei que funda, no Brasil, um verdadeiro microssistema de proteção às pessoas com mais de 60 anos, na esteira da ampla proteção a elas assegurada pelo art. 230 da Lex Matter e pela Lei 8.842/94(que instituiu a política nacional do idoso e criou o Conselho Nacional do Idoso).

Urge pontuar que ambos os diplomas asseguram, de forma expressa, a autonomia da pessoa idosa. No Estatuto da Pessoa Idosa, o § 2º do art. 10 assim dispõe: "O direito ao respeito consiste na inviolabilidade da integridade física, psíquica e moral, abrangendo a preservação da imagem, da identidade, da *autonomia*, de valores, ideias e crenças, dos espaços e dos objetos pessoais". Já na Lei 8.842/94, a promoção da autonomia vem descrita, no art. 1º, como um dos objetivos da política nacional que essa norma inaugura.

Não há dúvidas de que nas latitudes do direito brasileiro pós-88, a autonomia e independência da pessoa idosa são tuteladas como desdobramentos da proteção à sua dignidade, bem como são destinatárias da proteção especial que a legislação pátria confere ao maior de 60 anos.

Nesse horizonte, como justificar a manutenção, pelo Código Civil de 2002, de imposição legal limitadora de sua autonomia patrimonial, tracejada em momento histórico, social e jurídico tão distinto daquele no qual foi concebida? Como compreender que uma pessoa com mais de 70 anos possa presidir um país, gerir o orçamento de toda uma nação, mas siga sem ter o direito de escolher o regime de bens que regerá seu próprio casamento, por presumida incapacidade de se proteger contra eventuais "golpes do baú"?

O conceito para a qual parece apontar esse paradoxo chama-se *etarismo* (também chamado de idadismo ou ageísmo[9]), e pode ser definido como o preconceito contra pessoas mais velhas.

Identificado, em 1969, pelo gerontologista americano Robert Butler, o etarismo tem conotações próximas às de outros preconceitos estruturais, como o sexismo e o

---

7. IBGE: expectativa de vida dos brasileiros aumentou mais de 40 anos em 11 décadas. Agência Brasil (ebc.com.br).
8. Expectativa de vida dos brasileiros aumenta para 76,3 anos em 2018. Agência de Notícias (ibge.gov.br).
9. Global report on ageism (who.int).

racismo, e traduz-se pela discriminação e exclusão das pessoas em função do avançar da idade. Calca-se em estereótipos negativos que distorcem os desgastes do natural processo de envelhecimento, e uniformiza as pessoas idosas como se todas tivessem o mesmo perfil e características.[10]

Nota-se que o etarismo tende a ser mais acentuado em sociedades capitalistas, na medida em que a progressiva queda de produtividade da pessoa idosa é tida como um desvalor pelo sistema. Em contrapartida, o culto à juventude eterna, cada vez mais agudo num universo de relações sociais que se alimentam de imagens "perfeitas", editadas por filtros, aquece o mercado de produtos de beleza, tratamentos estéticos e cirurgias plásticas, o que evidencia uma faceta lucrativa do preconceito etário.[1114]. Essa pressão estética volta-se muito mais para as mulheres, e revela a necessidade de se pensar o etarismo de modo interseccional, cruzando-o com marcadores de gênero, raça e classe, dentre outros.

A psicóloga Fran Winandy[12] menciona que, dentre as práticas etaristas, uma menos visível, mas muito comum é a "benevolência", que consiste em desconsiderar a autonomia da pessoa idosa, suas vontades e sua capacidade de tomar decisões acerca da própria vida, e tudo isso sob o manto de um aparente zelo ou dever de cuidado. Essa conduta, frequente entre familiares de idosos, resvala em uma espécie de infantilização do sujeito, travestida como gentiliza e proteção.

O Códex, ao manter a norma restritiva que impede a livre escolha do regime de bens pelo nubente maior de 70 anos, reproduz, institucionalmente, essa lógica. Há, na imposição da separação obrigatória em função da idade, uma pressuposição de que toda pessoa maior de 70 perde a capacidade de avaliar os próprios relacionamentos afetivos e de decidir o que quer para a própria vida e para o patrimônio que construiu até ali. Ou seja, essa imposição calca-se numa espécie de presunção de senilidade, a qual tornaria o idoso indefeso, por si mesmo, contra oportunistas à espreita, geralmente bem mais jovens que o titular da fortuna cobiçada.

Provocação interessante fez Silvio Rodrigues, ainda antes da Lei 12.344/10 alterar a idade da imposição do regime de 60 para 70 anos, ao pontuar que

> É verdade que a proibição não se circunscreve apenas ao casamento de mancebo com sexagenária, ou a casamento de sexagenário com mulher jovem, casamentos esses em que, mais frequentemente, a busca de vantagem material se manifesta, porém abrange o casamento da mulher e do homem com mais de 60 anos. Aliás, talvez se possa dizer que uma das vantagens da fortuna consiste em aumentar os atrativos matrimoniais de quem a detém. Não há inconveniente social de qualquer

---

10. Etarismo: o que é e como se manifesta o preconceito contra pessoas mais velhas. Hypeness inovação e criatividade para todos.
11. "Nossa, você parece tão mais jovem!": elogio ou etarismo? – Harper's Bazaar » Moda, beleza e estilo de vida em um só site (uol.com.br).
12. Etarismo: o que é e como se manifesta o preconceito contra pessoas mais velhas. Hypeness inovação e criatividade para todos.

espécie em permitir que um sexagenário ou uma quinquagenária ricos se casem pelo regime da comunhão, se assim lhes aprouver.[13]

Revisitado o contexto histórico do surgimento dessa regra restritiva, e tecidas reflexões sobre a sua manutenção pelo atual diploma civil, necessário analisar a arquitetura dos efeitos que o regime da separação obrigatória de bens lança sob os casamentos das pessoas maiores de 70 anos.

3. EFEITOS DO REGIME DA SEPARAÇÃO OBRIGATÓRIA DE BENS

O regime da separação obrigatória de bens, como visto, representa uma restrição de direitos a pessoas que estejam, no sentir do legislador, em situação que não lhes permita escolher a melhor regra para reger seu patrimônio.

Para os maiores de 70 anos, parece mais o resquício de um tempo que no qual o Estado tinha uma maior intervenção nas relações privadas, bastante deslocado do tempo atual, que obriga o Estado a ocupar uma posição de proteção, a partir do respeito à autodeterminação, inclusive.

Em se tratando, portanto, de um regime que impõe a separação das massas patrimoniais, sua justificativa se dá para as pessoas que ou não podem, ou não deveriam ter total autonomia patrimonial. Parece, por exemplo, se aplicar "perfeitamente" para os casos da inobservância às causas suspensivas para o casamento, ou ainda, para aqueles que requerem suprimento judicial de consentimento. Muito embora haja controvérsia acerca da ingerência do Estado na autonomia privada das partes sobre a gestão patrimonial, compreende-se que aqui a preocupação se deu majoritariamente com relação a terceiros. Não à toa, em ambos os casos, este regime pode ser posteriormente modificado, quando sanadas as situações limitantes, hipótese que não se aplica aos maiores de 70 anos, por óbvio, porque a condição é insuperável.

Assim sendo, se um casal em qualquer das três condições previstas no art. 1.641 do CCB eleger regime diverso da separação de bens por meio de pacto antenupcial, será nula a disposição, por afrontar regra de ordem pública.

O regime, portanto, observa as mesmas regras do regime convencional da separação, salvo em duas situações: na sucessão e em face da súmula 377 do STF.

No que tange à sucessão, quando houver descendentes e cônjuge supérstite, a previsão do art. 1.829, inciso I do CCB é clara: não haverá concorrência do cônjuge com descendentes quando o regime de separação for o obrigatório, havendo, portanto, quando o regime for o convencional.

O entendimento, sedimentado pelo Superior Tribunal de Justiça, notadamente no REsp 1.382.170/SP, de relatoria do Min. Moura Ribeiro, firmou a tese de que o cônjuge casado no regime da separação total de bens será herdeiro necessário, ex-

---

13. RODRIGUES, Silvio. *Direito Civil*: direito de família. São Paulo: Saraiva, 2001, p. 182.

ceto quando o regime operar por meio de imposição legal, sob o raciocínio de que a obrigatoriedade de separar os bens segue a mesma lógica em vida e *mortis causa*.

A ressalva não se aplica, no entanto, para os demais incisos do art. 1.829, sendo restritiva apenas no que diz respeito à concorrência com descendentes.

Por sua vez, a Súmula 377 do STF, prevê a comunicação dos aquestos adquiridos na constância do casamento. Esta é uma Súmula repleta de questionamentos, talvez e mormente porque imponha um regime equivalente ao da comunhão parcial de bens, quando a regra sempre se mostrou restritiva de direitos.

A esse respeito, o Superior Tribunal de Justiça já se posicionou (REsp 1.481.888/SP) firmando entendimento que a regra não se aplica, por exemplo, ao regime da separação convencional de bens, haja vista que quando o casal opta pela separação é porque não quer ver seu patrimônio confundido.

O objetivo da Súmula 377, aparentemente, é de evitar enriquecimento sem causa, haja vista que o regime impõe uma separação de bens e, em havendo aquisição comum de patrimônio devidamente comprovada ao longo da vida, é possível que seja partilhado.

Em se vivendo num país marcadamente patriarcal, é natural compreender que estatisticamente os homens estejam à frente da aquisição de bens, tenham os mesmos sob sua administração, seja porque culturalmente a sociedade assim se porta, ou ainda, porque a lei já determinou. O art. 233 do CCB/16 colocava o homem como chefe da sociedade conjugal e responsável pela administração dos bens não só comuns, como também aqueles particulares da mulher.

Muito embora já tenhamos superado esta regra nefasta, não houve uma superação completa da cultura que ainda impõe à mulher uma sobrecarga do trabalho doméstico não remunerado que, consequentemente, a afasta de condições paritárias no mercado de trabalho remunerado.

A preocupação com a Súmula por vezes acompanha o raciocínio de que os homens serão "vítimas" de um "golpe" patrimonial:

> Imaginemos a situação em que um senhor de 90 anos de idade conhece uma bela moça de 19 e passa a estabelecer com ela um romance. Depois de alguns meses, eles resolvem se casar. A moça, com intenções espúrias, começa a pedir presentes ao amado e ele, envolto em nobres sentimentos pela donzela, começa a presenteá-la com imóveis e itens luxuosos. Ela, estudante de Direito, sabendo da existência da nefasta súmula, contribui com a aquisição dos imóveis em pequenas quantias que detinha na sua conta corrente. Depois de pouco mais de três anos, a moça diz que o sentimento acabou e decide colocar fim a relação. Pergunto: nesse caso, teria a súmula inibido o enriquecimento sem causa? Nos parece que não. Ao revés, ela deturpou um instituto que visava proteger o idoso, desaguando em nítido prejuízo para ele, que terá que lidar com um transtorno para demonstrar a proporção de contribuição da ex-esposa, em nítido descompasso com o que almejava o legislador do Código de 2002.[14]

---

14. RUAN, Lucas. Disponível em: https://www.migalhas.com.br/depeso/359371/a-nefasta-sumula-377-do-stf. Acesso em: 04 jul. 2022.

Contudo, há também uma enorme preocupação com a prova desta contribuição na aquisição dos aquestos, porque a grande realidade do Brasil mostra que as mulheres estão fora do mercado de trabalho e que a aquisição, muitas vezes, ocorre com a contribuição indireta da mulher, que assume um posto de trabalho informal e sem remuneração.

4. PRECEDENTES DO SUPERIOR TRIBUNAL DE JUSTIÇA

Instado a se pronunciar sobre o tema, o Superior Tribunal de Justiça tem alicerçado suas bases no entendimento de que a *ratio legis* do art. 1.641, inciso II do CCB foi a de proteger a pessoa idosa e seus herdeiros de relações de conjugalidade amparadas no interesse estritamente econômico, exemplo do REsp 1.922.347/PR, que entendeu pela viabilidade de afastamento da Súmula 377 do STF em pacto de convivência:

> Recurso especial. União estável sob o regime da separação obrigatória de bens. Companheiro maior de 70 anos na ocasião em que firmou escritura pública. Pacto antenupcial afastando a incidência da súmula n. 377 do STF, impedindo a comunhão dos aquestos adquiridos onerosamente na constância da convivência. Possibilidade. Meação de bens da companheira. Inocorrência. Sucessão de bens. Companheira na condição de herdeira. Impossibilidade. Necessidade de remoção dela da inventariança. 1. O pacto antenupcial e o contrato de convivência definem as regras econômicas que irão reger o patrimônio daquela unidade familiar, formando o estatuto patrimonial - regime de bens - do casamento ou da união estável, cuja regência se iniciará, sucessivamente, na data da celebração do matrimônio ou no momento da demonstração empírica do preenchimento dos requisitos da união estável (CC, art. 1.723). 2. O Código Civil, em exceção à autonomia privada, também restringe a liberdade de escolha do regime patrimonial aos nubentes em certas circunstâncias, reputadas pelo legislador como essenciais à proteção de determinadas pessoas ou situações e que foram dispostas no art. 1.641 do Código Civil, como sói ser o regime da separação obrigatória da pessoa maior de setenta anos (inciso II). 3. *"A ratio legis foi a de proteger o idoso e seus herdeiros necessários dos casamentos realizados por interesse estritamente econômico, evitando que este seja o principal fator a mover o consorte para o enlace"* (REsp 1689152/SC, Rel. Ministro Luis Felipe Salomão, Quarta Turma, julgado em 24.10.2017, DJe 22.11.2017). 4. Firmou o STJ o entendimento de que, "por força do art. 258, § único, inciso II, do Código Civil de 1916 (equivalente, em parte, ao art. 1.641, inciso II, do Código Civil de 2002), ao casamento de sexagenário, se homem, ou cinquentenária, se mulher, é imposto o regime de separação obrigatória de bens. Por esse motivo, às uniões estáveis é aplicável a mesma regra, impondo-se seja observado o regime de separação obrigatória, sendo o homem maior de sessenta anos ou mulher maior de cinquenta" (REsp 646.259/RS, Rel. Ministro Luis Felipe Salomão, Quarta Turma, julgado em 22.06.2010, DJe 24.08.2010). 5. A Segunda Seção do STJ, em releitura da antiga Súmula n. 377/STF, decidiu que, "no regime de separação legal de bens, comunicam-se os adquiridos na constância do casamento, desde que comprovado o esforço comum para sua aquisição" EREsp 1.623.858/MG, Rel. Ministro Lázaro Guimarães (Desembargador convocado do TRF 5ª região), Segunda Seção, julgado em 23.05.2018, DJe 30.05.2018), ratificando anterior entendimento da Seção com relação à união estável (EREsp 1171820/PR, Rel. Ministro Raul Araújo, Segunda Seção, julgado em 26/08/2015, DJe 21.09.2015). 6. No casamento ou na união estável regidos pelo regime da separação obrigatória de bens, é possível que os nubentes/companheiros, em exercício da autonomia privada, estipulando o que melhor lhes aprouver em relação aos bens futuros, pactuem cláusula mais protetiva ao regime legal, com o afastamento da Súmula n. 377 do STF, impedindo a comunhão dos aquestos. 7. *A mens legis do art. 1.641, II, do Código Civil é justamente conferir proteção ao patrimônio do*

idoso que está casando-se e aos interesses de sua prole, impedindo a comunicação dos aquestos. Por uma interpretação teleológica da norma, é possível que o pacto antenupcial venha a estabelecer cláusula ainda mais protetiva aos bens do nubente septuagenário, preservando o espírito do Código Civil de impedir a comunhão dos bens do ancião. O que não se mostra possível é a vulneração dos ditames do regime restritivo e protetivo, seja afastando a incidência do regime da separação obrigatória, seja adotando pacto que o torne regime mais ampliativo e comunitário em relação aos bens.

8. Na hipótese, o de cujus e a sua companheira celebraram escritura pública de união estável quando o primeiro contava com 77 anos de idade – com observância, portanto, do regime da separação obrigatória de bens –, oportunidade em que as partes, de livre e espontânea vontade, realizaram pacto antenupcial estipulando termos ainda mais protetivos ao enlace, demonstrando o claro intento de não terem os seus bens comunicados, com o afastamento da incidência da Súmula 377 do STF. Portanto, não há falar em meação de bens nem em sucessão da companheira (CC, art. 1.829, I). 9. Recurso especial da filha do de cujus a que se dá provimento. Recurso da ex-companheira desprovido.

Acórdão

Vistos, relatados e discutidos estes autos, os Ministros da Quarta Turma do Superior Tribunal de Justiça acordam, por unanimidade, dar provimento ao recurso especial de Maria de Fátima Grube Carignano e negar provimento ao recurso especial de Áurea Kurpiel das Chagas, nos termos do voto do Sr. Ministro Relator. Os Srs. Ministros Raul Araújo, Maria Isabel Gallotti, Antonio Carlos Ferreira e Marco Buzzi votaram com o Sr. Ministro Relator.

Referência Legislativa.[15]

Como é possível denotar, o posicionamento do STJ firma-se na compreensão de que é viável afastar a incidência das Súmula quando o objetivo é restringir ainda mais as consequências do regime de bens, evitando, desta forma, que haja comunicação de aquestos durante o casamento. Almeja-se "proteger o ancião", partindo da premissa de que as relações de conjugalidade nesta idade poderiam estar pautadas por interesse pura ou predominantemente econômico.

Seguindo este mesmo raciocínio, o Superior Tribunal de Justiça firma sua posição de que se aplica à união estável o regime da separação obrigatória de bens, quando um dos companheiros possui 70 anos ou mais:

Agravo interno no recurso especial - ação de dissolução de união estável – Decisão monocrática que negou provimento ao reclamo. Insurgência da parte autora. 1. Esta Corte assentou seu entendimento de que aplica-se à união estável a mesma regra de obrigatoriedade do regime de separação de bens incidente ao casamento. Precedentes. 2. O STJ tem orientação consolidada de que é obrigatório o regime da separação de bens no casamento do maior de setenta (70) anos de idade, nos termos do artigo 1.641, II, do Código Civil. Precedentes. 3. "A *ratio legis* foi a de proteger o idoso e seus herdeiros necessários dos casamentos realizados por interesse estritamente econômico, evitando que este seja o principal fator a mover o consorte para o enlace" (REsp 1.689.152/SC, Rel. Ministro Luis Felipe Salomão, Quarta Turma, julgado em 24.10.2017, DJe 22.11.2017). 4. Agravo interno desprovido.[16]

---

15. BRASIL, Superior Tribunal de Justiça. REsp 1922347/PR, Relator: Min. Luis Felipe Salomão, DJ: 07.12.2021. Disponível em: https://scon.stj.jus.br/SCON/pesquisar.jsp. Acesso em: 04 jul. 2022.
16. BRASIL, Superior Tribunal de Justiça, AgInt no REsp 1946313/SP, Relator: Min. Marco Buzzi, Dj: 23.05.2022. Disponível em: https://scon.stj.jus.br/SCON/pesquisar.jsp. Acesso em: 04 jul. 2022.

A lógica utilizada pelo STJ é de proteção, ampliando a eficácia de uma norma restritiva de direitos para a união estável, ou melhor, para todas as relações de conjugalidade.

No caso em espécie, a parte suscitou violação do Estatuto do Idoso, pela limitação no exercício de sua autonomia privada, atentando contra a liberdade da pessoa septuagenária.

O argumento de ataque é de que não seria possível criar regras distintas entre as relações de conjugalidade, porque representaria um prestígio maior à união estável em detrimento do casamento.

Nesse aspecto, é interessante observar que o uso desta premissa não deixa de ser um reconhecimento de que a aplicação do regime da separação obrigatória representa uma punição a quem escolhe vivenciar uma conjugalidade depois dos setenta anos.

Mais do que isto, o argumento utilizado milita também no sentido de que a mitigação da escolha do regime de bens apenas para o casamento seria um desestímulo ao mesmo, quando a norma constitucional teria, por finalidade, a facilitação da conversão da união estável em casamento.

Então vejamos: o argumento é de que a ampliação dos efeitos do artigo se ancoraria em dois pilares: o de proteger a pessoa idosa, restringindo sua liberdade; o de não criar efeitos diferentes para os dois tipos de conjugalidade, evitando que a união estável exiba mais privilégios que o casamento.

O argumento de que a união estável não poderia ter mais privilégios que o casamento, sobretudo sedimentado na ideia de que o objetivo da norma constitucional seria de favorecer a conversão da união estável para o casamento, destoa da contemporaneidade.

Ora, o constituinte precisou fazer um esforço hercúleo para inserir um outro tipo de conjugalidade na norma constitucional e, àquela época, parece razoável que o efeito cultural da norma tenha sido no sentido de fazer a população compreender que a união estável dialogava com o casamento.

Mas, atualmente, escolher entre a união estável ou o casamento é um exercício. De liberdade. Sobretudo após a EC 66/2010, que facilitou sobremaneira o divórcio, evitando que as pessoas ficassem presas a prazos – o que porventura pudesse justificar uma união estável prévia, por impedimento matrimonial.

Então, se antes as pessoas viviam em união estável, eventualmente, por não poderem casar, por estarem cumprindo prazo de separação de fato para o divórcio, não vivem esta realidade há mais de uma década!

Atualmente, a via da união estável ou do casamento é definida pelo casal de forma voluntária, sendo a primeira uma relação de conjugalidade pautada na informalidade e, o segundo, a experiência de uma conjugalidade que opta por observar o formalismo e a solenidade que a distinguem.

Em relação ao primeiro argumento, de proteção da pessoa idosa, ou "anciã", parece ser esta uma assertiva inconstitucional. Ampliar os efeitos de uma regra que pressupõe que a pessoa idosa não é capaz de fazer suas escolhas afetivas e que será levada a um "golpe" remonta os tempos em que a sociedade enxergava, sobretudo, a mulher como uma figura interesseira, que buscava se relacionar a partir das ofertas patrimoniais.

O Código Civil de 2002 precisa refletir o seu século e mais do que isto, o século atual.

Em vinte anos, por exemplo, o Divórcio, como já mencionado, deixou de ter requisitos temporais e de separação judicial prévia, e passou a ser apenas o exercício de um direito- que pode, inclusive, caso preenchidos determinados requisitos, resolver-se na seara cartorária.

Sendo assim, é necessário enfrentar uma questão fulcral, sobre a possibilidade de aplicação de uma regra restritiva de direitos para a hipótese que se esquadrinha.

5. NÃO APLICAÇÃO DE REGRA RESTRITIVA DE DIREITO

Ab initio, releva pontuar que o fato de união estável e casamento serem entidades familiares que gozam de igual proteção constitucional, garantida pelo art. 226, não implica em concluir que os institutos se confundem. Há diferenças básicas entre eles, como *a ausência de necessidade de formalização da união estável* x *a solenidade que rege o casamento*.

Enquanto o casamento é usualmente precedido de planejamento e avaliação de uma série de questões que o envolvem- inclusive do regime de bens a ser adotado-, a união estável é uma relação que costuma ser marcada pelo surgimento, em regra, espontâneo. No âmbito das relações contemporâneas, essas uniões costumam nascer como um desdobramento de namoros cada vez mais marcados pela intensidade e pela ampliação veloz da intimidade, e não é incomum que um casal não saiba precisar o momento exato em que migrou do namoro para esse modelo de família.

Desde o julgamento, pelo Supremo Tribunal Federal, do tema de repercussão geral 809, que definiu a tese da inconstitucionalidade do art. 1.790 do CCB, por promover a distinção de regimes sucessórios entre cônjuges e companheiros, ampliou-se o já aquecido debate sobre a inclusão do companheiro no rol dos herdeiros necessários do art. 1.845 do Código Civil.

Embora a maioria da doutrina pareça se inclinar para essa extensão, vozes como a de Rodrigo da Cunha Pereira continuam se insurgindo contra essa possibilidade, sobretudo por enxergá-la como parte de um movimento que elimina completamente as diferenças entre união estável e casamento. Diz o presidente do IBDFAM:

> Quem assim interpreta está tolhendo a liberdade das pessoas de escolherem esta ou aquela forma de família. Está, na verdade, decretando o fim do instituto da União estável. Se em tudo é idêntica ao casamento, ela deixa de existir, e só passa a existir o casamento. Afinal, se a União Estável em

tudo se equipara ao casamento, tornou-se um casamento forçado. Respeitar as diferenças entre um instituto e o outro é o que há de mais saudável para um sistema jurídico. Um dos pilares de sustentação do Direito Civil é a liberdade.[17]

O fato é que o legislador não previu efeitos idênticos para ambos os institutos, e a tendência pretoriana de igualização entre eles pode, efetivamente, vir a eliminar a própria essência da união estável como um modelo de entidade familiar alternativo ao casamento.

Mas quando é que o tratamento legal diferenciado entre os institutos deve prevalecer, e quando é que as diferenças de efeitos entre eles não se justificam, podendo até mesmo a vir a padecer de inconstitucionalidade?

Sustentar que se aplique à união estável normas legais vocacionadas para o casamento só é possível quando essa aplicação não implicar em restrição de direitos. Assim o é, por exemplo, com a defesa de que não só o cônjuge, mas também o companheiro deve ser considerado curador preferencial do ausente, como propõe o Enunciado n. 97 da I Jornada de Direito Civil do CJF.

Nessa linha de entendimento, advoga-se que o companheiro deve ter direito ao recebimento, nos mesmos moldes que o cônjuge, do seguro de vida contratado por segurado que não indicou beneficiário. Embora o art. 792 do CCB disponha que "o capital segurado será pago por metade ao cônjuge não separado judicialmente, e o restante aos herdeiros do segurado, obedecida a ordem da vocação hereditária", impedir que o companheiro receba o benefício por ausência de previsão legal incide em tratamento discriminatório entre união estável e casamento, vedado pela CF/88, como leciona Maria Berenice Dias.[18]

Esse não é o caso, por exemplo, da aplicação do regime de separação obrigatória de bens às uniões estáveis que não observaram as causas suspensivas do art. 1.523. As referidas causas, que implicam em restrição da liberdade de escolha do regime de bens, foram disciplinadas para o casamento e só a ele devem ser aplicadas.

O art. 1.723, § 2 o do Códex prevê, inclusive, que "As causas suspensivas do art. 1.523 não impedirão a caracterização da união estável". E a união estável, que independe de qualquer formalidade para se configurar, reger-se-á pela comunhão parcial de bens (CC, art. 1.725), a não ser que lhe sobrevenha pacto elegendo outro regime.

Afirma Conrado Paulino da Rosa que "o § 2º do artigo 1.723, ao tratar das causas suspensivas matrimoniais em relação à união estável, afasta, com clareza solar, qualquer interpretação que permita impor o regime da separação obrigatória às famílias convivenciais".[19] Acrescenta ainda o autor que "prova disso é que o caput do art. 1.641, ao tratar das consequências do descumprimento às causas suspensivas,

---

17. ConJur – Companheiros são herdeiros necessários ou facultativos?
18. ConJur – Maria Berenice Dias: Último companheiro dever receber seguro de vida.
19. ROSA, Conrado Paulino da. *Direito de Família contemporâneo*. São Paulo: JusPodivm, 2022. P. 144-145.

assim descreve (sem destaque no original): é obrigatório o regime da separação de bens *no casamento*)".

As normas do art. 1.523, c/c 1.641, instituem restrição ao livre exercício da autonomia privada e restringem, indubitavelmente, a liberdade dos companheiros de escolherem o regime de bens que melhor assista à sua relação. A regra, em nosso ordenamento, é a liberdade na escolha de regime, pelo que as normas restritivas de direitos à essa escolha só podem ser interpretadas de forma também restrita. O rol do art. 1.523, portanto, é taxativo, e não pode ser aplicado à união estável.

Na linha desse raciocínio, aplicado a um outro caso apreciado pelo STJ, em 2021 a Min. Nancy Andrighi, em voto de sua lavra, declarou que

> Como importa em restrição de direito, o rol dessas exceções é taxativo (*numerus clausus*), não comportando ampliação. Toda norma restritiva de direitos interpreta-se de modo estrito... Não se pode interpretar ampliativamente norma que restringe direitos, como é o caso do CPC. (STJ – REsp 1904872 PR 2020/0293367-0, Relator: Ministra Nancy Andrighi, Terceira Turma, Data de Publicação: DJe 28.09.2021).

Em doutrina citada pelo próprio STJ (Recurso Especial 1.943.848 – PR), quando da discussão sobre a taxatividade do rol que permite a exclusão de um herdeiro por indignidade, lê-se

> O rol do art. 1.814 é taxativo. Outra não poderia ser a conclusão, tendo em vista que, como vimos, a legitimação para receber herança é a regra. Por isso, qualquer situação que venha impossibilitar esse direito há de ser tomada como norma excepcional. E só as causas expressamente previstas afastam os herdeiros e legatários, não se admitindo interpretação extensiva nem aplicação analógica para impedir a aquisição dos direitos hereditários.[20]

Na mesma linha de entendimento, Mario Delgado, ao doutrinar sobre a já mencionada celeuma da inclusão do cônjuge no rol dos herdeiros necessários, defende que "(...) o artigo 1845 é nítida norma restritiva de direitos, pois institui restrição ao livre exercício da autonomia privada e, conforme normas ancestrais de hermenêutica, não se pode dar interpretação ampliativa à norma restritiva".[21]

O art. 1.641, II do CCB, por óbvio, normatiza uma restrição de direito, ao impedir que a pessoa com mais de 70 anos exerça a sua liberdade de escolha quanto ao estatuto patrimonial que orquestrará todo seu vínculo de casamento. Elastecer o cabimento dessa polêmica disposição legal para que ela abarque também a união estável é algo que subverte completa e injustificadamente a regra de hermenêutica supra aludida.

Ademais, a ausência de previsão legal sobre o tema, no que tange à união estável, obstaculiza que um casal que vive nesse modelo de entidade familiar possa ter conhe-

---

20. ALMEIDA, José Luiz Gavião de. In: AZEVEDO, Álvaro Villaça (Coord.). *Código Civil comentado*: direito das sucessões, sucessão em geral, sucessão legítima: arts. 1.784 a 1.856. São Paulo: Atlas, 2003. v. XVIII, p. 157.
21. DELGADO, Mario. In: PEREIRA, Rodrigo da Cunha (Coord.). *Famílias e Sucessões* – Polêmicas, tendências e inovações. Ed. IBDFAM, 2018, p. 387.

cimento, previamente, de que por ocasião de uma eventual dissolução de vínculo o regime a ele aplicável seria o da separação obrigatória. A leitura do art. 1.641 não os permitiria chegar a essa conclusão. Ao revés, uma simples mirada ao art. 1.725 do Código Reale faria qualquer casal leigo concluir que o regime aplicável à sua relação só poderia ser o da comunhão parcial de bens, na ausência de convenção celebrada por eles em sentido diverso.

6. NOTAS CONCLUSIVAS, PELA INCONSTITUCIONALIDADE DA REGRA E NÃO EXTENSÃO À UNIÃO ESTÁVEL

Para além da impossibilidade da aplicação ampliativa de regra restritiva de direitos, ainda é necessário reconhecer que a boa doutrina tem se posicionado pelo reconhecimento da inconstitucionalidade do referido inciso, por, claramente, afrontar o art. 1º, inciso III, art. 5º, incisos I e X e art. 226 da Constituição Federal.

Além da autonomia das entidades familiares, que lhes confere características próprias, necessário verificar a proteção constitucional oferecida à pessoa humana com a carta democrática de 1988.

A regra que define idade máxima para exercício de uma autonomia patrimonial, na escolha do regime de bens, pode se configurar como etarismo.

Ora, a idade de que trata o Código Civil se vincula à mínima, para exercício dos atos da vida civil, mas jamais de idade máxima para tanto.

A pessoa tem idade mínima para casar-se, firmar negócios, para celebrar contratos, fazer testamento, mas não existe idade máxima para nenhum desses atos da vida civil. A lei 10.741/2003 define a pessoa idosa a partir dos 60 anos e então lhe oferece um rol de direitos e de proteção estatal. Proteção aqui, não pode se confundir com tratamento discriminatório ou restritivo.

Como aduzem Fabiana Domingues Cardoso e Viviane Girardi

> Havendo quem defenda a inconstitucionalidade do referido dispositivo legal, uma vez que ele ceifa da pessoa idosa a liberdade na condução das suas relações e do seu patrimônio de forma adequada à própria realidade. Nos tempos atuais, causa, no mínimo, estranheza a imposição legal que furta do idoso tal decisão, revelada na dicotomia de tratamento para as hipóteses, porque o mesmo idoso que não pode escolher o regime de bens do seu casamento (ou união estável) pode ser o magistrado dotado de plena autonomia para julgar questões sérias da vida dos outros cidadãos- o que dificulta a razão da lei.[22]

Uma pessoa com 70 anos é capaz de gerir sua vida e seu patrimônio, não cabendo ao Estado lhe prever uma regra que impacte nas suas escolhas pessoais. O art. 2º do Estatuto do Idoso, aqui mencionado, assegura-lhe todos os direitos fundamentais à

---

22. DOMINGUES, Fabiana Cardoso. GIRADI, Viviane. O instituto do regime de bens e sua influência no planejamento sucessório. In: TEIXEIRA, Daniele Chaves (coord.) Arquitetura do planejamento sucessório. Tomo II. Belo Horizonte: Fórum, 2021. p. 181.

pessoa humana e na sequência, no art. 3°, impõe à família, comunidade, sociedade e ao Poder Público o dever de assegurar ao idoso a sua liberdade, com absoluta prioridade.

A regra parece ser um resquício de um Estado interventor da vida privada, que deveria ter ficado para trás com a inauguração do Estado Social no Brasil.

O próprio STJ reconhece em seus julgados que muito se discute acerca da inconstitucionalidade da regra, mas, de forma coerente, entende que este ponto precisa ser apreciado pelo STF para que se afaste sua aplicabilidade.

No entanto, a doutrina vem cumprindo seu papel normativo, enquanto sociedade prevista no art. 3° do Estatuto do Idoso acima mencionado, de alertar para a inconstitucionalidade patente desta norma.

O Plano de Ação Internacional sobre o Envelhecimento[23] previu, ainda em 2003, uma projeção do aumento da população idosa mundial, da qual o Brasil faz parte e lidera os números:

> Artigo 2° Celebramos o aumento da expectativa de vida em muitas regiões do mundo como uma das maiores conquistas da humanidade. Reconhecemos que o mundo está passando por uma transformação demográfica sem precedentes e que daqui a 2050, o número de pessoas acima de 60 anos aumentará de 600 milhões a quase 2 bilhões, e se prevê a duplicação do percentual de pessoas de 60 anos ou mais, passando de 10% para 21%. Esse incremento será maior e mais rápido nos países em desenvolvimento, onde se prevê que a população idosa se multiplique por quatro nos próximos 50 anos. Essa transformação demográfica apresentará para toda a sociedade o desafio de aumentar as oportunidades das pessoas, particularmente as oportunidades de os idosos aproveitar ao máximo suas capacidades de participação em todos os aspectos da vida.

A obrigação do Estado, portanto, não se resume a um sistema protetivo limitante. A lógica é que o sistema seja de proteção e de promoção da concretude da dignidade da pessoa idosa, oferecendo a ela autonomia e, sobretudo, respeito às suas liberdades.

Apenas de forma comparativa, tome-se como exemplo as mudanças promovidas no tratamento dado às pessoas com deficiência a partir do Estatuto (lei 13.146/2015), que retirou dessa parcela da população a interpretação de incapacidade, lhes oferecendo autonomia no exercício dos direitos existenciais.

A extinção da expressão interdição, além de um avanço, é simbólica, porque representa o fim de uma opressão sobre as pessoas, e um reconhecimento de sua dignidade.

Pessoas idosas que não podem sequer exercer sua liberdade quanto à escolha do melhor regime de bens para sua vida conjugal, são interditadas pelo Estado numa escolha de gestão da vida conjugal, são alijadas do poder de planejar e orquestrar a própria vida de acordo com suas vontades e anseios.

---

23. Plano de ação internacional sobre o envelhecimento, 2002 / Organização das Nações Unidas; tradução de Arlene Santos, revisão de português de Alkmin Cunha; revisão técnica de Jurilza M.B. de Mendonça e Vitória Gois. – Brasília: Secretaria Especial dos Direitos Humanos, 2003. p. 18.

Como escreve Andrea Pachá "Embora envelheçamos desde a concepção, não nos damos conta do processo natural e acabamos por rejeitá-lo, invisibilizando a velhice e associando-a à perda de capacidade, de vontade, de desejos. Ao fim dos projetos e sonhos".[24]

O tempo atual, duas décadas depois da vigência do Código Civil, é de diálogo e exigência de políticas públicas para combater o etarismo e promover a longevidade, garantido à pessoa idosa um envelhecimento com autonomia e qualidade.

Preservar o alcance de uma regra discriminatória é ferir o próprio texto constitucional, que obriga o Estado a promover o tratamento igualitário e digno da pessoa humana em todas as etapas da sua vida.

7. REFERÊNCIAS

ALMEIDA, José Luiz Gavião de. In: AZEVEDO, Álvaro Villaça (Coord.). *Código Civil comentado*: direito das sucessões, sucessão em geral, sucessão legítima: arts. 1.784 a 1.856. Vol. XVIII (Coord: Álvaro Villaça Azevedo). São Paulo: Atlas, 2003. v. XVIII.

AZEVEDO, Roanna. *Etarismo*: o que é e como se manifesta o preconceito contra pessoas mais velhas. Hypeness inovação e criatividade para todos, d. Disponível em: https://www.hypeness.com.br/2022/03/etarismo-o-que-e-e-como-se-manifesta-o-preconceito-contra-pessoas-mais-velhas/. Acesso em: 05 ago. 2022.

BRASIL, Superior Tribunal de Justiça, AgInt no REsp 1946313/SP, Relator: Min. Marco Buzzi, Dj: 23.05.2022, Disponível em: https://scon.stj.jus.br/SCON/pesquisar.jsp. Acesso em: 04 jul. 2022.

BRASIL, Superior Tribunal de Justiça. REsp 1922347/PR, Relator: Min. Luis Felipe Salomão, DJ: 07.12.2021, Disponível em: https://scon.stj.jus.br/SCON/pesquisar.jsp. Acesso em: 04 jul. 2022.

CAMPOS, Ana Cristina. *IBGE*: expectativa de vida dos brasileiros aumentou mais de 40 anos em 11 décadas. Agência Brasil (ebc.com.br). Disponível em: https://agenciabrasil.ebc.com.br/geral/noticia/2016-08/ibge-expectativa-de-vida-dos-brasileiros-aumentou-mais-de-75-anos-em-11. Acesso em: 05 de ago. 2022.

DELGADO, Mario. In: PEREIRA, Rodrigo da Cunha (Coord.). *Famílias e sucessões – Polêmicas, tendências e inovações*. Ed. IBDFAM, 2018.

DIAS, Maria Berenice. *ConJur.* Último companheiro dever receber seguro de vida., Disponível em: https://www.conjur.com.br/2018-fev-28/maria-berenice-dias-ultimo-companheiro-dever-receber-seguro-vida. Acesso em: 05 ago. 2022.

DOMINGUES, Fabiana Cardoso. GIRADI, Viviane. O instituto do regime de bens e sua influência no planejamento sucessório. In: TEIXEIRA, Daniele Chaves (Coord.) *Arquitetura do planejamento sucessório*. Belo Horizonte: Fórum, 2021. t. II, p. 181.

GLOBAL REPORT ON AGEISM (WHO.INT). Disponível em: https://www.who.int/publications/i/item/9789240016866, a. Acesso em: 05 ago. 2022.

LÔBO, Paulo. *Famílias*. São Paulo: Saraiva, 2008.

PACHÁ, Andrea. *Velhos são os outros*. Rio de Janeiro: Intrínseca: 2018.

---

24. PACHÁ, Andrea. *Velhos são os outros*. Rio de Janeiro: Intrínseca, 2018.

PASTORE, Karina. "Nossa, você parece tão mais jovem!": elogio ou etarismo? Harper's Bazaar » Moda, beleza e estilo de vida em um só site (uol.com.br). Disponível em: https://harpersbazaar.uol.com.br/beleza/nossa-voce-parece-tao-mais-jovem-elogio-ou-etarismo/. Acesso em: 05 ago. 2022.

PEREIRA, Caio Mario da Silva. *Instituições de Direito Civil*. Direito de Família. Rio de Janeiro: Forense, 2007.

PEREIRA, Rodrigo da Cunha. *ConJur*. Companheiros são herdeiros necessários ou facultativos? Disponível em: https://www.conjur.com.br/2018-set-30/processo-familiar-companheiros-sao-herdeiros-necessarios-ou-facultativos. Acesso em: 05 ago. 2022.

PLANO DE AÇÃO INTERNACIONAL SOBRE O ENVELHECIMENTO, 2002 / Organização das Nações Unidas; tradução de Arlene Santos, revisão de português de Alkmin Cunha; revisão técnica de Jurilza M.B. de Mendonça e Vitória Gois. Brasília: Secretaria Especial dos Direitos Humanos, 2003.

RIBEIRO, Luci. *Expectativa de vida dos brasileiros aumenta para 76,3 anos em 2018*. Agência de Notícias (ibge.gov.br). Disponível em: https://agenciadenoticias.ibge.gov.br/agencia-noticias/2012-agencia-de-noticias/noticias/26103-expectativa-de-vida-dos-brasileiros-aumenta-para-76-3-anos-em-2018. Acesso em: 05 ago. 2022.

RODRIGUES, Silvio. *Direito Civil*: direito de família. São Paulo: Saraiva, 2001.

ROSA, Conrado Paulino da. *Direito de Família contemporâneo*. São Paulo: JusPodivm, 2022

RUAN, Lucas. Disponível em: https://www.migalhas.com.br/depeso/359371/a-nefasta-sumula-377-do-stf, a. Acesso em: 04 jul. 2022.

A VALORIZAÇÃO DAS QUOTAS SOCIAIS E A SUA PROJEÇÃO PARA A SUCESSÃO *CAUSA MORTIS*, O DIVÓRCIO E A DISSOLUÇÃO DA UNIÃO ESTÁVEL

Rodrigo Mazzei

Doutor pela FADISP e Mestre pela PUC-SP, com pós-doutoramento pela UFES. Professor da UFES (graduação e PPGDir) e da FUCAPE Business School. Líder do Núcleo de Estudos em Processo e Tratamento de Conflitos (NEAPI – UFES). Advogado, consultor jurídico e arbitro.

E-mail: mazzei@mmp.adv.br

Fernanda Bissoli Pinho

MBA em Direito Empresarial e em Direito Societário (FGV-RJ). Mestranda (em regime especial) na UFES. Advogada.

E-mail: fernanda@mmp.adv.br

Sumário: 1. Introdução – 2. Panorama geral e as quotas sociais – 3. A disciplina legal acerca da comunicabilidade das quotas sociais – 4. O entendimento do STJ (Recurso Especial 1.173.931/RS) – 5. Análise crítica da jurisprudência: a anacronia do posicionamento e o equívoco da premissa – 6. Considerações finais – 7. Referências.

1. INTRODUÇÃO

O desenvolvimento econômico e o progresso social implicam, sem dúvidas, grande complexidade nas relações jurídicas, especialmente naquelas relacionadas à exploração da atividade econômica e organização patrimonial. Cada dia mais, por diferentes motivações – que perpassam desde a conveniência fiscal, até estratégia de organização societária ou planejamento sucessório – as pessoas naturais deixam de titularizar diretamente as relações jurídico-econômicas, passando a desenvolver suas atividades produtivas por meio da estrutura das sociedades empresárias.

Naturalmente, como consequente lógico deste cenário de "pejotização", em que as sociedades assumem o protagonismo no exercício das funções profissionais e mercantis, torna-se corriqueiro que o acervo patrimonial das pessoas físicas compreenda quotas sociais representativas de participações societárias nas respectivas sociedades. E este fato, como se vê na prática, enseja dúvidas e questionamentos especialmente no momento da sucessão *causa mortis* e do divórcio/ruptura da união estável, devendo-se encontrar mecanismos que permitam a melhor aplicação dos direitos tidos como "empresariais" (= participações societárias).

Neste contexto, dentre as questões que está a merecer atenção, destaca-se a avaliação acerca da comunicabilidade (e a respectiva da valorização econômica) das quotas sociais de titularidade de um dos cônjuges/companheiros, sendo este o ponto sobre o qual nos debruçamos, buscando apresentar uma reflexão a partir da revisitação, em análise crítica, de jurisprudência firmada na perspectiva de posicionamento do Colendo Superior Tribunal de Justiça.

2. PANORAMA GERAL E AS QUOTAS SOCIAIS

As sociedades empresárias, consoante a exegese legal do artigo 981 do Código Civil,[1] são constituídas por pessoas que reciprocamente se obrigam a contribuir, com bens ou serviços, para o exercício de atividade econômica e a partilha, entre si, dos resultados.

No âmbito das sociedades limitadas – que serão aquelas consideradas no recorte proposto para os fins deste estudo – esta contribuição deve ser sempre de natureza patrimonial[2] e pode ser feita mediante prestação em dinheiro ou integralização de qualquer modalidade de bem sujeita à avaliação pecuniária. À esta dotação que cada sócio destina para a formação do capital social – e, por conseguinte, do patrimônio social[3] – denomina-se quota social, que, assim sendo, nada mais é do que a fração correspondente ao capital social empresarial, da qual emana uma posição de direitos e deveres perante a sociedade.[4] Nesse sentido Alfredo de Assis Gonçalves Neto:[5]

---

1. Art. 981. Celebram contrato de sociedade as pessoas que reciprocamente se obrigam a contribuir, com bens ou serviços, para o exercício de atividade econômica e a partilha, entre si, dos resultados.
2. Art. 1.055, § 2º, do Código Civil: É vedada contribuição que consista em prestação de serviços.
3. O capital social, com efeito, representa a importância vertida pelos sócios para formar o patrimônio da sociedade, seja no momento de sua constituição, seja em decorrência de deliberações posteriores. Contudo, embora indicando o patrimônio que deve ter a sociedade, o capital social com ele não se confunde. Por patrimônio social deve-se entender o conjunto de bens e direitos de que a sociedade é possuidora. Já o capital social estampa o valor do patrimônio que ingressou na sociedade em razão da contribuição dos sócios, sendo, pois, a expressão numérica do valor do patrimônio fornecido pelos sócios e por eles reputado suficiente para a consecução dos fins sociais. Daí por diante, adquirindo vida, a sociedade passa a agir no mundo jurídico para a realização de seu objeto social e seu patrimônio fica sujeito à performance da atividade empresarial, crescendo ou definhando em conformidade com as injunções do mercado ou com a expansão ou encolhimento das atividades sociais. Assim, se no momento da constituição da sociedade eles se equivalem, ao longo da vida social eles se distanciam. (GONÇALVES NETO, Alfredo de Assis. *Direito de empresa*: Comentários aos artigos 966 a 1.195 do Código Civil. 8 ed. São Paulo: Thomson Reuters Brasil, 2018, 390-392).
4. Diferentemente das ações de sociedades anônimas, as quotas não se constituem um bem em si mesmas, porquanto não se revestem de ampla e autônoma circularidade, por meio de processos translativos de natureza registrária. De modo outro, portanto, a quota, no âmbito da sociedade limitada, é representativa, sim, de uma *posição* de direitos – de caráter pessoal e patrimonial – perante a sociedade. Enquanto a ação, na qualidade de valor mobiliário, é, ela própria, o objeto do direito, da quota decorrem os direitos de seu titular perante a sociedade (BORBA, José Edwaldo Tavares. *Direito societário*. 19 ed. Barueri [SP]: Atlas, 2022, p. 42-43).
5. GONÇALVES NETO, Alfredo de Assis. Direito de empresa: *Comentários aos artigos 966 a 1.195 do Código Civil*. 8. ed. São Paulo: Thomson Reuters Brasil, 2018, p. 395.

A quota social, portanto, tem a natureza de um bem incorpóreo, que enfeixa direitos pessoais e patrimoniais. Os direitos pessoais são os de deliberar, de fiscalizar a sociedade, de votar e ser votado, de retirar-se da sociedade e de, eventualmente, geri-la; os direitos patrimoniais são o de receber dividendos, quando determinados em balanço e deliberada sua distribuição, e o de participar do acervo social em caso de dissolução total ou parcial da sociedade ou de apuração de seus haveres em decorrência de falecimento, de exclusão ou do exercício do direito de retirada.

Sem adentrar nas discussões pertinentes à natureza jurídica das quotas, porquanto não se mostram indispensáveis à consecução do tema aqui proposto, pode-se qualificar a quota social, em apertada síntese, como um bem móvel incorpóreo (artigo 83, III do Código Civil[6]) e de acepção bifronte, pois, de sua titularidade, se desdobram simultaneamente direitos pessoais e patrimoniais. Para o presente estudo, interessam, tão somente, os direitos de cunho patrimonial, afinal, aqueles de natureza pessoal não são, a rigor, transmissíveis pela sucessão *causa mortis*, tampouco no divórcio ou na dissolução da união estável.

A propósito, convém esclarecer que, em decorrência da natureza contratual das sociedades limitadas, impõe-se o entendimento de que a "condição de sócio" não é transmissível por sucessão ou no divórcio/dissolução da união estável, afinal, é inconcebível, na perspectiva dos princípios da autonomia da vontade e da relatividade dos efeitos dos contratos, que um terceiro estranho à relação contratual possa dela tomar parte, sem que haja prévio consentimento de todos os partícipes em relação a tal, sobretudo porque o liame que se estabelece entre os sócios, em regra, é de cunho pessoal (caráter *intuito personae*), sendo determinante para o vínculo entre eles a *affectio societatis*.[7]

Desta maneira, ao falecer, o sócio transmite, através das quotas de capital social, sua participação societária aos seus sucessores, mas isso não legitima tais sucessores a integrarem-se à rotina social e ou imiscuírem-se na gestão da atividade empresarial. Raciocínio semelhante, com os devidos ajustes, também se aplica ao divórcio e à ruptura da união estável, sem prejuízo de se analisar eventual comunicação de caráter patrimonial em relação às quotas.

A *saisine* (art. 1.784 do Código Civil[8]), aplicável especificamente às quotas do capital social de determinada empresa, provoca a atração destas para o condomínio hereditário (art. 1.791 do Código Civil[9]), sendo a herança tratada como bem único,

---

6. Art. 83. Consideram-se móveis para os efeitos legais: (...) III – os direitos pessoais de caráter patrimonial e respectivas ações.
7. No tema, com mais vagar: MAZZEI, Rodrigo; PINHO, Fernanda Bissoli. O balanço do estabelecimento e a apuração de haveres no inventário causa mortis: necessidade de adequada interpretação do artigo 620, § 1º, do CPC. *Revista Nacional de Direito de Família e Sucessões*, v. 7, n. 42, p. 5-24, Porto Alegre, maio/jun. 2021.
8. Art. 1.784. Aberta a sucessão, a herança transmite-se, desde logo, aos herdeiros legítimos e testamentários.
9. Art. 1.791. A herança defere-se como um todo unitário, ainda que vários sejam os herdeiros. Parágrafo único. Até a partilha, o direito dos coerdeiros, quanto à propriedade e posse da herança, será indivisível, e regular-se-á pelas normas relativas ao condomínio.

de natureza imóvel e indivisível (art. 80, II, do Código Civil[10]). A titularidade dos herdeiros é, pois, de quota condominial que necessita ser liquidada através de inventário *causa mortis* (art. 1.796 do Código Civil[11]), não podendo esta ser confundida com a própria quota societária, pois a última é tão somente um dos componentes da massa hereditária que, repita-se, não pode ser individualizada, muito menos cindida até o desfecho do processo sucessório, afora as exceções previstas na própria legislação.[12]

Nem mesmo o legatário de quotas societárias pode ser tratado como "sócio" da pessoa jurídica, pois a entrega destas reclama também a liquidação da herança, isto é, o procedimento que envolve o pagamento de todas as dívidas e a definição em decisão judicial de que o legado deve ser cumprido,[13] interpretação esta que pode ser perfeitamente extraída do disposto no art. 1.923 do Código Civil.[14]

Assim sendo, a *saisine* não cria direito que permite que qualquer beneficiado com a herança se poste como sócio, em decorrência dela ter atraído quotas societárias do falecido.[15] Dito de outro modo, o herdeiro e/ou o legatário não podem ter sua posição equiparada àquela exercida pelo sócio, tal como era o falecido, pois seus direitos estão sob *condição*, qual seja, o *resultado da liquidação da herança*, com a entrega efetiva da titularidade das quotas societárias. Nesta perspectiva, as quotas, por si só, salvo entendimento manifesto dos sócios sobreviventes e dos herdeiros em sentido

---

10. Art. 80. Consideram-se imóveis para os efeitos legais: (...) II – o direito à sucessão aberta.
11. Art. 1.796. No prazo de trinta dias, a contar da abertura da sucessão, instaurar-se-á inventário do patrimônio hereditário, perante o juízo competente no lugar da sucessão, para fins de liquidação e, quando for o caso, de partilha da herança.
12. Por exemplo, admite-se a partilha antecipada com espeque no art. 647, parágrafo único, do CPC, proferindo-se decisão que autorizará o uso e gozo de determinado bem componente do condomínio hereditário até que o desfecho do inventário sucessório ocorra. Permite-se, outrossim, através de interpretação do art. 1.793, § 3º, do Código Civil, a alienação de bem que compõe a herança, mediante o pagamento e autorização do juízo sucessório, operando-se a sub-rogação do bem e/ou direito em dinheiro em favor da herança. Note-se, todavia, que tais situações não são naturais e reclamam que sejam proferidas decisões judiciais que individualizam bens e/ou direitos da herança, retirando-os do estado de indivisibilidade que é inerente a qualquer componente objetivo do condomínio hereditário. No tema, com mais vagar: MAZZEI, Rodrigo. *Comentários ao Código de Processo Civil*. In: GOUVÊA, Jose Roberto Ferreira; BONDIOLI, Luis Guilherme; FONSECA, João Francisco Naves da (Coord.). São Paulo: Saraiva, v. XII (arts. 610 a 673), no prelo.
13. Como obstáculo ao cumprimento do legado, por exemplo, poderá se impor o respeito aos limites da legítima (arts. 1.845 e 1.846 do Código Civil) ou o consumo do patrimônio legado pelas dívidas do falecido. No tema, com análise do cumprimento do legado a partir da bandeja legal do art. 645 do CPC, confira-se: MAZZEI, Rodrigo. Comentários ao Código de Processo Civil. v. XII (arts. 610 a 673). In: GOUVÊA, Jose Roberto Ferreira; BONDIOLI, Luis Guilherme; FONSECA, João Francisco Naves da (Coord.). São Paulo: Saraiva, no prelo.
14. Art. 1.923. Desde a abertura da sucessão, pertence ao legatário a coisa certa, existente no acervo, salvo se o legado estiver sob condição suspensiva. § 1º Não se defere de imediato a posse da coisa, nem nela pode o legatário entrar por autoridade própria. § 2º O legado de coisa certa existente na herança transfere também ao legatário os frutos que produzir, desde a morte do testador, exceto se dependente de condição suspensiva, ou de termo inicial.
15. Na linha (ainda que tendo como pano de fundo ações de sociedade anônima): "(...) A transferência de ações nominativas em virtude de sucessão por morte somente se dá mediante averbação no correspondente livro de registro da sociedade empresária. Inteligência do art. 31, § 2º, da Lei 6.404/76. 6. Destarte, não se sustenta a tese defendida no recurso especial no sentido de que, por força do disposto no art. 1.784 do CC, o recorrente teria assumido a posição de acionista da companhia automaticamente a partir do falecimento de seu genitor, independentemente de qualquer formalidade" (STJ, 3ª Turma, REsp. 1.953.211, j. 15.03.2022).

diverso (art. 1.028 do Código Civil[16]), – não garantem o ingresso na sociedade, mas tão somente o recebimento da sua respectiva representação econômica (= *conteúdo econômico das quotas sociais*[17]).[18] Portanto, em linhas gerais, como adverte Hernani Estrella,[19] em seara de sociedade limitada, "a vocação hereditária se opera exclusivamente na esfera patrimonial, jamais a respeito da relação essencialmente pessoal, como é aquela que deriva da qualidade de sócio".

Toda a construção acima efetuada, sem rebuços, se aplica ao divórcio e a extinção da união estável, pois a eventual comunicação patrimonial das quotas não pode avançar contra a lógica do cunho pessoal (caráter *intuito personae*), ou seja, a *affectio societatis*. Assim, a comunicabilidade será analisada tão somente no plano patrimonial da relação entre os cônjuges/companheiros, inclusive em relação à pessoa jurídica e demais participantes da sociedade.

Note-se, por deveras relevante, que na vertente patrimonial (e na esteira de todo o delineado) as quotas são, pois, a representação de um direito de feição econômica, que, como tal, constitui-se patrimônio de seu titular (pessoa física),[20] não se confundindo, em hipótese alguma, com o patrimônio da própria empresa (pessoa jurídica). No pormenor, quadra destacar o princípio da autonomia patrimonial, que é o principal corolário da personalização das pessoas jurídicas.

---

16. Art. 1.028. No caso de morte de sócio, liquidar-se-á sua quota, salvo: I – se o contrato dispuser diferentemente; II – se os sócios remanescentes optarem pela dissolução da sociedade; III – se, por acordo com os herdeiros, regular-se a substituição do sócio falecido.
17. No sentido (e bem fundamentado): STJ, 3ª Turma, REsp. 1.531.288, j. 24.11.2015.
18. O Código Civil da Itália possui um dispositivo específico sobre o tema, confira-se: Art. 2.289 Liquidazione della quota del socio uscente. Nei casi in cui il rapporto sociale si scioglie limitatamente a un socio, questi o i suoi eredi hanno diritto soltanto ad una somma di danaro che rappresenti il valore della quota. La liquidazione della quota e fatta in base alla situazione patrimoniale della società nel giorno in cui si verifica lo scioglimento. Se vi sono operazioni in corso, il socio o i suoi eredi partecipano agli utili e alle perdite inerenti alle operazioni medesime. Salvo quanto e disposto nell'art. 2270, il pagamento della quota spettante al socio deve essere fatto entro sei mesi dal giorno in cui si verifica lo scioglimento del rapporto. Tradução: Art. 2.289 – Liquidação da quota do sócio que se retira – Nos casos em que a relação social se dissolver limitadamente a um sócio, este, ou seus herdeiros, tem direito somente a uma importância em dinheiro que represente o valor da quota. A liquidação da quota é feita na base da situação patrimonial da sociedade no dia em que se verifica a dissolução. Se houver operações em curso, participarão, o sócio ou seus herdeiros dos lucros e das perdas inerentes às próprias operações. Observado o disposto no art. 2.270, o pagamento da quota que cabe ao sócio deve ser feito dentro de seis meses em que se verificar a dissolução da relação. Tradução efetuada com base em DINIZ, Souza. Código Civil Italiano, Rio de Janeiro: Record Editora, 1961, p. 329). Também fazendo alusão ao Código Civil da Itália, com tradução própria, confira-se: FRANÇA, Erasmo Valladão Azevedo; ADAMECK, Marcelo Vieira von. *Direito processual societário*: breves comentários ao CPC/2015, São Paulo: Malheiros, 2021, p. 85-86.
19. ESTRELLA, HERNANI. *Apuração dos haveres de sócio*. 5. ed. Rio de Janeiro: Forense, 2010, p. 55-56.
20. Muito embora atualmente não remanesçam dúvidas a respeito do caráter patrimonial das quotas sociais, o assunto já foi controvertido no passado, cabendo destaque às considerações outrora apresentadas pelo STJ, no julgamento do REsp 1.531.288/RS: "De plano, releva consignar ser inquestionável que as quotas sociais, seja de uma sociedade empresarial, seja de uma sociedade simples, além de serem dotadas de expressão econômica, não se confundem com a atividade econômica desenvolvida pela sociedade (objeto social). (...) Ante a inegável expressão econômica das quotas sociais, a compor, por consectário, o patrimônio pessoal de seu titular, estas podem, eventualmente, ser objeto de execução por dívidas pessoais do sócio, bem como de divisão em virtude de separação/divórcio ou falecimento do sócio" (STJ, REsp 1.531.288/RS; 3ª Turma; j. 24.11.2015).

Com efeito, a constituição de uma sociedade tem por propósito a criação de um novo sujeito de direito, distinto das pessoas que o ajustam, capaz de direitos e obrigações na ordem civil, para facilitar o intercâmbio no mundo do direito, interpondo-se entre seus criadores e terceiros na realização de negócios.[21]

Assim sendo, na medida em que a lei estabelece a separação entre a pessoa jurídica e os membros que a compõem, os sócios não podem ser considerados os sujeitos das relações jurídicas negociais, sendo a própria sociedade a titular dos direitos e a devedora das obrigações correlacionadas à exploração da atividade comercial.[22] Como bem esclarece Carla Wainer Chalréo Lgow,[23] "a distinção fica clara quando se nota que os sócios não são coproprietários do patrimônio social. No patrimônio dos sócios encontra-se a participação societária, enquanto os bens sociais são de titularidade da própria sociedade". Nesta toada, constituindo-se patrimônio do sócio, as quotas, como não poderia deixar de ser, integram, como qualquer outro bem, o acervo de bens do titular e, por conseguinte, do espólio, quando do seu falecimento,[24] estando sujeitas à partilha, situação aplicada, de modo semelhante, no divórcio e na dissolução da união estável (com os ajustes necessários à hipótese).

3. A DISCIPLINA LEGAL ACERCA DA COMUNICABILIDADE DAS QUOTAS SOCIAIS

Por certo, as relações familiares, para além de centros de relação de parentesco e afetividade, constituem-se núcleos econômicos, que emanam efeitos de ordem patrimonial, os quais serão orientados em consonância com o regime de bens eleito para disciplinar a conjugalidade.

Nas palavras de Fabiana Domingues Cardoso e Viviane Girardi,[25] "o regime de bens pode ser definido como um conjunto de regras aplicáveis às relações patrimoniais no âmbito conjugal". Para Flávio Tartuce,[26] "o regime matrimonial de bens pode ser conceituado como sendo o conjunto de regras de ordem privada relacionadas com interesses patrimoniais ou econômicos resultantes da entidade familiar" e, em seme-

---
21. GONÇALVES NETO, Alfredo de Assis. *Direito de empresa*: Comentários aos artigos 966 a 1.195 do Código Civil. 8 ed. São Paulo: Thomson Reuters Brasil, 2018, p. 154.
22. COELHO, Fábio Ulhoa. *Curso de direito comercial*. 10. ed. São Paulo: Saraiva, 2007, v. 2, p. 14.
23. LGOW, Carla Wainer Chalréo. Pessoas jurídicas: autonomia patrimonial e desconsideração da personalidade jurídica. *Revista semestral de direito empresarial*. v. 8, p. 25. Rio de Janeiro: Renovar, 2007, (jan./jul. 2011).
24. Por constituírem bens dotados de expressão econômica, afigura-se possível a partilha de quotas sociais na dissolução da sociedade conjugal do sócio ou de morte de seu cônjuge, quando se atribui aos herdeiros a parcela que lhe é devida em razão da meação. Tal divisão dependerá do regime de bens adotado. A norma objetiva preservar o patrimônio social, e evitar a descapitalização que o pagamento de ativos para todos os envolvidos geraria (WALD, Arnoldo. *Comentários ao novo Código Civil* – livro II – do direito da empresa. Rio de Janeiro: Forense, 2005, p. 221).
25. CARDOSO, Fabiana Domingues; GIRARI, Viviane. O instituto do regime de bens e a sua influência no planejamento sucessório. In: TEIXEIRA, Daniele Chaves (Coord.). *Arquitetura do planejamento sucessório*. Belo Horizonte: Fórum, 2021, p. 177.
26. TARTUCE, Flávio. *Manual de Direito Civil*: volume único. 7. ed. rev., atual. e ampl. Rio de Janeiro: Forense; São Paulo: Método, 2017, p. 1284.

lhante trilhar, Silvio Rodrigues[27] assevera que "é o estatuto que regula os interesses patrimoniais dos cônjuges durante o matrimônio".

Para além de regulamentar a forma de tratamento e administração do patrimônio durante o curso da relação marital, o regime de bens assume função tão importante quanto, de balizar o modo como acontecerá a transmissão patrimonial *causa mortis*. Neste passo, a vocação sucessória do cônjuge/companheiro depende, exatamente, da eleição do regime de bens.

A legislação brasileira, de modo enumerativo, contempla os seguintes modelos de regime de bens: comunhão parcial (artigo 1.658 e seguintes do Código Civil); comunhão universal (artigo 1.667 e seguintes do Código Civil); separação convencional (total ou absoluta) de bens (artigo 1.687 e seguintes do Código Civil); separação obrigatória (legal) de bens (artigo 1.641 do Código Civil) e participação final nos aquestos (artigo 1.672 e seguintes do Código Civil), prevendo-se, ainda, a possibilidade de criação de regimes atípicos (ou mistos), em que as partes podem, no exercício de sua autonomia privada, livremente estipular quanto ao tratamento dos bens, criando, em contrato ou escritura pública, as regras que melhor lhes aprouverem (artigo 1.639 do Código Civil).

Mais uma vez, para melhor direcionar o presente trabalho, debruçar-se-á, tão somente, e de modo tangencial, sobre o primeiro deles, que é aquele considerado na situação fática em torno da qual se erige a problemática em apreço.

Com efeito, o regime de comunhão parcial é o mais recorrente em nossa sociedade, especialmente porque, em consonância com a previsão normativa estatuída no artigo 1.640 do diploma civil, é aquele que vigorará quando não houver convenção do casal, ou quando esta for nula ou ineficaz. Portanto, é o regime legal, dito supletivo, que incide por força de lei nos casos em que os cônjuges não tenham livremente pactuado regime diverso – situação corriqueira em nosso país, em que, por questões culturais, não se verifica costumeiramente a pactuação antenupcial.[28]

Tal imperativo se aplica, também, ao regime de união estável, incidindo a comunhão parcial nas relações patrimoniais dos companheiros, quando da inexistência de contrato escrito entre eles (artigo 1.725 do Código Civil).

Caracteriza-se, segundo Conrado Paulino da Rosa,[29] pela "comunicação dos bens que sobrevierem ao casal, na constância do relacionamento, por título oneroso, sendo excluídos os bens que cada um possuía de modo antecedente,

---

27. RODRIGUES, Silvio. *Direito civil*. Direito de família. 28. ed. atual. por Francisco Cahali. São Paulo: Saraiva, 2004. v. 6, p. 135.
28. Como destacam Fabiana Domingues Cardoso e Viviane Girardi, a modalidade supletiva do regime é fixada na lei a partir da análise dos costumes e das necessidades da sociedade na qual ele se aplica e, normalmente, engloba as regras que a maioria das pessoas, submetidas a tal legislação, restaria satisfeita ou escolheria. (CARDOSO, Fabiana Domingues; GIRARI, Viviane. O instituto do regime de bens e a sua influência no planejamento sucessório. In: TEIXEIRA, Daniele Chaves (Coord.). *Arquitetura do planejamento sucessório*. Belo Horizonte: Fórum, 2021, p. 179).
29. ROSA, Conrado Paulino da. *Planejamento sucessório*: teoria e prática. São Paulo: JusPodivm, 2022, p. 70.

assim como aqueles recebidos por doação ou herança". Por conseguinte, como elucida o autor na sequência, ocorre a formação de três massas patrimoniais, sendo uma de bens comuns (artigo 1.660 do Código Civil), os aquestos, que serão divididos de modo igualitário (meação), e duas de bens particulares (artigo 1.659 do Código Civil).[30]

Em relação a tais bens (particulares), assim como aos sub-rogados, em caso de dissolução, em vida, da relação conjugal, são incomunicáveis, sendo excluídos da partilha (artigo 1.659, I e II), havendo a comunhão, tão somente, das benfeitorias sobre eles constituídas (artigo 1.660, IV) e dos frutos deles percebidos na constância do casamento ou pendentes ao tempo de cessar a comunhão (artigo 1.660, V).

Entretanto, em caso de falecimento de um dos cônjuges, tomando-se os nortes legais da sucessão – isto é, obedecendo-se a ordem de sucessão legítima, excluindo-se a hipótese de existência de testamento –, existe substancial diferenciação quanto à criteriologia de divisão da herança, pois que o cônjuge supérstite concorrerá com os herdeiros do *de cujus* na sucessão dos bens particulares (artigo 1.829, I),[31] regra esta importante e que refoge à ideia generalista de incomunicabilidade do patrimônio particular, por permitir que o cônjuge herde justamente aquilo que se reputava, a princípio, excluído da comunhão.[32]

Em se tratando de união estável, contudo, a lei não fazia a mesma distinção, prevendo o artigo 1.790 do Código Civil um regime próprio, em que o companheiro somente participa da sucessão quanto aos bens adquiridos onerosamente na vigência da união estável. Como é de sabença geral, o referido dispositivo, em 2017, veio a ser considerado inconstitucional, fixando o Supremo Tribunal Federal, nos Temas de Repercussão Geral 498 e 809, a seguinte tese: "É inconstitucional a distinção

---

30. ROSA, Conrado Paulino da. *Planejamento sucessório*: teoria e prática. São Paulo: JusPodivm, 2022, p. 71.
31. Não se descura que a disposição do artigo 1.829, I do CC, por sua redação controvertida, suscitou variadas discussões doutrinárias com reflexo na jurisprudência nacional, gerando polêmica sobre a vocação hereditária e a concorrência do cônjuge sobrevivente com os descendentes do autor da herança, tanto que estabeleceram-se quatro correntes interpretativas distintas, conforme identificadas esquematicamente no julgamento do REsp 992.749/MS. (BAGNOLI, Martha Gallardo Sala. *Holding* imobiliária como planejamento sucessório. Coleção Academia-Empresa 17. São Paulo: Quartier Latin, janeiro de 2016, p. 19). No entanto, sob pena de introduzir demasiada complexidade na análise de ponto adjacente no trabalho, para fins de corte metodológico, adota-se no presente estudo a corrente majoritária, que é aquela formada a partir da hermenêutica literal do Código, conjugada com o Enunciado 270 da III Jornada de Direito Civil, que assim dispõe: "O art. 1.829, inc. I, só assegura ao cônjuge sobrevivente o direito de concorrência com os descendentes do autor da herança quando casados no regime de separação convencional de bens ou, se casados nos regimes de comunhão parcial ou participação final nos aquestos, o falecido possuísse bens particulares, hipótese em que a concorrência se restringe a tais bens, devendo os bens comuns (meação) ser partilhados exclusivamente entre os descendentes".
32. Como adverte Conrado Paulino da Rosa, esta regra faz cair por terra a ideia de que, no regime de comunhão parcial de bens, a comunicabilidade dos bens acontecerá apenas em relação aos bens construídos 'a quatro mãos'. A participação tão-somente quanto às aquisições onerosas só acontecerá por divórcio ou dissolução da união estável: aqueles que acreditam no 'até que a morte os separe' terão mais uma desilusão além da perda do amor de sua vida, pois tal critério é desconhecido da maioria da população e costuma surpreender após a morte de um dos parceiros (ROSA, Conrado Paulino da. *Planejamento sucessório*: teoria e prática. São Paulo: JusPodivm, 2022, p. 73).

de regimes sucessórios entre cônjuges e companheiros prevista no artigo 1.790 do CC/2002, devendo ser aplicado, tanto nas hipóteses de casamento quando das de união estável, o regime do art. 1.829 do CC/2002".[33]

Deste modo, transportam-se à seara da união estável as considerações tracejadas a respeito da mitigação da incomunicabilidade, quanto aos bens particulares, em caso de que a transmissão de patrimônio ocorra após o falecimento de um dos companheiros.

De modo bem resumido, são estas as regras que disciplinam a partilha dos bens no regime de comunhão parcial. À vista disso e delineada, como se fez alhures, a premissa de que a quota social é um bem que integra o patrimônio de seu titular, o tratamento a ela destinado não deveria, em regra, variar daquele previsto para qualquer outro bem, sendo que a confusão costumeiramente percebida a respeito do tema se relaciona mais às parcas noções societárias do que às regras de divisão patrimonial propriamente ditas.

A partir deste ponto, então, não deve haver dificuldade na definição acerca da comunicabilidade das quotas sociais, norteando-se a análise, grosso modo, quanto ao momento de constituição do patrimônio, tal qual se organizam as normas legais de regência.

Tratando-se de quotas adquiridas na constância do matrimônio, ocorre a mancomunhão,[34] de modo que o cônjuge ou companheiro supérstite tem direito à meação, cabendo reiterar, em conformidade com o que já exposto, que a ele somente toca, em regra, a expressão econômica das quotas e não a titularidade dos direitos políticos a ela inerentes, no âmbito da sociedade. De modo outro, diante de participação societária constituída preteritamente ao casamento/união estável, trata-se de ativo que integra a massa patrimonial de bens particulares, sendo que na sucessão *inter vivos*, ter-se-á por incomunicável, ao passo que na sucessão *post mortem* o cônjuge – e também companheiro, por força da equiparação consagrada pela citada jurisprudência do STF – concorre com os descendentes na herança.

A dúvida surge, pois, ao se deparar com a possibilidade de partilha da valorização econômica incidente sobre as quotas sociais enquanto bens particulares, sendo que, para tal questionamento, o Superior Tribunal de Justiça ofereceu solução a partir do julgamento do paradigmático Recurso Especial 1.173.931/RS.

---

33. Karime Costalunga, ao discorrer sobre tal decisão do STF, comenta que se tratou da realização do mister hermenêutico e adaptativo da jurisprudência, buscando uma tentativa de superar o retrocesso da lei e, assim, minimizar o prejuízo que vinha sofrendo o companheiro sobrevivente, facilitando a ordem e vocação hereditária, muito embora não tenha a decisão incluído o companheiro no rol de herdeiros necessários (COSTALUNGA, Karime. *O direito do meeiro do sócio na apuração de haveres: proposta de interpretação da legislação civil.* São Paulo: Quartier Latin, 2019, p. 121).
34. Traçando os contornos da mancomunhão (por todos): RANGEL, Rafael Calmon. *Partilha de bens na separação, no divórcio e na dissolução da união estável.* São Paulo: Saraiva, 2016, p. 105-116.

4. O ENTENDIMENTO DO STJ (RECURSO ESPECIAL 1.173.931/RS)

Em 2013, apreciando o Recurso Especial tombado sob o n. 1.173.931 e que desafiava decisão do Tribunal de Justiça do Rio Grande do Sul, o Superior Tribunal de Justiça, por meio de sua Terceira Turma, decidiu que a valorização patrimonial de quotas sociais de sociedade limitada, adquiridas antes do início do período de convivência, não se comunica na partilha *causa mortis*. Tal raciocínio, como já antecipado, se projeta – ainda que com ajustes necessários - também para o divórcio e para a ruptura da união estável.

Em suma, o caso julgado tratava de ação de reconhecimento de união estável e dissolução de sociedade de fato, proposta pela companheira sobrevivente, contra a sucessão do seu companheiro falecido. Narrava a companheira que conviveu com o *de cujus* pelo período de cinco anos, entre 1993 e 1997, quando sobreveio seu passamento, o que restou reconhecido em sentença de primeira instância, provimento este que também determinou a partilha, na proporção de 50%, de um bem imóvel, de um veículo e da valorização experimentada pelas quotas sociais de empresas tituladas pelo falecido durante a união estável, embora adquiridas em momento anterior ao termo inicial da convivência.

Em grau recursal, o Tribunal de Justiça do Rio Grande do Sul, no ponto em questão, rejeitou a apelação do Espólio, mantendo o *decisum a quo*. Irresignado, o Espólio manejou recurso especial, alegando, dentro outros, violação ao artigo 5º da Lei 9.278/96, cuja redação é: Os bens móveis e imóveis adquiridos por um ou por ambos os conviventes, na constância da união estável e a título oneroso, são considerados fruto do trabalho e da colaboração comum, passando a pertencer a ambos, em condomínio e em partes iguais, salvo estipulação contrária em contrato escrito.

Ao apreciar a controvérsia, a Turma julgadora, por unanimidade, deu provimento ao recurso especial, excluindo da partilha a valorização patrimonial experimentada pelas quotas adquiridas anteriormente ao período de união estável.

Em suas razões decisórias, o voto destaca, preambularmente, que os fatos decorreram na vigência do Código Civil de 1916, período em que a legislação não contemplava em seus dispositivos a figura do concubinato puro, apenas regulamentando o concubinato adulterino, utilizando-se o instituto da sociedade de fato para resolver a partilha de bens.

Nesta disciplina, apuravam-se os efetivos ingressos ao patrimônio comum e os bens eram repartidos na proporção dos respectivos aportes a fim de evitar o enriquecimento sem causa. Em outras palavras, era apenas partilhado o patrimônio adquirido pelo esforço comum dos concubinos, na esteira da Súmula 380 do STF ("Comprovada a existência de sociedade de fato entre os concubinos, é cabível a sua dissolução judicial, com a partilha do patrimônio adquirido pelo esforço comum").

Em 1994 foi editada a Lei 8.971, que disciplinava a união estável e, em 1996, portanto ainda antes da data de término da convivência, no caso, sobreveio a Lei 9.278, que introduziu no sistema norma que regulava especificamente a partilha dos bens na união estável (artigo 5º do referido Diploma), equiparando o tratamento àquela destinado ao regime da comunhão parcial de bens do casamento.

Neste contexto normativo, o Superior Tribunal de Justiça entendeu que dois seriam os requisitos a serem preenchidos para que houvesse a comunicabilidade dos bens: que a aquisição do ativo ocorresse durante o período de convivência e, também, que o crescimento patrimonial adviesse do esforço comum, mesmo que presumidamente. E, neste passo, entendeu pela inexistência do segundo pressuposto, na medida em que a valorização da quota social seria "decorrência de um fenômeno econômico, dispensando o esforço laboral da pessoa do sócio detentor".

Para bem ilustrar tal conclusão, citou excerto do voto vencido do acórdão do Tribunal local, segundo o qual, acaso se tratasse o bem em apreço de um imóvel, "nem ele (imóvel), nem sua valorização imobiliária, seriam objeto de partilha, devendo ser aplicada a mesma lógica às quotas sociais". Concluiu, assim, sem maiores digressões, que "não há relação entre a comunhão de esforços do casal e a valorização das quotas sociais que o companheiro detinha antes do período de convivência".

O julgado, sendo o pioneiro da Corte Superior a respeito do tema, muito embora sem apresentar qualquer efeito vinculante, reverberou perante os tribunais de justiça locais, que passaram, de forma maciça (senão homogênea), a delinear seus julgados a partir de tal entendimento, de sorte que o aresto em comento moldou a jurisprudência a propósito do tema.

Eis que é chegado, contudo, o momento de se revisitar tal posicionamento, haja vista que não mais compatível com o contexto jurídico da matéria, como se demonstra a seguir.

5. ANÁLISE CRÍTICA DA JURISPRUDÊNCIA: A ANACRONIA DO POSICIONAMENTO E O EQUÍVOCO DA PREMISSA

De plano, o cotejo das delineações traçadas neste trabalho, em uma perspectiva temporal, já denota a necessidade de se reavaliar a jurisprudência em voga, eis que as razões que integraram o acórdão sofreram, inegavelmente, com os influxos da evolução social e da modificação do arcabouço jurídico concernente à temática.

Nesta toada, convém rememorar que o REsp 1.173.931/RS data do ano de 2013, ao passo que, em 2017, sobreveio relevante modificação na disciplina relativa ao regime de bens e à vocação sucessória na união estável.

Como já demonstrado anteriormente, a normativa do artigo 1.790 do Código Civil, que regulamenta a partilha na união estável, foi considerada inconstitucional pelo Supremo Tribunal Federal, quando do julgamento do Recurso Extraordinário

878.694,[35] fixando-se a tese, com efeito vinculante, de que a distinção entre os regimes sucessórios de cônjuges e companheiros, então prevista no citado dispositivo do Diploma Civil, afronta a constituição. Ficou assentado que deve ser aplicado, tanto nas hipóteses de casamento, quando nas de união estável, o regime do art. 1.829 do CC/2002.

Nesta perspectiva, é de bom alvitre registrar que, embora muito aplaudido à época, o julgado ora sob exame não mais se torna coerente frente ao hodierno contexto jurídico, pela singela constatação de alteração das nuances jurídicas que o permeiam. Não obstante isso, pouco ou nada se colhe atualmente a respeito do assunto, não se verificando críticas na doutrina, tampouco ponderações ou novos posicionamentos na jurisprudência, que segue, ainda hoje, replicando o posicionamento consagrado no REsp 1.173.931/RS.

A exemplo, o Tribunal do Estado de São Paulo continua aplicando, sem o necessário exame crítico, o entendimento então formatado em 2013, colhendo-se ao menos três julgados,[36] entre os anos de 2018 e 2022, neste sentido.

Ora, a modificação posterior das regras pertinentes ao regime sucessório na união estável, por si só, seria suficiente para demonstrar a incoerência do posicionamento jurisprudencial, uma vez que, como evidenciado, com a mudança de perspectiva, o companheiro sobrevivente, tal qual o cônjuge, concorre, na sucessão *causa mortis* quanto aos bens particulares, a teor do 1.829 do Código Civil.

Logo, em caso que guarde similitude fática com aquele submetido ao crivo do STJ no Recurso Especial em testilha, as quotas, *per se*, embora integrantes da massa patrimonial de bens particulares, seriam sujeitas à partilha na sucessão. Isso suplantaria a própria discussão a respeito da valorização experimentada pelo bem no decorrer da união, afinal, por suscetíveis à divisão, as quotas, como sói evidente, seriam consideradas pelo valor atual, isto é, pela valoração contemporânea à data de abertura sucessão, aí já contemplado, portanto, qualquer acréscimo patrimonial eventualmente advindo dos efeitos do tempo.

---

35. Ementa: Embargos de Declaração no Recurso Extraordinário. Direito constitucional e civil. Repercussão Geral. Aplicabilidade do artigo 1845 e outros dispositivos do Código Civil às uniões estáveis. Ausência de omissão ou contradição. 1. Embargos de declaração em que se questiona a aplicabilidade às uniões estáveis, do artigo 1.845 e de outros dispositivos do Código Civil que conformam o regime sucessório dos cônjuges. 2. A repercussão geral reconhecida diz respeito apenas à aplicabilidade do artigo 1.829 do Código Civil às uniões estáveis. Não há omissão a respeito da aplicabilidade de outros dispositivos a tais casos. 3. Embargos de declaração rejeitados. (STF, RE 878.694; Tribunal Pleno; j. 10.05.2017).

36. No sentido: Agravo de Instrumento – Reconhecimento/dissolução de união estável – Sentença parcial de mérito – Inexistência de direito do autor em relação às cotas sociais da requerida que a ela foram doadas pelo genitor antes da união estável – Empresa, ademais, de caráter familiar formada há muitos anos pelo pai da demandada – Não cabimento de valorização da participação social, ocorrida em 2013, pois não decorreu de aporte da ré ou esforço comum dos companheiros – Precedentes do C. STJ. (TJSP, 5ª Câmara de Direito Privado; 2006927-79.2022.8.26.0000; j. 1º.07.2022). Com semelhante linha: 1002897-32.2018.8.26.0073 e 1011080-05.2018.8.26.0034.

Não bastasse estar aquebrantado o primeiro dos requisitos legais elencados na decisão para que houvesse a comunicabilidade do patrimônio ("que a aquisição do bem ocorra durante o período de convivência"), percebe-se que estremecido está também o segundo pressuposto ("que o crescimento patrimonial advenha do esforço comum, mesmo que presumido"). E esse nem mesmo por conta de uma anacronia, como no primeiro caso, mas sim pelo assentamento de premissa equivocada no julgado, que desde então já se revelava passível de crítica.

Como se extrai do voto condutor do aresto, a conclusão alcançada repousa sobre o entendimento de que a valorização da participação societária é fenômeno meramente econômico e que não deve ser, portanto, atribuído ao esforço do sócio. Logo, o acréscimo patrimonial daí decorrente não deveria aproveitar ao cônjuge/companheiro. Tal constatação merece ponderação, haja vista que a valorização das quotas, a toda evidência, é matéria mais complexa do que faz parecer a decisão.

Para adentrar em tal análise, é necessário ter-se em mente que, não obstante não seja este o padrão verificado na sociedade comercial brasileira, é possível, de fato, que o sócio, na sociedade limitada, assuma a figura de mero investidor, sendo absolutamente passivo quanto ao desenvolvimento da atividade produtiva, colaborando tão somente com a injeção de recursos, mediante integralização da fração do capital social subscrito, e colhendo, por conseguinte, os lucros advindos da performance da empresa.

O quadro fica ainda mais evidente diante da figura da sociedade limitada de capital, em que o liame que vincula o conglomerado empresarial se forma em torno do capital e não das pessoas, cujas qualidades subjetivas, neta medida, são absolutamente irrelevantes para a consecução do objeto social.[37]

Já desde 2013, com efeito, se concebia tal cenário – em verdade, desde o advento do Código Civil, em 2002, em que se previu a possibilidade de regência supletiva de sociedades limitadas pela Lei de Sociedades Anônimas, normatizando, assim, a utilização do tipo societário de quotas por responsabilidade limitada para formatação de sociedades de vínculo institucional, em que as contribuições aportadas pelos sócios se revelam mais importantes para o atingimento do objeto social do que seus atributos pessoais – e hoje, com ainda mais relevo, uma vez que grandes operações empresariais vem, cada vez mais, constituindo-se sob a forma de sociedades limitadas, pela menor complexidade da disciplina legal e, especialmente, pela flexibilidade das normativas legais aplicáveis.

---

37. A propósito das sociedades limitadas de capital, Fábio Ulhoa Coelho discorre: Cada sociedade, em particular, em razão das tratativas entabuladas pelos seus sócios, terá um ou outro perfil. A hibridez do tipo importa a existência de sociedades limitadas de pessoas e de capital, de acordo com o respectivo contrato social. A discussão sobre a natureza da sociedade limitada, assim, somente se completa pelo exame do disposto no documento que instrumentaliza a sua constituição. Em outros termos, para se definir se uma específica sociedade limitada é de capital ou de pessoas, deve-se consultar o seu contrato social (COELHO, Fábio Ulhoa. *Curso de direito comercial*. 10. ed. São Paulo: Saraiva, 2007, v. 2, p. 384).

Nestes moldes, realmente, coerente é a afirmativa de que o sócio em nada colabora com o acréscimo patrimonial decorrente da valorização das quotas, podendo o sucesso da atividade empresarial, sem embargos, ser atribuído a um fator meramente econômico/mercadológico. Entretanto, situações há, e estas hão de ser a maioria no cenário nacional, em que a valorização financeira experimentada pela quota está intimamente ligada ao trabalho desenvolvido pelo sócio, sendo a sociedade, por vezes, a fonte produtiva e meio de subsistência sua e de seu núcleo familiar. Em casos tais, a figura do sócio é cara ao desenvolvimento da atividade empresária e sua pertinácia pessoal, com emprego de know-how e boas técnicas de administração, é indispensável ao sucesso do negócio, o qual, por sua vez, é fator determinante na valoração das quotas.

Não há como dissociar, neste panorama, o êxito ou malogro da empresa da forma como é conduzida por seus controladores, a quem estão afeitas as incumbências de pautar os nortes para direcionamento do negócio, bem como a assunção de riscos e tomada de decisões estratégicas.

Importa então dizer que, quanto maior e mais bem sucedido o empenho dos sócios, mais exitosa será a atividade empresarial, e quanto mais o for, maior será a valorização experimentada pelas quotas. A afirmativa é corroborada pelo fato de que, na apuração de haveres a ser realizada em caso de liquidação da quota, a jurisprudência segue a linha de que esta seja feita "de forma ampla, com a exata verificação, física e contábil, dos valores do ativo",[38] determinando a legislação, no artigo 606 do CPC,[39] o emprego de técnicas que considerem, no balanço de determinação especialmente levantado, ativos tangíveis e intangíveis, inclusive imobilizados, elementos estes que indiscutivelmente, associam-se à forma com que se pauta a condução dos rumos da mercancia.

Assim, de fato, não obstante o crescimento (ou encolhimento) da sociedade dependa, por evidente, de influências e injunções de mercado, não há dúvidas de que vezes há em que seu incremento decorre de modo não natural, por ingerência determinante do empenho e da força de trabalho empregados pelo sócio no exercício da atividade empresarial, de modo que, havendo o esforço do sócio, há, por conseguinte, o esforço presumido de seu do cônjuge ou companheiro. E isso porque o regime de comunicação patrimonial presume a concorrência dos cônjuges em desenvolver um esforço matrimonial solidário (seja direto, vertendo efetivamente contribuição econômica; seja indireto, prestando cooperação marital através de apoio psicológico, afetivo e moral, bem como tarefas realizadas em âmbito doméstico), que empreendem para levar à frente os propósitos do casamento e a viabilizar a aquisição dos bens e das riquezas necessárias para a subsistência e conforto da família constituída.[40]

---

38. STJ, 3ª Turma, REsp 1.335.619, j. 03.03.2015.
39. Art. 606. Em caso de omissão do contrato social, o juiz definirá, como critério de apuração de haveres, o valor patrimonial apurado em balanço de determinação, tomando-se por referência a data da resolução e avaliando-se bens e direitos do ativo, tangíveis e intangíveis, a preço de saída, além do passivo também a ser apurado de igual forma.
40. MADALENO, Rolf. *Manual de Direito de Família*. Forense, maio 2017, p. 283.

Neste contexto, dessarte, o acréscimo patrimonial incorporado à participação societária é reputado ao esforço comum do casal, sendo curial a ponderação de que, muito embora se tenha afirmado, anteriormente, que a disciplina legal acerca da comunicabilidade das quotas socias deva se equivaler a qualquer outro bem que integre o patrimônio do titular, está-se aqui diante de uma peculiaridade que não pode ser negligenciada.

É que, quanto ao aspecto da mensuração econômica do bem, se torna imprópria a comparação levada a efeito no julgado entre a quota social e um imóvel, afinal, a sociedade não é um bem em si mesmo e o dinamismo da atividade empresarial é preponderante para o incremento do valor das quotas, diferentemente dos fatores que alavancam a valorização imobiliária, que, inegavelmente, são alheios ao trabalho direto e pessoal do titular, relacionando-se à localização, características físicas do imóvel e conjuntura mercadológica.

Neste passo, com todo respeito, demonstra-se que a premissa erigida no REsp 1.173.931/RS não se revela adequada, ao menos não suficiente para um regulamento completo e abrangente da matéria, afinal, a despeito das razões decisórias, situações há, casuisticamente, em que o cenário de valorização experimentado pelas quotas não decorre meramente de um fator econômico, mas sim da atuação direta e pessoal do sócio – do que se presume, por conseguinte, o esforço comum do cônjuge ou companheiro.

Quer nos parecer, a toda evidência, que o posicionamento jurisprudencial não pode ser, quanto a tal matéria, objetivo e estático, sob pena de oferecer disciplina insatisfatória e alijada da dinâmica e cambiante realidade empresarial, podendo traduzir-se em preceito que não se amolda adequadamente à tutela reclamada no caso vertente. Em palavras outras, seria preciso analisar, em cada caso, a partir das características próprias do negócio titularizado por meio da propriedade das quotas, seu funcionamento, sua organização empresarial e as variantes relacionadas ao êxito da empresa e ao incremento do seu patrimônio.

Ainda assim, conquanto tal conclusão ressoe até mesmo intuitiva, o posicionamento simplista e objetivo do STJ segue – quiçá pela falta de se lançar foco novamente à temática – encontrando eco na jurisprudência, sendo replicado sem os cuidados necessários de conformação às circunstâncias do caso concreto.

Em especial, quadra gizar que tal premissa, não obstante as críticas apresentadas, ofereceu norte para julgamento do REsp 1.495.667/SC,[41] em que o pano de fundo era diverso, mas, ao fim, perpassou-se pelo entendimento consagrado no REsp 1.173.931/RS para construção das razões decisórias.

Em tal caso, a controvérsia veiculada no mérito do recurso especial, baseada tanto em violação a dispositivo de lei federal quanto em dissídio jurisprudencial, referia-se à definição do marco temporal para avaliação das ações relativas às empresas

---

41. STJ; REsp 1.495.667/SC; 4ª Turma; j. 15.05.2018.

Intelbrás e Fazenda Revoredo S/A –, a serem colacionadas no inventário, para efeito de acertamento de legítimas.

O cerne do debate, preponderantemente, referia-se à fixação quanto à data de avaliação de bem sujeito à colação e a *ratio decidendi*, com efeito, centrou-se em tal discussão, confrontando-se as possibilidades oferecidas pela legislação, para, ao fim, identificar aquela que melhor se amoldava às circunstâncias fático-jurídicas da causa – no caso, aplicou-se como referencial a data da abertura da sucessão, por força da inteligência do art. 1.014, parágrafo único, do CPC/73.

Em *obter dictum*, contudo, extrai-se interessante debate concernente ao modo de mensuração da valorização acrescida ao bem, pois a doação envolvia quotas e ações societárias, verificando-se, neste pormenor, exatamente, o ponto de contato com a matéria aqui discutida, eis que, no caso em julgamento, houve substancial incremento do patrimônio entre a data da doação e da sucessão, querendo os herdeiros donatários atribui-lo ao seu empenho na gestão das sociedades.

Prevaleceu, contudo, o entendimento sufragado no REsp 1.173.931/RS – cujas razões foram, inclusive, invocadas no acórdão –, reportando-se à premissa de que a valorização decorre de mero fenômeno econômico e que eventual labor despendido pelos sócios/herdeiros/donatários à frente da sociedade, frutuoso ou não, deveria ser remunerado mediante a contraprestação enumerada no art. 152 da Lei de Sociedades Anônimas,[42] não se confundindo com o acréscimo patrimonial experimentado pela boa performance da companhia. À vista de tais considerações, não vislumbrou o STJ, tal qual empreendido no aresto de piso, razões suficientes para mitigar a aplicação da norma legal objetiva, concernente ao marco temporal para colação, tampouco tendo embarcado na tese de que a valorização do patrimônio decorrente do empenho humano possa ser equiparada, para efeitos legais, às benfeitorias ou mesmo às noções de "melhoramentos" ou "implantes" que permeiam a regra positivada. Assim, encaminhou a matéria no sentido de rejeitar a pretensão dos herdeiros donatários e considerar, para efeito de colação, o valor atualizado da participação acionária, negando o reconhecimento de qualquer desconto pecuniário em decorrência do benefício advindo do esforço pessoal do sócio gestor.

Pertinente ponderar que não se discorda do raciocínio empregado pelo STJ, neste caso, para fins de se dissociar os conceitos de valorização patrimonial e de benfeitorias, contudo, sem se imiscuir na avaliação quanto ao resultado alcançado no julgado, porquanto guiado por questões jurídicas outras, não se revela coerente a replicação indistinta da premissa albergada no REsp 1.173.931/RS, a uma porque o cenário deste julgamento era diverso, tratando-se de sociedades anônimas, que possuem, a toda evidência, natureza, funcionamento e regramento especiais; e a duas porque, por

---

42. Art. 152. A assembleia geral fixará o montante global ou individual da remuneração dos administradores, inclusive benefícios de qualquer natureza e verbas de representação, tendo em conta suas responsabilidades, o tempo dedicado às suas funções, sua competência e reputação profissional e o valor dos seus serviços no mercado.

pautar-se em análise objetiva do tipo societário, presumindo uma impessoalidade que desconsidera a relevância das qualidades subjetivas dos acionistas, deixou sequer de sopesar as nuances do caso concreto, que sugeriam uma correlação direta entre a perspicácia gerencial e o empenho dos acionistas e os resultados exitosos alcançados pela companhia em seara econômica.

Portanto, o que se está a evidenciar é que o caminho trilhado pelo julgado, com arrimo na proposição consignada no citado REsp 1.173.931/RS, não traduz uma análise completa com as circunstâncias específicas da causa, transparecendo descura na reiteração de tal posicionamento.

Lado outro, o que se pretende demonstrar é que a *quaestio* merece cuidado em seu manejo, com a avaliação casuística para fins de se aferir a origem e o suporte fático da valorização patrimonial das quotas societárias,[43] sendo que qualquer entendimento objetivo que se venha a oferecer neste sentido será, em algum momento, impreciso diante do dinamismo que envolve as relações econômicas empresariais.

Dessa forma, a revisitação do entendimento jurisprudencial é necessária e a crítica é pertinente para oferecer, a partir reflexões pontuais, uma resposta mais coerente ao questionamento proposto neste trabalho, que tenha em consideração as nuances do caso concreto e a forma de atuação da sociedade em apreço. Somente assim, tomando em conta todas as nuances albergadas no caso, é que se poderá concluir satisfatoriamente quanto à comunicabilidade (ou não) da valorização das quotas sociais na partilha *causa mortis*.

6. CONSIDERAÇÕES FINAIS

Percebe-se na sociedade atual, por diferentes motivações, movimento denominado de "pejotização", em que as pessoas naturais passam a exercer as atividades produtivas a partir da estrutura de sociedades empresárias, utilizando-se de sua personalidade própria e autônoma para o desenvolvimento das atividades profissionais e de mercancia. Como consequência deste cenário, é cada vez mais frequente que as quotas sociais representativas da participação destas pessoas físicas nos quadros

---

43. Vale a ressalva de que o esforço de avaliar, casuisticamente, a origem da valorização patrimonial das quotas não é estranho ao labor judicante do STJ, sendo que tal exercício já foi feito para o enfrentamento de controvérsia assemelhada, no REsp 1.595.775/AP. Neste caso, a decisão ponderou que o acréscimo do valor patrimonial das quotas decorreu de retenção de lucros da sociedade, que, ao invés de distribuídos aos seus sócios, foram mantidos em conta de reserva, para reinvestimento e custeio de aumento de capital. Diante deste contexto, entenderem que, mesmo constituindo-se os frutos bens comuns, ao serem manejados em tal operação contábil, representam um acréscimo não passível de comunicabilidade: "As quotas ou ações recebidas em decorrência da capitalização de reservas e lucros constituem produto da sociedade empresarial e aumentam o seu capital social com o remanejamento dos valores contábeis da própria empresa, consequência da própria atividade empresarial. Assim, tal reserva não se caracteriza como fruto, à luz do art. 1660, V, do Código Civil, apto a integrar o rol de bens comunicáveis ante a dissolução da sociedade familiar. Assim, não havendo redistribuição dos lucros da sociedade empresária aos sócios, porquanto retidos na empresa para reinvestimento, não há como reconhecer o alegado acréscimo do patrimônio do casal, motivo pelo qual não há falar em incidência do art. 1.660, V, do Código Civil de 2002" (STJ; REsp 1.595.775/AP; 3ª Turma; j. 09.08.2016).

sociais destas sociedades empresárias, integrem o acervo patrimonial pessoal e, como tal se sujeitem à sucessão.

Dúvidas surgem no manejo das questões jurídicas relacionadas a estas quotas sociais, o que, por vezes, não se justifica, sobretudo no que atine ao aspecto da transmissibilidade de patrimônio, afinal, o tratamento a ser destinado às quotas se assemelha, neste ponto, àquele endereçado a qualquer outro bem.

A legislação, contudo, não oferece resposta objetiva para fins de se avaliar quanto à comunicabilidade da valorização patrimonial alcançada pelas quotas que integram o monte de bens particulares de um dos cônjuges com o decurso do tempo, havendo julgado no Superior Tribunal de Justiça, tendo como pano de fundo união estável e transmissão *causa mortis*, que se posiciona pela impossibilidade de que tais acréscimos integrem a partilha.

Como sustentáculo argumentativo, a decisão apresenta dois pilares jurídicos: (i) que a aquisição do bem ocorra durante o período de convivência, pois, a rigor, o companheiro supérstite não concorreria com os demais herdeiros quanto aos bens particulares e (ii) que o crescimento patrimonial advenha do esforço comum do casal, mesmo que presumido, o que não se verifica no caso em apreço, por considerar que a valorização das quotas decorre de mero fenômeno econômico.

Em avaliação crítica de tal decisão, demonstrou-se que o primeiro pilar não se sustenta frente à modificação do contexto jurídico que circunda a matéria, uma vez que, em 2017, após, portanto, o julgamento em testilha, foi declarada a inconstitucionalidade do art. 1.790 do CC, equiparando o regime da união estável quanto ao do matrimônio, no que tange à vocação sucessória. Logo, o companheiro sobrevivente, no regime de comunhão parcial de bens, passa a concorrer pelas quotas em si, ainda que sendo bens particulares, suplantando, nesta medida, a discussão concernente à sua mera valorização.

Já quanto ao segundo pilar, criticou-se a conclusão objetiva alcançada pelo STJ, demonstrando-se que em diversas situações, em razão da tipologia e da forma de organização da sociedade empresária, a valorização da quota tem relação íntima com o empenho e pertinácia pessoal do sócio, aquebrantando o raciocínio propalado no citado Recurso Especial e que vem sendo indistintamente replicado pela jurisprudência do próprio STJ e dos tribunais locais.

Por fim, verificadas as áreas de insegurança da decisão e a reiteração da premissa decisória por outros julgados, arrematou-se o assunto mediante a conclusão de que qualquer resposta ao questionamento proposto que seja objetiva e estática oferecerá solução imprecisa e insuficiente, ante o dinamismo característico à atividade empresarial. Destarte, é necessário que a análise prévia à formação de convencimento se faça de modo casuístico, tomando em consideração as nuances do caso concreto, para fins de se aferir a origem e o suporte fático da valorização patrimonial das quotas societárias, somente então se podendo formatar, de modo pontual, uma resposta adequada ao questionamento.

7. REFERÊNCIAS

BAGNOLI, Martha Gallardo Sala. *Holding* imobiliária como planejamento sucessório. Coleção Academia-Empresa 17. São Paulo: Quartier Latin, janeiro de 2016.

BORBA, José Edwaldo Tavares. *Direito societário*. 19 ed. Barueri [SP]: Atlas, 2022.

CARDOSO, Fabiana Domingues; GIRARI, Viviane. O instituto do regime de bens e a sua influência no planejamento sucessório. In: TEIXEIRA, Daniele Chaves (Coord.). *Arquitetura do planejamento sucessório*. Belo Horizonte: Fórum, 2021.

COELHO, Fábio Ulhoa. *Curso de direito comercial*. 10. ed. São Paulo: Saraiva, 2007. v. 2.

COSTALUNGA, Karime. *O direito do meeiro do sócio na apuração de haveres: proposta de interpretação da legislação civil*. São Paulo: Quartier Latin, 2019.

DINIZ, Souza. *Código Civil Italiano*. Rio de Janeiro: Record Editora, 1961.

ESTRELLA, Hernani. *Apuração dos haveres de sócio*. 5. ed. Rio de Janeiro: Forense, 2010.

FRANÇA, Erasmo Valladão Azevedo; ADAMECK, Marcelo Vieira von. *Direito processual societário*: breves comentários ao CPC/2015, São Paulo: Malheiros, 2021.

GONÇALVES NETO, Alfredo de Assis. *Direito de empresa*: Comentários aos artigos 966 a 1.195 do Código Civil. 8 ed. São Paulo: Thomson Reuters Brasil, 2018.

LGOW, Carla Wainer Chalréo. Pessoas jurídicas: autonomia patrimonial e desconsideração da personalidade jurídica. *Revista semestral de direito empresarial*. v. 8 (jan./jul. 2011). Rio de Janeiro: Renovar, 2007.

MADALENO, Rolf. *Manual de Direito de Família*. Forense, maio 2017.

MAZZEI, Rodrigo. *Comentários ao Código de Processo Civil*. In: GOUVÊA, Jose Roberto Ferreira; BONDIOLI, Luis Guilherme; FONSECA, João Francisco Naves da (Coord.). São Paulo: Saraiva, v. XII (arts. 610 a 673), no prelo.

MAZZEI, Rodrigo; PINHO, Fernanda Bissoli. O balanço do estabelecimento e a apuração de haveres no inventário causa mortis: necessidade de adequada interpretação do artigo 620, § 1º, do CPC. *Revista Nacional de Direito de Família e Sucessões*. v. 7, n. 42, p. 5-24, Porto Alegre, maio/jun. 2021.

RANGEL, Rafael Calmon. *Partilha de bens na separação, no divórcio e na dissolução da união estável*. São Paulo: Saraiva, 2016.

RODRIGUES, Silvio. Direito civil. *Direito de família*. 28. ed. atual. por Francisco Cahali. São Paulo: Saraiva, 2004. v. 6.

ROSA, Conrado Paulino da. *Planejamento sucessório*: teoria e prática. São Paulo: JusPodivm, 2022.

TARTUCE, Flávio. *Manual de Direito Civil*: volume único. 7. ed. rev., atual. e ampl. Rio de Janeiro: Forense; São Paulo: Método, 2017.

WALD, Arnoldo. *Comentários ao novo Código Civil* – livro II – do direito da empresa. Rio de Janeiro: Forense, 2005.

REGIME DE SEPARAÇÃO DE BENS: UMA ANÁLISE SOBRE O INSTITUTO DA SEPARAÇÃO DE BENS DIGITAIS

Isabella Nogueira Paranaguá de Carvalho Drumond

Pós-Doutora em Direito pela Universidade de Birmingham-UK. Doutora em Direito pela Pontifícia Universidade Católica de São Paulo (PUC-SP). Mestre em Ciência Política pela Universidade Federal do Piauí (UFPI). Advogada.

Sumário: 1. Introdução – 2. Regime de separação de bens: o que é, quais os tipos e como funcionam; 2.1 Separação de bens no casamento; 2.2 Separação de bens na união estável; 2.3 Separação de bens em caso de morte – 3. Patrimônio digital e a partilha de bens virtuais no divórcio; 3.1 Conceituações de patrimônio e bens; 3.2 Conceituações de bens digitais; 3.3 Partilha de bens virtuais – 4. Tipos de partilha de bens digitais; 4.1 Divisão de contas comerciais em redes sociais e partilha de criptomoeda; 4.2 Como a jurisprudência brasileira decide os casos de regime de separação em bens digitais – 5. Conclusão – 6. Referências.

1. INTRODUÇÃO

Quando um casal decide se relacionar matrimonialmente ou em uma união estável, necessariamente estarão vivendo sob a égide de algum tipo de regime de bens. Conforme o ordenamento jurídico brasileiro, existem os seguintes regimes de bens: a) regime de separação de bens, dividido em a.1) separação legal ou obrigatória de bens e a.2) regime da separação convencional de bens; o regime da comunhão universal de bens e por fim, o regime da participação final nos aquestos.

Os regimes de bens são divididos em dois aspectos: comunhão ou separação. A partir disso, entende-se que na comunhão universal de bens comunicam-se todos os bens, passados e presentes, com exceção das exclusões impostas pelo art. 1.668 do Código Civil. Já o regime de comunhão parcial de bens é o padrão e mais utilizado pelos brasileiros, aplicando-se automaticamente quando os cônjuges não manifestam preferências. Nele, comunicam-se, em regra, os bens adquiridos na constância da união, sendo que os bens anteriores ao casamento ou união estável permanecem como particulares. As exceções legais estão no art. 1.659 do Código Civil.

A importância de estudar o regime de separação de bens sob a ótica dos bens digitais se dá pelo fato de que a era digital provocou o surgimento e inquestionável aumento anual do número de bens digitais, devido à facilidade no acesso aos ambientes virtuais. Com o avanço da tecnologia e o crescimento do uso das mídias sociais, esse patrimônio tornou-se mais amplo e corriqueiro, levantando uma questão significativa e relevante no âmbito social e jurídico.

Do ponto de vista do patrimônio digital, os ativos considerados são todos aqueles bens acumulados pelo usuário no espaço virtual: contas virtuais, materiais, conteúdo, acesso e visualização de mídias digitais, e que geram impacto no direito de família e sucessório brasileiro.

O presente trabalho discorre sobre o regime da separação de bens relacionado aos bens digitais. Especificamente, trata de análise metodológica bibliográfica com abordagem de pesquisa qualitativa sob o ponto de vista da pesquisa exploratória e descritiva, tendo como principal objetivo analisar a legislação brasileira sobre separação de bens no casamento ou união estável e a posição dos bens digitais em possíveis disputas entre os consortes, bem como analisar as principais doutrinas e jurisprudências que abordam a temática.

Para tanto, o primeiro capítulo aponta o que é, como funcionam e quais os tipos de regime de separação de bens para que seja introduzida a temática inicial sobre como ocorre a separação desses bens e em quais casos. Neste capítulo será visto um pouco sobre o que significa um sistema de bens, como ele é definido pela legislação brasileira e suas implicações para o casamento como um todo, e as regras para aplicação desse sistema na realidade.

O segundo capítulo, apresenta o conceito patrimônio e bens, bem como o conceito de bens digitais e patrimônio digital e como ocorre a sua divisão nos casos de divórcio ou dissolução conjugal. Além de mencionar como surgiu esse instituto que é devidamente recente no ordenamento jurídico brasileiro.

O terceiro e último capítulo demonstra os tipos de partilha de bens virtuais em si, também fala quais os bens digitais mais comuns de serem partilhados, é o exemplo das criptomoedas, milhas de viagem, contas comerciais de rede social etc.

Sendo assim, o presente artigo apresenta um olhar diferenciado sobre o tema do regime de separação de bens digitais, buscando demonstrar que mesmo sem a previsão expressa desses institutos no Código Civil, é possível encontrar soluções para a partilha ou não dos bens digitais adquiridos na constância do casamento ou união estável sob a égide do regime da separação de bens.

Diante disso, o propósito desta pesquisa é especialmente demonstrar como ocorre a partilha dos bens digitais, em se tratando de uma escolha pelo casal do regime da separação de bens, revelando-se de suma importância o tema, uma vez que na sociedade da informação, a construção do patrimônio digital é inevitável, pois a maioria das pessoas visitam ambientes virtuais e acumulam alguns ou muitos bens como resultado de construções exclusivamente digitais.

2. REGIME DE SEPARAÇÃO DE BENS: O QUE É, QUAIS OS TIPOS E COMO FUNCIONAM

O sistema de separação de bens é um conjunto de regras que define como os bens são divididos por duas pessoas envolvidas como casal, incluindo bens particulares – que existiam antes do casamento ou união estável, e bens desenvolvidos durante o casamento. Na prática, porém, esse é um tema a ser observado no início desses relacionamentos – já que é no momento da habilitação para o casamento que se escolhe o regime de bens. Já quanto a união estável, sabe-se que se predomina sua informalidade, mas que o regime de bens pode ser escolhido a partir da contratualização desse tipo de união.

Para Farias (2017) o regime de bens é a definição legal da disposição dos bens conjugais. Em outras palavras, há um acordo claro sobre o que acontecerá com os bens um do outro entre os cônjuges imediatamente antes desse momento e o que acontecerá com seus ativos após esse momento. Isso acontece porque, geralmente, quando duas pessoas se casam, trazem consigo seus bens e dívidas. É importante determinar se eles pertencem ao casal ou continuam mantendo cada um deles em segredo. O mesmo vale para ações ou dívidas que ainda não existem, mas podem existir no decorrer dessa aliança. Em particular, o sistema de propriedade determinará quem pertencerá ao casal ou a cada um de seus membros.

Essa definição pode parecer burocrática à primeira vista, pois os casais vivem juntos e quase inevitavelmente compartilham suas condições de vida e materiais ao longo do relacionamento. No entanto, é a própria definição desse sistema de propriedade que determina como a propriedade é distribuída em caso de divórcio ou dissolução de união estável.

Enquanto muitas pessoas só pensam nos aspectos patrimoniais quando já se encontram em situação de divórcio, é importante frisar que a escolha do regime de bens ocorre no momento da habilitação para o casamento ou no momento da contratualização de uma união estável ou, ainda, reinando a completa informalidade da união estável subentende-se que o regime é o da parcial de bens.

Conforme menciona Gonçalves (2020) o sistema de divisão de bens é um sistema em que os bens de ambos os cônjuges não são trocados ao longo do casamento, e cada pessoa possui seus próprios bens. Nos bens comunitários parciais, os bens adquiridos durante o casamento são propriedade dos cônjuges e devem ser divididos após o divórcio. Na comunhão de total de bens, os bens pré-nupciais e os bens adquiridos durante o casamento são agora completamente divididos entre os cônjuges.

No direito de família brasileiro existem três princípios que norteiam o instituto do regime de bens: a) liberdade da escolha, b) variabilidade, e c) mutabilidade controlada.

O princípio da liberdade da escolha conforme menciona Dornelas (2020) dispõe que os cônjuges têm o direito de escolher um regime de bens para o seu casamento, bem como as regras para a incorporação de outros regimes. Eles são livres para estabelecer outro regime, desde que a ordem pública e os bons costumes não sejam violados. Se o sistema escolhido não for legal, é necessário um acordo pré-nupcial. A liberdade de escolha é feita por atos públicos necessários para passar no processo de habilitação antes do casamento. Uma vez que um acordo pré-nupcial entra em vigor, ele só entra em vigor após o casamento.

A variabilidade conforme o "Código Civil" estipula quatro tipos de regime: os noivos podem escolher um deles, ou podem escolher um de acordo com as regras dos outros, ou ainda estabelecer outro tipo de governo, desde que não violem lei. A mutabilidade controlada conforme menciona Dornelas (2020) é regime de bens escolhido após o casamento pode ser modificado, mas apenas se for justificado e proteger os direitos de terceiros.

A definição convencional é aquela que os cônjuges optam por definir um determinado regime de bens. Isso é feito por meio de um acordo pré-nupcial, em que o casal escolhe um dos regimes disponíveis. Contudo, o legislador brasileiro exige no art. 1.641, da Lei 10.406/2002 que algumas pessoas se casem no regime da separação obrigatória de bens: as pessoas que o contraírem com inobservância das causas suspensivas da celebração do casamento, as pessoas maiores de setenta anos e de todos os que dependerem, para casar, de suprimento judicial.

O regime de separação de bens nunca deve ser confundido com questões de guarda dos filhos decorrentes do casamento ou união estável, pois são institutos independentes e que, portanto, tratam de questões diversas. A guarda versa sobre direitos pessoais advindos do poder familiar e o regime de bens trata, em particular, da divisão de bens entre cônjuges ou companheiros.

Considerando que o fim de um casamento ou união estável se dá, respectivamente, em razão do divórcio ou dissolução e também da morte, tem-se a possibilidade de encerrar essas espécies de família tanto pela via judicial quanto extrajudicial, sendo que para o divórcio ou dissolução de união estável extrajudicial, consoante Galvão (2020), o regime de bens definido para o casamento em nada impede ou prejudica a execução dos divórcios extrajudiciais. A regra para divórcios extrajudiciais é que deve haver o consenso entre as partes, e além disso, não podem haver filhos menores nem a mulher pode estar grávida, sendo obrigatória a presença do(a) advogado(a).

Ademais, o regime de bens pode ser alterado durante o casamento, através de pacto pós-nupcial, devendo ser acionado o Judiciário para o deferimento do pedido (SANTOS, 2020, p. 06).

Os artigos 1687º e 1688º do Código Civil preveem o regime de separação de bens. Sob este sistema, a propriedade consiste em bens privados. Este é o sistema mais simples porque não há bens comuns. A transmissão de bens não carece de autorização do cônjuge e pode ser gerida livremente, sendo cada um responsável pelas suas próprias dívidas e obrigações. Não é necessário a autorização do cônjuge para a alienação de seus bens, podendo administrá-los livremente e cada um responde por suas dívidas e obrigações. Permite que os cônjuges sejam coproprietários dos bens adquiridos por participação mútua proporcionalmente uns aos outros, bem como por doações ou bens conjuntos.

Outrossim, do ponto de vista legal, o fato de o casal optar pelo regime de bens separatista ou obrigatoriamente por força da lei ter que viver sob a égide de uma separação de bens não significa dizer que eles não podem partilhar livremente as suas condições materiais, seja em termos de habitação, compras diárias, férias e qualidade de vida. Isso envolve muito mais a ideia de plena comunhão de vida e a busca da felicidade como razão para viver em família, não podendo as nuances da afetividade serem excluídas desse contexto.

A separação convencional é diferente da separação obrigatória. É o que ensinam Cristiano Chaves de Farias e Nelson Rosenvald (2010, p. 300), no seguinte trecho de sua renomada obra:

> No regime de separação convencional não existem bens comuns, estabelecendo, pois, uma verdadeira separação absoluta de bens. No ponto, inclusive, ele se difere da separação obrigatória ou legal, submetida ao art. 1.641 do Código de 2002. Nesta (separação obrigatória), por conta da incidência da Súmula 377 da Suprema Corte, haverá comunhão dos aquestos (bens adquiridos onerosamente na constância do casamento), deixando claro que a separação não é total. Naquela (separação convencional), inexistem bens comuns, permitindo que seja, de fato denominada separação absoluta ou total. Isto, por si só, já serve para justificar a exigência de outorga, consentimento, do cônjuge para alienar ou onerar bens imóveis – e para prestar fiança ou aval – se o matrimônio estiver sob o regime de separação obrigatória, sendo totalmente desnecessária, por lógico, esta outorga se o casamento é regido pela separação convencional (FARIAS; ROSENVALD, 2010, p. 291).

Como se sabe, o regime da separação obrigatória é para pessoa maior de setenta anos, para todos que dependem de suprimento judicial para casar e também para aqueles que se casam sem observar as causas suspensivas da celebração do casamento. (DORNELAS, 2020).

2.1 Separação de bens no casamento

No Brasil, há dispositivos específicos sobre o regime da separação de bens como por exemplo a imposição do regime da separação obrigatória de bens no casamento do maior de sessenta anos de idade, artigo 1.641, incisos I e II, CC. O regime da separação obrigatória de bens, artigo 1.641, CC. O regime da separação obrigatória de bens frente aos princípios: da dignidade, artigo 1.641, inciso II, do Código Civil de 2002 (KNAACK, 2007).

Na separação de bens tradicional, os próprios cônjuges optam por meio de um acordo matrimonial que os bens de um não sejam misturados com os bens do outro, mesmo após a separação, mas ambas as partes contribuem para a manutenção do lar com base na sua parte nos rendimentos, a menos que estejam em convenção antenupcial existem disposições em contrário (artigo 1688.º do Código Civil).

Por outro lado, num regime legal ou obrigatório, em que os cônjuges estão limitados por disposições legais, a separação torna-se obrigatória em três casos específicos, nomeadamente: a) quando a idade do casamento for superior a 70 anos; b) quando o casamento for devido proibição de autorização causada por casamento de pessoa relativamente incapaz e, finalmente, c) quando o casamento não cumprir o motivo da suspensão (SANTOS, 2020).

Note-se, conforme o caso, que na separação legal ou obrigatória de bens, não deve haver ligação entre os bens passados ou futuros dos cônjuges, mas em circunstâncias excepcionais pode até ser possível que os bens adquiridos através do sistema através do os esforços conjuntos dos cônjuges são compartilhados. Pensando nisso, o STF editou a súmula 377, que dispõe que "no regime de separação de bens, são comunicados os bens adquiridos durante o casamento".

A gestão dos bens em regime de separação é da exclusiva responsabilidade dos cônjuges, cabendo aos cônjuges alienar ou garantir os seus bens imóveis (artigos 1.687 e 1.647 do Código Civil) sem necessidade de autorização dos cônjuges. De fato, embora a administração dos bens seja de responsabilidade dos cônjuges, as despesas incorridas e devolvidas ao marido e à esposa devem, em geral, ser custeadas por ambos, conforme estabelecido no artigo 1.688. Código Civil.

A valorização do projeto de vida familiar está vinculada indissociavelmente à função social da família e se baseia na afetividade, solidariedade, proteção mútua, respeito e consideração, mas atrelado a esses projetos familiares também há questões patrimoniais específicas a serem analisadas, como por exemplo, a destinação dos bens digitais.

Conforme Carvalho; Godinho e Apdrosa (2019) os bens digitais legados são aqueles cuja natureza é meramente econômica, como moeda virtual (Bitcoin), milhas aéreas, pagamentos em plataformas digitais; bens digitais (ou bens digitais), por sua vez, tem um caráter muito pessoal e como perfis de redes sociais, blogs, e-mails, por exemplo, mensagens privadas de aplicativos como o WhatsApp; e para finalmente, bens híbridos, bens digitais que existem hereditários (ou um legado muito pessoal), que constitui economia e privacidade, como com influenciadores digitais, monetizando suas postagens orgânicas e pessoais, como plataformas de Instagram ou Youtube.

É imperioso que em tempos de sociedade da informação, o direito de família se adeque às novas realidades geradas pela tecnologia, sendo a discussão sobre a transmissão dos bens digitais um assunto da pós-modernidade que impacta muitas famílias brasileiras, uma vez que o processo de aquisição de bens digitais é reflexo da evolução da própria sociedade, revelando-se de fundamental importância a análise de como esses bens digitais serão partilhados dentro de um casamento no qual o regime da separação de bens impera.

2.2 Separação de bens na união estável

A união estável consiste, segundo o artigo 1.723 do Código Civil em uma união pública, duradoura e com o objetivo de constituir família. Existem duas maneiras de viver em união estável no país: informal ou formal. A primeira é a que mais ocorre, porém, é mais insegura juridicamente, porque o casal não possui um comprovante de que vivem aquele tipo de união. Outra maneira de viver em união estável é por meio de contrato particular ou escritura pública; em assim sendo, esses dois últimos garantem maior segurança jurídica para os envolvidos.

Além disso, na completa informalidade subentende-se que o casal vive o regime da comunhão parcial de bens; por outro lado, ao formalizar a união estável o casal tem o direito de escolher qual regime de bens terão. Ou seja, eles podem escolher um sistema mais adequado para planos conjuntos e individuais. A prova incluirá então o início do período de convivência, o regime de bens que escolheu e se já existem filhos na relação. Dessa forma, se o relacionamento chegar ao fim, não haverá surpresas na hora de dividir os bens (SANTOS, 2020). O regime de separação de bens nas uniões estáveis são o mesmo que um casamento civil.

Para Souto Maior (2018) é importante entender que a união estável é uma entidade familiar. No entanto, não pertence ao casamento civil, pois no casamento é imprescindível a presença de documentos oficiais. Nas uniões estáveis, por outro lado, os padrões são menos rigorosos. Portanto, em união estável, o processo é mais simples e é exatamente por isso que muitos preferem vivê-la na completa informalidade, sem levar em conta as consequências jurídicas advindas da escolha de permanecerem informais.

Então, aos olhos da justiça, quando há um relacionamento duradouro entre as partes, pode haver um vínculo estável, desde que observados os requisitos do art. 1723 do Código Civil brasileiro. No entanto, embora o procedimento seja mais simples, o valor jurídico é igualmente ponderado para ambas as partes em termos de regimes de bens, alimentos e guarda dos filhos.

A existência de bens digitais na união estável enseja também no direito da separação de bens digitais caso o casal venha a dissolver a união estável. Os bens digitais têm uma natureza econômica e muito pessoal; por causa de sua existência as pessoas estão interessadas no que o titular tem a dizer, ou melhor, ele está em ambiente virtual, torna-se rentável com ele (TEIXEIRA; KONDER, 2021, p. 34).

Pensar em como dividir os bens digitais após o término de uma união estável é igualmente preocupante, pois aspectos muito intrínsecos à vida do casal devem ser analisados no momento de saber como dividir os bens digitais. A verdade é que embora o regime da separação de bens garanta a completa não comunicação de bens entre o casal, alguns bens digitais podem ser constituídos a partir de contas, acessos e provedores conjuntos do casal, gerando dúvidas quanto a uma posterior disputa de partilha de bens.

2.3 Separação de bens em caso de morte

O sistema de separação de bens previsto no Código Civil é dividido em dois tipos: o sistema de separação tradicional e o sistema de separação compulsória. E, embora sejam muito semelhantes, terão efeitos diferentes em caso de término do casamento ou união estável devido o falecimento de um dos consortes.

Segundo o artigo 1.829 do Código Civil, quem é casado em separação obrigatória de bens não herda na concorrência com os descendentes do autor da herança. Já quem é casado em separação convencional de bens herda, na mesma concorrência do inciso I do mencionado artigo. Portanto, os dois regimes separatistas possuem consequências diferentes no âmbito sucessório, no momento em que a concorrência é com os descendentes do morto, que não necessariamente são comuns. Já nos outros casos do mesmo artigo, o cônjuge herda independente do regime de bens.

Ainda, no tocante especificamente ao tratamento dado à união estável para fins sucessórios, através do julgamento do Recurso Extraordinário 878.694 com repercussão geral reconhecida (Tema 809), o Supremo Tribunal Federal decidiu pela inconstitucionalidade do artigo 1.790 do Código Civil. A partir disso, segundo a maior parte da doutrina brasileira, não há mais distinção de regimes sucessórios entre cônjuges e companheiros, devendo ser aplicado para casamento e união estável o disposto no artigo 1.829 do Código Civil.

Em se tratando do evento morte, sabendo que cada regime separatista possui seu contorno no direito das sucessões, é fundamental analisar a destinação da herança digital, ramo recém-desenvolvido do direito sucessório brasileiro. A sociedade pós-moderna avançou muito em termos de tecnologia e universos virtuais. Então, passou o ambiente online a ser parte rotineira da vida das pessoas, que começaram a armazenar suas informações na internet, se relacionar umas com as outras online e também constituir novas espécies de bens, os digitais. Sendo assim, para a lei, surgiu um novo desafio: regular o patrimônio digital.

Segundo Zampier (2021), a falta de legislação sobre como esses bens são transferidos aos herdeiros e, consequentemente, a ausência de disposições testamentárias, dificulta a discussão dos bens virtuais existenciais, pois a aquisição desses bens pode não apenas comprometer os direitos de personalidade do falecido, e também lesar os direitos de personalidade de terceiros que tiveram contato com o falecido.

Cadamuro (2019) esclarece que por falta de testamentos e disposições legais sobre o assunto, primeiramente, por conta das políticas desses prestadores de serviços, os herdeiros encontrarão dificuldades no estabelecimento extrajudicial.

Mesmo com a ausência de lei, existe um projeto de Lei 1.689/2021, em tramitação na Câmara dos Deputados; ele fixa regras para provedores de aplicações de internet tratarem perfis, páginas, contas, publicações e dados pessoais de pessoas mortas. O texto inclui disposições sobre o tema no Código Civil e na Lei de Direitos Autorais (9.610/1998). (IDBBFAM, 2020).

O projeto acima mencionado tem conexão direta com o estudo dos bens digitais e a repercussão deles no regime da separação de bens. Apesar de no direito de família ser claro que não se comunicam os bens digitais que forem totalmente particulares de cada um, para fins sucessórios a transmissão da herança ocorre de modo diferente. Sendo assim, é possível que o cônjuge ou companheiro sobreviventes venham a herdar os bens digitais do morto, desde que observadas as regras da legítima e as restrições impostas ao regime da separação obrigatória.

Lara (2016) ressalta a importância de um planejamento minucioso por parte de usuários e proprietários de ativos digitais para garantir como será regulada a sucessão desses ativos digitais. É importante ressaltar que, embora não haja legislação que proíba a alienação testamentária de bens que não gozam de valor econômico, a discussão sobre herdar ou não bens digitais é de fato desprovida da perspectiva dos bens existenciais.

Além disso, é importante mencionar que o testamento é uma maneira recomendada para o autor da herança expressar sua vontade, sobre para onde vão seus bens digitais e direitos pessoais.

É de suma relevância compreender a divisão de bens segundo a doutrina civilista, pois a discussão sobre a partilha de bens digitais vale tanto para o direito de família quanto para o direito sucessório. Sendo assim, conforme visto no primeiro capítulo, para tratar do regime de separação desses bens e patrimônios digitais é necessário entender o que são e como esse tipo de patrimônio pode ser dividido; é o que o próximo capítulo introduz.

3. PATRIMÔNIO DIGITAL E A PARTILHA DE BENS VIRTUAIS NO DIVÓRCIO

3.1 Conceituações de patrimônio e bens

Carlos Roberto Gonçalves (2021) entende o patrimônio em sentido amplo é um grupo de bens em qualquer ordem pertencente ao titular, já em um sentido mais restrito, a relação jurídica ativa e passiva da pessoa titular, que são economicamente mensuráveis e podem ser considerados como herança. No entanto, é importante mencionar que não há consenso sobre conceituação de patrimônio, para outros estudiosos, depende das circunstâncias em que está inserido, incluindo um conjunto de relações jurídicas, objetos presentes, futuros, tangíveis e intangíveis, credor e débito, o título ou responsabilidade da pessoa.

Da definição do princípio da maioria, pode-se inferir que o legado será um conjunto de itens, para alguns podem ser economicamente avaliativo, para outros, pertencentes ao suporte. Portanto, tendo em conta que os bens são uma condição necessária para a indissociabilidade dos bens o conceito de patrimônio, compreensivelmente, em linhas gerais, são bens.

Para Tartuce (2020), os itens serão valorizados porque são úteis e raros e facilmente desviados e têm algum valor financeiro. Lobo (2020, p. 237) acrescentou: "Os bens são objetos materiais ou imateriais e podem ser facilmente apropriado indevidamente por pessoas ou usado economicamente física ou jurídica". O princípio da maioria ainda prescreve bens, como Lobo descreve em sua obra, em geral, a doutrina jurídica brasileira enfatiza a natureza dos bens hereditários e pessoais, indicando suas características: economia, utilidade, sensibilidade à apropriação indébita, externalidade (GOMEZ, 2001, p. 199; DINIZ, 2005, p. 309; GALLIANO, PAMPLONA, 2002, p. 259; AMARAL, 1998, p. 290) (LOBO, 2020, p. 238 e 239).

Ou seja, para se configurar como bens, deve ser econômico, útil, suscetível à apropriação e externalidade. Além do mais, a doutrina ainda designa bens de diferentes maneiras, a tipificação é realizada principalmente ao longo da obra, a divisão dos bens ativos tangíveis e intangíveis.

A própria jurisprudência brasileira chega a pressupor a existência de bem tangível e intangível como patrimônio de uma pessoa, é fácil ver essa classificação tangível ou intangível para fundamentar decisões judiciais dos tribunais nacionais. Portanto, a definição indicada pela doutrina é de bens tangíveis, um bem material que pode ser alcançado por meios materiais e concretos (TARTUCE, 2020). Já os ativos intangíveis são mais complexos, sua conceituação tão única na definição tipos de classificações de bens que realmente existem na realidade social, e a proteção legal é necessária.

3.2 Conceituações de bens digitais

As necessidades sociais de dominar o mundo digital são uma realidade, já em todos os setores da economia e social. Como bem aponta Pinheiro (2016), comparar pessoas com a virtualidade torna-se mais aparente quando se reflete sobre um desses aspectos a sociedade é interativa, ou seja, possibilidades sociais engajamento humano ao nível das inter-relações globais.

O ritmo frenético do avanço tecnológico permitiu que cada vez mais pessoas pudessem atuar em um mundo interativo, como o movimento do software livre, dicas para internet, álbuns de música grátis etc. (PINHEIRO, 2016). Ao tentar definir o que é um bem digital, ainda falta de embasamento teórico na doutrina sobre o assunto. Mesmo que já exista e já seja uma realidade inegável no cotidiano humano, a definição legal ainda está em seu conceito, juntamente com sua própria legislação sobre o tema.

Em uma tentativa, os bens digitais foram entendidos como aqueles imateriais, pode ser representado por instruções codificadas e virtualmente organizadas, onde as linguagens técnicas de computador são usadas e onde elas estão localizadas armazenado digitalmente no próprio dispositivo ou servidor do usuário externo, muitas vezes referido como "a nuvem" (PINHEIRO, 2016).

Como pode ser visto na definição clara do próprio ativo digital, quando isso acontece, outros modelos de negócios e os serviços são geralmente integrados ao cotidiano da sociedade. Nesse sentido, Malvisi (2016) menciona que quando uma coisa boa se torna a digitalização, pela sua própria natureza, deu origem a novos negócios e serviços, ou seja, aparecerá em negócios legítimos entre fornecedores, prestadores de serviços e clientes (PINHEIRO, 2018, p. 298 e 299).

Um exemplo de bens digitais, de domínio estão disponíveis na plataforma ou servidor virtual. Isso inclui tudo, desde documentos pessoais digitais (como fotos) até listas de contatos, tutoriais em vídeo e e-mail e mídia digital, como e-books, músicas para download, rádio online, redes sociais, jogos online e muito arte digital e criptomoeda.

É importante ressaltar que a doutrina ainda trata os bens digitais como de valor econômico comercial e de valor econômico emocional. Pode não ser possível verificar quaisquer valores relevantes na primeira análise ou qualquer valor comercial, sem importância e valor para seus titulares, uma avaliação subjetiva, como fotos e vídeos, texto e outros trabalhos de família e amigos, e compilações feitas por usuários, ou empesado.

Para Sousa (2020) o valor econômico comercial é definido em relação às trocas econômicas efetivas, atuais ou potenciais, enquanto o valor emocional ou social é definido em relação às ações de promoção das pessoas, ou seja, ao desenvolvimento humano.

Em ambos os casos, como mencionado acima, tenham ou não valor econômico, o uso dessas mercadorias é atender às necessidades de algumas pessoas. (PINHEIRO, 2018, p. 298). Analisar a necessidade de avaliação econômica de ativos digitais, pode ser ajustado de acordo com as necessidades e capacidades do usuário, estimar o valor financeiro de um ativo.

Sendo assim, agora que já se sabe o que são patrimônios e o que são patrimônios digitais será visto no próximo capítulo a partilha desses bens digitais, e como pode ocorrer no caso concreto.

3.3 Partilha de bens virtuais

Os avanços da tecnologia digital nos últimos anos trouxeram muitos conflitos para a advocacia e, portanto, para o direito de família. Com o crescimento exponencial dos ativos digitais, o compartilhamento de ativos em divórcio não é mais apenas móvel e imóvel, mas também ativos e investimentos virtuais. Como todos sabemos, hoje em dia não há mais distinção entre a vida digital de um casal e sua vida pessoal, pois é comum os casais compartilharem e-mails, perfis em redes sociais, cadastrarem-se em aplicativos, participarem de promoções, programas de fidelidade etc.

E essas questões são refletidas no direito de família e sucessões, com fatos ainda não abordados antes: Como os ativos digitais são compartilhados em caso de divórcio? Como ficam os investimentos do casal em Bitcoin ou qualquer criptomoeda? Quem tem acesso aos e-books se tiver uma biblioteca virtual? E o casal viajante, quem vai ficar as milhas acumuladas?

Atualmente existe o Projeto de Lei 1.689/2021, que tramita na Câmara dos Deputados, e fixa regras para provedores de aplicações de internet tratarem perfis, páginas, contas, publicações e dados pessoais de pessoas mortas. O texto inclui disposições sobre o tema no Código Civil e na Lei de Direitos Autorais (9.610/1998). A deputada Alê Silva (PSL-MG), autora do projeto, defende que a medida preenche um vácuo na legislação brasileira. Segundo ela, a proposta supre a insegurança jurídica na sucessão e na gestão de perfis em redes sociais e outras espécies de publicações na internet de pessoas que já morreram. (IBDFAM, 2020).

De acordo com a parlamentar, o projeto incorpora ao Código Civil ferramentas apropriadas para dar aos sucessores hereditários maior tranquilidade e conforto em um momento difícil da vida. O herdeiro digital poderá manter ou editar as informações ou transformar o perfil ou página da internet em memorial em honra da pessoa que morreu. (IBDFAM, 2020).

Apesar de não existirem disposições legislativas específicas, a partilha de bens digitais pode ser interpretada extensivamente em relação ao que o ordenamento jurídico dispõe sobre regime de bens. Para Pereira (2022) a divisão de bens conjugais (sejam eles móveis, imóveis ou digitais) em divórcio dependerá do regime de bens escolhido no momento do casamento e se existe um acordo antenupcial que trate dessas questões. A lei menciona sobre acordos pré-nupciais: se um casal não fez nenhuma escolha específica, considere um sistema de propriedade comunitária parcial.

Nesse caso, os cônjuges compartilham todo o valor e bens que possuíam na data da separação, aliás, isso inclui bens digitais, seja arte digital em NFTs, criptomoedas como Bitcoin, ou até mesmo itens digitais em jogos (skins ou game acessórios). Assim, caso tenha sido realizado um investimento durante este casamento, o bem deve ser incluído na partilha de bens, tendo em conta o valor do bem à data da separação de fato (mesmo que o bem tenha sido sobrevalorizado ou depreciado).

Ressalta-se que durante o processo de separação, é possível convocar especialistas (pessoas neutras com conhecimento técnico para consultar e cotar o valor do ativo) para determinar o verdadeiro valor do ativo digital, sendo que o compartilhamento de bens digitais dependerá da escolha do regime de bens – que no casamento é feita durante o processo e habilitação para o casamento. Portanto, se o casal adquiriu muitos bens virtuais, ou se um dos parceiros possui muitos ativos digitais em jogos, NFTs e criptomoedas, é importante listar todos esses ativos e verificar quais há comunicabilidade ou não.

Mas e se um dos cônjuges não souber desses bens? Isso poderia ser uma tática para manter algumas commodities fora do setor? Como é responsabilidade dos divorciados listar os bens de sua propriedade, os bens que não estiverem listados serão excluídos da partilha (PEREIRA, 2022).

Para a autora se, após o divórcio, um dos parceiros descobrir que o parceiro tem bens "escondidos", ele pode estabelecer o que é conhecido como "compartilhamento excessivo" – permitindo que mais itens sejam incluídos com base em novos fatos. É crucial que os cônjuges saibam que há espaço legal para reivindicar esses bens não compartilhados e ainda cogitar uma ação de indenização.

Com isso em mente, vale mencionar dois pontos principais dessa perspectiva: 1 – A importância do planejamento familiar, nesse caso o casamento ou a união estável, posto que a organização prévia e transparente é capaz de evitar problemas futuros, criando maior previsibilidade para as partes sobre o que eles acreditam ser uma divisão justa. 2 – Embora não exista legislação específica sobre a partilha de bens digitais, nestes casos a questão será resolvida no âmbito do direito da família, sendo a orientação por um profissional especializado na área fundamental para a garantia e proteção de direitos advindos de bens digitais.

4. TIPOS DE PARTILHA DE BENS DIGITAIS

Os blogs representam cerca de 55% dos sites ativos do país, de acordo com uma pesquisa da BigData Corp. As plataformas digitais estão dominando o mercado de entretenimento. Além disso, um estudo publicado pela App Annie, empresa que analisa o mercado de aplicativos para dispositivos móveis, informou que o brasileiro médio usa 12 aplicativos a cada 24 horas. A empresa prevê que o Brasil ultrapassará 8 bilhões de downloads em 2022, ocupando o quarto lugar no mundo, atrás dos EUA, Índia e China. Por isso, aplicativos para diversas necessidades estão sendo desenvolvidos a cada dia. O tamanho desse mercado é estimado em cerca de US$ 77 bilhões (MOBILITIME, online, 2020).

Nesse sentido, se o marido/esposa desenvolvesse o aplicativo, como seria o compartilhamento em caso de divórcio? Você vai ter lucro? Antes de responder esses questionamentos, é necessário elencar os tipos de bens jurídicos, para que possam ser classificados em: móveis, imóveis, corpóreos, incorpóreos, fungíveis, insubstituíveis, consumíveis, não consumíveis, divisíveis, indivisíveis, unitários, coletivos, transacionáveis, não negociáveis, acessórios, público e privado (OIVEDO, 2021).

Dentre os bens acima, destacam-se os seguintes pontos: os bens substituíveis referem-se aos bens que podem ser substituídos por outros desde que a quantidade, características e propriedades sejam as mesmas, bens insubstituíveis, tal como uma pintura de Leonardo da Vinci.

Há uma grande divergência acerca da classificação dos bens digitais. Adelmo Silva Emerenciano (2003, p. 56) elucida que:

> Os bens digitais, conceituamos, constituem conjuntos organizados de instruções, na forma de linguagem de sobre nível, armazenados em forma digital, podendo ser interpretados por computadores e por outros dispositivos assemelhados que produzam funcionalidades predeterminadas.

Oivedo (2021) destaca: "(...) bens digitais são instruções em linguagem binária que podem ser processadas em dispositivos eletrônicos, como fotos, músicas, filmes, etc. ", ou seja, qualquer informação que possa ser armazenada em bytes em diversos dispositivos como computadores, telefones, comprimidos. Grosso modo, considera ativos digitais intangíveis, móveis, sejam eles de natureza econômica ou não.

Conforme Madeira (2018), na busca de reafirmar a importância da privacidade na era digital, com a circulação desenfreada de dados, foi sancionada a Lei Geral de Proteção de Dados Pessoais (LGPD), Lei 13.709/2018, que é, e linhas gerais, a legislação brasileira que regula as atividades de tratamento de dados pessoais. O artigo 5º, inciso VI da LGPD, menciona que controlador é a pessoa natural ou jurídica, de direito público ou privado, a quem competem as decisões referentes ao tratamento de dados pessoais. A vigência da Lei Geral de Proteção de Dados, no tocante ao contexto da herança digital, ainda não prever nem trata desses institutos novos.

Além disso, conforme já foi mencionado no capítulo um, ainda não existe uma lei que versa sobre a herança digital, mas já existe um projeto de lei em tramitação no Congresso Nacional, além disso, a jurisprudência brasileira já vem se posicionando sobre o tema casuisticamente.

4.1 Divisão de contas comerciais em redes sociais e partilha de criptomoeda

Em primeiro lugar, deve-se determinar qual o regime patrimonial adotado e quando foi criada a rede social para fins comerciais. Entende-se que no caso de verificação de divulgação, deve ser determinado o valor atribuído à imagem comercial, ou seja, deve-se dividir o fruto. Em relação à determinação do valor do perfil, existe um mercado para vendas de publicações, e se a frequência e abrangência das postagens forem verificadas, o valor gerado pelo usuário é derivado. Por exemplo, José usa sua rede social para fins comerciais, ou seja, promove produtos e serviços por meio de links nos stories e usa cupons em seu nome. Com esta frequência, o valor que ela gera será verificado e calculado.

Tudo porque as disputas conjugais sobre o compartilhamento de moedas digitais são mais comuns. Além disso, as moedas digitais têm sido usadas para enganar as ações, pois isso dificulta o rastreamento. No entanto, os ativos digitais não são rastreáveis, ou seja, as transações são registradas em um livro público chamado blockchain (BATISTA, 2019).

Para o compartilhamento relacionado à moeda digital, duas situações precisam ser verificadas: 1) a data em que a criptomoeda foi adquirida e 2) a instituição do casamento. Por exemplo, no caso de bens comunitários parciais, se o bem digital foi adquirido antes do casamento, ele não será compartilhado, mas os benefícios serão compartilhados.

As *cryptocurrencies* existem apenas no mundo virtual, mas são muito valiosas, atualmente 1 bitcoin vale cerca de 15,00 reais. Portanto, as *cryptocurrencies* entrarão no compartilhamento. Em relação ao regime geral, cada cônjuge/parceiro tem direito a 50% independentemente da data da compra. Parte do poder adquiridos antes do casamento não serão compartilhados, mas os frutos sim. Embora um pouco complicado, à medida que as moedas virtuais flutuam, pode ser necessário dividir a receita desde que o ativo exista no momento do compartilhamento. Não há exceção na aplicação, de acordo com o princípio da analogia jurídica, ou seja, na ausência de dispositivos legais, adota-se a interpretação jurídica, aplicando-se as leis que regem casos semelhantes. (BATISTA, 2019).

Como no caso de divórcio de sócio societário, o ex-cônjuge não se torna sócio, mas tem direito aos lucros antes da dissolução da empresa, ou pode ser proposta a dissolução parcial da empresa, o patrimônio (balanço) precisam ser determinados para obter em termos do valor patrimonial de suas ações "compensar". Portanto, na interpretação do sistema, para o desenvolvedor do aplicativo, o ex-cônjuge terá direito aos lucros obtidos com a comercialização do aplicativo, receberão 50% dos lucros obtidos posteriormente. Portanto, o mesmo se aplica ao desenvolvimento pré-nupcial, após o casamento você terá direito a bens.

Ação contínua, quando se fala em milhas, acumulando pontos, tome como exemplo Ben Schlappigu nos Estados Unidos, ele é famoso por viajar o mundo usando o programa de milhagem, mas existem várias empresas atualmente visando o negócio de milhas aéreas, onde os consumidores podem vender suas milhas e pontos acumulados. Outro exemplo é caso Allpoints Hotel Rewards sendo uma rede de fidelidade para hotéis, resorts e outras opções de hospedagem, onde você acumula pontos para reservas e os troca por acomodações, milhas em voos aéreos e muito mais (BATISTA, 2019).

Existem também os chamados efeitos de rede, onde os benefícios de um produto ou serviço aumentam com o número de usuários. Portanto, a natureza econômica do programa de milhagem é inegável, portanto, seu compartilhamento em casos de divórcio é adequado.

É importante observar que cada caso é um caso, os programas de fidelidade relutam em transferir milhas aéreas para terceiros à medida que as milhas expiram (o tribunal entendeu o contrário), portanto, é necessário um distanciamento da empresa antes de argumentar pela segmentação de bens digitais a quilometragem exata para analisar se vale a pena. Por outro lado, os artigos 1.659 V a VII e 1.688 V do Código Civil determina a exclusão dos bens de uso pessoal, os livros e instrumentos de profissão; os proventos do trabalho pessoal de cada cônjuge; as pensões, meios-soldos, montepios e outras rendas semelhantes.

Então, quando se trata de propriedade intelectual pode ser encarado como algo pessoal e que não se comunica com o acervo do casal. Assim como ocorre com redes sociais privadas, a não ser que tais redes gerem valor financeiro, tal como a dos influenciadores digitais, tornando-se mais uma vez o debate interessante, uma vez que cada caso deverá ser analisado em sua peculiaridade, feitos os devidos recortes fáticos, observada a escolha de bens do casal e se a situação é caso de direito de família ou sucessório.

4.2 Como a jurisprudência brasileira decide os casos de regime de separação em bens digitais

Para Venosa (2020) os ativos legais são divididos em ativos tangíveis e ativos intangíveis, os ativos tangíveis referem-se aos ativos tangíveis percebidos pelos sentidos humanos, enquanto os ativos intangíveis não possuem ativos tangíveis. Portanto, os bens digitais são semelhantes aos bens considerados intangíveis porque são fisicamente intangíveis.

Os bens contidos em ambientes virtuais podem ser classificados nas seguintes categorias: bens econômicos de natureza distintamente hereditária e bens sem valor econômico relacionado à personalidade e existência de seus titulares.

Conforme abordado, no atual sistema deste estudo apenas as relações jurídicas de natureza econômica podem ser objetos do regime de separação de bens. É inegável que novas relações se estabelecem por meio da internet, seja divulgando rotinas pelas redes sociais, conectando-se com familiares ou amigos distantes, ou seja, por meio de diversos meios de ganho financeiro, como canais no youtube, blogs, etc.

Dessa forma, surge uma nova necessidade do direito como ciência social para satisfazer o desejo das sociedades que destinam parte de seu tempo aos mundos virtuais (com finalidade econômica ou não), reconhecendo os bens de direitos hereditários gerados pelas tecnologias digitais.

O Superior Tribunal de Justiça recentemente decidiu sobre bens digitais no direito tributário conforme menciona a jurisprudência:

> Tributário. Pis e Confins. Alíquota zero. Programa de inclusão digital. Lei 11.196/2005. "lei do bem". Instituição da alíquota zero por prazo certo e sob condições onerosas. Revogação antes do prazo final. Impossibilidade. Violação ao art. 178 do CTN. Histórico da demanda 1. A parte recorrente aponta violação ao artigo 178 do Código Tributário Nacional. Sustenta que a redução da alíquota a zero, no caso em que a exoneração é condicionada e feita por prazo certo, tem os mesmos efeitos jurídicos que a isenção, qual seja: não exigir o tributo. Dessa forma, advoga que é possível, por analogia, aplicar a regra prevista no art. 178 do CTN, que estabeleceu a fruição de benefício, por prazo certo e determinado, de alíquota zero do PIS e da COFINS, referente ao Programa de Inclusão Digital (PID), disposto nos arts. 28 a 30 da Lei 11.196/2005. O prazo da alíquota zero foi prorrogado pelo art. 5º da Lei 13.097/2015, até 31.12.2018. Contudo, por meio do art. 9º da Medida Provisória 690/15, posteriormente convertida na Lei 13.241/15, o benefício foi extinto de forma prematura em 31.12.2016. Afirma que possui direito ao benefício até 31.12.2018. 2. O Supremo Tribunal Federal, em caso similar, ao julgar o RE 1.124.753, entendeu que a matéria em análise é de cunho infraconstitucional. Em acórdão publicado em 23.03.2022, decidiu-se que "a questão da revogação da alíquota zero do PIS e da COFINS incidente sobre a venda de aparelhos de informática concedida pela chamada 'Lei do Bem' foi analisada apenas sob a ótica do artigo 178 do Código Tributário Nacional. (...) Entendo, portanto, que é de se aplicar o art. 1.033 do CPC a fim de determinar a remessa dos autos ao eg. Superior Tribunal de Justiça, a fim de que o tema seja analisado sob a ótica infraconstitucional". Dessa forma, deve esta Corte Superior apreciar o mérito recursal. Da instituição da alíquota zero sob condição onerosa e por prazo certo: violação ao art. 178 do CTN. 3. A matéria em questão possui peculiaridades: verifica-se que, além da alíquota zero ter sido instituída por prazo certo, as condições fixadas pela lei para a fruição da exoneração tributária possuem caráter oneroso. Isso porque a Medida Provisória 535/2011, convertida na Lei 12.507/2011, acrescentou o parágrafo 4º ao art. 28 da Lei 11.196/2005, no qual se requer inserção, nas notas fiscais emitidas pelo produtor, pelo atacadista e pelo varejista, da expressão "Produto fabricado conforme processo produtivo básico", com a especificação do ato que o aprova. 4. A exigência de que a empresa deva se submeter a um processo específico de produção caracteriza a onerosidade para usufruir da redução da alíquota zero. Houve, assim,

quebra da previsibilidade e confiança, o que ocasiona violação à segurança jurídica em relação aos contribuintes que tiveram que se adequar às normas do Programa de Inclusão Digital. Portanto, ficou violado o art. 178 do Código Tributário Nacional, ainda que, na matéria em questão, trate-se de revogação de alíquota zero. 5. Constata-se a onerosidade, também, ao haver previsão na lei (art. 28, § 1°, da Lei 11.196/2005, regulamentado pelo art. 2°, do Decreto 5.602/2005) de que para a fruição da alíquota zero o contribuinte se submetia a um limite de preço para a venda de seus produtos. 6. Nesse sentido, o Superior Tribunal de Justiça entende que o gozo da alíquota zero pelos varejistas demandou contrapartidas, condições, e que ela foi onerosa, de modo que, em relação a suas atividades, não se consideram válidas as disposições contidas no art. 9° da MP 690/2015, convertida na Lei 13.241/2015, que revogaram a previsão de alíquota zero da Contribuição ao PIS e da COFINS, estabelecida na Lei 11.196/2005. Houve, portanto, violação do art. 178 do CTN, de modo que deve ser assegurado aos contribuintes envolvidos no Plano de Inclusão Digital a manutenção da desoneração fiscal onerosa até o prazo previsto no diploma legal revogado. A propósito: AgInt no AgInt no REsp 1.854.392/SP, Rel. Min. Gurgel de Faria, Primeira Turma, DJe 17/9/2021, REsp 1.725.452/RS, Rel. p/ acórdão Min. Regina Helena Costa, Primeira Turma, DJe 15.06.2021 e REsp 1.845.082/SP, Rel. Min. Napoleão Nunes Maia Filho, Rel. p/ Acórdão Min. Regina Helena Costa, Primeira Turma, DJe 15.06.2021. Conclusão. 7. Recurso Especial conhecido para dar-lhe provimento. (STJ – REsp: 1.987.675/SP 2022/0053737-1, Data de Julgamento: 21.06.2022, T2 – Segunda Turma, Data de Publicação: DJe 27.06.2022).

Tendo em vista os diferentes métodos de classificação de bens digitais, existe uma classe específica de arquivos virtuais de natureza completamente privada, ou em alguns casos definidos como comerciais como é o caso das redes sociais.

A jurisprudência do Tribunal de Justiça do Estado de Minas Gerais recentemente decidiu sobre bens digitais na herança conforme possível observar:

> Ementa: agravo de instrumento. Inventário. Herança digital. Desbloqueio de aparelho pertencente ao *de cujus*. Acesso às informações pessoais. Direito da personalidade. A herança defere-se como um todo unitário, o que inclui não só o patrimônio material do falecido, como também o imaterial, em que estão inseridos os bens digitais de vultosa valoração econômica, denominada herança digital. A autorização judicial para o acesso às informações privadas do usuário falecido deve ser concedida apenas nas hipóteses que houver relevância para o acesso de dados mantidos como sigilosos. Os direitos da personalidade são inerentes à pessoa humana, necessitando de proteção legal, porquanto intransmissíveis. A Constituição Federal consagrou, em seu artigo 5°, a proteção constitucional ao direito à intimidade. Recurso conhecido, mas não provido.

(TJ-MG – AI: 10000211906755001 MG, Relator: Albergaria Costa, Data de Julgamento: 27.01.2022, Câmaras Cíveis / 3ª Câmara Cível, Data de Publicação: 28.01.2022).

Nessa linha de raciocínio, percebe-se que há o crescimento da acumulação dos bens digitais provoca consequências tanto no direito de família quanto no das sucessões. E em se tratando de um casamento ou união estável sob a égide do regime da separação de bens, percebe-se que a transmissão dos bens digitais dependerá da análise cuidadosa de cada tipo de família.

A priori, uma vez casado ou em uma união estável sob regime de separação de bens, por uma interpretação extensiva, bens digitais particulares também não podem ser partilhados em razão de divórcio ou dissolução. Apenas poderiam partilhados caso ficasse comprovado que determinado bem digital é, na verdade, de propriedade comum do casal, e para isso os meios de prova adequados devem ser utilizados para o deslinde da questão.

Já quanto à destinação dos bens digitais para fins sucessórios de quem viveu o regime da separação de bens, explicou-se que tudo depende do tipo de concorrência sucessória que há, devendo obedecer-se à ordem de vocação hereditária imposta pelo artigo 1.829 do Código Civil, uma vez existindo a sucessão legítima no caso concreto. Além disso, sem olvidar que em uma ou outra sucessão poderá existir a sucessão testamentária, na qual por última manifestação de vontade pode o autor da herança testar a respeito de bens digitais, desde que respeite a regra da lei quando da existência de herdeiros necessários, não podendo testar mais de 50% de tudo que possui.

Nesse diapasão, percebe-se que a discussão sobre a partilha e destinação dos bens digitais em regimes de separação de bens é muito importante para a sociedade contemporânea, uma vez que praticamente todas as pessoas estão inseridas na sociedade da informação e por conta disso produzindo negócios jurídicos virtuais e auferindo bens digitais.

Sendo assim, é de suma importância auferir que a pós-modernidade necessita de uma lei que verse sobre herança digital e bens digitais no direito de família. Mas, enquanto isso não ocorre, deve o operador do direito interpretar o caso conforme o que a lei já prevê em situações gerais sobre regimes de bens, sendo fundamental que o profissional conheça muito bem a realidade na qual está inserida a família que constrói bens digitais.

Além disso, para que as questões envolvendo bens digitais no Direito de Família e Sucessões sejam resolvidas de forma justa, é essencial a compreensão multidisciplinar do tema, trazendo interpretações de outras searas, tais como Lei Geral de Proteção de Dados, Direito Tributário, Direito das Obrigações e Contratos, além da observação de como os julgados se comportam sobre a matéria de ativos digitais que configuram o chamado patrimônio digital.

5. CONCLUSÃO

A presente pesquisa buscou analisar como funciona a separação de bens digitais, em particular, no Brasil, com o objetivo geral de investigar o que acontece com a destinação de bens digitais em caso de dissolução conjugal ou convivencial, tendo em vista que não há previsão legislativa no Brasil sobre o assunto.

No caso de casais que partilham bens, ambas as partes vivem conforme o sistema de partilha estabelecido no momento da habilitação para o casamento. No Brasil, quando duas pessoas se casam, elas podem escolher entre a propriedade conjunta (tudo o que é de ambas as partes é posteriormente compartilhado pelo casal), a propriedade parcial (tudo o que o casal adquire após o casamento é dividido entre as duas partes) ou a separação total de bens (basicamente cada cônjuge é independente).

É importante notar que no processo de partilha de bens digitais do direito de família, o divórcio é momento para listagem dos bens conjugais, podendo estes serem ativos de diversas origens, tais como bens digitais em jogos, NFTs e criptomoedas.

Os efeitos legais para a divisão de bens entre cônjuges e companheiros no direito de família, em casos de divórcio ou dissolução, respectivamente, podem não ser os mesmos quando ocorre o evento morte de um cônjuge ou companheiro. Isso porque a consequência de se viver em separação de bens e optar-se pelo rompimento da relação é a completa não comunicabilidade dos bens, estando incluídos os bens digitais. Já em caso de morte de um dos consortes, deve-se verificar se o autor da herança deixou testamento, podendo haver transmissão testamentária de bens digitais no seu teor.

Nesse aspecto, desde que cumpridos os requisitos do negócio jurídico testamento e os limites para testar segundo o regramento sucessório brasileiro, é possível haver transmissão de bens digitais por sucessão testamentária, inclusive para outras pessoas, que não fazem parte da sucessão legítima. Ainda, é mais usual, em razão da cultura de não planejamento sucessório do cidadão brasileiro, a partilha de bens digitais devido a existência da sucessão legítima, devendo ser obedecido o ditame legal do artigo 1.829 do Código Civil.

Com o desenvolvimento da tecnologia e a ascensão dos ativos digitais, listados como ativos patrimoniais intangíveis, a sociedade da informação traz para o direito de família e sucessório um novo olhar para o instituto da separação de bens, visto que ainda não há legislação específica referente à matéria. No entanto, é possível fazer uma interpretação extensiva – *lege lata*, observando-se o regime de separação de bens de modo geral e suas consequências jurídicas impostas pelo diploma civil.

Nesse caso, se a rede social de um ou outro cônjuge ou companheiro é utilizada como fonte de renda, é necessário avaliar duas características dos bens digitais: seu valor econômico – a ser feita por perícia especializada, e como é a relação de intimidade entre os seguidores e o proprietário da plataforma.

Nessa perspectiva, em caso de morte do proprietário da rede social, por exemplo, é importante refletir se o falecido gostaria que sua conta fosse totalmente acessada pelo cônjuge ou companheiro sobrevivente. Isso porque, a morte hoje em dia possui contornos diferentes na sociedade da informação. Muitas pessoas permanecem vivas online apesar de mortas fisicamente. Por isso, o assunto dos bens digitais é tão desafiador, pois a falta de planejamento sucessório do autor da herança não pode ser um campo para o desrespeito pelos herdeiros ou outras pessoas ao direito à privacidade, honra e intimidade do autor da herança.

Destaca-se, assim, ainda a importância do assunto para o direito e a sociedade contemporânea, ficando evidenciado que o patrimônio digital no Brasil será cada vez mais tema de ações de família e sucessões, uma vez que praticamente todas pessoas estão habituadas com o ambiente virtual, acabando por acumular diversos bens digitais, que formarão seus ativos digitais.

Por todo o exposto, conclui-se que há uma crescente insegurança jurídica no judiciário brasileiro quanto à destinação dos bens digitais e, por isso, é urgente a necessidade de novos dispositivos legais que sustentem as regras para a destinação de bens digitais, tendo sido o regime da separação de bens o tema escolhido para o presente estudo sobre patrimônio digital.

Por fim, é preciso um olhar multidimensional e humano do operador do direito, tendo em vista os direitos fundamentais dos cônjuges e companheiros, mantendo-se ainda a extensão protetiva dos direitos da personalidade. Sendo assim, apesar de possível a interpretação da lege lata, a falta de legislação específica sobre o tema dos bens digitais no direito de família e sucessões gera a necessidade da lege ferenda como equilíbrio capaz de garantir e efetividade dos direitos advindos dos avanços tecnológicos.

6. REFERÊNCIAS

BATISTA, Juliana. *Como fazer partilha de bens digitais em divórcio?* Disponível em: https://jmarchiote.jusbrasil.com.br/artigos/688020807/como-fazer-partilha-de-bens-digitais-em-divorcio. Acesso em: 21 ago. 2022.

BRASIL, Lei 10.406, de 10 de janeiro de 2002. Institui Código Civil. *DOU* 11.01.2002.

BRASIL, Constituição (1988). Constituição da República Federativa do Brasil: promulgada em 5 de outubro de 1988.

CADAMURO, Lucas Garcia. *Proteção dos direitos da personalidade e a herança digital.* Curitiba: Juruá Editora, 2019.

DORNELAS, Margareth Caetano. *Regime legal de bens:* aspectos patrimoniais e não patrimoniais. Disponível em: https://ibdfam.org.br/artigos/1384/Regime+legal+de+bens:+aspectos+patrimoniais+e+n%C3%A3o+patrimoniais. Acesso em: 18 ago. 2022.

EMERENCIANO, Adelmo da Silva. Tributação no Comércio Eletrônico. In: CARVALHO, Paulo de Barros (Coord.). *Coleção de Estudos Tributários.* São Paulo: IOB, 2003.

FARIAS, Cristiano Chaves de; ROSENVALD, Nelson. *Curso de direito civil:* sucessões. 3. ed. Rev., ampl. e atual. Salvador: JusPodivm, 2017.

GAGLIANO, Pablo Stolze; FILHO, Rodolfo Pamplona. *Novo curso de direito civil.* 14 ed. rev., atual e ampl. Saraiva. São Paulo, 2012. v. 1: parte geral.

GALVÃO. *Regime de Bens: o Que é, Quais os Tipos e Como Funcionam.* Disponível em: https://www.galvaoesilva.com/regime-de-bens/#:~:text=O%20Regime%20de%20Separa%C3%A7%C3%A3o%20de%20Bens%20%C3%A9%20aquele%20onde%20os,na%20ocasi%C3%A3o%20de%20um%20div%C3%B3rcio. Acesso em: 18 ago. 2022.

GONÇALVES, Carlos Roberto. *Direito Civil.* 16 ed. Saraiva. São Paulo, 2018. v. 1: Parte Geral.

GONÇALVES, C. R. *Direito civil brasileiro:* Parte Geral. 19. ed. São Paulo. Saraiva Educação, 2021. v. 1.

IBDFAM. *Herança digital é tema de projeto de lei que trata do destino de perfis em redes sociais após a morte.* Disponível em: https://ibdfam.org.br/noticias/8765/Heran%C3%A7a+digital+%C3%A9+tema+-de+projeto+de+lei+que+trata+do+destino+de+perfis+em+redes+sociais+ap%C3%B3s+a+morte#:~:text=Home-,Heran%C3%A7a%20digital%20%C3%A9%20tema%20de%20projeto%20de%20lei%20que%20trata,redes%20sociais%20ap%C3%B3s%20a%20morte&text=O%20Projeto%20de%20Lei%201.689,dados%20pessoais%20de%20pessoas%20mortas. Acesso em: 20 ago. 2022.

KNAACK, Joana Darca Malheiros. *Imposição do regime da separação obrigatória de Bens no Casamento do maior de sessenta anos de idade*. Disponível em: https://ibdfam.org.br/artigos/283/Imposi%C3%A7%-C3%A3o+do+regime+da+separa%C3%A7%C3%A3o+obrigat%C3%B3ria+de+Bens+no+Casamento+do+maior+de+sessenta+anos+de+idade+%C2%B9. Acesso em: 18 ago. 2022.

LEAL, Livia Teixeira. *Internet e Morte do Usuário*: propostas para o tratamento jurídico *post mortem* do conteúdo inserido na rede. 2. ed. Rio de Janeiro: GZ Editora, 2020.

LEITE, Eduardo de Oliveira. *Direito das Sucessões*. 3 ed. rev., atual. e ampl. São Paulo: Ed. RT, 2013.

LOBO, P. *Direito civil: Parte Geral*. 9. edição. São Paulo. Saraiva Educação, 2020. v. 1.

MADEIRA, Paula Lourenço. *A Herança Digital e a Lei Geral de Proteção de Dados*. Disponível em: https://paulalourencomadeira.jusbrasil.com.br/artigos/792276970/a-heranca-digital-e-a-lei-geral-de-protecao-de-dados. Acesso em: 20 ago. 2022.

MOBILETIME. Disponível em: https://www.mobiletime.com.br/noticias/04/07/2019/brasil-tem-930-mil--sites-de-e-commerce-dos-quais-76-sao-responsivos/. Acesso em: 20 ago. 2022.

OIVEDO, Eva. *Você sabe quais bens digitais podem ser partilhados na separação?* Disponível em: https://www.oviedoadvocacia.com.br/2022/08/18/voce-sabe-quais-bens-digitais-podem-ser-partilhados--na-separacao/. Acesso em: 18 ago. 2022.

PEREIRA, Mariana. *Patrimônio Digital*: como funciona a partilha de bens virtuais no divórcio? Disponível em: https://marinapereira.adv.br/patrimonio-digital-como-funciona-a-partilha-de-bens-virtuais-no-divorcio/#:~:text=Ainda%20que%20n%C3%A3o%20haja%20legisla%C3%A7%C3%A3o,-contas%20sobre%20investimentos%20digitais%20tamb%C3%A9m!. Acesso em: 18 ago. 2022.

PINHEIRO, P. P. *Direito digital*. 6. ed. rev., atual. e ampl. São Paulo. Saraiva, 2016.

SANTOS, Wallace Costa. *O casamento civil e os regimes de bens matrimoniais*. Disponível em: https://ibdfam.org.br/artigos/1483/O+casamento+civil+e+os+regimes+de+bens+matrimoniais#:~:text=O%20regime%20de%20separa%C3%A7%C3%A3o%20de,obrigat%C3%B3rio%2C%20conforme%20disciplina%20o%20art. Acesso em: 18 ago. 2022.

SOUSA, Francisco. *Valor econômico e reconhecimento social do valor*: um ensaio em filosofia da economia. Disponível em: https://www.ibb.unesp.br/Home/ensino/departamentos/educacao/valor_economico_reconhecimento_social.pdfcio. Acesso em: 18 ago. 2022.

SOUTO MAIOR. *Entenda como funciona o regime da separação total de bens*. Disponível em: https://crisgpsmaior.jusbrasil.com.br/artigos/547441610/entenda-como-funciona-o-regime-da-separacao-total-de-bens#:~:text=No%20caso%20de%20Separa%C3%A7%C3%A3o%20Convencional,-necess%C3%A1rio%20do%20falecido%5B7%5D. Acesso em: 20 ago. 2022.

STJ. Superior Tribunal de Justiça STJ – REsp 1987675 SP 2022/0053737-1. Disponível em: https://stj.jusbrasil.com.br/jurisprudencia/1562208740/recurso-especial-resp-1987675-sp-2022-0053737-1. Acesso em: 20 ago. 2022.

TARTUCE, F. *Direito civil*: Lei de introdução e Parte Geral. 16. ed. Rio de Janeiro. Forense, 2020.

TRIBUNAL DE JUSTIÇA. Agravo de Instrumento-Cv: AI 1906763-06.2021.8.13.0000 MG. Disponível em: https://www.jusbrasil.com.br/jurisprudencia/tj-mg/1363160167. Acesso em: 20 ago. 2022.

VENOSA, S. S. *Direito civil*: parte geral. 20. ed. São Paulo. Atlas, 2020.

ZAMPIER, Bruno. *Bens digitais*: cybercultura, redes sociais, e-mails, músicas, livros, milhas aéreas, moedas virtuais. 2. ed. Indaiatuba, SP: Foco, 2021.

A SEPARAÇÃO DE FATO NA JURISPRUDÊNCIA DO SUPERIOR TRIBUNAL DE JUSTIÇA

Daniel Ustárroz

Doutor em Direito Civil (UFRGS). Especialista em Resolución de Conflictos. (UCLM)
Professor de Direito Civil (PUCRS).
E-mail: daniel@danielustarroz.com.br.

Sumário: 1. Introdução: a relevância jurídica da "separação de fato" – 2. Análise da jurisprudência do Superior Tribunal de Justiça a respeito da separação de fato: alcance do polêmico "dever constitucional de fidelidade e monogamia" – 3. A consideração da separação de fato como marco temporal para a definição da partilha de bens e a legitimidade do cônjuge/companheiro para exigir contas acerca da administração do patrimônio comum – 4. Do direito sucessório ao cônjuge sobrevivente, quando separado de fato ao tempo da morte: o polêmico regramento do art. 1830, do Código Civil – 5. Conclusões – 6. Referências.

1. INTRODUÇÃO: A RELEVÂNCIA JURÍDICA DA "SEPARAÇÃO DE FATO"

A separação é uma realidade na vida de muitas pessoas, as quais, por variadas circunstâncias, optam por seguir rumos autônomos em busca de sua realização pessoal. Em que pese a inicial objeção de muitos setores da sociedade, da Igreja e até mesmo do direito, observa-se no Brasil maior aceitação desta decisão pessoal.

Historicamente, muitos sistemas se valiam da ruptura, demonstrada pela "separação de fato", para viabilizar o divórcio após certo período. Por isso, ainda se encontra, formalmente, o art. 1.580 em nosso Código Civil, prescrevendo a possibilidade de divórcio "decorrido um ano do trânsito em julgado da sentença que houver decretado a separação judicial, ou da decisão concessiva da medida cautelar de separação de corpos", bem como "no caso de comprovada separação de fato por mais de dois anos".[1]

Este artigo é ilustrativo do direito de família brasileiro do século XX, no qual o casamento era o instituto jurídico por excelência e o divórcio uma temível ameaça à sociedade civil. À época da elaboração de nosso primeiro Código Civil, o Senador Ruy Barbosa, por ilustração, posicionava-se radicalmente contrário ao divórcio, publicando textos na imprensa. Colho de uma de suas manifestações a seguinte frase:

---

1. Art. 1.580, CCB: "Decorrido um ano do trânsito em julgado da sentença que houver decretado a separação judicial, ou da decisão concessiva da medida cautelar de separação de corpos, qualquer das partes poderá requerer sua conversão em divórcio. § 1º A conversão em divórcio da separação judicial dos cônjuges será decretada por sentença, da qual não constará referência à causa que a determinou. § 2º O divórcio poderá ser requerido, por um ou por ambos os cônjuges, no caso de comprovada separação de fato por mais de dois anos".

"ora, menos direito não temos hoje de perguntar, no Brasil, aos apologistas dessa incomparável transformação no gênio da família, entre nós, pelas credenciais que os habilitam a encartar no velho foral cristão do matrimônio, que nossos pais nos legaram, essa veniaga de má nota".[2]

Com a evolução dos costumes, o divórcio foi paulatinamente incorporado ao ordenamento jurídico, a partir de 1977. A sua feição atual deve-se fundamentalmente à Emenda Constitucional 66 que retirou do sistema as amarras para a sua concessão e permitiu que todas as pessoas casadas optem por trilhar caminhos autônomos, sem indicar os motivos de sua escolha. Assim, grande parte dos autores sustenta que a separação de fato perdeu a sua função de requisito alternativo para o divórcio, de sorte que os artigos do Código Civil que disciplinam esse ultrapassado fenômeno seriam inconstitucionais.[3]

Contudo, a relevância da separação de fato em outros domínios do direito privado é indiscutível. Simbólico, a este respeito, o enunciado aprovado no Instituto Brasileiro de Direito de Família (IBDFAM) com o seguinte teor: "A separação de fato põe fim ao regime de bens e importa extinção dos deveres entre os cônjuges e entre os companheiros".[4] Agrega Maria Berenice Dias que "não obstante a dissolução da sociedade conjugal ocorrer com o divórcio, é a separação de fato que, realmente, põe um ponto final no casamento. Todos os efeitos decorrentes da nova situação fática passam a fluir da ruptura da união".[5]

A redação do enunciado do IBDFAM me parece genérica e incapaz portanto de apreender realidades distintas vivenciadas pelas pessoas. Não creio, por exemplo, que o enunciado tenha pretendido elidir a pretensão de alimentos. Nesse sentido, o Código Civil Argentino (art. 433) reconhece o direito à pensão alimentícia, ainda que tenha ocorrido "separación de hecho", com a consideração dos seguintes aspectos, dentre outros: "a) el trabajo dentro del hogar, la dedicación a la crianza y educación de los hijos y sus edades; b) la edad y el estado de salud de ambos cónyuges; c) la capacitación laboral y la posibilidad de acceder a un empleo de quien solicita alimentos; d) la colaboración de un cónyuge en las actividades mercantiles, industriales o profesionales del otro cónyuge; e) la atribución judicial o fáctica de la vivienda

---
2. *O divórcio e a nação*, p. 20.
3. Por ilustração, Paulo Neto Lobo: "a separação de fato perdeu sua função de requisito alternativo para o divórcio. Todavia, remanescem outros efeitos que o direito atribui a essa situação de fato. A separação de fato do cônjuge é contemplada no parágrafo primeiro do art. 1.723 do Código Civil como pressuposto de constituição de união estável, que não depende de prévio divórcio do novo companheiro. Separando-se de fato de seu cônjuge pode o companheiro iniciar imediatamente, sem impedimento legal, união estável com outra pessoa, passando a incidir o regime legal de comunhão parcial de bens adquiridos por ele a partir daí. Assim, a separação de fato marca o fim do casamento, ainda que não o dissolva, e gera dois efeitos jurídicos no direito brasileiro: cessação dos deveres conjugais e interrupção do regime matrimonial de bens". *Direito Civil*: famílias. 8. ed. São Paulo: Saraiva, 2018, p. 160.
4. Enunciados disponíveis no link: IBDFAM: Instituto Brasileiro de Direito de Família. Acesso em: 1º set. 2022. Tenho dúvidas quanto ao acerto do enunciado, uma vez que alguns direitos – como a pensão alimentícia – podem ser buscados, mesmo após a separação de fato, em determinadas circunstâncias.
5. *Manual de Direito das Famílias*, p. 230.

familiar; f) el carácter ganancial, propio o de un tercero del inmueble sede de esa vivienda. En caso de ser arrendada, si el alquiler es abonado por uno de los cónyuges u otra persona; g) si los cónyuges conviven, el tiempo de la unión matrimonial; h) si los cónyuges están separados de hecho, el tiempo de la unión matrimonial y de la separación; i) la situación patrimonial de ambos cónyuges durante la convivencia y durante la separación de hecho".

O Código Civil, embora não conceitue a separação de fato, se vale do instituto em diversos artigos para regular as relações jurídicas. No âmbito do direito contratual, o art. 793 admite a instituição do companheiro como beneficiário de seguro de vida, se ao tempo do contrato o segurado era separado judicialmente, ou já se encontrava separado de fato. O art. 1.642, V, assinala que marido e esposa podem reivindicar os bens comuns, móveis ou imóveis, doados ou transferidos pelo outro cônjuge ao concubino, "desde que provado que os bens não foram adquiridos pelo esforço comum destes, se o casal estiver separado de fato por mais de cinco anos". No domínio das sucessões, prescreve o art. 1.801, III, que não podem ser nomeados herdeiros, nem legatários, o concubino do testador casado, salvo se este, sem culpa sua, estiver separado de fato do cônjuge há mais de cinco anos.

No direito de família, um dos artigos mais importantes a respeito do tema é o art. 1.723, o qual admite a caracterização da união estável, ainda que um dos companheiros formalmente estiver casado, se "se achar separado de fato ou judicialmente".

Como se observa, a separação de fato é um tema que inspira atenção do direito e a sua consideração é relevante para harmonizar os distintos interesses envolvidos. A identificação dos efeitos jurídicos da separação de fato é uma preocupação histórica da doutrina e da jurisprudência, na medida em que os casos aportam diuturnamente aos escritórios, tabelionatos e ao Judiciário.

O presente artigo enfocará a jurisprudência do Superior Tribunal de Justiça a respeito da separação de fato, dialogando com acórdãos importantes proferidos pela Corte, na interpretação das leis. Em especial, serão abordados três temas: (a) reflexos jurídicos do reconhecimento pelo Supremo Tribunal Federal do "dever constitucional de fidelidade e monogamia" e a exceção à tese fixada, diante da demonstração de separação de fato; (b) a consideração da data da separação de fato para a identificação do patrimônio comum a ser partilhado e a legitimação do cônjuge/companheiro a exigir contas pela sua administração exclusiva pelo outro e, por fim: (c) o delicado art. 1830, que admite direito sucessório ao cônjuge, quando a separação de fato é inferior a dois anos, bem como tolera, pela sua literalidade, a perquirição de culpa pelo fim do relacionamento.

2. ANÁLISE DA JURISPRUDÊNCIA DO SUPERIOR TRIBUNAL DE JUSTIÇA A RESPEITO DA SEPARAÇÃO DE FATO: ALCANCE DO POLÊMICO "DEVER CONSTITUCIONAL DE FIDELIDADE E MONOGAMIA"

No âmbito do "direito das famílias", uma das decisões mais importantes tomadas pelo Supremo Tribunal Federal foi a que apreciou o tema 529, relativo à "possibilidade de reconhecimento jurídico de união estável e de relação homoafetiva concomitantes, com o consequente rateio de pensão por morte".

Em julgamento bastante polêmico, por maioria, vencidos os Ministros Edson Fachin, Roberto Barroso, Rosa Weber, Carmen Lúcia e Marco Aurélio, a Corte reconheceu presente na Constituição Federal o dever de monogamia e de fidelidade. Foi fixada a tese no regime da repercussão geral com o seguinte texto: "a preexistência de casamento ou de união estável de um dos conviventes, ressalvada a exceção do artigo 1.723, § 1º, do Código Civil, impede o reconhecimento de novo vínculo referente ao mesmo período, inclusive para fins previdenciários, em virtude da consagração do dever de fidelidade e da monogamia pelo ordenamento jurídico-constitucional brasileiro" (RE 1.045.273, Tribunal Pleno, Rel. Min. Alexandre de Moraes, j. 21.12.2020, publicação em 09.04.2021).

Segundo o voto do Relator, Min. Alexandre de Moraes: "é vedado o reconhecimento de uma segunda união estável, independentemente de ser hétero ou homoafetiva, quando demonstrada a existência de uma primeira união estável, juridicamente reconhecida. Em que pesem os avanços na dinâmica e na forma do tratamento dispensado aos mais matizados núcleos familiares, movidos pelo afeto, pela compreensão das diferenças, respeito mútuo, busca da felicidade e liberdade individual de cada qual dos membros, entre outros predicados, que regem inclusive os que vivem sob a égide do casamento e da união estável, subsistem em nosso ordenamento jurídico constitucional os ideais monogâmicos, para o reconhecimento do casamento e da união estável, sendo, inclusive, previsto como deveres aos cônjuges, com substrato no regime monogâmico, a exigência de fidelidade recíproca durante o pacto nupcial (art. 1.566, I, do Código Civil)".

Ponderou, ainda, que "a existência de uma declaração judicial de existência de união estável é, por si só, óbice ao reconhecimento de uma outra união paralelamente estabelecida por um dos companheiros durante o mesmo período, uma vez que o artigo 226, § 3º, da Constituição se esteia no princípio de exclusividade ou de monogamia, como requisito para o reconhecimento jurídico desse tipo de relação afetiva inserta no mosaico familiar atual, independentemente de se tratar de relacionamentos hétero ou homoafetivos".

A pronúncia do Supremo Tribunal Federal tem efeito vinculante. Todavia, na própria tese firmada existe a expressa ressalva da "separação de fato", a qual fulmina a conjugalidade e libera as pessoas dos tradicionais deveres do casamento.

Sobre o tema, pondera Rolf Madaleno: "e mais gritante ainda seria exigir dos cônjuges o dever de fidelidade, quando ambos ajustaram por livre-desejo a sua separação de fato, diante da constatação de haverem cessado o amor e a afetividade do seu casamento, tendo eventualmente enveredado o casal para novos relacionamentos. Como poderia ser exigida a fidelidade de corpos apartados e unidos apenas pela certidão de um cartório civil, e deles exigir a abstinência afetiva e sexual com terceiros, porque seguem formalmente vinculados a um relacionamento roto e conjuntamente resolvido? Seriam fiéis por decreto de uma sociedade afetiva já terminada, tanto que os cônjuges se anteciparam ao julgador para encerrar na informalidade a sua comunidade de vida".[6] Arremata o mestre gaúcho: "onde não há mais casamento em sua total acepção não pode haver regime de bens, exigência forçada de coabitação e de fidelidade recíproca, e se só a separação liberta oficialmente da coabitação, da fidelidade e da comunicação patrimonial, deve o julgador ser realista, mas essa oportunidade ele perdeu quando da edição do vigente Código Civil. A felicidade das pessoas não pode mais sofrer os influxos equivocados de uma legislação claramente divorciada da experiência social, que se permite julgar por ficção e estender para dentro do espaço de uma sentença ou da lavratura de uma escritura pública de divórcio um conjunto de obrigações e vínculos que os cônjuges há muito já abandonaram".

Portanto, a separação de fato viabiliza, de acordo com a realidade e com a própria tese firmada pelo Supremo Tribunal Federal, o surgimento de novas uniões afetivas, protegidas pelo Direito. O grande dilema atual reside na possibilidade de se reconhecer juridicamente uma união simultânea e a poliafetividade, valorizando-se os princípios da liberdade, da dignidade e da boa-fé dos sujeitos. Em que pese a posição favorável de respeitados autores, a porta foi fechada pelo Supremo Tribunal Federal e os operadores do direito buscam uma janela aberta para viabilizar oxigênio e proteção aos envolvidos.[7]

Nesse panorama, o Superior Tribunal de Justiça reputa "inadmissível o reconhecimento de união estável concomitante ao casamento, na medida em que àquela pressupõe a ausência de impedimentos para o casamento ou, ao menos, a existência de separação de fato, de modo que à simultaneidade de relações, nessa hipótese, dá-se o nome de concubinato". (REsp 1.916.031/MG, 3. T., Rel. Min. Nancy Andrighi. DJe: 05.05.2022). Sintetiza a posição das Cortes de Brasília o Ministro Raul Araújo: "a jurisprudência do STJ e do STF é sólida em não reconhecer como união estável a relação concubinária não eventual, simultânea ao casamento, quando não estiver provada a separação de fato ou de direito do parceiro casado" (AgRg no AREsp 748.452, 4. T. DJe: 07.03.2016).

Um dos casos mais delicados a este respeito envolveu pretensão de uma senhora a receber parcela da indenização contratada em seguro de vida pelo seu companheiro de mais de vinte anos.[8] Ocorre que, em paralelo, o seu companheiro mantinha casa-

---

6. *Curso de Direito de Família*, p. 182.
7. Sobre o tema, SILVA, Daniel Alt da. *Família Simultânea*. Rio de Janeiro: Lumen Juris, 2016.
8. Ementa: "Recurso especial. Seguro de vida. Instituidor casado. Não separado de fato ou judicialmente. Beneficiário. Concubina. Impedimento para o casamento. Expressa vedação legal. CC/2002. Art. 793. Monogamia. Orientação do STF em repercussão geral. Direito do segundo beneficiário indicado pelo segurado. 1. O seguro de vida não pode ser instituído por pessoa casada, não separada de fato e nem judicialmente, em benefício de parceiro em relação concubinária, por força de expressa vedação legal (CC/2002, arts. 550 e 793). 2. Tese fixada pelo STF no RE 1.045.273/SE, em julgamento com repercussão geral reconhecida: "A preexistência de casamento ou de união estável de um dos conviventes, ressalvada a exceção do artigo 1723, § 1º, do Código Civil, impede o reconhecimento de novo vínculo referente ao mesmo período, inclusive para fins previdenciários, em virtude da consagração do dever de fidelidade

mento válido. Ambos os relacionamentos eram públicos e conhecidos pelas pessoas envolvidas e pela sociedade. Discutia-se a interpretação e a aplicação do art. 793, do Código Civil.[9] Em que pese a realidade descrita pelo Tribunal de Origem acerca da convivência pública e da dependência econômica, o Superior Tribunal de Justiça concluiu que "o seguro de vida não pode ser instituído por pessoa casada, não separada de fato e nem judicialmente, em benefício de parceiro em relação concubinária, por força de expressa vedação legal (CC/2002, arts. 550 e 793)".

Diante desse contexto, em que a família paralela ganha contornos de "invisibilidade jurídica", fica em aberto a questão de como proteger minimamente as pessoas envolvidas. Figure-se a hipótese de patrimônio constituído no curso da união paralela ou a dependência econômica. Haverá base legal para a pretensão de pensão alimentícia? Qual ramo do direito será acionado para resolver questões relativas à partilha: o direito obrigacional através da teoria do enriquecimento sem causa? O direito empresarial com aplicação analógica de suas regras de dissolução de sociedades e apuração de haveres?

Enfim, o reconhecimento do "status" constitucional do dever de fidelidade e de monogamia deixou muitas questões em aberto. Espera-se que, nos próximos anos, o Superior Tribunal de Justiça encontre as soluções no plano infraconstitucional para regular e proteger minimamente os interesses de todas as pessoas envolvidas.

3. A CONSIDERAÇÃO DA SEPARAÇÃO DE FATO COMO MARCO TEMPORAL PARA A DEFINIÇÃO DA PARTILHA DE BENS E A LEGITIMIDADE DO CÔNJUGE/COMPANHEIRO PARA EXIGIR CONTAS ACERCA DA ADMINISTRAÇÃO DO PATRIMÔNIO COMUM

No Brasil, é significativo o número de pessoas separadas de fato que deixam para formalizar o divórcio ou a dissolução de união estável, com a partilha de bens, no futuro. Uma das causas mais lembradas pelos brasileiros para adotar essa opção é o custo do procedimento de divórcio e de partilha, que envolve a regularização de bens, contratação de profissionais especializados, emolumentos, impostos etc.

---

e da monogamia pelo ordenamento jurídico-constitucional brasileiro" (ementa publicada no DJ de 09.04.2021). 3. Diante da orientação do STF, no mesmo precedente, no sentido de que "subsistem em nosso ordenamento jurídico constitucional os ideais monogâmicos, para o reconhecimento do casamento e da união estável, sendo, inclusive, previsto como deveres aos cônjuges, com substrato no regime monogâmico, a exigência de fidelidade recíproca durante o pacto nupcial (art. 1.566, I, do Código Civil)", é inválida, à luz do disposto no art. 793 do Código Civil de 2002, a indicação de concubino como beneficiário de seguro de vida instituído por segurado casado e não separado de fato ou judicialmente na época do óbito. 4. Não podendo prevalecer a indicação da primeira beneficiária, deve o capital segurado ser pago ao segundo beneficiário, indicado pelo segurado para a hipótese de impossibilidade de pagamento ao primeiro, em relação ao qual, a despeito de filho da concubina, não incide a restrição do art. 793 do Código Civil. 5. Recurso especial parcialmente provido". REsp 1.391.954/RJ, 4. T., Rel. Min. Maria Isabel Gallotti. DJe 27.04.2022.

9. Art. 793, Código Civil: "É válida a instituição do companheiro como beneficiário, se ao tempo do contrato o segurado era separado judicialmente, ou já se encontrava separado de fato".

Todavia, em muitos casos, essa realidade gera conflitos entre familiares, em vida e mesmo após a morte.

Um dos efeitos históricos mais importantes da separação de fato é a cessação do regime de bens vigente na união estável ou no casamento. Considera o Superior Tribunal de Justiça que deve ser aplicado por analogia a regra do art. 1.576 do Código Civil, segundo a qual "a separação judicial põe termo aos deveres de coabitação e fidelidade recíproca e ao regime de bens".

Apreciando caso concreto delicado e repleto de peculiaridades fáticas, o Min. Marco Aurélio Bellizze estabeleceu que "o raciocínio a ser empregado nas hipóteses em que encerrada a convivência *more uxorio*, mas ainda não decretado o divórcio, é o de que os bens adquiridos durante a separação de fato não são partilháveis com a decretação do divórcio".[10]

Nesse sentido, identificar o momento da separação de corpos é uma das questões mais complexas dos processos judiciais, nos quais não raro ambas as partes a admitem, porém rivalizam quanto à data de sua ocorrência. Enquanto um deles a reputa presente em um dado instante, o outro acredita que nessa época o casal estava refletindo acerca da continuação da união. Ambas as pessoas podem estar de boa-fé a despeito de suas percepções divergentes da realidade.

A delicadeza do tema é compreendida na seguinte ponderação de Rodrigo da Cunha Pereira: "mas não é simples cessação da coabitação, seja por escolha de morarem em tetos separados, seja por viagens prolongadas, seja por razões profissionais que caracteriza a separação de fato determinante de uma nova relação jurídica. O fato deve ter um estado continuativo e definido na intenção de "oficializarem" o divórcio ou a extinta separação judicial, ainda que depois voltem atrás nesta intenção".[11]

Para se evitar tais discussões, é altamente recomendável – do ponto de vista jurídico – que as pessoas lavrem uma escritura pública ou elaborem um documento

---

10. Ementa: "Recurso especial. Direito de família. Negativa de prestação jurisdicional. Não ocorrência. Divórcio. Regime da comunhão universal de bens. Imóvel doado com cláusula temporária de inalienabilidade. Bem incomunicável. Separação de fato. Termo do regime de bens. Recurso especial conhecido e desprovido. 1. Verifica-se que o Tribunal de origem analisou todas as questões relevantes para a solução da lide de forma fundamentada, não havendo falar em negativa de prestação jurisdicional. 2. No regime da comunhão universal de bens são considerados bens particulares aqueles doados ou herdados com a cláusula de incomunicabilidade e os sub-rogados em seu lugar (art. 1.668, I, do CC). Assim, nos termos do enunciado 49 da Súmula do Supremo Tribunal Federal, "a cláusula de inalienabilidade inclui a incomunicabilidade dos bens." 3. Enquanto não transcorrido o lapso temporal estabelecido na cláusula de inalienabilidade temporária, o bem não integra o patrimônio partilhável. 4. Deve-se aplicar analogicamente a regra do art. 1.576 do CC à separação de fato, a fim de fazer cessar o regime de bens, o dever de fidelidade recíproca e o dever de coabitação. Em virtude disso, o raciocínio a ser empregado nas hipóteses em que encerrada a convivência *more uxorio*, mas ainda não decretado o divórcio, é o de que os bens adquiridos durante a separação de fato não são partilháveis com a decretação do divórcio. 5. Na hipótese dos autos, a separação de fato se deu ainda na vigência da cláusula de inalienabilidade, de modo que o imóvel estava excluído da comunhão, sendo indiferente ter a sentença de divórcio sido proferida quando verificado o prazo estabelecido na cláusula restritiva. 6. Recurso especial conhecido e desprovido" (REsp 1.760.281/TO, 3. T., Rel. Min. Marco Aurélio Bellizze, j. 24.05.2022. DJe: 31.05.2022).
11. *Direito das Famílias*, p. 253.

particular idôneo, identificando a data da separação de fato e, se possível, a extensão do patrimônio comum a ser partilhado no futuro. Essa cautela pode oferecer alguma segurança jurídica aos envolvidos. Contudo, poucas pessoas adotam-na.

Para os casos em que a separação de fato persiste por anos, admite o STJ a "ação de exigir contas no período compreendido entre a separação de fato e a partilha, proposta pelo cônjuge que não administra o patrimônio em face daquele que o usufrui com exclusividade." Como sabido, o procedimento da "ação de exigir contas" é peculiar, afinal "a ação de exigir contas, de procedimento especial bifásico e de natureza jurídica condenatória, contempla duas espécies distintas de obrigação (de fazer na primeira fase e de pagar na segunda fase), sendo que o ingresso na segunda fase pressupõe o reconhecimento, na primeira, acerca da existência de relação jurídica de direito material entre o autor e o réu que imponha a esse a obrigação de prestá-las".[12]

Na vida real, o manejo desta ação, muitas vezes, – ao invés de facilitar a definição da partilha – provoca novas discussões entre as partes, fortalecendo o conflito, ao invés de resolvê-lo. Também por força da natural demora do processo, a ação deve ser usada com cautela pelas partes, as quais muitas vezes não têm outra alternativa, diante da recusa indevida do administrador do patrimônio em oferecer dados precisos acerca do uso do bem comum.

Em julgado bastante explicativo da posição do Superior Tribunal de Justiça quanto ao tema, a Ministra Nancy Andrighi assinalou que "a legitimidade ativa para a ação de prestação de contas decorre do direito de um dos consortes obter informações acerca dos bens de sua propriedade, mas administrados pelo ex-cônjuge (gestor do patrimônio comum), durante o período compreendido entre a separação de fato e a partilha de bens da sociedade conjugal".[13]

Aponta-se como vantagem desse tipo de ação a possibilidade de ser formado, na sua segunda fase, um título executivo que certifique eventual relação de débito e crédito entre o ex-casal. Todavia, como anteriormente salientado, a propositura e o julgamento desta ação podem fortalecer o conflito e afastar as partes de uma composição, razão pela qual recomenda-se reflexão antes de seu manejo.

---

12. REsp 1.924.501/SP, 3. T. Rel. Min. Nancy Andrighi, j. 26.04.2022. DJe: 28.04.2022.
13. Ementa: "Processual civil. Agravo interno em agravo em recurso especial. Ação de prestação de contas. Primeira fase. Bens e direitos em estado de mancomunhão (entre a separação de fato e a efetiva partilha). Patrimônio comum administrado exclusivamente por ex-cônjuge. Reexame de fatos e provas. Inadmissibilidade. 1. Ação de prestação de contas, primeira fase. 2. A legitimidade ativa para a ação de prestação de contas decorre do direito de um dos consortes obter informações acerca dos bens de sua propriedade, mas administrados pelo ex-cônjuge (gestor do patrimônio comum), durante o período compreendido entre a separação de fato e a partilha de bens da sociedade conjugal. Súmula 568/STJ. 3. Alterar o decidido no acórdão prolatado pelo TJDFT, no que se refere à data da separação de fato, qual seja 23.03.2013, exige o reexame de fatos e provas, o que é vedado em recurso especial pela Súmula 7/STJ. 4. Agravo interno não provido." AgInt no AREsp 1.725.324/DF, 3. T., Rel. Min. Nancy Andrighi. DJe: 10.03.2021.

4. DO DIREITO SUCESSÓRIO AO CÔNJUGE SOBREVIVENTE, QUANDO SEPARADO DE FATO AO TEMPO DA MORTE: O POLÊMICO REGRAMENTO DO ART. 1830, DO CÓDIGO CIVIL

Um efeito muito relevante e polêmico, que decorre da caracterização da separação de fato, é o afastamento do direito à herança do cônjuge e do antigo companheiro. Isso porque, de acordo com o art. 1830, do Código Civil, "somente é reconhecido direito sucessório ao cônjuge sobrevivente se, ao tempo da morte do outro, não estavam separados judicialmente, nem separados de fato há mais de dois anos, salvo prova, neste caso, de que essa convivência se tornara impossível sem culpa do sobrevivente".

Como se observa de sua leitura, há pelo menos duas questões altamente polêmicas: (a) o reconhecimento de direitos sucessórios a quem – faticamente – não possui comunhão de vida com o falecido e (b) a permissão legal para a investigação de "culpa" pelo final da relação afetiva, em um momento histórico no qual se valoriza a ruptura e, especialmente, a intimidade das pessoas.

Soma-se a isso o fato de a "pessoa acusada" não poder se defender e outras dificuldades práticas de se pesquisar a realidade em casos de "culpa mortuária", como ilustra Miguel Ramos: "morrendo um dos cônjuges que estava separado de fato, e o sobrevivente querendo se habilitar na condição de herdeiro, seja para concorrer com os descendentes, ou com os ascendentes, ou até mesmo, no caso de não existência destes, receber a totalidade da herança, onde ele discutiria a existência ou não do elemento culpa, posto que no inventário não há como se tratar de questões de alta indagação?".[14]

A doutrina nacional critica fortemente a previsão legal. Dentre os fundamentos invocados, está a Emenda Constitucional 66/2010 que facilitou o divórcio e anunciou constitucionalmente no direito de família a desnecessidade de se catalogar judicialmente "culpados" e "inocentes" pelo rompimento de relações afetivas.

Transcrevo as ponderações bastante lógicas de José Francisco Simão, o qual propõe a seguinte interpretação do art. 1.830: "somente é reconhecido direito sucessório ao cônjuge ou companheiro sobrevivente se, ao tempo da morte do outro, não estavam os cônjuges separados judicialmente ou extrajudicialmente, nem estavam os cônjuges ou companheiros separados de fato". O seu raciocínio é assim construído: "o debate sobre a culpa, para o Direito de Família, já é, por si, matéria que não agrada, pois os conflitos só tendem a se potencializar, tornando mais conturbadas as sensíveis relações humanas envolvendo entes ligados por vínculo familiar. É por isso que a Emenda Constitucional 66/10 alterou o texto do art. 226, § 6º que hoje apenas menciona que o casamento civil pode ser dissolvido pelo divórcio. A partir da Emenda 66/10, a leitura que se tem do dispositivo já é adaptada à nova ordem constitucional, qual seja, não se exige lapso de 2 anos de separação de fato (basta a separação de fato), nem se debate culpa em matéria sucessória. Com a equiparação do companheiro por força da decisão do STF (ver art. 1.790 do CC), os requisitos da

---
14. *Direito das Sucessões*, p. 151.

separação de fato por mais de 2 anos e da culpa se revelam completamente descabidos. É por isso que, se houver processo de divórcio, ainda que um dos cônjuges faleça, seja ele autor ou réu, a ação deve prosseguir, pois há interesse jurídico na demanda: com a decretação do divórcio há perda da qualidade de herdeiro".[15]

A este respeito, o Código Civil de 1916 possuía um regramento mais claro, estipulando no seu art. 1611 que "a falta de descendentes ou ascendentes será deferida a sucessão ao cônjuge sobrevivente se, ao tempo da morte do outro, não estava dissolvida a sociedade conjugal". Esta redação fora dada pela Lei 6.515/1977.[16]

É igualmente coerente a posição de Rolf Madaleno quando salienta algumas situações excepcionais de intensa gravidade, como a violência doméstica: "...se inadmissível qualquer tempo de separação de fato, que dirá por quase dois longos e incoerentes anos, como sugere o art. 1.830 do Código Civil, a despeito de a pesquisa da culpa mortuária ser vedada desde o advento da Emenda Constitucional 66/2010, salvo tenha ocorrido alguma cena pontual de violência doméstica, com uma ordem de afastamento temporário do cônjuge ofensor e por influência da Lei Maria da Penha (Lei 11.340/2006), a demonstrar a nítida e incontestável causa provocada pelo consorte ofensor, sendo que a reconciliação dos cônjuges durante a separação reincorpora o consorte na sua posição de sucessor *abintestato*, servindo como prova irrefutável do reestabelecimento do casamento o ato regular em juízo, de que trata o art. 1.577 do Código Civil, bastando, entretanto, para comprovar tanto a separação como a reconciliação eventual do casal qualquer meio de prova capaz de acreditar a realidade confrontada, correspondendo ao cônjuge supérstite a mostra processual da reconciliação ou que a interrupção do matrimônio foi motivada por causas profissionais ou involuntárias, mas que obrigaram a separação temporária dos cônjuges, mas, se a reconciliação só se deu depois do divórcio transitado em julgado, a recuperação da posição de sucessor *abintestato* só será possível por meio da celebração de um novo matrimônio entre os cônjuges".[17]

Em que pese a posição da doutrina, os Tribunais Inferiores privilegiam a sua literal interpretação.[18] Também o Superior Tribunal de Justiça, ao enfrentar o tema,

---

15. *Código Civil comentado*, p. 1631.
16. Antes dela, constava a seguinte redação do art. 1.611: "Em falta de descendentes e ascendentes, será deferida a sucessão ao cônjuge sobrevivente, se ao tempo da morte do outro não estavam desquitados".
17. *Sucessão legítima*, p. 585.
18. Por ilustração: "Civil e processo civil. Ação declaratória. Alegação de separação de fato anterior à morte. Pretensão voltada à exclusão do cônjuge supérstite do direito sucessório (art. 1830, CC). Ausência de prova. Improcedência. 1. A alegação de que o de cujus havia se separado de fato da requerida em período que excede o biênio de que cuida o art. 1.830 do Código Civil restou isolada do conjunto probatório amealhado, o que remete a improcedência dos pedidos, em razão de descumprimento do ônus processual de que cuida o art. 373, I, CPC. 2. Recurso improvido" (TJSP, AC 1116345-28.2020.8.26.0100, Rel. Des. Ademir Modesto de Souza, 6ª Câmara de Direito Privado, j. 29.07.2022); "Agravo de instrumento. Conhecimento parcial. Inventário. Exclusão de ex-cônjuge do processo. Descabimento. Não se conhece do recurso, no ponto em que traz questionamento sobre o qual a decisão agravada nada decidiu ou resolveu. A agravante era casada com o autor da herança, e a separação de fato ocorreu, segundo declaração emitida em ação própria, cerca de 03 meses antes do óbito. Nesse contexto, não há como excluir a ex-esposa do processo, em face da literalidade dos termos do art. 1.830, do CCB. Conheceram em parte. Na parte conhecida, deram provimento" (TJRS, AI 70077860302, 8. C.C., Rel. Des. Rui Portanova, j. 19.07.2018).

através de sua Colenda Quarta Turma, admitiu a aplicação do art. 1830 em importante julgado assim ementado:

> Recurso especial. Direito civil. Sucessões. Cônjuge sobrevivente. Separação de fato há mais de dois anos. Art. 1.830 do cc. Impossibilidade de comunhão de vida sem culpa do sobrevivente. Ônus da prova. 1. A sucessão do cônjuge separado de fato há mais de dois anos é exceção à regra geral, de modo que somente terá direito à sucessão se comprovar, nos termos do art. 1.830 do Código Civil, que a convivência se tornara impossível sem sua culpa. 2. Na espécie, consignou o Tribunal de origem que a prova dos autos é inconclusiva no sentido de demonstrar que a convivência da ré com o ex-marido tornou-se impossível sem que culpa sua houvesse. Não tendo o cônjuge sobrevivente se desincumbido de seu ônus probatório, não ostenta a qualidade de herdeiro. 3. Recurso especial provido (REsp 1.513.252/SP, 4. T., Rel. Min. Maria Isabel Gallotti, j. 3.11.2015. DJe: 12.11.2015).

O art. 1830 foi igualmente valorizado nas seguintes decisões recentes: AgInt nos EDcl no AREsp 1.782.663/SP, 4. T., Rel. Min. Antonio Carlos Ferreira, j. 08.08.2022. DJe: 15.08.2022;[19] REsp 1.844.229/MT, 3. T., Rel. Min. Moura Ribeiro, j. 17.08.2021. DJe: 20.8.2021;[20] AgInt no AREsp 1.748.352/GO, 4. T., Rel. Min. Maria Isabel Gallotti. DJe: 17.06.2021.[21]

---

19. Ementa: "Processual civil. Agravo interno nos embargos de declaração no agravo em recurso especial. União estável. Sucessão. Observância do art. 1.830 do CC/2002. Cláusula de incomunicabilidade. Direitos sucessórios. Impossibilidade. Reexame do conjunto fático-probatório dos autos. Inadmissibilidade. Incidência da súmula 7 do STJ. Fundamentos da decisão agravada. Impugnação. Ausência. Súmula 182/STJ. Decisão mantida. 1. Segundo o art. 1.830 do CC/2002, "Somente é reconhecido direito sucessório ao cônjuge sobrevivente se, ao tempo da morte do outro, não estavam separados judicialmente, nem separados de fato há mais de dois anos, salvo prova, neste caso, de que essa convivência se tornara impossível sem culpa do sobrevivente". 2. "O pacto antenupcial que estabelece o regime de separação total somente dispõe acerca da incomunicabilidade de bens e o seu modo de administração no curso do casamento, não produzindo efeitos após a morte por inexistir no ordenamento pátrio previsão de ultratividade do regime patrimonial apta a emprestar eficácia póstuma ao regime matrimonial" (REsp 1.294.404/RS, 3. T., Rel. Min. Ricardo Cueva, j. 20.10.2015. DJe de 29.10.2015). 3. O recurso especial não comporta exame de questões que impliquem revolvimento do contexto fático-probatório dos autos (Súmula 7 do STJ). 4. No caso concreto, o Tribunal de origem reconheceu que o contrato de união estável previa o regime de separação absoluta de bens. Alterar essa conclusão demandaria reexame do acervo probatório dos autos, providência vedada em recurso especial. 5. É inviável o agravo previsto no art. 1.021 do CPC/2015 que deixa de atacar especificamente os fundamentos da decisão agravada (Súmula n. 182/STJ). 6. Agravo interno a que se nega provimento" (AgInt nos EDcl no AREsp 1.782.663/SP, 4. T., Rel. Min. Antonio Carlos Ferreira, j. 08.08.2022. DJe: 15.08.2022).
20. Ementa: "Civil. Recurso especial. Recurso interposto sob a égide do NCPC. Sucessões. Ação de habilitação e reconhecimento da qualidade de herdeira necessária. Violação do disposto no inciso i do art. 1.829 do CC/02. Cônjuge sobrevivente concorre com herdeiros necessários quanto aos bens particulares do falecido. Precedente da segunda seção. Recurso especial provido. 1. Aplica-se o NCPC a este recurso ante os termos do Enunciado Administrativo 3, aprovado pelo Plenário do STJ na sessão de 09.03.2016: Aos recursos interpostos com fundamento no CPC/2015 (relativos a decisões publicadas a partir de 18 de março de 2016), serão exigidos os requisitos de admissibilidade recursal na forma do novo CPC. 2. A Segunda Seção do STJ já proclamou que, nos termos do art. 1.829, I, do Código Civil de 2002, o cônjuge sobrevivente, casado no regime de comunhão parcial de bens, concorrerá com os descendentes do cônjuge falecido somente quando este tiver deixado bens particulares (REsp 1.368.123/SP, Rel. Min. Sidnei Beneti, Rel. p/ Acórdão Ministro Raul Araújo, DJe: 08.06.2015). 3. O Supremo Tribunal Federal, no julgamento do Recurso Extraordinário 878.694/MG, reconheceu a inconstitucionalidade da distinção promovida pelo art. 1.790 do CC/02, quanto ao regime sucessório entre cônjuges e companheiros. Entendimento aplicável ao caso. 4. Tendo o falecido deixado apenas bens particulares que sobrevieram na constância da união estável mantida no regime da comunhão parcial, é cabível a concorrência da companheira sobrevivente com os descendentes daquele. 5. A teor do art. 1.830 do CC/02, deve ser reconhecido o direito sucessório ao cônjuge ou companheiro

Dentro desse contexto, no qual a doutrina visualiza, além de incoerência no regramento do Código Civil, também a sua inconstitucionalidade, dois caminhos seriam altamente recomendáveis para se superar a insegurança jurídica quanto ao tema.

Inicialmente, através do complexo sistema de controle de constitucionalidade brasileiro, competiria ao Poder Judiciário se posicionar quanto à constitucionalidade do art. 1830. Isso poderia ser feito através do controle concentrado, no Supremo Tribunal Federal, ou na forma difusa, a partir de atuação dos demais Tribunais da Federação, em caso concreto.

A outra alternativa seria a mobilização do Parlamento para se posicionar quanto à necessidade de se alterar a redação do art. 1.830, uma vez que a Emenda Constitucional 66/2010 deixou sérias dúvidas quanto à sua sobrevivência no sistema infraconstitucional. Nessa hipótese, surgiria uma solução para todas as pessoas, com a revogação ou a modificação da lei.

5. CONCLUSÕES

Como observado, a separação de fato projeta uma série de consequências relevantes nos distintos e tradicionais ramos do direito privado. Neste breve artigo, foram enfatizados três efeitos que interessam de perto a vida das pessoas e das famílias.

Inicialmente, foi apresentada a polêmica conclusão do Supremo Tribunal Federal pela existência de princípios constitucionais de "fidelidade" e de "monogamia", a qual tornou juridicamente invisíveis famílias que se constituem à margem de casamentos e uniões estáveis. Foi sublinhado que a própria tese fixada, n. 529, ressalva expressamente a ocorrência de separação de fato do âmbito de sua aplicação.

Ato contínuo, o artigo abordou a separação de fato como marco temporal para a identificação do patrimônio comum alvo de partilha, bem como a legitimidade do cônjuge/companheiro para exigir contas acerca de sua administração exclusiva. Conforme posição do STJ, "a legitimidade ativa para a ação de prestação de contas decorre do direito de um dos consortes obter informações acerca dos bens de sua propriedade, mas administrados pelo ex-cônjuge (gestor do patrimônio comum), durante o período compreendido entre a separação de fato e a partilha de bens da sociedade conjugal". Recomendou-se prudência no seu manejo, pois a sua proposi-

---

sobrevivente se, ao tempo da morte do outro, não estavam separados nem judicialmente e nem fato, havendo concurso quanto aos bens particulares 6. Recurso especial provido". (REsp 1.844.229/MT, 3. T., Rel. Min. Moura Ribeiro, j. 17.08.2021. DJe: 20.08.2021).

21. Ementa: "Agravo interno. Agravo em recurso especial. Acordo de divórcio. Alegação de vício de consentimento. Reexame de provas. Súmula 7/STJ. Separação de fato. Direito sucessório. Separação de fato há mais de dois anos. Súmula 83/STJ. 1. Não cabe, em recurso especial, reexaminar matéria fático-probatória (Súmula 7/STJ). 2. De acordo com o artigo 1830 do Código Civil, ´somente é reconhecido direito sucessório ao cônjuge sobrevivente se, ao tempo da morte do outro, não estavam separados judicialmente, nem separados de fato há mais de dois anos, salvo prova, neste caso, de que essa convivência se tornara impossível sem culpa do sobrevivente`. 3. Agravo interno a que se nega provimento" (AgInt no AREsp 1.748.352/GO, 4. T., Rel. Min. Maria Isabel Gallotti, j. 14.06.2021. DJe: 17.06.2021).

tura, não raro, ao invés de ajudar na composição do conflito, fortalece ainda mais a desinteligência entre as partes.

Por fim, contextualizou-se o polêmico artigo 1.830 do Código Civil que regula o direito sucessório dos cônjuges e companheiros, diante da separação de fato. Em consideração a evolução do direito, em especial após a Emenda Constitucional do Divórcio (n. 66/2020) recomendou-se uma pronúncia do Poder Judiciário quanto à constitucionalidade deste artigo específico, seja na via concentrada, pelo Supremo Tribunal Federal, seja na forma difusa, pelos demais Tribunais da Federação. Igualmente, foi sugerida a atuação do Parlamento para que reflita sobre o sentido atual "do direito sucessório do cônjuge/companheiro separado de fato" e revogue ou revise a redação do art. 1.830, oferecendo segurança jurídica a toda sociedade.

6. REFERÊNCIAS

ALT DA SILVA, Daniel. *Famílias simultâneas*. Rio de Janeiro: Lumen Juris, 2016.

BARBOSA, Rui. *O divórcio e a nação. O divórcio, as bases da fé e outros textos*. São Paulo: Martins Claret, 2008.

DIAS, Maria Berenice. *Manual de Direito das Famílias*. 12. ed. São Paulo: Ed. RT, 2017.

GOMES, Orlando. *Sucessões*. 9. ed. Rio de Janeiro: Forense, 2000.

LOBO, Paulo Neto. *Famílias*. 4. ed. São Paulo: Saraiva, 2011.

MADALENO, Rolf. *Sucessão legítima*. 2. ed. Rio de Janeiro: Forense, 2020.

MADALENO, Rolf. *Curso de Direito de Família*. 5. ed. Rio de Janeiro, 2013.

RAMOS, Miguel Antonio Silveira. *Direito das Sucessões*. Rio Grande: 2021.

PEREIRA, Caio Mário da Silva. *Instituições de Direito Civil*. 18. ed. Rio de Janeiro: Forense, 2010. v. V.

PEREIRA, Rodrigo da Cunha. *Direito das Famílias*. 2. ed. Rio de Janeiro: Forense, 2021.

SCHREIBER, Anderson et al. *Código Civil comentado*. 4. ed. Rio de Janeiro: Forense, 2022.

TARTUCE, Flavio. *Direito Civil: Direito de Família*. 17. ed. Rio de Janeiro: Forense, 2022.

ANOTAÇÕES